本書全体の流れ

JN016675

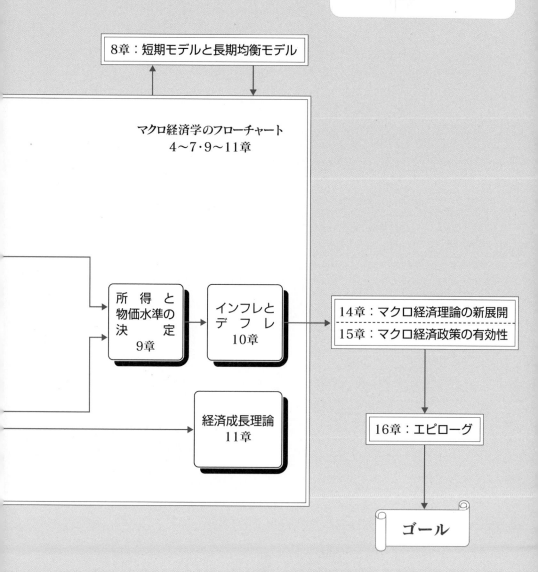

8章：短期モデルと長期均衡モデル

マクロ経済学のフローチャート
4～7・9～11章

所得と
物価水準の
決　定
9章

インフレと
デ　フ　レ
10章

経済成長理論
11章

14章：マクロ経済理論の新展開

15章：マクロ経済政策の有効性

16章：エピローグ

ゴール

Introduction to **6**th ed. *Macroeconomics*

入門マクロ経済学

第6版

中谷巌

下井直毅　塚田裕昭

日本評論社

第6版へのメッセージ

　本書は、マクロ経済学の基礎的な理論体系を学ぶための入門教科書です。対象としているのは、経済学部の学生はもちろん、マクロ経済学の基本を学びたい社会人、経済学部以外の学生や大学院生、公務員試験の準備を必要としている人などです。

　本書の初版は40年も前の1981年に出版されました。幸いにして、その後、多くの読者の皆さんに支えられて今日まで改訂を重ねてきましたが、今回、実に6回目の改訂版をお届けできることになりました。

　今回の改訂で最も注意した点は、近年のマクロ経済状況とそれを反映したマクロ経済理論の変化を積極的に取り入れたということです。

　たとえば、2008年のリーマン・ショック以降、多くの国で積極的な金融緩和がすすめられてきました。日本でも、「異次元金融緩和」とか、「ゼロ金利政策」などと呼ばれている現象です。最近では、新型コロナウイルスの感染拡大に対応するため、給付金の支給など、大胆な財政出動も常態化し、巨額の財政赤字が累積しています。

　旧来のマクロ経済学だと、このような積極的な財政金融政策は、短期的に失業率を下げるなどの効果があるものの、それが長期にわたると、バブルやインフレ、財政破綻などを招来するものと考えられてきました。しかし、リーマン・ショック以降今日まで、日本やヨーロッパでは長期にわたってデフレ傾向にあり、この現象をうまく説明できなくなっています。中央銀行がこれほどまで積極果敢に金融緩和政策をつづけてもインフレにならないのはなぜなのか。新型コロナ対策とはいえ、財政当局がここまで予算を膨張させて財政赤字を累積させても大丈夫なのか。

　こういった点についても、今回の改訂版ではできるかぎり丁寧に説明するように心掛けました。たとえば5章では「内生的貨幣供給」の仕組みを、16章では世界で話題を呼んでいる「現代貨幣理論（MMT）」を紹介するなど、旧版からは大幅に書き換えています。

　なお、以上のほか、本書の特徴は次のとおりです。

1. マクロ経済学の体系が効率よく習得できるように、初版以来の伝統を引き継ぎ、できるかぎり簡潔な説明を心掛けた。

2. マクロ経済理論の説明がはじまる4章以降11章まで、各章の冒頭に、それぞれの章がマクロ経済学全体系の中のどの部分にあたるのかが一目でわかるフローチャートをつけた。これによって、読者はいま勉強している地点を理解したうえで学習できることになる。

3. マクロ経済学は、他の学問分野と同じく、全体系を理解するのにかなりの忍耐力を要する。この負担を少しでも軽減し、読者の理解度を高めるために、章の終わりに、「本章のポイント」「理解度チェックテスト」「計算問題」「記述問題」「ディスカッションテーマ」をつけた。必要に応じて活用していただきたい。

　最後に、このように最新のデータやマクロ経済理論の変化を取り入れ、アップデートされた形で「第6版」をお届けできるようになったのは、多摩大学の下井直毅教授と、三菱UFJリサーチ＆コンサルティング株式会社の塚田裕昭主任研究員の全面的な協力のおかげです。また、日本評論社の吉田素規、小西ふき子両氏には、改訂版の完成に向けて忍耐強く対応していただきました。さらに、株式会社不識庵の木村展さんにも種々、お世話になりました。

　この場を借りて、心より感謝の意を表します。

令和3年2月　　東京港区にて

中谷　巌

目 次

Part 2 短期モデル：需要サイドを主とした分析

Part 1

イントロダクション

　Part 1は、マクロ経済学についてのおおまかな知識を得るための「序論」にあたる部分です。マクロ経済学がどういう学問であるのか、マクロ経済学が分析の対象としている「マクロ経済」についての基礎知識を学びます。

　1章では、マクロ経済学とはどういう学問なのかについて、もうひとつの経済学の理論体系であるミクロ経済学と対比しながら簡単に説明します。また、マクロ経済学を学んでいくうえで必要ないくつかの重要なコンセプトについても解説します。

　2章では、「国民経済計算」という枠組みを学ぶことで、私たちの経済活動の結果がマクロ的にいかに集計されているのかについて理解を深めます。GDPとはどのような概念であり、どのように計算されるのか。また、その中身・構成はどうなっているのか。マクロ経済学を学ぶうえで、これらの概念をまず理解することが必要です。また、マクロ経済の構造を理解するうえで重要な「三面等価の原則」、とくに、民間部門の貯蓄超過が政府部門の投資超過（財政赤字）と海外部門の貯蓄超過（貿易・サービス収支黒字）の和に等しくなることを理解することはきわめて重要です。

　3章では、マクロ経済学の理論を体系的に理解するうえで重要となる「短期」と「長期」の概念について説明します。「短期」と「長期」のちがいを明確に理解することで、マクロ経済学の基本的な理論構造に対する俯瞰図を読者に提供します。

1：
マクロ経済学とは

本章の目的

● まず、マクロ経済学がどのような学問であるのかについて、それと対になるミクロ経済学と比較しながら学びます。

● 世の中で起きている様々な経済現象をマクロ経済理論のフレームワークにのっとって理解できるように、「フロー」と「ストック」、「名目」と「実質」、「静学的アプローチ」と「動学的アプローチ」といった、いくつかの重要な概念について説明します。

● マクロ経済学で取り扱う3つの代表的な市場である「財市場」、「労働市場」、「資産市場」について理解します。

マクロ経済学はすぐれて現実的な経済問題を取り扱う学問です。たとえば、次のようなわれわれの生活を左右する重要な問題に解答を与えるには、マクロ経済学の知識がどうしても必要です。

(ⅰ) 一国の所得水準（GDP）を決定する要因はなにか。

(ⅱ) なぜ経済は変動するのか。好景気の後に不景気がやってくるのはなぜか。

(ⅲ) インフレやデフレはなぜ起こるのか。

(ⅳ) IoT（モノのインターネット）や AI（人工知能）などの技術進歩は、経済にどのような影響を与えるのか。

(ⅴ) 一国の経済成長を決める要因はなにか。なぜ、ある国の成長率は他の国の成長率より高いのか。

(ⅵ) 為替レートや貿易・サービス収支はどのように決まるのか。また、それらは一国の生活水準にいかなる影響を与えているのか。

(ⅶ) 財政赤字はなぜ問題なのか。

　現実の世界では、何十億人という人々が毎日、なんらかの「経済生活」をおくっています。この何十億人の人たちの経済活動をバラバラに眺めているだけでは、このような問題に解答を与えることはできません。人々の「経済生活」を理論化し、理解可能な形にまで単純化、抽象化しないかぎり、上記のような諸問題を理解することはとうていできないでしょう。マクロ経済学は、人々のきわめて多様な「経済生活」から生まれてくる経済現象をできるかぎり単純な形で理論化し、経済の動き方に対する理解を深める手助けをしてくれる学問です。

　この章では、マクロ経済学とはなにか、マクロ経済学を学ぶうえでの基本的なコンセプトをいくつか取り上げます。

1-1　マクロ経済学とミクロ経済学

　これから皆さんとマクロ経済学の学習をすすめていくわけですが、著者が想定している本書のゴールは 2 つあります。ひとつは、失業、デフレ、「異次元」金融緩和など、世の中で起きている様々なマクロ経済現象をときほぐし、筋道を立てて解説することです。もうひとつは、読者がマクロ経済理論のフレームワークにのっとって、こうした経済現象が生み出す諸々の問題を論理的に議論できるようにすることです。道のりは長いですが、決して不可能な仕事ではありません。焦らずに、ゆっくりと、しかし着実にマクロ経済学の世界に入っていきましょう。

「マクロ」と「ミクロ」

　マクロ経済学の「マクロ（Macro）」という言葉は、「ミクロ（Micro）」（微視的）と対になる言葉で、全体的、巨視的、あるいは、集計的という意味に使われています。経済理論には「ミクロ理論」と「マクロ理論」があり、それぞれ固有の役割を果たしていますが、これら 2 つの理論体系は、研究対象が異なるだけでなく、とくに大学の経済学部で学ぶような入門レベルの経済学では、理論の組み立て方、問題に対するアプローチの仕方においても、かなり明確に区別することができます。

　ミクロ経済学は、市場経済のなかの個々の家計や企業が、価格や技術に関する情報をもとにどのような経済行動をとるのか、ということを詳しく調べます。もう少し具体的にいえば、次のようになります。家計はかぎられた予算の枠のなかで何をどれだけ買うのか、どれだけ貯蓄するのか、どこでどれだけ働くのかなどを決定します。他方、企業は未来を見つめながら、利用可能な技術を活用し、なにをどれだけ、いつ供給（生産）するのか、また、どれだけの労働者を雇用し、将来に向けた投資をどうするのか、といったことがらを毎日のように決定しています。ミクロ経済学では、このような経済活動を行なう家計や企業がマーケットで出会って取引をするとき、どのような価格（賃金、商品の値段など）の体系が成立し、また、どのような商品がどれだけ生産されるのかを分析することによって、社会全体でみてどのような経済的意味をもつのかといったことを研究します。もう少し経済学的な言葉遣いをすると、家計や企業が自己の効用（欲望）や利潤の最大化を図るとき、マーケット・メカニズムはどのような役割を果たすのか、そして、市場がどのような条件のもとで「効率的」であり、「最適」なのかを研究するのです。

　このように、ミクロ経済学は、かぎられた資源をどう配分するかという「資源配分問題」をもっぱら研究してきたといえましょう。これほど世の中が豊かになっても、どんな物でも好きなときに、好きなだけ手に入る「桃源郷^{とうげんきょう}―**1**」の将来は、まだまだ先のことです。とすれば、稀少な経済資源をいかに有効に、効率的に利用するのかという問題は、依然として重要な経済学の問題です。ミクロ経済学においては、稀少な資源（労働力、土地、資本、エネルギーなど）を使って、「なにを」「どれだけ」「どのような方法で」「誰のために」生産すればよいのか、どのような消費選択をすれば効用（満足度）が最も高まる

1―桃源郷とは、俗世間を離れた理想的で美しい世界という意味で使われる。4 世紀頃の中国で活躍した詩人である陶淵明の『桃花源記』に出ていたことば。

のか、という問題が研究されてきたのです。

　他方、マクロ経済学はこのような資源配分問題を直接には扱わず、ミクロの経済主体の行動の結果をいくつかの代表的な変数に「集計」して、それらの集計されたマクロの変数の動き方を分析することを第一義的な仕事としています。マクロの経済政策を研究することも、マクロ経済学の主要な役目です。「集計」変数の代表的なものは、GDP（Gross Domestic Product、国内総生産）、物価上昇率（インフレーション。マイナスの場合はデフレーション）、失業率、為替レート、国際収支、経済成長率、利子率などです。また、マネーストック、金融緩和、財政赤字、国債発行残高なども、政策論との関連でしばしば登場します。

　これらの集計された変数を使って、GDP の水準を決めているのはなにか、なぜインフレや失業が発生するのか、金利が高くなったり、低くなったりするのはなぜなのか、「円高（ドル安）」や「円安（ドル高）」の原因、あるいは、貿易・サービス収支や経常収支の動向を決める要因はなんなのか、貯蓄率と経済成長との関係、財政赤字の是非、税制のあり方、金融政策など、われわれの身のまわりにある、わかっているようで実はなかなかはっきりとはわからない経済問題や経済現象を分析しようというわけです。

　このように、ミクロ経済学とマクロ経済学は分析の方法がかなりちがいます。しかし、重要なことは、私たちはどちらのアプローチをとるにせよ、同じ経済を分析の対象としているということを忘れないことです。実際、マクロ経済の様々な現象も、家計や企業などのミクロの行動が集計されて起こっているわけであり、その意味でマクロ経済学とミクロ経済学は密接な関係にあるといわなければなりません。

　また、マクロ経済学は世の中の動きときわめて密接に関連しつつ発展してきた学問ですから、現実ばなれした抽象論だけでは不十分です。どうしても、現代の世界が抱えている経済問題を現実的な観点から解明していくという姿勢が必要です。しかし、もちろん、抽象論が不要だというわけではありません。むしろ、このような現実の経済問題に対して説得力のある解答を用意するには、体系だったものの見方、考え方が重要であることは、いくら強調してもしすぎることはありません。そのためには、多少は迂遠—2に思えても、しっかりとしたマクロ経済学の理論的枠組みを頭にいれることが必要です。したがって、

2—迂遠というのは、まわりくどいという意味。あるいは、直接役に立たないということ。

本書においては、現実の日本経済や世界経済との関連性を重視しつつも、マクロ経済を分析するうえでの「論理の一貫性」という点を最も重視しています。

3つの「集計された市場」

さて、マクロ経済学では、GDPや消費、金利や失業率などについて分析するため、3つの「集計された市場」を想定します。すなわち、財やサービスなどの取引が行なわれる「財市場」、労働サービスの需要と供給を分析するための「労働市場」、貨幣や債券などの金融資産の取引が行なわれる「資産市場」がそれにあたります—**3**。

この3つの市場のうち、財市場と資産市場については海外取引が加わります。労働サービスの国境を越えた取引については、労働の国際移動が限定的であるため、本書では取り扱いません。国内取引と海外取引の基本的な差は、通貨が異なるということです。このため、為替レートという新たな変数が分析のなかに登場します。

1-2　いくつかの重要なコンセプト

マクロ経済学を学ぶさいに、基本的なコンセプトに関する理解不足のために、しばしば混乱が生じる場合が見受けられます。ここでは、あらかじめ紹介しておいたほうがよいと思われるいくつかの重要なコンセプトについて取り上げておきます。

フローとストック

フローとストックの概念を区別することは、マクロ経済理論を正確に理解する第一歩といっても過言ではありません。まず、ある一定の期間（通常は1年とか四半期で考えることが多いが、場合によっては、それよりも短かったり、長かったりすることもある）に行なわれた経済活動の成果を示したものを「フロー」（Flow）と呼びます。たとえば、一定期間に生み出されたGDPや生産額、消費や投資、経常収支や財政収支の大きさなどがその代表例です。

他方、過去からのフローの蓄積をある一時点で測ったものを「ストック」（Stock）と称しています。たとえば、過去から現在にいたる投資の蓄積額であ

3—「資産市場」を「貨幣市場」と「証券市場」（あるいは「債券市場」）に分けて議論を展開することもあるが、実は5章で詳しく示すように、「貨幣市場」と「証券市場」は同じコインのウラとオモテという関係にあるため、これを一本化（あるいは、両者のうち一方だけを取り上げて議論）しても結果は同じになる。

らわされる資本ストックは、「ストック」変数です。また、日本銀行が管理している貨幣供給量（マネーストック）や国債の累積額、家計の貯蓄累積額、国際的な累積債務、土地や株式の価値総額などもストックにあたります。

　重要なことは、フローとストックでは「時間の次元」（Time Dimension）が異なるため、これらの概念の区別が明確でないと、議論に混乱が生じるという点です。たとえば、利子率がどのように決定されるのかということを議論する場合、一定期間に生み出された貯蓄や投資というフロー概念で議論するのがよいのか、マネーストックや資産などのストック概念をもちだすほうがよいとするのかによって、結論は大きく変わってきます。

　また、為替レートの決まり方を理論化する場合でも、経常収支の動向といったフローを重視するのか、国際間の資本移動などのストック変数の動きを重視するのかは、きわめて重要な論争点です。

　これらの例からみても明らかなように、フローとストックの区別を常に頭の片隅におきつつ、マクロ経済学の諸問題を考えるという姿勢が求められます。

名目と実質

　GDPや賃金、利子率、為替レートなどの経済指標を正確に評価するには、「名目」と「実質」という2つの概念をしっかり区別する必要があります。

　「名目」とは、ある経済指標を計測された時点の価格で評価したものです。他方、それを物価水準の変化を考慮して割り出した数値を「実質」と呼んでいます。

　例を用いて、わかりやすく説明してみましょう。1年前には、大学生が行なうアルバイトの平均時間給は1,000円であり、それが今年になって1,100円にまで10％上昇したとします。つまり、彼もしくは彼女の「名目」賃金は10％増えました。しかし、これは賃金を受け取った大学生の商品購買力が必ずしも1年前と比べて10％上昇したことを意味するわけではありません。この1年間に発生した物価上昇分を割り引かないと、「実質的な」賃金の上昇を計ることはできないからです。仮に、インフレ率（一般物価の上昇率）が10％であったとすれば、賃金の上昇分が相殺されて、彼もしくは彼女の購買力（すなわち「実質」賃金）は変わらないことになります。インフレ率が10％未満なら、実質賃金は上昇しますが、10％を超えていたとすれば、賃金の上昇率を上まわるため、「実質的な」賃金の価値は1年前よりも低くなってしまいます。

　このような例からも明らかなように、経済現象を正確に理解するには、まずもって「名目」と「実質」の区別をしっかりと理解することが重要なのです━**4**。

静学的アプローチと動学的アプローチ

　また、現実の経済は時間とともに刻一刻と変化しています。しかし、動いているものを正確に描写するのは、普通はたいへん困難です。おそらくは、かなり多くのむずかしい方程式をもってしても、この複雑きわまりない現実の動きを正確にとらえることはできないと思われます。そこで、動いている経済を「瞬間写真」におさめて、あたかも時間が止まったかのように考えて、経済の構造を分析しようとするのが「静学的アプローチ」です。逆に、「動学的アプローチ」は時間の経過を明示的に取り上げ、ひとつの均衡が次の均衡に向かって移行するダイナミックな動きを分析します。経済を瞬間写真におさめたとき、経済は通常、いずれかの方向に向かって動こうとしているはずです。その動きを逐一詳しく分析するのは無理だとしても、ある一定期間の後にもう一度「瞬間写真」を撮り、以前の経済状況と比較することは可能です。「動学的アプローチ」では、このようにして時間の概念を導入するのです。

　経済成長の理論は、この「動学的アプローチ」を取り入れたものです。「静学的アプローチ」と「動学的アプローチ」は分析の目的によって使い分けられています。これらのアプローチのちがいを明確に理解しておくことも大切です。

1-3　本書のアウトライン

　さて、本書は、日本経済や世界経済の動きを参考にしながら、マクロ経済学の体系をできるかぎり簡潔に読者に伝えたいという一種の「使命感」で書かれています。この「使命感」が空振りに終わらないよう、重要な点については繰り返し強調していきますが、ここではまず、本書がどのような筋立てでマクロ経済学体系を説明しているかについて説明しておきます。

　まず、本書は5つのPart（部）と16の章からできています。Part 1はイントロダクションです。マクロ経済学に入っていくための助走にあたる部分です。とくに、Part 1の3章は本書の大まかな分析の枠組みが、「短期」（需要と供給が均衡していなくても価格が調整されない期間）と「長期」（需要と供給が均衡していない場合に価格が変動するのに十分な期間）、経済成長の理論のような生産能力が拡大していく「超長期」に分類したうえで組み立てられたものであることを簡潔に説明しています。ここは読者が「道に迷ったら」絶えず

4―名目値と実質値の混同により、名目値の変化を実質値の変化と勘違いして経済行動を行なってしまうことを貨幣錯覚と呼ぶ。

戻ってきて何度も読んでいただきたい部分です。

　Part 2 では、通常「ケインジアン・モデル」と呼ばれる「短期」経済変動の仕組み（短期モデル）を解説します。「短期」の意味は、先にも説明したように、「需要と供給に不一致があったとしても賃金や物価が変化しない期間」のことです。たとえば、短期においては、供給が需要を上まわっていても（したがって売れ残りがあっても）価格が下がらないということです。その結果、本書を読みすすめればすぐにわかることですが、「短期」における所得の水準を決めるのは消費や投資、公共事業、輸出などの「需要サイド」ということになります。

　Part 3 は、「長期均衡への調整」を分析の対象にしています。ここでいう「長期」とは、「需要と供給に不一致があった場合に、賃金や価格が変動し、それによって需要と供給が調節されるのに十分な期間」です。「長期」においては、短期とちがって「需要サイド」だけではなく、労働者の労働供給態度や企業の価格付け行動など、「供給サイド」が重要な役割を果たします。ついでにいえば、「長期均衡」とは、「マクロ経済学が扱うすべて（財・労働・資産の3つ）の市場において需要と供給が同時に一致した状態」を指しています。また、ここではさらに生産能力自体が変化する「超長期」の視点から、経済成長の理論を扱います。

　Part 4 は、Part 2 や Part 3 で登場する変数のうち、消費や貯蓄、投資が決定されるメカニズムについてさらに詳しく分析します。

　Part 5 は、これまで学んできた知識を前提に、より高度なマクロ経済学の理論を整理しています（14 章、15 章）。さらに、最終章（16 章）では、最近の日本経済や世界経済の変動をマクロ経済学の知識を使いながら分析します。この Part を通して、1990 年代に不況が長びいた原因はなにか、伝統的なケインズ経済学は有効でなくなったのか、人口減少経済の将来、日本の大幅な財政赤字や異次元の金融緩和などの日本銀行の金融政策がもたらす影響といったテーマについて考えます。さらに、2020 年の新型コロナウイルスがマクロ経済に与える影響についても考えてみたいと思います。

　経済学のむずかしさは、細部についてかなり理解が深まったとしても、全体像がなかなか頭に入らないというところにあります。そして、全体像を把握するには、それなりの根気、忍耐力が必要です。そのこともあって、本書では読者の多くが途中で道に迷わずにすむように、できるかぎり、「自分がいまどの地点にいるのか」がわかるように工夫したつもりです。本書を読み終えることで、読者がマクロ経済学の基本的な体系について理解できるようになることを

心から念願しています。

本章のポイント

●本書では、世の中で起きている様々な経済現象を論理的にときほぐし、筋道を立てて解説しています。読者が、マクロ経済理論のフレームワークにのっとって、これらの経済現象が生み出す諸問題を論理的に議論できるようにすることをねらいとしています。

●ミクロ経済学は、市場経済のなかの個々の家計や企業といった経済主体が「合理的な」行動をとるときに、マーケット・メカニズムを通じて希少な資源がいかに配分されるか、という「資源配分問題」を研究する学問です。

●それに対して、マクロ経済学は、ミクロの経済主体の行動の結果をいくつかの代表的な変数に「集計」して、集計されたマクロの変数の動き方を分析するとともに、マクロの経済政策を研究する学問です。

●マクロ経済学では、3つの「集計された市場」を想定します。それらは、財やサービスなどの取引が行なわれる「財市場」、労働サービスの需要と供給を分析するための「労働市場」、貨幣や債券などの金融資産の取引が行なわれる「資産市場」です。

●「フロー」とは、ある一定の期間に行なわれた経済活動の成果を示したもので、「ストック」とは、過去からのフローの蓄積をある一時点で測ったものをいいます。これらは「時間の次元」が異なります。議論に混乱が生じないように、これらの概念の区別を明確にすることが重要です。

●「名目」とは、ある経済指標を計測された時点の価格で評価したものであるのに対して、それを物価水準の変化を考慮して調整したものを「実質」と呼びます。経済現象を正確に理解するためには、これらの区別をしっかりと理解することが重要です。

●動いている経済を「瞬間写真」におさめて、あたかも時間が止まったかのように考えて、経済の構造を分析しようとするのが「静学的アプローチ」です。逆に、「動学的アプローチ」は時間の経過を明示的に取り上げ、ひとつの均衡が次の均衡に向かって移行する様子を分析します。

理解度チェックテスト

空欄に適当な語句を入れなさい。

1. ある一定の期間に行なわれた経済活動の成果をとらえる概念を（　　　　　）と呼ぶのに対して、過去からのそうした蓄積をある一定時点でとらえる概念を（　　　　　）と呼ぶ。

2. ある経済指標を計測された時点の価格で評価する概念を（　　　　　）と呼ぶの
に対して、物価水準の変化を考慮して調整したものを（　　　　　）と呼ぶ。

3. 動いている経済を「瞬間写真」におさめて、あたかも時間が止まったかのように
考えて、経済の構造を分析しようとするのが、（　　　　　）アプローチである。
それに対して、時間の経過を明示的に取り上げ、ひとつの均衡が次の均衡に向か
って移行する様子を分析するのが（　　　　　）アプローチである。この2つの
うち、経済成長の理論は（　　　　　）アプローチを取り入れたものである。

解答：1. フロー ストック　2. 名目 実質　3. 静学的 動学的 動学的

練習問題

記述問題

1. フローの変数にはどのようなものがあるか。その例をいくつか挙げなさい。ま
た、ストックの変数にはどのようなものがあるか。その例をいくつか挙げなさ
い。

2. 大学生が行なうアルバイトの時間給が1年前では1,000円であり、今年になって
1,200円に20％上昇したとする。このとき、同時に物価の上昇（インフレ）が、
1年前から今年にかけて10％上昇したとする。このとき、この大学生の名目賃金
は何％変化したかを説明しなさい。また、実質賃金は何％変化したか。さらに、
アルバイトの時間給は変わらなかったものの、物価が逆に10％低下した場合、実
質賃金はどうなるかを説明しなさい。

2：
GDP を理解する

本章の目的

●マクロ経済学で扱うマクロ経済変数のうち、GDP（国内総生産）や国民総所得
　（GNI）などの概念についてや、それらがどのようにして計算されているかを説明
　します。

●政府が集計するマクロ経済統計のうち、基本となる「国民経済計算」の概念につ
　いて説明し、そこから導かれる「貯蓄」と「投資」の関係について解説します。

●インフレーションの測定に用いられる GDP デフレーター、消費者物価指数、企業
　物価指数などの物価指数の考え方について解説します。

　　　の章では、GDP の計算がどのような約束のもとになされているのかを
　　　知ることにより、一国のマクロ経済がどのような基本的な構造を持って
いるのかについて解説します。なかでも、マクロ経済がどのような仕組みで循
環しているのか、また、家計や企業、政府といった経済主体のあいだの相互依
存関係をどうとらえたらよいのか、また、海外との取引、インフレーションや
デフレーションの定義と測定方法などを取り扱います。

　日本の GDP は世界 3 位（1 位は米国、2 位は中国）だとか、以前は貯蓄率
が先進国のなかでは飛び抜けて高かったのに、それがかなり低下してきたとい
った議論をよく耳にしますが、GDP がそもそもなんであるのか、貯蓄率をど
う計測しているのかといったマクロ経済変数の測定についての知識がないと、
議論が空まわりに終わる可能性があります。それどころか、GDP や可処分所
得、デフレーターなどマクロ経済にかかわる実際的な知識を得ることは、経済
の構造や循環の様子を知るうえできわめて有効なのです。これらのマクロ経済
のデータを集計する仕事は「国民経済計算」と呼ばれ、日本では内閣府がこの
作業に従事しています。

2-1　国民経済計算

　国民経済計算は一国経済の状態を知るうえで、おそらく最も多くの経済情報
を提供してきました。たとえば、戦後の日本経済発展の歴史をたどる場合、か
ならず GDP の水準がどのように変動したかということが問題になります。
GDP 統計は、一部の批判にもあるように、国民の生活水準のすべてを記述す
るものではありません。公害や自然環境の悪化が人々の実質的な生活水準を引
き下げたとしても、GDP 統計はそのことを正確に測ることはできませんし、
ときには公害産業の成長による GDP の増大という、真の生活水準とは逆の向
きをした情報を作り出すことさえあります。

　しかし、GDP のもつもろもろの不備や欠点にもかかわらず、国民経済のパ
フォーマンスについての情報としては、国民経済計算に勝るものはないと考え
られています。とりわけ、政府が的確な経済政策をとるうえで、国民経済計算
は不可欠とされています。実際、GDP や国民所得を把握することなしには、
景気が良いのか悪いのかという判断すらおぼつかないことになります。また、
ビジネスマンが投資や雇用の決定を下すさいにも、GDP 統計は、需要動向に
ついての重要な指標の役目を果たしています。

GDP（国内総生産）とGNP（国民総生産）

　まず、国内総生産（GDP：Gross Domestic Product）はどのように定義されているか、ということからはじめましょう。国内総生産は、ある一定期間（1年、もしくは四半期単位で測られる）に、分析の対象とされる「国内経済において（Domestic）」「生産された（Product）」、すべての財・サービスの付加価値額の「総額（Gross）」であると定義されます。

　ここで注意すべき点が3つあります。まず、「国内経済において」という部分です。国民経済計算で国をあらわす用語として、国内（Domestic）と国民（National）の2種類の異なる概念があることを知っておく必要があります。前者の「国内」は、日本人によるものであれ外国人によるものであれ、とにかく、日本国内で生産された価値の総計であり、後者の「国民」は、所得が生み出される場所が国内であれ国外であれ、日本人の所得として計上されるものはすべて含まれます—**1**。GDPは国内総生産ですので、たとえば、日本を例にとると「日本国内で」という意味あいになります。したがって、日本企業の海外法人の経済活動や、日本人が海外で得た所得などは日本のGDP統計の対象外となり、一方、海外企業の日本法人の経済活動や、外国人の日本における所得は、日本のGDP統計の対象となります。

　現在ではそれほど使われることはなくなりましたが、かつては国民経済計算の中心となる概念は、国内総生産（GDP）ではなく、国民総生産（GNP：Gross National Product）でした—**2**。ただ、国内景気（日本であれば日本経済）の動向をみるのであれば、その国の国民であれ、外国人であれ、国内におけるすべての経済主体による経済活動を対象にしたほうが好都合なことが多いため、「国民」総生産（GNP）に代わって「国内」総生産（GDP）の統計が重視されるようになりました。もっとも、過去の経済動向などを調べるさいに昔の資料をあたったりする場合には、GDPではなくGNPが登場してくることもあるでしょうから、GDPとGNPでは集計の対象が異なるということは理解しておいてください—**3**。

　国内総生産の定義で注意すべき2つ目の点は、「生産された」の意味です。

1—もう少し正確にいうと、GNPの場合は日本の「居住者」が生み出した価値になる。そのため、「日本人」である必要はなく、日本に6カ月以上居住している個人が海外で稼ぐ所得は、国籍に関わらず日本のGNPに計上される。その代わり、日本人であっても海外に2年以上居住している個人は日本の非居住者扱いとなるため、その人が海外で稼いだ所得は日本のGNPに計上されない。

2—繰り返しになるが、日本のGNPを集計する場合、日本企業の海外法人の経済活動は集計の対象となる一方で、海外企業の日本法人の経済活動は集計の対象外となる。

ここで「生産された」とは、各生産段階において「付加的に」生産されたという意味で使われています。付加的に生産された価値を付加価値と呼んでいますが、国内総生産は単なる生産額の総計ではなく、各産業や各企業が作り出した付加価値の総計なのです。

　それでは、「付加価値とはなにか」ということが問題になりますが、これは、企業などの生産主体が生産活動によって作り出した生産物の産出総額から、その生産主体が国内企業や外国企業などの他の生産主体から購入した原材料、燃料、中間生産物などのすべての中間投入額を差し引いたものになります。つまり、GDP とはすべての生産主体が作り出す付加価値の合計ということです。

GDP 計算の数値例

　定義だけでは、なかなかイメージがわきにくいかと思いますので、例を用いて考えてみましょう。いま、ひとつの例として、小麦を生産する農家、それを粉にする製粉所、その粉でパンを作る製パン会社、および燃料を提供する外国の石油会社のみからなる簡単な経済を考えます。ある年の農家、製粉所、製パン会社の生産活動に要した石油の購入（輸入）金額は、それぞれ 5 兆円、10兆円、15 兆円でした。

　まず、農家は、その年の小麦生産量をすべて製粉所に売却し、20 兆円を売り上げたとします。農家の中間投入としては、肥料や除草剤のようなものが考えられますが、ここでは簡単化のために中間投入をゼロとしています。したがって、この農家の付加価値は 15 兆円です。

　次に、製粉所は、輸入した石油と農家から買った小麦を中間投入として、40兆円の小麦粉を作り、それをすべて製パン会社に売りました。したがって、製粉所の作り出した付加価値は 40 兆円の売り上げから、農家への支払い分 20 兆円と、石油代金 10 兆円を差し引いた 10 兆円ということになります。

　最後に、製パン会社は、輸入した石油と製粉所から買った小麦粉からパンを製造し、それを 80 兆円で消費者に売り渡したとします。製パン会社の付加価値はいくらになるでしょう。もうわかりましたよね。売り上げは 80 兆円、製粉所への支払いが 40 兆円、そして石油代が 15 兆円ですから、製パン会社の付加価値はその差額の 25 兆円になります。

　さて、この経済の GDP はいくらになるでしょうか。

　3—近年では、GNP よりも、GNI（国民総所得）のほうがよく用いられている。GNI はこの後出てくるが、国民の生産活動を所得面からとらえたもので、GNP と GNI は数値としては同じ大きさになる（後述する「三面等価の法則」を参照）。

(兆円)

生産主体	生産額	中間投入	石油輸入	付加価値
農家	20	0	5	15
製粉所	40	→20（小麦）	10	10
製パン会社	80	→40（小麦粉）	15	25
計	140	60	30	50

　この経済の国内での生産額の合計は、20兆円（農家）＋40兆円（製粉所）＋80兆円（製パン会社）で、計140兆円になります。このとき、農家、製粉所、製パン会社が付加価値として自ら作り出した「価値」は、先にみたように、農家、製粉所、製パン会社がそれぞれ15兆円、10兆円、25兆円でした。したがって、この年のGDPはそれらの合計、50兆円ということになります。つまり、生産額の合計－中間投入の合計－石油輸入の合計＝GDPになるのです[4]。もちろん現実の経済は、無数の生産主体がずっと複雑な相互依存関係のもとで生産活動を行なっていますから、計算ははるかに複雑になりますが、基本的には、このようにして算出された付加価値を、すべての生産主体について合計すればGDPが得られます。

　ところで、このような簡単な計算例からも、いくつかの興味深いことが発見できます。第1に、すべての生産額を単純に合計してしまうと、外国の石油企業の生産活動の結果（ここでは5兆＋10兆＋15兆＝30兆円）をも含めて計算してしまうことになり、その経済の「国内」での経済活動の指標としては好ましくありません。

　第2に、生産額の合計である140兆円は、農家と製粉所の生産額を2回ずつダブって計算しています。製粉所の生産額40兆円のうち、20兆円は農家の生産額としてすでに一度勘定した分であり、製パン会社の生産額80兆円のうち40兆円分は、製粉所の生産額としてやはりすでに勘定したものです。つまり、合計60兆円にのぼる部分（中間投入）は二重に計算していることになります。単純に生産額を合計してしまうと、このような二重計算を含む金額になってしまい、各生産主体がどの程度「付加的な」価値の生産に貢献したかを示す指標としては不適当といわなければなりません。

　第3に、「経済活動は究極的には消費者の欲求を満足するためにある」とす

4—この例では、輸入されたものが国内生産の付加価値に含まれないことを強調するために、石油輸入を中間投入と分けて記述しているが、石油は製品生産のための中間投入と考えて、これを中間投入に含める形で説明することも可能である。

れば、GDPは、最終消費財であるパンの総価値80兆円とすべきではないかという意見もありえましょう。しかし、80兆円のうち、石油輸入分30兆円は、実は海外で作り出された価値であるということを忘れてはなりません。なるほど、80兆円の価値をもつパンではありますが、そのうち30兆円は石油産出国によって作り出されたものですから、この30兆円については、石油産出国の付加価値として計算されます。この経済の国内では、あくまでも付加的には50兆円しか価値を作り出していないという点に注意が必要です。

「グロス」と「ネット」

　国内総生産を定義するさいに留意すべき3つ目の点として、付加価値の総額として国内総生産を定義するさいの「総」（Gross）の意味について触れておく必要があります。「総」の反対の意味に使われる用語は、国民経済計算では「純」（Net）です。「純」という場合には、生産をするさいに使用する機械、工具、プラントなどの既存の資本ストックに対して、その使用料（会計上の用語では減価償却、国民経済計算では固定資本減耗と呼んでいる）を控除した金額を指します。

　生産するときに、機械など資本ストックを使うとそれだけ摩耗し、価値が低下しますが、国内総生産においては、その部分（固定資本減耗分）を控除する前の値を使っているのです。固定資本減耗を控除したものを、国内純生産（NDP：Net Domestic Product）といいます。すなわち、

$$国内純生産（NDP）＝国内総生産（GDP）－固定資本減耗$$

になります。

　ある一定期間内に作られた生産物の価値を問題にしようとすれば、いまの説明であったように、固定資本減耗分は本来差し引いておくべきでしょう。なぜなら、その期間中に、国民経済的な観点からみて、固定資本の減耗分に相当する価値が失われたわけですから、付加価値の合計から固定資本減耗分の合計を控除したものが、その期間に作られた真の（ネットの）付加価値にあたると考えられるからです。

　しかし、固定資本が一定期間内にどれだけ減価したかということを正確に、かつ迅速に推計するのは、技術的にかなり厄介です。そのため、国内純生産を正確に推計するのには、かなりの時間を要します。また、時間をかけても正確に推定することが困難な場合もあり、その結果、推計に恣意性が入るおそれがあります。そのため、GDPに占める固定資本減耗の割合が急激な変化を示すとは考えられない短期では、国民経済のおおまかな動向を知るうえでは、固定

資本減耗を計算しなくてもよい GDP の推計で十分であると考えられています。

2-2　マクロ経済の循環

　以上の説明において、国内総生産は「国内における各生産主体の付加価値の総計」と定義されることがわかりました。ところで、企業などの生産主体が作る付加価値額は、一国経済のなかでどのように配分され、また消費されるのかというのは興味のある点です。というのは、すべての経済活動は究極的にはかならず誰かの満足（経済学ではしばしば「効用」という言葉を使う）を引き上げるために行なわれており、その成果はかならず誰かに帰着すると考えられるからです。

三面等価の原則

　先述の例では、農家が 15 兆円、製粉所が 10 兆円、製パン会社が 25 兆円の所得を得たことになっていました。しかし、農家でも農地を借りている場合には、地主に地代をいくらか支払う必要があるでしょう。製粉所でも、従業員を雇っていれば、賃金を支払う必要があります。製パン会社が株式会社であれば、従業員への賃金支払いのほかに、株主への配当も必要ですし、借金があれば利息を支払わねばなりません。そのほか、役員報酬や租税の支払いもあれば、留保利潤として会社に残る部分もあります。いずれにしても、「生産された付加価値はかならず誰かに分配されることになるのです一**5**。重要なことは、付加価値の合計として計上された GDP はかならず、政府、家計、企業のいずれかの主体に分配されつくすという点です。すなわち、

$$\text{GDP} \equiv \text{家計の収入} + \text{企業の収入} + \text{政府の収入}$$

ということです。

　実際の国民経済計算では、この関係を

$$\text{GDP} \equiv \text{雇用者報酬} + \text{営業余剰・混合所得} + \text{固定資本減耗}$$
$$+ \text{生産・輸入品に課される税} - \text{補助金}$$

と表します。

　ここで、雇用者報酬とは、「賃金・俸給」と「雇い主の社会負担（年金や社会保険の会社負担分など）」からなり、主として家計部門の所得となります。

5―前述のとおり、国内総生産においては固定資本減耗分については控除されていないので、固定資本減耗は会社への分配ととらえる。

　雇用者報酬として家計に分配された所得のうち、一部は所得税や社会保険料として政府に納められ、政府の収入となります。

　営業余剰・混合所得は、企業部門の営業活動の余剰として発生するのですが、これは、利子、配当、賃貸料など「生産要素用役」への報酬として家計などへ分配されるほか、法人税として政府にも分配され、残余の部分は企業内部に蓄積されます。

　固定資本減耗は、期間中に減価した資本財価値にあたり、いわゆる「課税所得」ではなく、したがって税金の対象にもなりませんが、現実には企業の手元に残ります。

　「生産・輸入品に課される税－補助金」は、直接税（所得税、法人税など）以外の政府の受け取り（消費税、関税など）から、政府の支払いである補助金を引いた純租税収入を指します。

　以上の説明で明らかなとおり、生産された GDP は、家計、企業、政府のいずれかの部門に分配され、所得となるのです。すなわち、

　　　　　　生産面からみた GDP ≡ 分配面（もしくは所得面）からみた GDP

という恒等関係が成立します――**6**。

　さらに、もう一歩議論をすすめると、この分配された国内総生産がどのように使われるのか、という「支出面」の問題に行きつきます。家計や企業や政府が、国内で支出するということは、国内で財やサービスを需要するということですので、「支出面」からみた GDP は「需要面」からみた GDP とも呼ばれます。

　GDP を支出面からとらえるということは、各経済主体が受け取った分配所得をどう使うのかということを考えると同時に、海外とのやり取りも考える必要が出てきます。たとえば、家計の支出は個人消費や住宅投資ですし、企業の支出は設備投資や在庫投資、政府の支出は公共投資や政府消費であったりするわけです。なお、これらの支出のなかには、輸入品も含まれます。また、国内で作り出されたものに対する海外部門からの需要は輸出となります。こう考えると、国内で作り出されたものに対する需要の合計（総需要）は、次のようにあらわせます。

　　　　　総需要＝個人消費＋住宅投資＋設備投資＋在庫投資
　　　　　　　　　＋公共投資＋政府消費＋輸出

　6――これは GNP についてもいえる。このことから、GNP と GNI（国民総所得）の数値は
　　　一致する。

このなかで、輸出は海外による需要ですので、「外需」とも呼ばれます。また、それ以外の項目（個人消費、住宅投資、設備投資、在庫投資、公共投資、政府消費）は、国内の需要ということで「内需」と呼ばれます。

さて、総需要は以上のようにあらわせますが、次に、これに対応する供給（総供給）を考えてみましょう。上記の需要に対応する供給は、国内で作り出された財・サービスである国内総生産（GDP）に、海外からの輸入品を加えたものがあてられます。家計などの各経済主体はかならずしも国内で生産されたものだけを需要するわけではないからです。このとき、（総供給）＝（総需要）となるとすると、次のような関係が成り立ちます。

$$\text{GDP} + 輸入 = 個人消費 + 住宅投資 + 設備投資 + 在庫投資$$
$$+ 公共投資 + 政府消費 + 輸出$$

ここで、輸入を右辺に移項すると、

$$\text{GDP} = 個人消費 + 住宅投資 + 設備投資 + 在庫投資$$
$$+ 公共投資 + 政府消費 + 輸出 - 輸入$$

となります。これが支出面からみた GDP の式です。同じことの言い換えですが、国民経済計算の用語を用いると、

$$\text{GDP} = 民間最終消費支出 + 政府最終消費支出$$
$$+ 総資本形成^{[7]} + 財貨・サービスの純輸出$$

と書きあらわすこともできます。

さて、これまで、国内総生産を生産面、分配面、支出面からそれぞれみてきましたが、当然のことながら、同じものを異なる側面からみただけなので、この三者はすべて等しい、つまり等価となります。この原則を「三面等価の原則」といいます。

日本経済における三面等価

それではここで、最近の国民経済計算の数字を取り上げて、生産面、分配面、支出面からみた GDP の様子を確かめておきたいと思います。なお、国民経済計算のデータは内閣府の HP から入手できます。

(1) 生産面からみた国内総生産

生産面からみた国内総生産は、内閣府「国民経済計算」のなかにある「経済

7―総資本形成＝住宅投資＋設備投資＋在庫投資＋公共投資。このように、投資に関するものは、総資本形成と一括りにされる。

表2-1　日本経済の三面等価（2017年暦年、名目、単位10億円）

(a)生産面からみたGDP		(b)分配面からみたGDP	
1．農林水産業	6,483	1．雇用者報酬	274,679
2．鉱業	301	2．営業余剰・混合所得	106,226
3．製造業	112,988	3．固定資本減耗	121,321
（1）食料品	13,323	4．生産・輸入品に課される税	45,516
（2）繊維製品	1,318	5．（控除）補助金	2,995
（3）パルプ・紙・紙加工品	2,232	6．統計上の不突合	375
（4）化学	11,856		
（5）石油・石炭製品	5,181	国内総生産	545,122
（6）窯業・土石製品	2,878		
（7）一次金属	9,927		
（8）金属製品	4,801		
（9）はん用・生産用・業務用機械	17,228		
（10）電子部品・デバイス	5,627		
（11）電気機械	7,208		
（12）情報・通信機器	3,363	(c)支出面からみたGDP	
（13）輸送用機械	17,763	1．民間最終消費支出	302,491
（14）印刷業	2,130	2．政府最終消費支出	107,235
（15）その他の製造業	8,156	3．総固定資本形成	129,928
4．電気・ガス・水道・廃棄物処理業	14,253	（1）住宅投資	17,395
5．建設業	31,329	（2）設備投資	85,026
6．卸売・小売業	75,919	（3）公共投資	27,507
（1）卸売業	46,236	4．在庫変動	373
（2）小売業	29,683	5．財貨・サービスの輸出	96,891
7．運輸・郵便業	27,695	6．（控除）財貨・サービスの輸入	91,795
8．宿泊・飲食サービス業	13,791		
9．情報通信業	26,684	国内総生産	545,122
10．金融・保険業	22,516		
11．不動産業	61,789		
12．専門・科学技術、業務支援サービス業	40,483		
13．公務	26,883		
14．教育	19,598		
15．保健衛生・社会事業	38,102		
16．その他のサービス	23,302		
小計	542,116		
輸入品に課される税・関税	8,571		
（控除）総資本形成に係る消費税	5,940		
国内総生産(不突合を含まず)	544,747		
統計上の不突合	375		
国内総生産	545,122		

出所：内閣府「国民経済計算年報」

活動別国内総生産」（暦年ベース）という表にまとめられています。産業別に
みた各生産主体の付加価値額がこの表によってわかるわけですが、2017年
（暦年）のデータを表2-1(a)にかかげました。表に記載のとおり、わが国にお
いて最大の付加価値額を生み出している産業は製造業で、2017年は113兆円、
GDP全体の約20％を占めています。製造業のなかでは、化学、はん用・生産
用・業務用機械[8]、輸送用機械といった業種が大きな比重を占めています。

製造業以外の業種では、卸売・小売業、不動産業などが多額の付加価値を生み出しています。業種別にみた付加価値額を合計すると小計欄にある 542 兆円ですが、これに、業種別ではなく一括で計上されている「輸入品に課される税・関税」を加え─9、同じく一括計上されている「総資本形成に係る消費税」を引き─10、集計上のテクニカルな要因による「統計上の不突合」を調整すると、生産面からみた GDP（545 兆円）が算出されます。

(2) 分配面からみた国内総生産

表 2-1(b)は、2017 年（暦年）の国内総生産を分配面からまとめてみたものです。この表からもわかるとおり、分配面からみても GDP は 545 兆円となり、生産面からみた GDP に一致します。この分配面からみた GDP と生産面からみた GDP が一致するのは、ごく自然なことです。なぜなら、各生産者が作り出す付加価値は、かならず表 2-1(b)の項目 1 から 5 のどれかに分配されるからです。分配面からみた GDP のなかでは、家計に分配される「雇用者報酬」が 275 兆円と圧倒的に大きく、企業の取り分である「営業余剰・混合所得」の 106 兆円、「固定資本減耗」の 121 兆円を大きく上まわります。「固定資本減耗」が計上されているのは、GDP が総（Gross）の概念であるからというのは先にみたとおりです。固定資本減耗は（実際に資金が分配されるわけではありませんが）固定資本の所有者に分配されたものとして計上されるのです。あと、政府部門への分配として「生産・輸入品に課される税」が計上され、逆に政府の取り分を減らす要因である「補助金」が控除されます。最後に「統計上の不突合」が調整されて、最終的に分配面からみた GDP（545 兆円）が算出されます。

分配面からみた国内総生産は、分配された所得の合計ということから、国内総所得（GDI：Gross Domestic Income）とも呼ばれます。

なお、国内総生産（＝国内総所得）から固定資本減耗と「間接税−補助金」

8─はん用機械とは、広くいろいろな機械に組み込まれたり、取り付けたりすることで用いられる機械で、ボイラーやポンプといったもの。また、生産用機械は、生産するために用いられる機械で、農業機械や建設機械などになる。さらに、業務用機械は、一般家庭向けではない用途で用いられる機械で、電気計測器や医療用機械などになる。

9─輸入品にかかる税は付加価値の一部（政府部門に分配される）であるが、表 2-1（a）の部門別の付加価値には計上されていないため、「輸入品に課される税・関税」として一括計上される。

10─消費税課税対象の事業者が投資をした場合、その投資財に含まれる消費税額は、事業者が納める消費税額から控除できる。部門別の付加価値額にはこの控除分が含まれているため、「総資本形成に係る消費税」という項目でまとめて控除されている。

を除いたもの（雇用者報酬と営業余剰・混合所得の和）に、海外からの純要素所得（海外からの雇用者所得の純額と海外からの財産所得の純額）を加えたものを「要素費用表示の国民所得」または、単に「国民所得」（NI：National Income）と呼んでいます。すなわち、

NI ＝ GDP － ｛固定資本減耗＋（間接税－補助金）｝＋海外からの純要素所得

　　＝雇用者報酬＋営業余剰＋海外からの純要素所得

とまとめることができます。国民所得は日本の国民がどれだけ稼ぎ出したかを示しており、2017 年の NI は 401 兆円となっています。

(3) 支出面からみた国内総生産

　最後に、支出面からみた国内総生産（＝国内総支出）をみてみましょう（表2-1(c)）。支出面からみた GDP を構成する需要項目のなかで最も大きいのは、個人消費（民間最終消費支出）302 兆円で、GDP 全体の約 6 割を占めます。また、近年では、社会保障費の政府負担の増加もあって、政府最終消費支出の額も大きなものとなっています。支出面からみた国内総生産の合計も、やはり前と同じ 545 兆円となっており、国民経済計算においては、たしかに国内総生産の三面等価の原則が成り立っていることが確認できます。

国民総所得、国民可処分所得とその処分

　先に、国内概念と国民概念のちがいについて説明しましたが、分配面からみた GDP である国内総所得に「海外からの所得受け取り」を足し、「海外への所得支払い」を引いたものを国民総所得（GNI：Gross National Income）と呼びます。

国民総所得（GNI）＝国内総所得（GDI）＋海外からの純所得

　これは、先に説明した国民総生産（GNP）に対応する概念です。国の豊かさの話をするさい、現在では国民総生産という概念を用いて議論することはほとんどありませんが、国民総所得について語ることはしばしばあります。国内の経済活動の活発さを議論するさいには、国内の生産活動に限定して話をするのがよいと思われますが、国民の所得面での豊かさを議論するさいには、海外から受け取る所得も考慮して議論するのが適当と考えられるからです。たとえば、トヨタ自動車のアメリカでの自動車生産は、日本の国内経済の活発さを議論するさいには除いて考えるのがよいでしょうが、日本の所得面での豊かさを考えるさいには、トヨタのアメリカ法人から送金される配当所得や日本人の給与なども含めた形で考えるのが適当と考えられるからです。

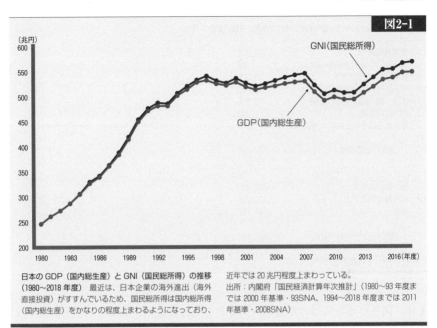

日本のGDP（国内総生産）とGNI（国民総所得）の推移（1980〜2018年度）　最近は、日本企業の海外進出（海外直接投資）がすすんでいるため、国民総所得は国内総所得（国内総生産）をかなりの程度上まわるようになっており、　近年では20兆円程度上まわっている。
出所：内閣府「国民経済計算年次推計」（1980〜93年度までは2000年基準・93SNA、1994〜2018年度までは2011年基準・2008SNA）

　最近は、日本企業の海外進出（海外直接投資）がすすんでいるため、国民総所得は国内総所得をかなりの程度上まわるようになっており、図2-1にあるように、近年では20兆円程度上まわっています。

　さて、分配面からみたGDP（国内総所得）から、「所得」とみなされない固定資本減耗を取り除いたものが、NDP（国内純生産）であることは先にみたとおりですが、これに、海外からの「要素所得」の純額（海外からの純雇用者報酬、海外からの純財産所得）と、海外からのその他の「経常移転」（海外から流入する寄付金など）の純額を加えたものを「国民可処分所得」と呼んでいます。

　国民可処分所得は、文字通り、家計、企業、政府からなる「国民」が自由に処分しうる所得のことですが、それがどう処分されるかという点は、マクロ経済学を学ぶうえできわめて大切な点です。結論からいえば、国民可処分所得は消費されるか貯蓄されるかのどちらかです。

　この結論に疑問をもつ読者もいるかもしれません。というのは、たとえば、雇用者報酬のなかでも、所得税に取られる部分、住宅ローンの利子支払いに流れる部分、寄付金に出す部分などがあり、これらは消費でも貯蓄でもないと反論しうるかにみえるからです。しかし、個々の家計においてはこのことは真かもしれませんが、マクロ的にみれば、これらの流出部分は再び政府、企業、家計のいずれかの所得となり、結局は、消費されるかもしくは貯蓄されて終わり

表2-2　国民可処分所得と使用勘定（2017年暦年、名目、単位10億円）

1. 雇用者報酬	274,679
2. 海外からの雇用者報酬（純）	109
3. 営業余剰・混合所得	106,226
4. 海外からの財産所得（純）	19,830
5. 生産・輸入品に課される税	45,516
6. （控除）補助金	2,995
7. 海外からのその他の経常移転（純）	-1,883
国民可処分所得	441,482
1. 民間最終消費支出	302,491
2. 政府最終消費支出	107,235
3. 貯蓄	31,757
国民可処分所得の使用	441,482

出所：内閣府「国民経済計算年報」

ます。国民可処分所得の項目別内訳とその処分勘定が、表2-2に示されていますが、雇用者報酬以外の所得項目についても、上記のことは妥当するのです。

　ここで、以上の議論を整理すると、次のようになります。なお、簡単化のために、海外からの経常移転（途上国への政府開発援助〈ODA〉など）は無視することにします。

> ① GDP − 固定資本減耗 ≡ NDP
> ② NDP ＋ 海外からの純要素所得
> 　　　≡ 国民所得(NI) ＋（間接税 − 補助金）
> 　　　≡ 家計の可処分所得 ＋ 企業の可処分所得 ＋ 政府の可処分所得
> 　　　≡ 国民可処分所得
> ③ 国民可処分所得 ≡ 民間消費 ＋ 政府消費 ＋ 貯蓄

　これらの恒等関係は、次の重要な事実を示しています。すなわち、「国内純生産（NDP）は一定期間における国内経済全体の供給（純供給）をあらわすとみなせるが、供給されたものは、海外からの所得とあわせて、結局、家計、企業、政府のいずれかの経済主体の所得となり、さらに、これらの所得は消費されるか貯蓄されるかである」ということです。

家計の可処分所得と貯蓄率

　そのほかに経済分析上よく使われる概念としては、「家計の可処分所得」と

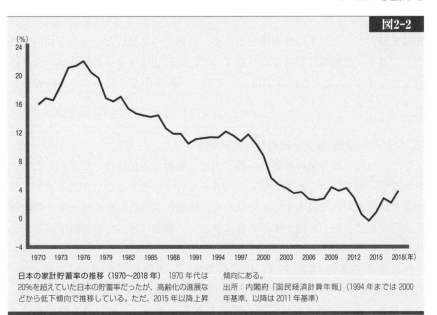

図2-2

日本の家計貯蓄率の推移（1970～2018年）　1970年代は
20％を超えていた日本の貯蓄率だったが、高齢化の進展な
どから低下傾向で推移している。ただ、2015年以降上昇
傾向にある。
出所：内閣府「国民経済計算年報」（1994年までは2000
年基準、以降は2011年基準）

「家計貯蓄率」があります。これらはいずれも家計の活動にかかわるものです。
家計は、労働や土地、資本などの生産要素を提供する見返りとして、賃金や地
代、利子、配当などを所得として受け取るのですが、さらに、政府から支給さ
れる社会保障給付などの所得があります。

　しかし、この合計は家計にとってすべて自由に処分できる金額ではありませ
ん。所得税などの諸税、社会保障負担金、住宅ローン利子などは、各家計の意
思に関係なく、定められた期間中に支払う義務があるからです。これらの諸支
払いを差し引いた残りが、「家計の可処分所得」ということになります。つま
り、

　　家計の可処分所得≡国民可処分所得−企業の可処分所得−政府の可処分所得

　　　≡生産要素の提供への見返り＋政府からの所得移転−所得税などの直接税

　　　　−社会保険料−ローンなどの利子支払い

ということですが、もっと簡単に言えば、国民所得NI（より厳密には、これ
に海外からの要素所得の純額を加えたもの）から、家計以外の所得（企業と政
府の所得）を除いたものであるということになります。

　一方、家計貯蓄率とは、家計の可処分所得に占める家計の貯蓄額の割合のこ
とです。貯蓄額といっても、この場合は一定期間におけるフローの数値を指し
ますので、貯蓄率はフローの指標だということに注意が必要です。国民経済計
算でみた日本の家計貯蓄率の推移を、図2-2に示してあります。1970年代は

20%を超えていた日本の貯蓄率でしたが、高齢化の進展などから低下傾向で推移しており（高齢者は貯蓄を取り崩すので、高齢化はフローの貯蓄率の低下につながります）、足下の貯蓄率はかつてに比べればかなり低い水準まで低下してきています。

IS バランスと財政収支・貿易サービス収支

さて、次に三面等価の原理から導き出せる重要な関係について説明したいと思います。以下ではこれまで学んだ内容を記号で表現することを試みます。経済学では言葉だけで説明するのではなく、簡略化された記号を使ってその論理を説明することが一般的です。それによって、読者にとっても理解がはるかに簡単になるからです。

生産面からみた GDP を Y、民間消費を C、民間貯蓄を S、民間投資を I（在庫投資を含む）、政府支出を G、租税を T、輸出等を EX、輸入等を IM、その差額、貿易・サービス収支の黒字を NX とすれば、次の恒等関係が成り立ちます。

［生産面からみた GDP］ $Y \equiv C+S+T$ ［分配面からみた GDP］

$$\equiv C+I+G+(EX-IM) \text{［支出面からみた GDP］}$$

これを整理すると、

$$\underset{\text{民間貯蓄超過}}{S-I} \equiv \underset{\text{財政赤字}}{G-T} + \underset{\text{貿易・サービス収支黒字}}{NX} \tag{1}$$

という関係が得られます。つまり、国民経済計算においては、民間部門の貯蓄超過は、政府部門の投資超過（財政赤字）と、海外部門の貯蓄超過（貿易・サービス収支黒字）の和に等しいということです。

さて(1)式は、国民経済計算をするさいの統計的な約束ごとをベースにした恒等関係にすぎず、現実経済における市場の需給関係を示すものではありません。この点はきわめて重要ですので、項を改めて詳しく考えてみることにしますが、それにもかかわらず、(1)式の関係は、民間部門の貯蓄超過（$S-I$）が、政府部門と海外部門の収支と密接な関係をもつことを示してくれます。

(1)式は、さらに次のような解釈も可能にします。つまり、「もし民間部門の投資が貯蓄を下まわるならば（貯蓄超過）、民間部門に資産が蓄積されることになるが、その形態は、政府に対する債権を増やす（国債を購入する）か、もしくは外国に対する債権を増やす（輸出超過で外貨をためる）かのどちらかである」。

図2-3は、国民経済計算の結果得られた制度部門（民間、政府、海外部門）

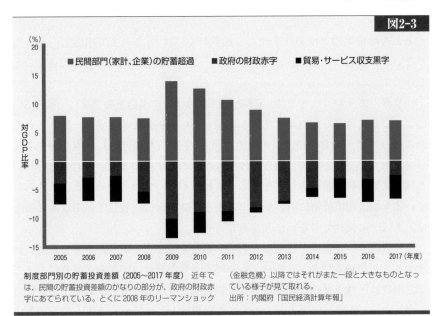

制度部門別の貯蓄投資差額（2005〜2017年度）　近年では、民間の貯蓄投資差額のかなりの部分が、政府の財政赤字にあてられている。とくに2008年のリーマンショック（金融危機）以降ではそれがまた一段と大きなものとなっている様子が見て取れる。
出所：内閣府「国民経済計算年報」

Ch.2

Part 1

別の貯蓄投資差額（GDP に対する比率で表示）をグラフにしたものです。図の上半分に示されている「民間部門（家計と企業）の貯蓄超過」が「財政赤字」と「貿易・サービス収支黒字」（図の下半分）の和に等しくなっています—11。近年では、民間の貯蓄投資差額のかなりの部分が、政府の財政赤字にあてられていますが、とくに2008年のリーマンショック（金融危機）以降ではそれがまた一段と大きなものであった様子が見て取れます。

「三面等価」は統計上の約束事：現実世界では成り立たない

　以上、国民経済計算においては、三面等価の原則が成立する、ということをみました。

　ところで、現実の経済においては、民間部門で売れ残ったものを政府部門や海外部門がかならず買ってくれる保証もありません。したがって、どこかで売れ残りや品不足が発生しているのが現実の姿であり、国民経済計算で示されるような三面等価、すなわち、生産されたものが過不足なく需要されていると考

11—ただし、現在の国民経済計算では「制度部門別の貯蓄投資差額」という言葉は使わず、「部門別の純貸出・純借入」という表現に変わっている。なお、「政府の財政赤字」は国、地方、社会保障基金の収支を合算した「一般政府」の赤字をあらわす。また、図の下半分はマイナスの数値になっていて、「貿易・サービス収支黒字」がマイナスというのは違和感があると思うが、ここでは絶対値の大きさに注目してほしい。

えることは現実的ではありません。読者の中には、「これまでの話とちがうじゃないか」と思う人も多いと思いますが、ここはよく理解していただきたいところです。

つまり、こういうことです。GDP 統計における総供給と総需要は「約束事」によって常に等しくしただけであり、統計上の総供給と総需要が一致しているからといって、現実の経済が「均衡状態」、すなわち生産された商品がすべて計画どおりに売れる状態にあるわけではないのです。つまり、「国民経済計算」上は総需要と総供給が等しくなるように統計が「一定の約束のもとに」作られていますが、現実経済においては、需要と供給が常に一致しているなんてことは、よほどの偶然でもないかぎりありません。

この点はマクロ経済学を学ぶうえで非常に重要な点であり、十分な理解に到達することが必要です。このパズルを解く重要な鍵は、国民経済計算においては、消費財と投資財の区別があくまで便宜的になされたものであり、消費財でも売れ残って在庫品になると、たちまち投資財として扱われるようになるということを理解することにあります。通常われわれが国民経済計算上で「三面等価の原則が成立する」というとき、投資のなかには住宅投資や設備投資に加えて、在庫品増加（在庫投資ともいう）も含まれているということなのです。つまり、消費財であっても、投資財であっても、売れ残って在庫になるや否や、統計上は「在庫品の増加」という投資財に分類が変わるということです。

たしかに、在庫というのは来期以降の経済活動において活用されるものですから、統計官がこれを投資と呼んでも言葉の定義としては矛盾しません（投資とは、将来の生産の増大を見越して資源を投じることにほかならないのですから）。しかし、それは企業が「意図した投資」であったということにはならない、むしろ、売れ残って在庫が増えて困った、すなわち、「意図せざる在庫」が増えたということなのです。逆に、予定以上に商品が売れると、今度は在庫が減ります。そのときは「在庫品増加」という項目は（在庫が減った分だけ）少なくなります。

具体的な数値例を使ってみてみましょう。ここで、消費財を 70、投資財を 7 売るつもりで生産が行なわれたとします。このとき、供給は 77 になります。ところが、家計は消費財を 60 しか購入せず、また、投資財も 5 しか売れなかったとします。このとき、余分につくられた分（12 ＝ 消費財 10 ＋ 投資財 2）は、「意図せざる」在庫品増加として、投資の項目に分類されてしまうわけです。つまり、今期の意図された消費財生産は 70、意図された投資財生産は 7 だったのですが、統計官は、実際に売れた消費財 60 を今期の消費と算定し、

売れ残った10は在庫品増加として（在庫投資が行なわれたとして）処理するのです。投資財生産についても、実際に売れた分5を今期の固定資本形成とし、売れ残った2はやはり在庫品増加として処理するのです。結局、統計上に現われる消費60、投資17（投資財への投資5＋在庫品増加12）となるわけです。つまり、77の供給は、需要を消費＋投資（在庫投資を含む）とすれば、売れ行きにかかわらず常に総供給＝総需要となるわけです。

　以上の説明で、GDP統計において、なぜ総需要と総供給が常に等しくなるか明らかになったでしょう。そのからくりは、計画どおり販売できなかった部分を「在庫品増加」という需要項目で処理するということなのです。したがって、現実の景気をみるためのひとつの有力な指標は、GDP統計の在庫品増加の項がどう変化するか、ということになります。よく、景気診断などでエコノミストが「在庫調整が一巡したので、景気は回復に向かう」などといいますが、これは、在庫品増加が縮小することが、生産に対して販売が好調であることの証拠であるからです。

　ただし、GDP統計上に現われる在庫品増加のうち、いくらがもともと「意図された在庫品増加」で、いくらが「意図せざる在庫品増加」であるのかはいつも明確に判定できるわけではありません。景気循環を在庫品の増減によって判断するときには、この点に対する注意が必要です。

若干の留意すべき事項

　GDPの推計にあたっては、様々な約束ごとがあります。警察や消防、軍隊や義務教育などの政府サービスの付加価値は、そのサービスを作り出すのにかかった費用で測るものとする、というのがその例です。筆者がかつて国立大学で授業をしていたさいのGDPへの貢献は、筆者が受け取る給与や授業をするために国が支出する費用を合計したもので計られていました。これは、国立大学で授業をするという政府サービスが市場で売買されないため、その市場価値が不明であるという事情によります。そこで、市場価値の代わりにそのサービスを提供するのにかかった経費で代替しておこうというわけです。

　しかし、GDPを測定するうえで、市場価格が不明であるものはほかにもたくさんあります。市場で評価できない経済活動は、「帰属価値」（Imputed Value）によって計算します。ここでも、政府サービスの場合の帰属価値はかかった費用で計算しているのです。帰属価値とは「実際にその財貨・サービスが市場で取引されることはないにもかかわらず、あたかもそれが市場で取引されたかのように擬制し、市場で取引された場合の価格を想定して評価する国民

経済計算上の特殊な概念」のことです——**12**。

　帰属価値を計算するさいの代表的なものとしては、持ち家から得られるサービスの帰属家賃、および農家などが自分のところで作った農産物を自分で消費してしまう、いわゆる自己消費の帰属計算などがあります。持ち家の場合、借家とちがって家賃を支払う必要はありません。しかし、持ち家であろうと、借家であろうと、住んでいる人は相応の住宅サービスを享受しているわけです。それなのに、借家に住んでいる人が支払うものは大家さんの所得になり、GDPに計上されるのに、持ち家から受ける住宅サービスの価値がゼロというのでは、人々が受け取る実質的な所得の正確な指標とはなりえないことは明らかです。したがって、持ち家に住んでいる人も、あたかも家賃を支払ったかのように擬制して、帰属家賃をGDPの統計に加えているわけです。また、農家の自己消費についても、農家が生産した分をすべていったんは市場に売り、そのうち自分で消費する分を買い戻して消費するものとして計算するわけです。

　しかし、このような帰属計算は部分的に行なわれているにすぎず、主婦/主夫の家事サービスなどはカバーされていません。女性の労働時間に占める家事の割合は圧倒的に高いわけですが、市場価値を測ることはできません。政府サービスのように費用で代用することも困難です。もし共稼ぎをして、家事をお手伝いさんに頼めば、外で働いて得た所得とお手伝いさんの所得の両方がGDPに加算されますが、専業主婦/主夫の場合には、家事サービスはいっさいGDPに算入されません。床屋に入って散髪をすればGDPに計上されますが、主婦/主夫が家で同じことをしても、GDPの向上には寄与しません。

　これらの例からわかることは、国民所得勘定に含まれる生産活動というのは、一部は帰属計算によって算入されはしますが、主として市場取引の対象になるようなものにかぎられるということです。実はこのことはかなり大きな制約です。先の例のように、女性が家事に専念すればGDPは増えず、共稼ぎをしてお手伝いさんを雇えば、GDPは共稼ぎの分とお手伝いさんの分が二重に増えることになります。しかし、主婦/主夫の家事労働も厳しい労働にちがいなく、また大きな価値を生み出していることを否定することはできません。

　そのほかにも、市場取引の対象にはならないけれども、生活の質という面から考えて重要であると考えられる活動は無数にあります。自動車の騒音、大気汚染や自然環境の破壊など、人によっては何物にも換えられないほどの価値をもったもの（静けさ、清浄な水、空気など）が失われても、GDPはそんなこ

12——経済企画庁編『新SNA入門』（1979年）からの引用。

とには遠慮なく増大していきます。したがって、国民所得水準の高低をそのま
まその国の「実質的な生活水準」の高低の指標として使うことは、国民所得統
計の間違った使い方になるわけです。このような GDP を中心に置いた国民経
済計算の限界を克服するため、国民総幸福（GNH：Gross National Happi-
ness）といった新たな指標も提案されたりしていますが、幸福度、安全性、環
境評価などの数値の客観性について評価が定まらず、模索がつづけられている
状態です。

2-3 物価変動の測り方（インフレとデフレ）

　現在の日本経済は長らくつづくデフレ状況に苦しんでいるといわれますが、
物価の変動は重要な経済問題のひとつです。物価変動に関しては、物価の継続
的な上昇をインフレ（インフレーション）、持続的な下落をデフレ（デフレー
ション）と呼びます。たとえば、インフレがつづくということは、それだけ
人々の購買力が下落するということにほかなりません。仮に名目 GDP が 2 倍
になったとしても、物価が 2 倍になれば、私たちの実質所得水準（名目 GDP
÷物価水準）は以前と変わらないということになるでしょう。私たちが本当に
知りたいのは所得がもつ購買力の変化であり、名目的な（貨幣単位で測った）
所得の水準ではないことを考えれば、各時点における名目 GDP のみならず、
物価水準の変化を考慮した実質 GDP についても正しく推計しておく必要があ
ることは明らかです。

物価水準の指標

　では、物価水準の変化を測るメジャーは、どのようなものなのでしょうか。
ここでは、しばしば新聞紙上等に現われる、GDP デフレーター、消費者物価
指数（CPI：Consumer Price Index）、企業物価指数（CGPI：Corporate Goods
Price Index）などの物価指数の算定方法について考えてみます。

⑴ GDP デフレーター

　まず、名目 GDP と実質 GDP の区別からはじめることとします。名目 GDP
とは、国内で生産されたすべての財の生産数量に、その年の各財の市場価格を
それぞれ乗じ、その和を計算したものです。ある t 年の生産物 i の産出量を
Q_t^i、価格を P_t^i とすれば、t 年の名目 GDP は $\sum_i P_t^i Q_t^i$ $(= P_t^1 Q_t^1 + P_t^2 Q_t^2 \cdots)$ とあら
わせます。ここで $\sum_i$（シグマと読む）は、「すべての生産物について合計す

る」という意味です。つまり足し算の記号です。したがって、名目 GDP が増加するのは、P_t^i が上昇するか、Q_t^i が増加するか（もしくはその双方）によるものといえます。

　実質 GDP は、このうち、P_t^i の上昇分を分離し、生産量 Q_t^i の変化だけを観察するための指標です。そのため、比較する 2 期間の価格を不変に保つことが必要になります。つまり、t 年の実質 GDP は、基準年次の価格を P_0^i とすれば、$\sum_i P_0^i Q_t^i$ とあらわす（P_0^i を不変に保っている）ことができます。

　このとき、GDP デフレーターは、名目 GDP と実質 GDP の比率として定義されます。すなわち、基準年次の GDP デフレーターの指数を 100 とすれば、t 年における GDP デフレーターは、

$$\frac{\sum_i P_t^i Q_t^i}{\sum_i P_0^i Q_t^i} \times 100$$

とあらわすことができます。ここで 100 を乗じているのは、基準年次の指数の値を 1 ではなく 100 であらわしているからです。

　このように、比較すべき時点の数量 Q_t^i をウェイトとして計算した指数は「パーシェ指数」と呼ばれています。パーシェ指数によって計算された GDP デフレーターの意味は、次のように要約できるでしょう。

　「t 年に生産された財の数量を、そっくりそのまま基準年次の価格で買っていたとした場合に、基準年次と比べて t 年ではどの程度支出が変化しているのかを示しているのが GDP デフレーターである。」

　たとえば、2015 年を 100 としたときの、2020 年における GDP デフレーターの値が 103 だったとします。その場合、あなたが 2020 年とまったく同じ生産物を同じ量だけ基準年次の 2015 年に買っていたとすれば、2020 年のほうが、2015 年に比べて 3 ％よけいに支払わなければならない、ということになります。

　さて、GDP デフレーターは基本的には上記のような手順で計算されるわけですが、現在では、さらにもう一手間かけて算出されています。通常、デフレーターを算出するさいの基準年は 5 年間固定されるのですが、この場合、次のような問題が生じます。それは、基準年を 5 年間固定すると、その間に大きな価格変化があった場合、その変化に対応できないというものです。たとえば、電子機器など価格の変化の激しい品物を考えてみてください。実際の価格がいちじるしく下落しているのに、デフレーター算出のさいには基準年の価格をずっと使うとすると、デフレーターの計算値と実態が乖離し、ひいては実質GDP の計測も正確さを失うことになってしまいます。こういった事態を避け

るため、現在ではデフレーターの算出にさいして連鎖方式という計算方法が用いられています。

　連鎖方式によるデフレーターの算出は次のようになされます。たとえば、2019年を出発点として2021年のデフレーターを算出する場合は、

　　　2021年のデフレーター（2019年基準）
　　＝ 2020年の名目GDP ／ 2020年の実質GDP（2019年基準）
　　　　× 2021年の名目GDP ／ 2021年の実質GDP（2020年基準）× 100
　　＝ 2019年を基準年とした2020年のGDPデフレーター
　　　　× 2020年を基準年とした2021年のGDPデフレーター× 100

となります。連鎖方式では、毎年基準年が更新されていくのです。こうして基準年を固定しないことによって、価格変化による歪みの影響を緩和することができるのです。詳しくは、平成16年11月に内閣府経済社会総合研究所国民経済計算部より出された「実質GDP（支出系列）における連鎖方式の導入について」を参照してください。

(2) CPIとCGPI

　私たちの日常生活にとっていちばんなじみのある指数といえば、消費者物価指数（CPI）でしょう。CPIの計算の仕組みは、全国の世帯の消費内容の平均像をまず定め、それと同じ内容の物を異なる時点で購入すれば、基準時点（＝100）に比べて、どれだけ平均価格が変化しているかを算定する方法をとっています。

　たとえば、2019年9月現在で基準として使われているのは、2015年時点の「マーケット・バスケット」です。「マーケット・バスケット」というのは、平均的な家庭が買い物に出かけて買ってくる商品の組み合わせのことです。この「買い物かご」に入れる消費財（理髪などのサービスも含む）を構成する品目は、生活で使われるあらゆる商品を含むわけではなく、生活するうえで重要とみなされるもの（平均的消費者が消費支出額の1万分の1以上の支出をした商品サービス）だけが選ばれるのです。

　この「マーケット・バスケット」は総務省の「全国消費実態調査」にもとづいて5年ごとに決定されているものですが、その構成品目は、あくまで全国平均世帯（所得水準、生活様式、地域別構成、家族構成など様々な側面からみて平均的な世帯）の消費行動を反映したものにすぎません。さらにCPIを算出するさいには、各品目の重要度に応じてウェイトを付けますが、これにも平均世帯のウェイトが使われます。したがって、ある特定の家庭の主婦/主夫が日

常感じている物価の上がり方と CPI の変化が一致しないとしても、それは致し方ないことです。

　さて、CPI が小売りレベルの価格を指数化したものであるのに対して、企業物価指数（CGPI）は取引のごく初期の段階での、主として企業間の取引に使われる価格を指数化したものです。また、対象商品も CGPI の場合は、原材料や中間製品をも含むのが特徴で、したがって、CPI や GDP デフレーターの「先行指標」（将来の動向に先立って変化する指標）としての役割を受け持っているといえましょう。

　ところで、CPI と CGPI の算出方法についてですが、GDP デフレーターが「パーシェ指数」によって算出されるのに対して、CPI や CGPI は「ラスパイレス指数」にもとづいて作成されます。ラスパイレス指数は、パーシェ指数とちがって「財の数量構成」を基準年次で固定します。基準年次の財 i の数量を Q_0^i とすると、ある年における CPI または CGPI は、

$$\frac{\sum_i P_t^i Q_0^i}{\sum_i P_0^i Q_0^i} \times 100$$

とあらわすことができます。つまり、ラスパイレス指数によって算出される CPI や CGPI は、「基準年次に買った財の組み合せを t 年にもまったく同じだけ買うとした場合に、t 年では基準年次に比べてどれだけ多く支払わねばならないかを示す指数」です。

　たとえば、CPI と CGPI の基準年次を 2015 年とした場合、2017 年の CPI は 100.4、CGPI は 98.7 でした。これは、CPI については、2015 年と同じ財を 2017 年に購入すれば、0.4％高くつくことを示しており、CGPI については、2015 年と同じ財を 2017 年では 1.3％安く購入できることを示しています。

　また、CPI、CGPI についても基準年を一定期間（5 年）固定することによる問題が生じます。このため、CPI、CGPI についても GDP デフレーターのように連鎖指数を算出することが試みられていますが、こちらはメインの指数ではなく、参考系列という扱いになっています。

⑶ 3 つの物価指標の異なる動き

　GDP デフレーター、CPI、CGPI の動きを時系列でみると、必ずしも同じ動きとはなっていません（図 2-4）。これは、GDP デフレーターと CPI、CGPI とでは、指数計算の方法自体が異なるほかにも、重要な相違点があるからです。それは、対象となる財の範囲が異なるというものです。GDP デフレーターは、GDP 計算の対象となるすべての品目を対象としています。一方、CPI

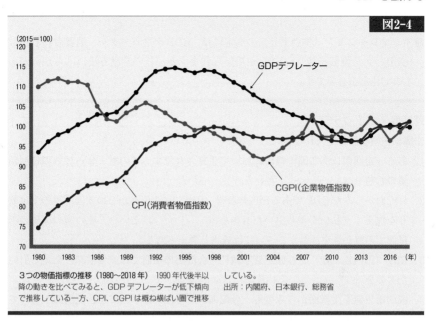

図2-4

(2015＝100)

GDPデフレーター

CGPI(企業物価指数)

CPI(消費者物価指数)

1980 1983 1986 1989 1992 1995 1998 2001 2004 2007 2010 2013 2016 (年)

3つの物価指標の推移（1980〜2018年） 1990年代後半以降の動きを比べてみると、GDPデフレーターが低下傾向で推移している一方、CPI、CGPIは概ね横ばい圏で推移している。
出所：内閣府、日本銀行、総務省

とCGPIの場合は、それぞれ、消費財、原材料や中間製品の「マーケット・バスケット」に限定されていますから、その範囲はずっと狭くなります。また、GDPデフレーターは、国内で生産されたものだけの指数ですが、CPIは輸入品も含まれたものであったり、CGPIは企業の流通段階の品目であったりします。このように、それぞれ異なる特徴をもっていることにも注意が必要です。

　実際のデータで1990年代後半以降の動きを比べてみると、GDPデフレーターが低下傾向で推移している一方、CPI、CGPIは概ね横ばい圏で推移しています。物価の下落がつづくデフレ経済が近年の日本経済の代名詞のようになっていますが、その背景には、一般的な物価指標であるCPIがなかなか上がらないことや、最も範囲の広いGDPデフレーターが低下してきたことがあります。

本章のポイント

● GDP（国内総生産）とは、ある一定期間に、「国内」で生産された「付加価値」額の「総」額です。

●国民経済計算においては、国内総生産を「生産面」、「分配（所得）面」、「支出面」からみてもすべて等しくなるという「三面等価の原則」が成り立ちます。

●国民経済計算においては、民間部門の貯蓄超過は、政府部門の財政赤字と海外部門の貿易・サービス収支黒字との和に常に等しくなります。

●インフレーション（物価上昇）の測定には、GDP デフレーター、消費者物価指数
（CPI）、企業物価指数（CGPI）が用いられますが、その計測方法にはちがいがあ
るので注意が必要です。

理解度チェックテスト
空欄に適当な語句を入れなさい。
1. ある一定期間にある国の経済において生産されたすべての財・サービスの付加価
値の総額を（　　　　　）という。
2. 分配面からみた GDP である国内総所得（GDI）に、海外からの要素所得の受け取
りを加えて支払いを差し引いたものを（　　　　　）といい、その国の国民の所
得面での豊かさを議論するさいには適当と考えられる。
3. GDP（国内総生産）から固定資本減耗（会計上の用語では減価償却）を差し引い
たものを（　　　　　）という。
4. 国内総生産を生産面からみても、分配面（所得面）からみても、支出面からみて
も、すべて等しいことは（　　　　　）の原則と呼ばれる。
5. 国内で生産された財の価格の動きを指数化したものは（　　　　　）と呼ばれ、
名目 GDP を実質 GDP で割った値で定義される。
6. 代表的な物価指数の 1 つで、消費財の価格の動きを指数化したものは
（　　　　　）と呼ばれる。また、企業間の取引に使われる価格を指数化したも
のには（　　　　　）がある。

解答：1. GDP（国内総生産）　2. GNI（国民総所得）　3. NDP（国内純生産）
4. 三面等価　5. GDP デフレーター　6. 消費者物価指数（CPI）
企業物価指数（CGPI）

練習問題

計算問題
1. GDP = 490 兆円、民間貯蓄 = 140 兆円、民間粗投資（資本減耗分を含む投資額
で、設備投資、住宅投資、在庫投資を含む）= 100 兆円、貿易・サービス収支黒
字 = 10 兆円、政府支出 = 80 兆円、海外からの「純」要素所得受け取り = 10 兆
円であるとき、次の項目はそれぞれいくらになるか。
(1) GNP
(2) 財政赤字
(3) 民間消費

記述問題

1. GDP 概念と GNP 概念のちがいを述べよ。また、国際的には GDP 統計が重視されるようになったのはなぜだろうか。その背景を考えなさい。

2. ある国では、この 10 年間で GDP の額が 2 倍に増加した。このとき、この国の生活水準も単純に 2 倍に高まったと考えてよいだろうか。そうでないとすれば、その理由を述べなさい。

3. 現実の世界においては総供給と総需要が一致しているとはかぎらない。それにもかかわらず、国民経済計算においては総供給と総需要が常に一致しているのはなぜか。

4. インフレーションの測定には、GDP デフレーター、CPI、CGPI の指標が用いられるが、それぞれどのような状況で使われるのが望ましいだろうか。それぞれの指標の計測方法や特徴のちがいから述べなさい。

Ch.2

Part 1

ディスカッションテーマ

1. 日本や中国には多額の貿易・サービス収支黒字が発生しており、反対にアメリカでは大幅な貿易・サービス収支赤字が発生している。両国の貿易・サービス収支の不均衡を改善するためには、国際的にみて、どのような政策手段を講じる必要があるだろうか。

2. 次の諸要因の変化が GDP デフレーター、CPI、CGPI にどのような影響を与えるかを考えなさい。
   (1) 為替レートが急激に円高になった。
   (2) 原油の輸入価格が急騰した。

3： マクロ経済学における 「短期」と「長期」

本章の目的

●まず、「マクロ経済学」が「ミクロ経済学」とどうちがうのかを確認したうえで、マクロ経済学における「短期」と「長期」の概念を理解できるようにします。

●すべての財・サービスを集計的に扱えるように、「総供給曲線」と「総需要曲線」という概念を導入します。そのうえで、マクロ経済における「短期」と「長期」に、物価水準とGDPの水準がどのように決定されるかを説明します。

●需要と供給が一致しない状態を「不均衡」といいますが、「短期」とは不均衡のもとでも価格が変化しない時間、「長期」とは、価格が変化することによって需要と供給が均衡するのに要する時間のことです。そのことを理解するさい、「価格の調整速度」や「価格の伸縮性」という概念が重要になります。

さて、読者はこれからマクロ経済学の体系をマスターしようとしているわけですが、まず、「マクロ経済学」とはなにか、経済理論のもうひとつの柱である「ミクロ経済学」とどうちがうのかということを理解することからはじめましょう。

すでに第1章でみたように、「ミクロ経済学」は家計や企業という経済主体が、「価格が自由に変動する」市場経済のなかで自己利益を最大にする行動（これを「経済合理的な行動」と呼ぶ）をとった場合、経済全体でどのような資源配分が実現されるかを分析します。要は、市場メカニズムを通して、社会全体の労働や資本がどのような分野にどのように配分されるかを分析するということです。そして、市場取引を通じて実現される資源配分がいかなる意味で「最適」なのかを明らかにします。

他方、「マクロ経済学」は、「ミクロ経済学」が分析の対象とする市場メカニズムの「不完全性」に注目します。「ミクロ経済学」における市場を通じた資源配分は、市場で価格が変動することによって、需要と供給の不均衡が調整されると仮定します。需要が供給を上まわれば物不足なので価格が上昇し、逆に、供給が需要を上まわれば物が売れ残るので価格が低下する。この単純な原理にしたがって、「なにが」「どれだけ」「いつ」「誰によって」作られるべきかが決まるというわけです。

しかし、需要と供給を調節する価格が柔軟に変化しない場合は、いったいどうなるのでしょうか。供給が需要を上まわっているような状況で、本来低下すべき価格が動かなければ需給（需要と供給）は調節できません。失業が存在しても賃金が低下しなければ雇用は増えないことになります。このように、「価格の（下方）硬直性」という現実を直視し、それが経済全体にどのような影響を与えるのかを分析するのが「マクロ経済学」なのです。

しかし、最近では、「マクロ経済学」においても、価格は長期的には需要を調節するように変動すると考えます。すなわち、短期的には価格は硬直的、長期的には価格は伸縮的と考え、「短期」と「長期」を区分けするようになりました。「短期」と「長期」のちがいを明確に理解することで、マクロ経済学の理論体系への理解は数段すすみますし、マクロ経済学とミクロ経済学の関係についても深く理解できるようになります。

本章はこのような観点から、「短期」と「長期」を取り上げて、マクロ経済学の基本的な理論構造に対する俯瞰図を読者に提供します。

3-1 「短期」と「長期」

　普通われわれの日常生活において使われる「短期」、あるいは「長期」という言葉は具体的な歴史的時間を指しています。たとえば、短期は1秒であったり、1時間であったり、あるいは1カ月のことかもしれません。また、「長期」は1年間のことかもしれないし、100年間なのかもしれません。いずれにしても、こういった概念は「歴史的な時間」を指しているわけです。

　しかし、マクロ経済学で使う時間はかならずしも歴史的時間ではなく、いわば「抽象的な時間」です。ちょっと哲学めいてきましたが、「短期」、「長期」といっても具体的に計測できる時間ではなく、「あることが起こらない時間」や「あることが起こるために必要な時間」のように定義される時間です。ですから、このような定義のもとでは「短期」でも相当長い（歴史的）時間がかかることもありえますし、「長期」でも瞬間にすぎないかもしれません。

　なんのことかわからない、といわれそうなので、具体的な話をしましょう。

「短期」とは

　ここでいう「短期」とは、「需要と供給に不一致があったとしても価格が変化しない期間」のことです。たとえば、供給が需要を上まわっていても（したがって売れ残りがあっても）価格が下がらない状態がつづいていれば、それは「短期」です。この期間は非常に短いこともあれば、非常に長い場合もあるでしょう。それは商品によって異なるでしょうし、分析の対象としている経済の性格にもよるでしょう。

　たとえば、生鮮野菜や鮮魚の卸売市場では、価格が激しく動き、それが需要と供給を調節しています。しかし、工業製品の比率が高い経済では、全体的に価格の動き方はスローです。なぜなら、工業製品は在庫が可能であり、多少の売れ残りが出たからといって、毎日のように値段を変えるということはないからです。したがって、工業製品の価格は、需要と供給の不一致があったとしても、生鮮食品ほどは激しくは動かないと考えられます。また、労働市場では、失業者が多数いても、すぐに賃金が下がるとはいえません。多くの会社では従業員と長期の賃金契約を結んでおり、契約期間中はたとえ不況が厳しくなったとしても、賃金を変えないからです。

「長期」とは

　それとは逆に「長期」とは、「需要と供給に不一致があった場合に、価格が変動し、それによって需要と供給が調節されるのに十分な期間」です。マクロ

経済学でいう「長期」は現実には非常に短い場合もあれば、非常に長い場合もあるでしょう。価格が伸縮的な経済では、価格は需要と供給の不一致に反応してすぐに変化するでしょうし、価格が硬直的な経済では、需要と供給の乖離があってもまったく価格が動かないという場合もあります。この場合、「長期」は無限に長い時間ということになります。

重要なことは、「短期」と「長期」を歴史的時間としてではなく、抽象的、概念的な時間としてとらえることです。そうすれば、マクロ経済学の体系を整理することがきわめて容易になるのです。なぜなら、マクロ経済学の理論体系やマクロ経済政策の有効性を議論するさいに決定的に重要なのは、価格がどの程度敏速に、需要と供給の不一致に対して反応するのかという点にあるからです。なお、「長期」に価格が変化することによって需要と供給が一致した状態を「長期均衡」と呼びます。

しかし、これだけでは依然としてよくわからないと感じる読者も多いことでしょう。そこで、マクロ経済学を学ぶうえで決定的に重要な概念である「総供給曲線」と「総需要曲線」を使って、「短期」と「長期」のちがいを説明しましょう。ただし、総供給曲線や総需要曲線のより詳しい導き方については、6章や9章で取り上げます。

3-2 総供給曲線と総需要曲線

一般的に、企業は自社が作っている商品の市場価格をみながら、生産量を決めるものです。たとえば、その商品が高く売れそうなら、利益を増やすために生産を増やしますし、逆に価格が安いときには利益が上がらないので生産を縮小します。つまり、生産量（供給）は価格が上がるにつれて増え、価格が下がるにつれて減少します。この生産量と価格の右上がりの関係を（個々の企業の）供給曲線と呼んでいます。

もちろん、企業が価格をみながら生産量を増やしたり、減らしたりするときには、雇用量も同時に変動します。生産量を増やしたければよけいに労働者を雇い入れる必要がありますし、生産量を減らすときには労働投入量を減らさなければなりません。つまり、供給曲線の背後には労働市場が存在していることがわかります。供給曲線と労働市場は密接な関係があるということを、ここでしっかりと頭に入れておきましょう。

さて、今度は「総」供給曲線です。総供給曲線とは、様々な商品・サービスを供給している個々の企業の供給曲線を集計して、一本の供給曲線にしたもの

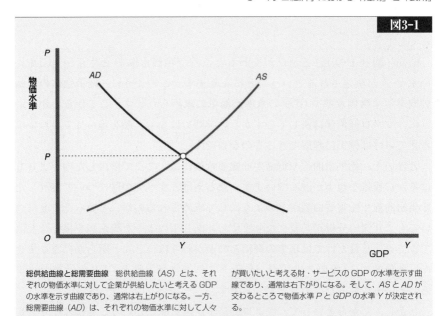

図3-1

総供給曲線と総需要曲線　総供給曲線（*AS*）とは、それ
ぞれの物価水準に対して企業が供給したいと考える GDP
の水準を示す曲線であり、通常は右上がりになる。一方、
総需要曲線（*AD*）は、それぞれの物価水準に対して人々
が買いたいと考える財・サービスの GDP の水準を示す曲
線であり、通常は右下がりになる。そして、*AS* と *AD* が
交わるところで物価水準 *P* と GDP の水準 *Y* が決定され
る。

で、物価水準と経済全体の総産出量（供給量）のマクロ的な関係を示します。
生産数量をすべての企業に関して「産業を超えて集計した」総生産量のこと
を、総供給といいます。他方、すべての商品の価格を集計して（加重平均した
うえで）指数化したものを物価水準と呼んでいます。2 章で議論した GDP デ
フレーターがここでいう物価水準です。

　このような集計された物価水準に対して企業が供給したいと考える総産出
量、すなわち総供給の大きさを示す曲線が総供給曲線です。一般的に考えて、
物価水準が上昇すると、企業は利益が増えると考えて生産量を増やそうとしま
す。逆に物価が下がる状態では、生産量を減らそうとするでしょう。したがっ
て、総供給曲線は個々の企業の供給曲線と同じく、図 3-1 の *AS* のように右上
がりになると考えられます。

　他方、総需要曲線とは、それぞれの物価水準に対して、人々が買いたいと考
える財・サービスの需要量の水準です。一般的に考えて、人々は価格が高いと
買うのを手控え、価格が安くなるとより多く買おうとします。したがって、
個々の商品に対する需要曲線が右下がりになることは、誰でもすぐにわかると
思います。総需要曲線は、このような個々の商品に対するすべての需要曲線を
集計したものと考えてください。そして、個々の商品に対する需要量の総計を
総需要と呼んでいます。個々の商品に対する需要曲線が右下がりなので、それ
らを集計した総需要曲線もやはり、図 3-1 の *AD* のように右下がりの形にな

るでしょう。

結局、図 3-1 の AS と AD が交わるところで物価水準 P と生産量（GDP）の水準 Y が決定されるということになります。このように、経済全体の物価動向を示す物価水準や GDP の水準が簡単に求められます。ここからわかるように、マクロ経済学は決してむずかしい学問ではなく、順を追ってていねいに考えていけば確実に理解できるものなのです。

とはいえ、総供給曲線や総需要曲線の背後には、ここで解説した内容よりもはるかに複雑な現実が潜んでいます。たとえば、すべての財について集計した総供給曲線や総需要曲線がどのようにして求められるのか、といったことについてもより深い分析が必要になりますし、図 3-1 のような概念図を描くことはできても、それだけでは現実の経済とのかかわりはほとんど明らかになりません。抽象的に、「需要と供給が交わるところで物価水準と GDP の水準が決まる」といっているだけのことだからです。

しかし、だからといって、マクロ経済学が無意味だということにはなりません。集計的な経済変数を使うことによってわかることも多くあるからです。そこで、もう少し具体的なケースを議論することにしましょう。

「短期」のマクロ経済モデル

まず、「短期」（需給の不一致にもかかわらず物価が変動しない）経済モデルの特徴からみていきましょう。ここでの最も重要な結論は、「短期」においては、GDP の水準を決めるのは総需要の大きさであるということです。

⑴「短期」では総供給曲線は水平な直線になる

先に述べたように、短期とは需要と供給の不一致があっても価格が変化しない期間のことです。たとえば、短期においては、企業は自社製品が売れ残った場合、価格を引き下げて売り上げを増やすという（価格調整の）方法を採らないで、価格は据え置いておくが、操業率を落とすことによって供給量を減らす（これを数量調整と呼ぶ）と考えるのです。

一般的に考えて、上記の 2 つの調整法（価格調整と数量調整）のうち、主として企業はどちらの方法を実際にとるでしょうか。この問いに一義的な解答を与えることはできません。それは、財の性質にもよるでしょうし、産業組織や技術の特性にもよるでしょう。たとえば、生鮮野菜や鮮魚などについていえば、在庫が容易でないため、短期間に売りさばく必要があり、売れなければ値を下げるより方法がないわけです。実際、閉店間際に八百屋や魚屋に行くと、

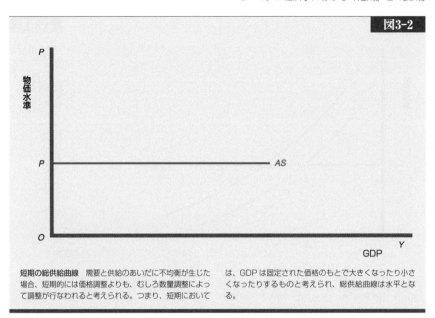

図3-2

短期の総供給曲線 需要と供給のあいだに不均衡が生じた場合、短期的には価格調整よりも、むしろ数量調整によって調整が行なわれると考えられる。つまり、短期においては、GDPは固定された価格のもとで大きくなったり小さくなったりするものと考えられ、総供給曲線は水平となる。

定価の半分くらいで売ってくれたりすることがよくあります。これらの商品については、価格調整が適しています。

しかし、現代産業社会は高度に工業化されています。その意味では、価格調整の例としてあげた野菜や鮮魚などは、全体的にみてそれほど重要なウェイトを占めるとはいえず、むしろテレビ、自動車、カメラ、ゲームソフトなど、在庫が可能な商品が圧倒的に大きなシェアを占めています。

このような製品を供給する企業は、生産コストに一定のマージン（利ざや）を上乗せして価格を付けることが多く、また、いったん決めた価格は、ある程度以上の生産コストの変動がないかぎり、頻繁に変更することはありません。事実、テレビやカメラの価格が生野菜や魚のように毎日上下するという例はほとんどないといってよいでしょう。つまり、需給不均衡の是正は短期的には価格調整に頼らず、むしろ数量調整に依存していると考えるべきであることがわかります。

このように、短期においては、GDPは固定された価格のもとで多くなったり、少なくなったりするものと考えるわけです。すなわち、図3-2のASのように、総供給曲線は水平な直線であらわされることになります。

⑵ GDP は「有効需要」の大きさによって決まる

現代社会の需要と供給の不一致が、価格調整によってではなく、数量調整に

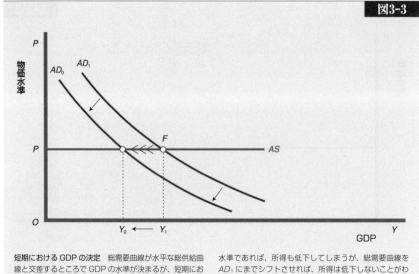

短期における GDP の決定　総需要曲線が水平な総供給曲線と交差するところで GDP の水準が決まるが、短期においては、需要側が供給、すなわち経済活動の水準を決定することになる。たとえば、総需要曲線が AD_0 という低い水準であれば、所得も低下してしまうが、総需要曲線を AD_1 にまでシフトさせれば、所得は低下しないことがわかる。

よって解消されるとみるならば、結局は、図3-3でみるように、需要の大きさに応じて供給数量が調整されることになります。すなわち、図3-3で総需要曲線 AD が水平な総供給曲線 AS と交差するところで、GDP の水準が決まるということです。

このように、「需要側が供給を、すなわち経済活動の水準を決定する」とみるのが有名なケインズの「有効需要の原理」です。たとえば、なにかの事情で需要が十分大きくならない場合は、企業の生産活動がそれにあわせて縮小します。図3-3でいま、生産量が Y_1 の大きさだったとしましょう。このとき、総需要曲線が AD_0 という低い水準だとすると、企業はそれにあわせて生産量を Y_1 から Y_0 にまで減少させます。

このとき、たしかに、財に対する需要と供給は一致しますが、他方、労働に対する需要（雇用量）も縮小して、失業が生じるということになるでしょう。このとき、財市場では供給が需要に合致する均衡状態が実現しても、労働市場では不均衡、つまり失業が存在するという現象が現われる可能性があります。このような状態をマクロ経済学では、「過少雇用均衡」（Underemployment Equilibrium）——すなわち、財市場では需要は均衡しているが、労働市場では「過少雇用」である——と呼んでいます。

いずれにしても、数量調整を前提とする短期においては、「過少雇用均衡」や不景気の原因となるのは、需要の不足が原因です。ですから、不況を回避す

るためには需要を拡大する必要があります。需要が拡大されると、操業度が上がって企業業績は好転し、失業率も下がってくるはずです。

　需要を拡大したり縮小したりするもっとも手近な方法は、政府や中央銀行がそれぞれ財政政策や金融政策を使って総需要管理に乗り出すことです。公共事業を拡大する、減税する、金融を緩和して企業の資金コストを低減するなどの、いわゆる財政金融政策によって需要を創出すればよいわけです。このような総需要の水準をコントロールするマクロ経済政策を「総需要管理政策」といいます。

　たとえば図3-3で、総需要曲線を AD_0 から AD_1 へシフトさせるようなマクロ経済政策がとられたとしますと、F 点で総需要と総供給が一致しますから、企業は生産量 Y_1 を維持することが可能になることがわかります。

長期均衡

　長期均衡とは、労働市場、財市場、資産市場における需要と供給の不一致（不均衡）が解消し、すべての市場で需要と供給の均衡が成立した状態を指します。このとき、長期では、総需要によって GDP が決まる短期モデルとは異なり、現行の賃金水準で働きたいと考える人がすべて雇用される場合に実現する GDP、すなわち「完全雇用に対応した GDP」の水準に決まります。つまり、長期均衡においては、GDP を決めるのは総需要ではなく、総供給であるということです。その理由は次のとおりです。

⑴　「長期均衡」では総供給は完全雇用 GDP に等しく、総供給曲線は垂直な直線になる

　先にみたように、「短期」では価格調整は行なわれず、総供給曲線は水平な直線でした。しかし、長期均衡が達成される長期では、価格がそれぞれの市場で需給を一致させるように変化します。それが現実にどれだけの時間を要するのかは、私たちが分析の対象としている経済の特質によるでしょう。3カ月くらいで価格調整が終わる経済もあれば、10年かけても調整が終わらない場合もあるでしょう。いずれにせよ、長期均衡においては、労働市場でも完全雇用が達成されていることになります（図3-4参照）。

　完全雇用とは、現行の「実質賃金」（貨幣単位で表示された「名目賃金」w を物価水準 P で割ることによって求められる、人々の購買力を示す賃金指標。貨幣1単位で買うことができる物の量になる）で働きたいと思う人が全員雇用された状態です。

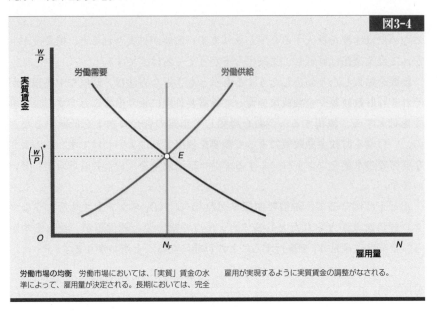

労働市場の均衡 労働市場においては、「実質」賃金の水 雇用が実現するように実質賃金の調整がなされる。
準によって、雇用量が決定される。長期においては、完全

　ただし、完全雇用が達成されているからといって、失業者が存在しないとい うわけではありません。転職のために職探しをしている人が、もう少しよい条 件の職場がみつからないかと思って「自発的に」失業しているかもしれませ ん。あるいは、来月から新しい就職先がみつかった人でも、今月中は失業者に カウントされます。このような自発的失業者（自分の意思で失業を選んでいる 人たちや、単なる時期的なずれで失業者にカウントされる人たち）がいつも存 在しますので、失業率は決してゼロにはならないのです。このような失業を摩 擦的失業と呼んでいます。別のいい方をすると、完全雇用とは、「非」自発的 失業者（自分は現行の賃金で働きたいと思っているのに、職がない人、もしく は解雇された人たち）が一人もいない状態のことです。

　ここで、生産活動について考えてみましょう。生産活動は、資本や労働とい う生産要素を投入し、必要な製品（サービスも含む）を生み出すことです。そ して、投入される資本や労働などの生産要素（以下、「インプット」と呼ぶ） と産出物（以下、「アウトプット」と呼ぶ）のあいだの技術的関係を示したも のを生産関数といいます。

　一般的にはGDP（Y）は、投入される資本（機械など）や労働が増加すれ ば増えるのですが、マクロ経済学における理論（価格が変化しない「短期」お よび価格が変化し、総需要と総供給が均衡する「長期」の双方を含む）は、経 済成長の理論（11章）や投資決定の理論（13章）を除けば、資本ストックK

BOX　ケインズ革命の歴史的背景

　イギリスのジョン・メイナード・ケインズが、あの有名な『雇用・利子および貨幣の一般理論』(J. M. Keynes, *The General Theory of Employment, Interest and Money*, Macmillan, 1936（塩野谷祐一訳、東洋経済新報社、1983年。以下、『一般理論』と略称する））を著わすことによって、ミクロ理論の壁を突破したことは、よく知られています。しかし、ケインズは象牙の塔に閉じこもる閉鎖的なタイプの学者ではなく、若いころは、統計学の論文を発表したり、また役人になってみたり、株式投資にも通暁（つうぎょう）—**1**していました。それだけにアカデミシャンの理論に浸りすぎることがなく、現実世界の動きに鋭敏な触覚を働かすことができたといえるでしょう。

　いまでこそ、ケインズ経済学の基本的な考え方は常識とさえ考えられるようになっていますが、ケインズ自身の育った時代は、経済学といえば古典派と決まっていました。マルクス経済学も一部の経済学徒を魅了していたことは事実ですが、主流はあくまで古典派であったといってよいでしょう。主流に抵抗するのはいつの時代でも大変なことですが、ケインズは『一般理論』でそれをやってのけたのです。

　それでは、ケインズの挑戦したことはどのようなことだったのでしょうか。一言でいえば、それは1930年ごろまで主流派経済学であった古典派が主張する「市場万能主義」を排し、「国家による総需要管理」の必要性を説くということでした。アダム・スミス以来、レセ・フェール（自由放任主義）は古典派経済学のなかで強固に根をおろした哲学でした。アダム・スミスは『国富論』のなかで、各人が自己の利益を追求することが社会全体の繁栄につながること、変に道義心（どうぎしん）—**2**を出して、公共の利益のためになどと考えて行動すると、かえって全体のためにはよくないことを主張していますが、レセ・フェール哲学は利己心と全体の調和を説くという点で、産業革命以後の市民社会に強く支持されてきました。各人の利己心は市場における需要と供給となって集計されますが、需給の不均衡は価格が自動的に（つまり権力の介入なしに）調整してくれるというわけです。このような考え方がデモクラシー思想の普及しつつあった市民社会に広く受け入れられたのは、当時の歴史的背景からすれば、むしろ当然といえましょう。

　このレセ・フェール哲学とそれに支えられた古典派経済学に挑戦状をたた

1—通暁とは、ある物事についてとても詳しく知っていること。
2—道義心とは、道徳を大切にする心。

きつけたのがケインズでした。価格の変動による需要・供給不一致の調整は
かならずしも十分でないこと、したがって、市場メカニズムにすべてまかせ
ておけば大量の失業者が生まれ、倒産が多発するなどの社会不安が発生する
ことを、ケインズは鋭い論法で示したのです。『一般理論』が刊行された
1936 年といえば、世界大恐慌の後遺症がまだ痛々しい時期でしたから、当
時の人々がケインズのユニークなアプローチに注目したとしても不思議では
ありません。

　アメリカではその後、ルーズベルト大統領が「ニューディール政策」を打
ち出し、政府による総需要管理をはじめたことはよく知られています。

が変化しないものとして展開されます。もちろん、経済が成長するのは資本ス
トックが増えて、生産力が上昇するからですが、資本ストックが増えることを
モデルのなかに取り入れると議論がかなり複雑になるため、とりあえず資本ス
トックは変化しないものとして理論を展開するわけです。資本ストック K が
変化しないとすると、図 3-5 のような生産関数（GDP と労働投入の関係、
$Y=F(N)$）が描けます。

　なぜ生産関数はこのような形をしているのでしょうか。それは、「規模に対
する収穫逓減」をとりあえず仮定しているからです。「規模に対する収穫逓減」
とは、労働投入が増加するにしたがって、追加的な労働 1 単位の生産性が低下
していく状態のことです。たしかに、資本ストックが一定のまま、労働者の数
だけを増やしても工場が手狭になってしまい、効率が悪くなりますね。そうい
う技術的状況のことをいっているわけです。

　さていま、長期均衡が成立しているとしましょう。長期均衡とはどの市場で
も需要と供給が均衡している状態ですから、労働市場においても図 3-4 の E
点のように均衡賃金 $\left(\dfrac{w}{P}\right)^{*}$ のもとで働きたい人はすべて雇用されている状態
（完全雇用）が実現しているはずです。このとき、雇用された人々 N_F が生み
出す所得（Y_F）を完全雇用 GDP と呼びます（図 3-5 参照）。

　マクロ経済学の概念としてしばしば現われる自然失業率（Natural Rate of
Unemployment）は、完全雇用が達成されているときの失業率のことです。自
然失業率のより厳密な定義は、マネタリストの大御所であるミルトン・フリー
ドマン（1912 年生まれ。2006 年 11 月に 94 歳で逝去）によれば、「労働市場の
有効性、競争または独占の程度、各種の職業で働くことに対する障害またはそ

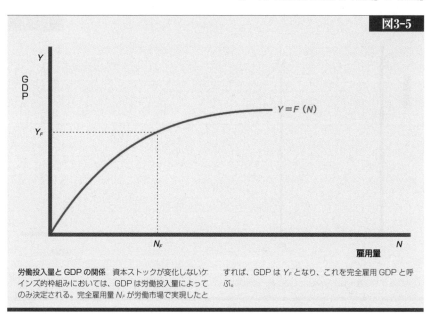

Ch.3
Part 1

図3-5

$Y = F(N)$

GDP

Y_F

N_F

雇用量 N

労働投入量とGDPの関係 資本ストックが変化しないケインズ的枠組みにおいては、GDPは労働投入量によってのみ決定される。完全雇用量 N_F が労働市場で実現したとすれば、GDPは Y_F となり、これを完全雇用GDPと呼ぶ。

の円滑さなどの実質的要因（貨幣的要因に対立するもの）に依存し」「労働市場の現存する実質的条件に応じて生じる」失業率とされています。

　このままではわかりにくいのですが、要するに、労働市場はその時代時代によって様々な制度（労働基準法、最低賃金法、社会保障、税制、職業安定所の機能、男女雇用機会均等法など）によって支えられているわけですが、「そのような制度的枠組みが与えられた場合に、市場メカニズムが決定する失業率の水準」と解するのが、フリードマンの意図する自然失業率の定義です。

　なお、本書を通じて、完全雇用量（完全雇用の状態における総労働量。通常は総労働時間で計測するが、ときには便宜上、人数であらわす場合もある）を N_F、完全雇用GDPを Y_F、自然失業率を u_N と表記することにします。

　結局、長期均衡においては、総供給 Y_F が物価水準とは無関係に労働市場の需給均衡から決まるため、総供給曲線は図3-6のように、垂直な直線になります。「短期」モデルでは総供給曲線が水平な直線でした。一方、「長期」モデルでは総供給曲線は垂直な直線になるのです。

⑵ **「長期均衡」では、供給側の諸要因がGDPの水準を決め、需要側は物価水準にしか影響を与えない**

　図3-6では、長期均衡における総供給曲線 AS が、完全雇用GDPである Y_F のところで垂直に立つ直線として描かれています。つまり、完全雇用GDP

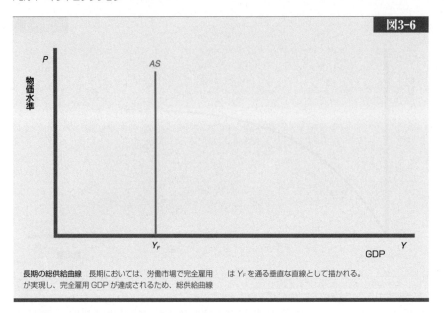

長期の総供給曲線 　長期においては、労働市場で完全雇用 　　は Y_F を通る垂直な直線として描かれる。
が実現し、完全雇用 GDP が達成されるため、総供給曲線

は物価水準 P とは独立に決まるため、こうなるわけです。それでは、物価水準はどのように決まるのでしょうか。

　図3-7 は、図 3-6 に総需要曲線を書き入れたものです。総需要曲線が右肩下がりになっている理由については先に説明したとおりです。図から明らかなように、総需要曲線 AD の位置は GDP の水準にはまったく影響を与えることができません。唯一、総需要の大きさが影響を与えるのは物価水準 P だけです。図中には、総需要曲線が AD_0 であらわされるときの物価水準が P_0 であるのに対して、総需要曲線が AD_1 の位置に上方シフトした場合には、物価が上昇して P_1 に変化することが示されています。

　以上のことから、長期では、公共事業、減税、金融緩和などの総需要管理政策は、総需要曲線をシフトさせることを通じて、物価水準には影響を与えますが、経済活動の水準（GDP）にはなんら影響力をもたないということになります。つまり、経済活動の水準を決めるのは供給です。「供給が需要を創る」というこのような考え方を「セイの法則」と呼んでいます。

　結局、「短期」モデルでは総需要管理政策は有効ですが、「長期」モデルではそれは物価水準に影響を与えるだけで、雇用や実質 GDP など実物経済にはなんの影響も与えることはできない、というマクロ経済学の最も基本的な結論が導かれたわけです。

　ケインズ以前の古典派経済学者たちは、価格メカニズムの需給調整能力に絶対の信頼を置いていましたので、政府が余分な総需要管理政策をとる必要など

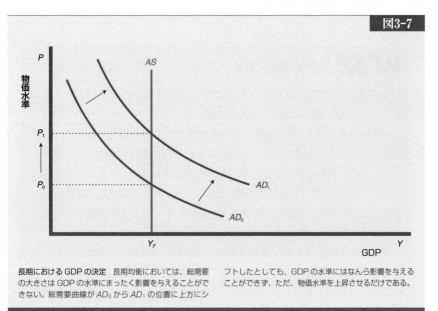

Ch.3

Part 1

長期におけるGDPの決定　長期均衡においては、総需要の大きさはGDPの水準にまったく影響を与えることができない。総需要曲線がAD_0からAD_1の位置に上方にシフトしたとしても、GDPの水準にはなんら影響を与えることができず、ただ、物価水準を上昇させるだけである。

ないと考えていました。彼らは、価格が需給の不一致を調整する速度が速い（価格の伸縮性が高い）と考えていたためです。われわれの分類の仕方でいえば、古典派経済学者は、「長期」モデルの立場をとっていたわけです。

　しかし、1929年のニューヨーク株式大暴落に端を発して、世界経済は大恐慌に入ってしまいました。この一大事件は需要と供給の不一致を市場メカニズムだけにまかせていると、とんでもないことが起こりうることを立証したといえるでしょう。当時のアメリカにおける失業率は25％にも達していたのに、労働市場は一向に均衡を回復することができなかったわけですから。ケインズは有名な言葉を残しました。「長期には皆死んでしまう」と。「長期」とはひょっとしたら永久に来ないくらい長い時間がかかるものだというわけです。だから政府が責任をもって失業対策をやり、総需要管理に乗り出すべきだといったわけです。

　重要なのは、「長期」とはどのくらいの期間なのか、そして、価格の調整能力がどのくらい高いのか、あるいは低いのか、ということに対する現実的な判断です。価格の調整能力が高いのに、政府が余計なことをすると経済を歪めてしまうかもしれません（たとえば、「大きな政府」の弊害やインフレなど）。しかし、価格の調整能力がいちじるしく低いと、不況はいつになっても克服できないでしょう。マクロ経済政策の有効性をめぐる議論の中心的な位置を占めるのが、この「価格の調整能力（価格の伸縮性）に対する判断」の問題なのです。

BOX　セイの法則とは

　「セイの法則」は、19世紀初めのフランスの経済学者ジャン・バティスト・セイの名にちなんで付けられた法則です。

　セイの法則とは、「経済活動の水準を決定づけるのは需要ではなくて、供給のほうである、なぜならば、供給はつねにそれに等しい需要を創り出すからだ」という古典派経済学派の中心命題に集約されます。ケインズ経済学はちょうどその逆で、「経済の運行を考えるのに大事なのはむしろ需要のほうであって、不況期には需要が供給を生み出す」ということを主張しました。これを「有効需要の原理」と呼ぶことはすでに勉強したところです。

　どうしてこのような正反対の結論がでるのでしょうか。この点については本文でも総供給曲線、総需要曲線を使って説明しましたが、要するに古典派が「セイの法則」を是とする論拠は、先にふれたように、価格の変化が需要・供給をすばやく調整するであろうという仮説（すなわち、長期モデル）にもとづいています。

　価格が高いときには、物を売る側はより大きな利益が得られると考えて、価格が低いときよりも多く供給します。逆に、物を買う側は価格の高いときには買う量を手控えるため、需要は少なくなります。

　このように、価格が十分高いときには、供給が需要を上まわって売れ残りが出ることになりますが、この売れ残りの存在が市場価格を十分敏速に下げるとしますと、結局は市場に供給されたものは、価格が十分下がることによって売りつくされることになります。したがって、価格が十分に伸縮的である場合には、「供給はそれ自身の需要を創り出す」という「セイの法則」が成り立つのです。

3-3　長期均衡への調整過程

　価格がまったく変化せず、総供給曲線が水平になる短期、価格調整が完了し、総供給曲線が垂直になる長期の状態、いずれも現実を完全に説明するものではありません。

　たとえば、図3-8は最近30年間ほどの日本におけるインフレーションと失業率の関係を示したものです。明らかに失業率が低い時期（GDPが完全雇用GDPに近いとき）の物価上昇率は激しく、失業率が高い時期（GDPが完全雇

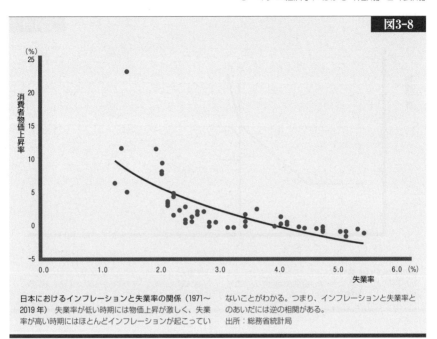

図3-8

日本におけるインフレーションと失業率の関係（1971〜2019年）　失業率が低い時期には物価上昇が激しく、失業率が高い時期にはほとんどインフレーションが起こっていないことがわかる。つまり、インフレーションと失業率とのあいだには逆の相関がある。

出所：総務省統計局

用 GDP よりかなり低いとき）ではほとんどインフレーションは起こっていません。

　つまり、景気がよいと物価は上昇し、景気が悪くなると物価は低く安定するということになります。したがって、総供給曲線は図 3-9 のような形になると考えるのが最も現実的だと思われます。このような枠組みで議論すると、ケインズが『一般理論』—3 を書いたときのような大不況のもとでは、総需要管理政策が景気拡大に有効だったといえるでしょうし（総供給曲線が水平な状態であるため）、逆に好景気が持続している状況では、総需要管理政策を発動する意義はほとんどないことになるでしょう（総供給曲線が垂直に近い状態であるため）。このような状態のときには、むしろ、総需要が拡大しすぎてインフレが加速しないように気をつけなければなりません。

　このように考えると、短期か長期か、価格調整能力がどのくらいあるのかという議論は「不況はどのくらい深刻か」という判断と重なってくるように思われます。不況が深刻なときには、価格変化があまり起こらないので、短期モデルのフレームワークで積極的な財政金融政策を行ない、景気がよくて物価が上

　3—ケインズの代表的な著書である『雇用・利子および貨幣の一般理論（*The General Theory of Employment, Interest and Money*）』の略称。1936 年に著された。

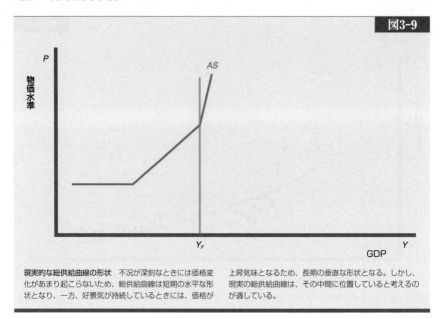

図3-9

現実的な総供給曲線の形状　不況が深刻なときには価格変化があまり起こらないため、総供給曲線は短期の水平な形状となり、一方、好景気が持続しているときには、価格が上昇気味となるため、長期の垂直な形状となる。しかし、現実の総供給曲線は、その中間に位置していると考えるのが適している。

昇気味のときには、長期モデルのフレームワークで緊縮的な財政金融政策を考えることが必要になります。

　深刻な不況には短期モデルを、完全雇用を実現している好況時には長期均衡モデルを使うということですが、おそらく、現実経済はその中間に位置していることが多いと思われます。したがって、現実のマクロ経済は、この2つのモデルの中間に位置しており、長期均衡への調整過程にある場合が多いと考えられます。そこで、本書の Part 2 では、価格が変化しない「短期」モデルを扱いますが、Part 3 では「長期均衡への調整過程にある経済」を取り上げます。

3-4　経済成長

　以上でみたように、マクロ経済学では短期と長期、あるいは価格の調整能力の大きさを軸にして理論が組み立てられているのですが、さらに長い期間を対象として分析を行なう分野として、経済成長の理論があげられます。

　経済成長の理論は、好況か不況かといった景気循環の問題は議論の対象からはずされるのが普通で、5年あるいはそれ以上の長期間を分析の対象にします。そこでは、長期均衡が達成されていると考え、一国の潜在的な成長能力（潜在成長力）はどのような要因によって決まるのか、成長率を引き上げるにはどのような政策が有効かといったことが議論の中心になります。

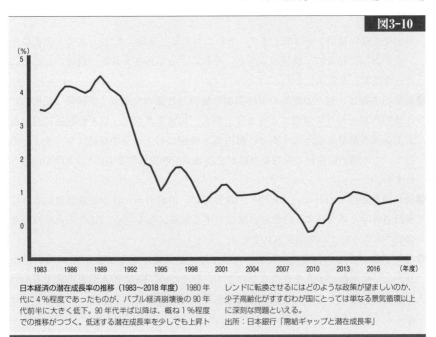

日本経済の潜在成長率の推移（1983～2018年度）　1980年代に4%程度であったものが、バブル経済崩壊後の90年代前半に大きく低下。90年代半ば以降は、概ね1%程度での推移がつづく。低迷する潜在成長率を少しでも上昇トレンドに転換させるにはどのような政策が望ましいのか、少子高齢化がすすむわが国にとっては単なる景気循環以上に深刻な問題といえる。
出所：日本銀行「需給ギャップと潜在成長率」

　先に、マクロ経済学では資本ストックが変化しないものとして展開されるのが普通と述べましたが、経済成長の理論では、資本ストックが投資活動によって増えることが重要な成長要因となります。投資が好調なときには資本ストックが伸び、経済の供給能力が増大します。それが経済成長を加速させます。逆に、投資が低迷していると資本ストックが伸びず、経済成長は起こりにくくなるでしょう。

　近年の日本経済は、潜在成長率（完全雇用が達成されていたならば実現すると考えられる、平均的な経済成長率）が低下したと考えられています。日本銀行の推計によると、日本の潜在成長率は、1980年代に4%程度であったものが、バブル経済崩壊後の90年代前半に大きく低下し、90年代半ば以降は、概ね1%程度での推移がつづいています（図3-10）。低迷する潜在成長率を少しでも上昇トレンドに転換させるにはどのような政策が望ましいのか、少子高齢化がすすむわが国にとっては単なる景気循環以上に深刻な問題といえましょう。

　この経済成長理論については、本書ではPart 3の11章で詳しく論じることにします。

本章のポイント

●マクロ経済学における「短期」とは、「需要と供給に不一致があったとしても価格

が変化しない期間」を意味します。それに対して「長期」とは、「需要と供給に不一致があった場合に、価格が変動し、それによって需要と供給が調節されるのに十分な期間」を意味します。

●総供給曲線は、個々の企業の供給曲線を集計した曲線であり、生産量（総供給）と価格は右上がりの関係になります。他方、総需要曲線は、個々の商品に対する需要曲線を集計したものであり、総需要と価格は右下がりの関係になります。そして、この総供給曲線と総需要曲線が交わる点で物価水準とGDPの水準が決定されます。

●価格調整が行なわれない「短期」の世界では、需給の不一致が数量調整によって解消されると考えます。総供給曲線は水平な直線になるため、GDPの水準は有効需要の大きさによって決定されます。

●価格調整が行なわれる長期均衡の世界では、総供給は完全雇用GDPに等しくなり、総供給曲線は垂直な直線になります。そのため、GDPの水準を決定するのは供給側の諸要因となり、需要側は物価水準以外には影響を与えることができません。

理解度チェックテスト
空欄に適当な語句を入れなさい。

1. 需要と供給に不一致があっても価格が変化しない期間を（　　　　）というのに対して、不一致があった場合に、それによって需要と供給が調節されるのに十分な期間を（　　　　）という。

2. 物価水準と経済全体の総産出量（総供給）の関係を示した曲線を（　　　　）という。

3. それぞれの物価水準に対して、人々が買いたいと考える財・サービスの需要量の水準（総需要）の関係を描いた曲線を（　　　　）という。

4. 需要側が経済活動の水準である供給を決定するという考えは、ケインズの（　　　　）の原理と呼ばれる。

5. 長期均衡においては、総供給曲線は垂直な直線になり、総供給の大きさは（　　　　）に等しくなる。

6. 現在の賃金で働きたいと思っているのに職がない、もしくは解雇された人たちがいない状況、すなわち、働きたいと思っている人が全員働ける状況は（　　　　）と呼ばれる。

7. 完全雇用が達成されているときの失業率のことを（　　　　）という。

8. 長期均衡においては、GDPの水準を決めるのは供給側の諸要因であり、需要側は物価水準に影響を与えるだけとなるが、このような「供給が需要を創る」という

考え方を（　　　　　）の法則と呼ぶ。

解答：1. 価格　長期　2. 総需要曲線　3. 総供給曲線　4. 有効需要
5. 完全雇用 GDP　6. 完全雇用　7. 自然失業率　8. セイ

練習問題

記述問題

1. マクロ経済学における概念上の「短期」と「長期」のちがいを説明しなさい。さ
   らに、「短期」と「長期」のそれぞれにおいて、物価水準と GDP の水準が決定さ
   れるメカニズムがどのようにちがうか、説明しなさい。

ディスカッションテーマ

1. 本章では「価格の調整能力」がマクロ経済学の中心的な概念であることをみた
   が、現在の日本経済における「価格の調整能力」はどの程度とみなすべきであろ
   うか。とくに、90 年代終わりごろから、「デフレ」がつづいたことをどうみるべ
   きだろうか。これは日本における「価格の調整能力」の高さを示すものなのであ
   ろうか。

Part 2

短期モデル

需要サイドを主とした分析

Part 2 では、需要と供給に不一致があったとしても価格が変化しない「短期」の世界を分析の対象としています。この短期モデルにおいては、3章ですでに説明したように、総供給曲線が水平になるため、経済活動の水準を決定するのは、投資や消費、公共事業、輸出などの「需要サイド」ということになります。

このような考えにもとづき、マクロ経済学で扱う3つの集計された市場のうち、Part 2では「需要サイド」を考えるうえで重要となる「財市場」と「貨幣市場」を取り上げます。ここでいう「貨幣市場」は、「資産市場」の一部ですが、5章で詳しくみるように、「資産市場」の分析は「貨幣市場」の分析で代替することができます。

ただし、財市場（4章）と貨幣市場（5章）は独立して成り立っているのではなく、実際には、両市場は相互に影響を与えあう依存関係のうえに成り立っています。6章では、両市場の関係を *IS-LM* 分析の手法を用いて分析します。

現代経済においては、国境を越えた自由な経済活動が急速に拡大しており、海外部門を無視してマクロ経済学を語ることはできません。そこで、7章では、海外部門の分析を組み入れ、開放体系下のマクロ経済（オープンマクロ経済）を考察します。

4：
GDP は
どのように決まるか

本章の目的

●価格が変化しない「短期」において、財市場で需給の不一致が生じた場合に、どのような調整メカニズムが働いて GDP の水準が決定されるのかという問題を、最も単純なケインジアン・モデルを使って説明します。

●総需要の構成項目として重要な役割を果たす投資、消費および貯蓄の水準を決定するための最も単純化した考え方について説明します。

●「短期」のケインジアン・モデルにおいて、政府による総需要管理政策がどのように有効に機能するかについて説明します。

●下図のフローチャートにあるように、本章では財市場（物やサービスが取引される市場）が分析の対象です。

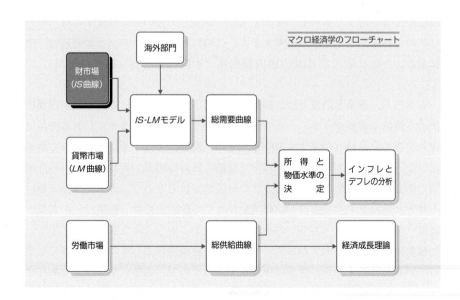

P art 2（4 章から 7 章）では、価格が硬直的な短期（ケインジアン）モデ
　　ルについて議論します。

　素朴なマクロ経済学の知識を習得できればとりあえず十分だという時間のな
い読者は、この Part 2 をしっかりとマスターしてください。現実に、新聞な
どでマクロ経済政策に関して書かれている記事は、多くの場合、Part 2 の理論
的枠組みに依っているからです（しかし、もし読者が、マクロ経済学のより深
い理解を望むならば、Part 3 以降の議論に十分習熟することが必要です）。

　さて、1 章で述べたように、マクロ経済学では 3 つの集計された市場——財
市場、貨幣市場（貨幣市場と証券（債券）市場の総称）、労働市場——を分析
の対象とすることによって、GDP やインフレ率、失業などの経済現象を解明
していきます。

　まず本章では、3 つの市場のうち、財やサービスが取引される「財市場」を
取り上げ、GDP がどのようなメカニズムで決定されるのかをみることにしま
しょう。

4-1　財市場における調整

　マクロ経済学では、企業などの生産主体（売り手）による財・サービスの供
給と、家計（消費者）などの経済主体（買い手）による財・サービスに対する
需要が出会う場所のことを財市場と呼びます。財・サービスの需要と供給が財
市場で出会い、すりあわせ、交渉を通じて調整し、世の中に存在する財・サー
ビスの全体量が決定されると考えます。この財・リービスの（付加価値の）全
体量が、2 章で学んだ GDP（国内総生産（＝国内総所得＝国内総支出））で
す。

　もちろん、企業と消費者は、通常は別々の主体ですから、それぞれが個別に
決める供給や需要がうまく一致する保証などどこにもありません。ある商品は
作りすぎて売れ残りが発生するかと思えば、別の商品は予想以上に売れて品不
足になったりします。マクロ経済学で登場する財市場の分析は、こういった個
別の商品の過不足を問題にするミクロ経済学とはちがって、個々の市場におけ
る需要と供給をすべて集計し、経済全体として供給の総計（総供給）が需要の
総計（総需要）に比べて多いのか、少ないのかということを問題にします。

　総供給が総需要を上まわっているときは、経済全体としては作りすぎてしま
っているわけですから、企業は生産量を減らすので、当然、景気はよくありま
せん。逆に、総需要が総供給を上まわっているときは、もっとたくさん作って

も売れるわけですから企業活動が活発になり、景気はよいといえるでしょう。この仕組みをもう少し詳しくみておきましょう。

　財市場において、総需要と総供給が一致しない不均衡状態の場合、どのような調整メカニズムを考えればよいのでしょうか。

　ある時点をとってみると、経済のマクロ的状況は、

（i）総需要が総供給を上まわっている

（ii）総需要と総供給が一致している

（iii）総需要が総供給を下まわっている

Ch.4
Part 2

のいずれかに該当するはずです。

　このうち、(ii)の場合には財の市場は均衡しているので、調整は起こらないと考えてよいでしょう。なぜなら、この状態では、買いたい人はすべて予定通りに買うことができ、売り手も作っただけのものが過不足なく売れているわけですから。

　以下では、(i)や(iii)の不均衡に対して、どのような調整がなされるのかについて考えてみましょう。

　価格が伸縮的な場合は、価格は上昇するにしても、下降するにしても、需給の不一致にすばやく反応します。需要が供給を上まわれば、供給側が有利な売り手市場となって価格が上昇しますし、逆に、供給が需要を上まわれば、需要側が有利な買い手市場となって価格が低下します。また、別の観点からみれば、価格が上昇すれば、買い手は予算の制約から購入量を減らそうとしますし、逆に、売り手は高く売れるのであれば利益が大きくなるので販売量を増やそうとします。つまり、価格の上昇によって、需要の減少と供給の増加が起き、需給の不一致が解消されることになります。このように、価格が伸縮的な経済のもとでは、需給に不一致があっても、価格の変動がそれを調整するということになります。

　このように、需要と供給の不均衡の解消には、価格が重要な働きをするわけですが、本章では話を単純化して、価格が硬直的な場合、すなわち「短期」にかぎって議論をすすめていきます——[1]。価格が動かないとは大胆な単純化ですが、このような単純化がマクロ経済を分析するうえで妥当であることは、以下のような理由から正当化されます。

　たとえば商品が売れず、計画していたより在庫が増加しつづけている場合、読者がその会社の経営者だったらどうするでしょうか。扱っている製品にもよ

1——価格が伸縮的なケースについては Part 3 を参照。

るでしょうが、多くの場合、その商品の価格をすぐに下げるというよりは、ま
ず現行の生産水準を落とすことによって対応するのではないでしょうか。逆
に、予想よりも売れ行きがよいとわかった場合、すぐに値上げするのではな
く、その商品の生産を増やすという対応になるのではないでしょうか。なぜな
ら、いったん決定した価格を毎日のように変えることは、様々なコストがかか
るからです。たとえば、カタログに印刷された価格を毎日改定することは大変
です。消費者からみても、商品の価格が毎日のように変わるということは、購
買活動の重要な指標が毎日変わるということですから、情報収集が煩雑になっ
てしまいます。

　もうひとつ例をあげると、たとえば、労働契約は通常長期にわたって一定の
固定した賃金を保証しています。景気の良し悪しで、賃金が毎日のように引き
上げられたり、逆に引き下げられたりすることはまれなことです。実際、労働
市場で供給が需要を上まわるからといって、すでに雇用している従業員の賃金
を引き下げることはむずかしいでしょう。そんなことをすれば、従業員はやる
気を失って生産性が低下するかもしれません。また、原材料を買い入れるさい
にも、ある期間は固定した価格での長期取引契約が結ばれるのがふつうです。
このように、企業にとっては、賃金コストや原材料のコストなど、生産コスト
の大部分が一定期間は固定されているのです。生産コストが固定されている状
況下で製品の価格を引き下げることは、それだけ利潤率を引き下げることにな
ります。稼働率をいくぶん下げるほうが利潤極大化の観点からみて望ましいか
ぎり、企業は価格引き下げより、生産水準の引き下げのほうを選ぶのはむしろ
当然といえましょう。

　以上のような理由から、本章であつかう短期のケインジアン・モデル（硬直
的な価格を想定するモデル）では、需要と供給の不一致は、価格調整ではな
く、数量調整によって是正されると仮定するのです。硬直的な価格という想定
は、話を簡単にするための単純化という面もありますが、考えようによって
は、より現実的な仮定ともいえるのです。

4-2 消費関数と投資関数

　価格調整が行なわれない短期の世界において、GDP はいったいどのように
決定されるのか、また、それをふまえて、望ましい GDP の水準を達成するた
めにはどのような政策が必要になるのか。これから、この問題について詳しく
考えていきます。

　2章で学んだように、三面等価の原則から、国内総生産（GDP）＝国内総所得＝国内総支出となります。これからの説明では、文脈によってGDPのことを国内総所得と呼んだり、国内総支出と呼んだりすることもありますが、それらは同じものを指しているということを押さえておいてください。

　さて、すでに学んだように、

$$\text{GDP} = 消費 + 投資 + 政府支出 + 純輸出}$$

とあらわせますので、GDPの決まり方を考えるということは、右辺の項目の決まり方を考えるということでもあります。ただし、以下の議論では、右辺の項目のうち、消費と投資の決まり方についてみていき、政府支出については当面、議論を簡単にするために一定と考えて話をすすめます。また、簡単化のため、ここでは貿易のない経済を考えるので純輸出を無視します。なお、消費や投資がどのように決まるかを数式であらわしたものを消費関数、投資関数と呼びます。

　それでは、短期の経済モデルで説明に用いられる簡単な消費関数、投資関数についてみていきましょう。

ケインズ型消費関数：消費は可処分所得に依存する

　まず、価格が動かない世界において消費がどのように決まるのか、すなわち短期の消費関数について考えてみましょう。民間部門の消費はGDPの約6割を占める最大の需要項目です。実際、2017年度の名目民間消費支出は303兆円、このときのGDPが547兆円でした[2]。

　消費が最も大きな影響を受けるのは、家計の可処分所得です。可処分所得というのは、受け取った所得[3]（Y）から税金や社会保険料[4]など（T）を差し引いた部分で、自分の意思で使える所得のことです。

　いま、消費をC、所得をY、税金や社会保険料などをTとしますと、家計の可処分所得は$Y-T$とあらわされます。可処分所得が増えれば消費も増える。こう考えるのは自然なことでしょう。給料が上がったとき、あるいは、減税によって自由になるお金が増えれば消費が増えると考えるのは、人々の消費

2—内閣府「国民経済計算　2017年度確報」
3—ここでの所得YはGDPと同じ。
4—年金や健康保険のため、強制的に支払わされる保険料で、2017年度の対国民所得比でみた社会保障負担率は17.7％にのぼる。なお、租税負担率は25.0％なので、国民が負担している税金と社会保険料の合計は42.7％になる（これを「国民負担率」と呼ぶ）。ここで、分母に国民所得を用いているのは、国民の負担の度合を測る場合は、海外からの所得も含めた国民所得の概念のほうが適当であるからである。

行動を考えるうえで妥当なことです。したがって、消費と可処分所得の関係を示す最も単純な消費関数は通常、次の式であらわされ、これをケインズ型消費関数と呼びます。

$$C = c_0 + c_1(Y - T) \tag{1}$$

ここで、c_0 は「基礎的消費」と呼び、可処分所得 $(Y - T)$ がゼロでも生存のために必要な消費額を示します。

消費性向と貯蓄性向

(1)式のケインズ型消費関数について、もう少し詳しくみていきましょう。まず、可処分所得に対する消費の割合のことを平均消費性向（Average Propensity to Consume）といいます。すなわち、

$$平均消費性向 = \frac{消費}{可処分所得}$$

です。

さらに、可処分所得がわずかに（限界的に）増えたとした場合、それによって消費がどれくらい増えるかを示す割合を限界消費性向（Marginal Propensity to Consume）といいます。「限界」ということばは経済学でしばしば出てきますが、その意味は「ごくわずかな」「微少な」追加分、もしくは増分ということです[5]。

$$限界消費性向 = \frac{追加的な消費}{追加的な可処分所得} \left(= \frac{消費の微少な変化量}{可処分所得の微少な変化量} \right)$$

限界消費性向は通常、0 と 1 のあいだの値をとります。つまり、所得が増加するとき、人々は消費を増やしますが、所得の増加分のすべて、またはそれ以上を消費にまわすことは、平均的にいってありそうもないと考えるわけです。この場合、所得増加分のうち消費にまわされなかった部分は貯蓄に振り向けられることになります。

たとえば、いま可処分所得が 300 万円だった人が 270 万円を消費にまわし、あとの 30 万円は貯蓄していたとします。この人の平均消費性向は 0.9（= 270万円／ 300 万円）です。また、この人が追加的な可処分所得 1 万円を得たとします。このうち 8,000 円を消費にまわし、残りは貯蓄したとしますと、限界消費性向は 0.8（= 8,000 円／ 10,000 円）となります。なお、上記(1)式で、限界消費性向 $= c_1$、平均消費性向 $= \dfrac{C}{Y-T} = \dfrac{c_0}{Y-T} + c_1$ となります。

5—数学でいう微分係数のこと。

　所得のうち消費にまわさなかった部分は貯蓄になりますので、消費と貯蓄は裏と表の関係にあります。したがって、上の消費性向と同様のロジックで、貯蓄性向について語ることができます。

　可処分所得に対する貯蓄の割合のことを平均貯蓄性向（Average Propensity to Save）といいます。すなわち、

$$平均貯蓄性向＝\frac{貯蓄}{可処分所得}（＝1－平均消費性向）$$

Ch.4
Part 2

　さらに、可処分所得がわずかに（限界的に）増えたとした場合、それによって貯蓄がどれくらい増えるかを示す割合を限界貯蓄性向（Marginal Propensity to Save）といいます。

$$限界貯蓄性向＝\frac{追加的な貯蓄}{追加的な可処分所得}（＝1－限界消費性向）$$

限界消費性向が0と1のあいだの値をとるので、限界貯蓄性向も0と1のあいだの値をとります。

投資関数の求め方

　総需要を構成する項目で、消費とならんで経済に大きな影響を与える項目は投資です。投資は、企業の設備投資や在庫投資、家計が行なう住宅投資を合計したものです。政府も投資を行ないますが、政府支出は財政政策を発動するという意味をもっており、民間部門による投資とは異なるロジックで決定されると考えます。以下では、民間投資、とりわけ経済に大きな影響を与える企業の設備投資がどのように決まるのかについて考えていきます—**6**。

　投資需要がどのような要因によって決まるかはたいへん複雑です。実際、投資は企業家の将来に関する様々な思惑、予想に依存する割合が高いために、これを事前に正確に予測することはかなり困難です。消費が比較的予想しやすいのに比べて、投資の不安定性はきわだっています。資本主義経済の不安定性は投資の不安定性によって作り出されている、といっても過言ではないほどです。

　投資関数に関する経済学的研究は膨大な量に達していますが、詳細は13章にゆずり、ここではマクロ経済学の基本的な体系を理解するうえで最小限必要な、最も簡単な形の投資関数についてみていきます。

　6—以下の説明における投資は設備投資のことを意味している。

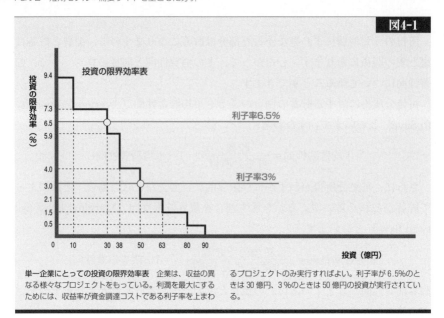

図4-1

単一企業にとっての投資の限界効率表　企業は、収益の異なる様々なプロジェクトをもっている。利潤を最大にするためには、収益率が資金調達コストである利子率を上まわるプロジェクトのみ実行すればよい。利子率が6.5%のときは30億円、3％のときは50億円の投資が実行されている。

投資の限界効率

まず、投資の限界効率（MEI：Marginal Efficiency of Investment）という概念について考えてみます。

ある時点をとると、どの企業も様々な投資プロジェクトをもっています。いま、ある企業について、これらの投資プロジェクトを収益率の高いほうから順にランク付けしたとして、それを図に描いてみます。図4-1が、そのようなランク付けの様子をあらわしています。

この例では、投資プロジェクトのなかで最も収益率が高いのは、最初の10億円のプロジェクトで、これは年率9.4％の収益があると予想されています。その次に有利なプロジェクトは、20億円の追加投資を必要とし、追加投資の収益率は7.3％と計算されています。このような追加的な投資から見込まれる収益率のことを「投資の限界効率」と呼んでいます。複数の投資プロジェクトを収益率の高いほう（左）から右にランク付けしてならべていますので、投資の限界効率は投資金額が大きくなるにしたがって低下していきます。この企業の場合、最も不利なプロジェクトの追加投資は、わずか0.5％の収益しかもたらしません。

それでは、この企業は何億円の投資を実行するでしょうか。結論からいうと、それは企業が事業を行なうために調達する資金の利子率しだいとなります。図4-1では、利子率が6.5％の場合と3％の場合を書き入れてあります。

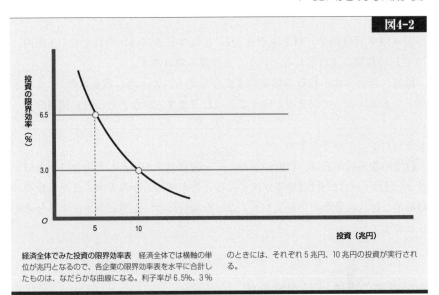

経済全体でみた投資の限界効率表　経済全体では横軸の単位が兆円となるので、各企業の限界効率表を水平に合計したものは、なだらかな曲線になる。利子率が6.5%、3%のときには、それぞれ5兆円、10兆円の投資が実行される。

企業は銀行から借金して投資する場合、そのときの金利動向によって、年率6.5％もしくは３％の利息を支払う義務がありますが、純収益をできるかぎり大きくするという観点からみて、利子率が6.5％のときは、投資の限界効率も6.5％以上のプロジェクトのみを、また利子率が３％のときには投資の限界効率が３％以上のプロジェクトのみを、それぞれ選ぶことが必要です。また、自己資金によって投資をファイナンスする場合でも、利子率より低い収益しかもたらさないプロジェクトは実行に移さず、銀行などに預け入れるほうが有利になります。

　投資がこのような利潤極大の観点から決定されるならば、図から明らかなように、利子率が6.5％のときには30億円、利子率が３％のときには50億円の投資が計画されるわけです。このように、投資の限界効率と利子率が一致するところに企業の投資額は決定されるのです。すなわち、投資は投資の限界効率と利子率が一致するところで決まることになります。

　以上は、個別企業にとっての投資決定のメカニズムについての説明ですが、経済全体についても、投資の限界効率表を考えることができます。そのためには、図4-1のようにあらわされる個別企業の限界効率表を、水平方向に加えていけばよいわけです。個別企業の限界効率表は、投資プロジェクトの不分割性によってデコボコがありますが、無数の企業を加算すると、経済全体の投資の限界効率表はほぼスムースな、右下がりの曲線になると考えられます（横軸の単位のとり方が大きく変化するため）。図4-2は、一国経済全体における投資

の限界効率表の例で、利子率が6.5%、3%のときには、それぞれ、5兆円、10兆円の投資が実行されるということが読み取れます。

結局、経済全体の投資の限界効率表が与えられたとき、投資水準 I は利子率 r の水準によって決まるということになります。すなわち、投資関数は

$$I = I(r) \tag{2}$$

とあらわすことができます。

投資の限界効率表は、技術が進歩して、投資効率が向上した場合に上方にシフトします。それだけ収益率が高くなることが望めるからです。また、政府の積極的な財政政策などで景気がよくなった場合にも、上方にシフトすると考えられます。

4-3 有効需要の原理と 45 度線分析

有効需要の原理とセイの法則

さて、これまでみてきた消費の決まり方、設備投資の決まり方を踏まえたうえで、GDP の決まり方について考えてみます。

GDP の決まり方についての経済学の基本的な考え方は、需要と供給が一致したところで経済が均衡に達し、経済活動の水準が決まるというものですが、その過程を考えるとき、「総供給が GDP の大きさを決める（供給はそれ自身の需要を創る）」という考え方と、「総需要が GDP の大きさを決める（需要が供給を創り出す）」という考え方の二種類があります。前章でみたとおり、前者はケインズ以前の古典派経済学の「価格伸縮」モデルで「セイの法則」と呼ばれ、後者はケインズによる「数量調節」モデルであり、「有効需要の原理」と呼ばれます。前者の場合、価格の変化が調整弁となって均衡にいたる長期の経済を考えており、後者の場合は、数量の変化が調整弁となって均衡にいたる短期の経済を考えています。

---

1. 総供給が GDP の大きさを決める

    （供給はそれ自身の需要を創る：セイの法則）

    ⇒ 古典派経済学の考え方。価格の変化が調整弁となって均衡にいたる長期の経済。

2. 総需要が GDP の大きさを決める

    （需要が供給を創り出す：有効需要の原理）

    ⇒ ケインズによる考え方。数量の変化が調整弁となって均衡にいたる

> 短期の経済。

本章で議論しているのは価格が動かない短期の経済についてですので、経済の全体量である GDP は、総需要の水準によって決定されると考えます。以下では、総需要が GDP を決定するとはどのようなことなのかについて、詳しくみていきます。

さて、貿易のない経済を考えると、総需要 Y^D は先にみたとおり、消費 C、投資 I、政府支出 G を合計したものでした。すなわち、

$$Y^D = C + I + G \qquad (3)$$

Ch.4
Part 2

です。ここではとりあえず、議論を簡単にするために、投資 I、政府支出 G を所得水準のいかんにかかわらず一定と考えます。投資 I を一定と考えるということは、先に学んだ投資の限界効率の議論を思い出してもらうと、ここでは利子率が一定であると仮定して議論をすすめているということです。この段階では、まだ利子率がどう決まるかという議論はしていないため、とりあえずは、利子率が一定と考えるということです。

ケインズ型消費関数における消費 C は

$$C = c_0 + c_1(Y - T)$$

とあらわしましたので、これを(3)式に代入すると

$$Y^D = c_1(Y - T) + (c_0 + I + G) \qquad (4)$$

となります。

「有効需要の原理」により、総需要 (Y^D) が総供給 (Y^S) の水準を決定し、総需要＝総供給となる均衡点が均衡 GDP であり、これを Y^* と書くと、(4)式は、

$$Y^* = c_1(Y^* - T) + (c_0 + I + G) \qquad (5)$$

と書き換えられます。

(5)式を Y^* について解くと、

$$Y^* = \frac{c_0 - c_1 T + I + G}{1 - c_1} \qquad (6)$$

となりますが、この Y^* が財市場において需要と供給が一致する均衡 GDP となります。

(6)式における分母の $(1 - c_1)$ は、先に学んだ限界貯蓄性向です。すなわち、価格の動かない短期での均衡 GDP は、このモデルでは所与として与えられた値の総和である(6)式の分子を、限界貯蓄性向で割った水準に決定されることになります。

45 度線分析

　以上の議論では、数式が少し煩雑になってしまいました。これを図にあらわすと理解しやすくなります。ただし、簡単化のため、ここでは海外との貿易がない経済について考えます。したがって、純輸出はゼロだとします。まず、総需要をグラフの上でみてみます。GDP と総需要の関係をあらわしたのが図 4-3 ① です。総需要（Y^D）と GDP（Y）の関係は、(4)式より $Y^D = c_1 Y + (c_0 - c_1 T + I + G)$ となりますので、横軸を GDP（Y）、縦軸を総需要（Y^D）とすると、切片が $c_0 - c_1 T + I + G$、傾き c_1 の直線が、総需要と GDP の関係をあらわすグラフとなります。これは、三面等価のうち、支出面からみた GDP（総需要）と所得面（分配面）からみた GDP が等しくなっている状態をあらわしています。

　次に、図 4-3 ② ですが、これは「総供給 = GDP」をあらわしたグラフです。縦軸の大きさ（総供給）と横軸の大きさ（GDP）が等しくなるのが、45 度線（縦軸の大きさ＝横軸の大きさ）になります。これは、三面等価のうち、生産面からみた GDP と所得面（分配面）からみた GDP が等しくなっている状態をあらわしています。

　これら 2 つのグラフをまとめたものが図 4-3 ③ で、有効需要の原理から均衡 GDP が決まることをあらわしたものになります。つまり、「まず需要が決まり、それと同量の供給が生みだされる」、すなわち、総需要が総供給を上まわる GDP の水準（Y_0）では、総供給の増大とともに GDP も大きくなります。一方、総需要が総供給を下まわる GDP の水準（Y_F）では、総供給の低下とともに GDP も小さくなります。均衡では、「総需要 = 総供給 = GDP」になるというわけです。均衡は、図 4-3 ① にあらわされた関係と、図 4-3 ② にあらわされた関係を同時に満たす点ですので、この 2 つのグラフを重ね合わせた点である点 B となり、均衡 GDP は Y^* になります（図 4-3 ③）。なお、Y^D 線は 45 度線より傾きが緩やかになっています。限界消費性向が 0 と 1 のあいだの値をとるためです。

　財市場で総需要と総供給が一致した均衡（B 点）においては、生産物に対する過不足が（全体的にみて）ないことになります。つまり、企業は計画どおり生産し、それを計画どおり販売できますし、家計は家計で、計画したとおりに商品を買うことができます。要するに、企業や家計がこれ以上計画の変更をする必要がないという意味で、経済は B 点で均衡状態にあるとみることができます。そのときの総需要、総供給、GDP の水準はいずれも Y^* というわけです。

　図 4-3 ③ では、総供給と総需要は GDP が Y^* のところで均衡しています。

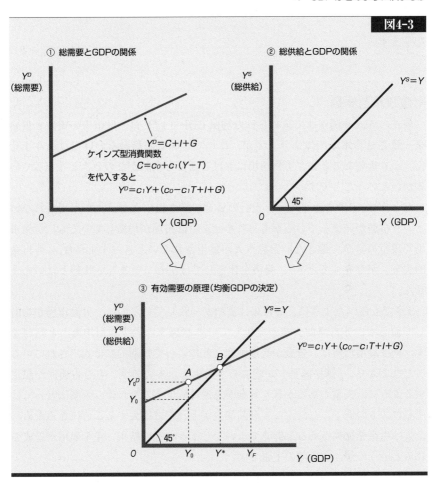

図4-3

① 総需要とGDPの関係

Y^D（総需要）

$Y^D = C + I + G$
ケインズ型消費関数
$C = c_0 + c_1(Y-T)$
を代入すると
$Y^D = c_1 Y + (c_0 - c_1 T + I + G)$

O　　　Y (GDP)

② 総供給とGDPの関係

Y^S（総供給）

$Y^S = Y$

45°

O　　　Y (GDP)

③ 有効需要の原理（均衡GDPの決定）

Y^D（総需要）
Y^S（総供給）

$Y^S = Y$

$Y^D = c_1 Y + (c_0 - c_1 T + I + G)$

B

A

Y_0^D
Y_0

45°

O　　Y_0　Y^*　Y_F　　Y (GDP)

これより高い Y の水準に対しては、総供給が総需要を上まわります。これは、財・サービスの過剰生産を意味しますから、企業は生産レベルを低下させる必要があります。さもなければ、在庫が累積し、サービス業などの場合は仕事がないのに人を雇っておくというようなことが起こり、企業利潤が落ち込むからです。

　逆に、Y が Y^* を下まわる場合、たとえば $Y = Y_0$ のとき、企業が Y_0 の財・サービスしか供給しないのに対して、総需要は $Y_0^D (> Y_0)$（A 点）ですので、物不足の状態にあることになります。そこで企業は当然、計画の誤りに気づいて生産拡大に乗り出すと考えられます。

　このように、総需要の大きさにちょうど総供給が一致するように調整が行なわれる結果、GDP（Y）は常に均衡GDP（Y^*）に向かって調整されることに

なります。

4-4　財政政策と乗数

　前述の(6)式や図 4-3 で求められた均衡 GDP（Y^*）は、財市場の需要と供給を一致させる水準ではありますが、これですべてが終わるわけではありません。より重要なことは、労働市場における需要と供給がこのときどうなっているか、ということです。

　たとえば、Y^* の水準では、現行の賃金で働きたいと思う人が雇用されないという事態が発生しているかもしれません。財市場が均衡していても、労働市場で現行の賃金で働きたいと思う人が雇用されないとき（すなわち、「非自発的失業」が存在するとき）、経済全体としては決して望ましい状態とはいえません。

　3 章でも述べたように、財市場は需給が一致しているのに、労働市場が均衡しておらず、非自発的失業が発生している状態を「過少雇用均衡」と呼びます。過少雇用均衡は、賃金が長期契約などによって短期的には固定されていることなどから、「価格調整」が起こらず発生したものです。もし古典派が想定するように、失業のあるかぎり賃金が急速に低下するならば、企業にとっては生産コストの低下、したがって利潤機会がそれだけ増大することになるため、企業は生産を拡大させると考えてよいでしょう。その結果、完全雇用が達成されるというのが、古典派の主張です。

　しかし、賃金は少なくとも短期的には変化しないものであるとすれば、失業は解消されません。その場合、雇用を拡大する方策のひとつとして考えられるのが、公共投資などの政府支出の拡大です。図 4-3 ③ では、完全雇用を保証するような GDP の水準は、Y^* よりも大きい Y_F であると仮定されています。Y^* を Y_F にまで引き上げるには、どれだけの政府支出の拡大をはかればよいでしょうか。

拡張的財政政策の効果

　この問いに答えるために、いま政府が景気を刺激するために、国債を発行して資金を調達し、その資金で公共事業を増やすなどして、政府支出 G を ΔG だけ増やしたとすると、GDP にどのような変化が起こるかということを計算してみます。G が $G + \Delta G$ に変わったのですから、総需要はとりあえず Y^D から $Y^{D'}$ に ΔG だけ増加しました。すなわち、

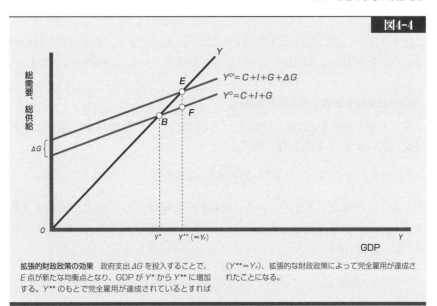

拡張的財政政策の効果 政府支出 ΔG を投入することで、E 点が新たな均衡点となり、GDP が Y^* から Y^{**} に増加する。Y^{**} のもとで完全雇用が達成されているとすれば ($Y^{**}=Y_F$)、拡張的な財政政策によって完全雇用が達成されたことになる。

$$Y^{D'}=C+I+G+\Delta G$$

となります。このとき、新しい均衡 GDP (Y^{**}) は、(6)式の G を $G+\Delta G$ に置き換えた

$$Y^{**}=\frac{c_0-c_1 T+I+G+\Delta G}{1-c_1} \tag{7}$$

となります―7。図4-4 の $Y^{D'}$ 線と 45 度線の交点、E 点が新たな均衡点です。つまり、ここでは、政府支出を増やしたために GDP が Y^* から Y^{**} に増加したわけです。Y^{**} のもとで完全雇用が達成されているとすれば ($Y^{**}=Y_F$)、拡張的な財政政策によって完全雇用が達成されたことになります。

(7)式から(6)式を辺々差し引くと、GDP の増加分 ΔY ($=Y^{**}-Y^*$) として、

$$\Delta Y=\frac{\Delta G}{1-c_1} \tag{8}$$

が得られます。すなわち、政府支出が ΔG だけ増えると、GDP が $\Delta Y\left(=\dfrac{\Delta G}{1-c_1}\right)$ だけ増えることがわかります。(8)式を変形すると、

$$\frac{\Delta Y}{\Delta G}=\frac{1}{1-c_1} \tag{9}$$

7―ここでは貿易がない経済を考えているが、海外との貿易がある場合を考えても本質的には同じ議論ができる。

となりますが、(9)式の右辺の値を政府支出乗数と呼びます。政府支出乗数の値は上の計算が明らかにしたとおり、限界貯蓄性向 $(1-c_1)$ の逆数になります。

[政府支出乗数を計算するための数値例]

　たとえば、$c_0=50$ 兆円、$c_1=0.6$、$I=70$ 兆円、$G=80$ 兆円とすれば（租税はないとします）、均衡所得は(6)式より

$$Y^*=\frac{200兆円}{1-0.6}=500兆円$$

となることが確認できます。いま、政府が不況対策として 10 兆円の補正予算を組み、公共事業の追加を実行したとします。政府支出 G を 80 兆円から 90 兆円に 10 兆円増やしたのです。そうすると、(7)式より

$$Y^{**}=\frac{210兆円}{1-0.6}=525兆円$$

となりますから、GDP の増分は

$$\Delta Y=\frac{10兆円}{1-0.6}=25兆円$$

となります。つまり、10 兆円の政府支出増加はこの場合、25 兆円の GDP を生み出したことになります。したがって、政府支出乗数の大きさは

$$\frac{\Delta Y}{\Delta G}=\frac{25兆円}{10兆円}=2.5$$

になります。GDP を 25 兆円増やせば完全雇用が達成されるとわかっているとすると、政府支出乗数が 2.5 の場合は、公共事業を 10 兆円増やせばよいということです。

　もっと一般的にいえば、乗数（Multiplier）とは、公共投資など、モデルの外側から与えられる変数（これを「外生変数」と呼ぶ）の値が 1 単位増えるとき、GDP のようなモデルの内部で決定されるべき変数（これを「内生変数」と呼ぶ）がどれだけ増えるかを示す比率のことです。たとえば、いまの仮定のもとでは、「外生変数」は I や G などです。これらの値が 1 単位増えると、それが内生変数 Y を $\frac{1}{1-c_1}$ 倍増加させます。

　投資 I がなんらかの要因（たとえば、情報化投資を増やさなければならないと経営者が考えたなど）で 1 単位増加したときの乗数を投資乗数と呼びますが、いうまでもなく、投資乗数 $\frac{\Delta Y}{\Delta I}$ も、政府支出乗数とまったく同じ値（限界貯蓄性向の逆数）をとります。

　海外との貿易がある場合も同様の議論ができます。貿易・サービス収支を

BOX　乗数：このやっかいな代物

「乗数」の「乗」という字はかけ算をするといった意味ですね。たとえば、公共事業を 1 兆円追加したらその何倍 GDP が増えるのか、その倍率のことだと考えればよいのです。そして、本文のような簡単化された理論の枠組みのなかでは、その大きさは限界貯蓄性向の逆数であることを学びました。

もし現実のマクロ経済がここで展開したような理論枠組みで完全に説明できるのなら、マクロ経済学の学習はこの章で終わりにしてもよいくらいです。なぜなら、私たちは乗数理論を通してどれだけの公共事業を行なえば、あるいはどれだけの減税を行なえば、完全雇用 GDP に到達できるのか、かなり正確に知ることができるからです。

しかし、現実経済はそれほど簡単ではありません。これまで日本政府はこの不況から脱却するために、多額の公共事業や減税を柱とする景気対策を打ち出してきましたが、思うような効果がなかなか出なかったのが現実です。

景気対策がうまく効果を発揮できなかった理由は、乗数の値そのものが政策によって、あるいは、そのときどきの経済情勢によって大きく変化するからです。例をあげましょう。公共事業を実施する場合、大きなネックとなるのは土地の買収です。日本の地価は高いので、工事費用のかなりの部分が土地代に消えていきます。土地を売って大金を得た人は、とりあえずはそれを貯蓄してしまうでしょう。そうなると、公共事業予算の多くは土地を売った人の貯蓄となって眠ってしまうことになります。このような場合、限界貯蓄性向は 1 に近くなり、乗数は 1 に近づくということになってしまいます。

あるいは、景気対策のためには大量の国債を発行する必要がでてきますが、あまり大量の国債が発行されると、国民は将来のことが心配になります。国債は国の借金です。国が将来この借金を返済するさいには、増税せざるをえないかもしれません。先のことを考える国民は大量の国債が発行されることを知って、「将来は大増税になる」と予想します。そして、そのときに備えて、消費を抑制し、貯蓄を増やすかもしれません。その結果、やはり限界貯蓄性向は上昇してしまい、乗数の値は小さくなってしまいます。最近では、乗数の値が低下しているといわれていますが、それにはこうしたことが背景にあると考えられます。

もちろん、人口が将来にわたって減少していくと予測されていることや、新型コロナウイルスのような経済活動を縮小させるような状況がつづくならば、人々の消費行動や企業の投資行動にマイナスの影響が出るでしょう。こ

のように、乗数は不安定な値になるのがいまや常態となっており、そのことが経済政策を適切に発動することを困難にしているのです。

NX とすると、(6)式は、以下のように(6')式に書き換えることができます。

$$Y^* = \frac{c_0 - c_1 T + I + G + NX}{1 - c_1} \tag{6'}$$

この場合、政府・日銀が外国為替市場に介入して円安誘導を行なったとしましょう。このとき、円安になったおかげで輸出が増え、NX が増加したとします。このときも同じような効果があることは、もう繰り返す必要はないと思います。貿易・サービス収支がなんらかの外生的な影響で1単位増えた場合のGDP増加の大きさのことを外国貿易乗数──[8]と呼びます。

　投資 I や貿易・サービス収支 NX が外生変数という本章の仮定のもとでは（実際はあとの章で示すように、これらの変数は外生変数ではなく、モデルのなかで決まってくる内生変数ですが）、景気刺激という観点からいえば、政府支出を1単位増やしても、民間投資を1単位増やしても、あるいは輸出が1単位増えても、GDPに与える効果はまったく同じで、$\dfrac{1}{1 - c_1}$ 倍増加させるということになります。

乗数の波及プロセス

　なぜ、政府支出や投資、輸出などの外生変数が1単位増加しただけで、GDPが限界貯蓄性向の逆数分（すなわち、乗数倍）だけ増加するのでしょうか。このことを考えるために、いま、なんらかの理由で企業の設備投資（あるいは政府支出）が1兆円増加したと考えてみましょう。企業は1兆円の投資財を購入しようとして、他企業に機械や工場建設の注文を出すでしょう。注文を受けた企業は、その注文に応じることによって、まず1兆円の売上の増加を実現します。

　このように、第1ラウンドとして、まず1兆円の付加価値の増加が発生しました。すると、2章で詳しく解説したように、その1兆円はかならず分配されて誰かの所得になります。このようにして分配された所得は、消費されるか貯蓄されるか、あるいは政府の租税収入になるかです。ここでは議論を簡単にす

8──外国貿易乗数については7章を参照。

表4-1　乗数のプロセス（限界消費性向がc_1の場合）			（単位：兆円）
	付加価値の増分	消費の増分	貯蓄の増分
第1ラウンド	1	c_1	$1-c_1$
第2ラウンド	c_1	$c_1{}^2$	$c_1(1-c_1)$
第3ラウンド	$c_1{}^2$	$c_1{}^3$	$c_1{}^2(1-c_1)$
第4ラウンド	$c_1{}^3$	$c_1{}^4$	$c_1{}^3(1-c_1)$
⋮	⋮	⋮	⋮
第nラウンド	$c_1{}^{n-1}$	$c_1{}^n$	$c_1{}^{n-1}(1-c_1)$
⋮	⋮	⋮	⋮
合　計	$\dfrac{1}{1-c_1}$（GDPの増分）	$=\dfrac{c_1}{1-c_1}$（消費の増分）	$+$　1（貯蓄の増分）

るため、租税の部分を無視して話をすすめます。限界消費性向がc_1ですので、$c_1 \times 1$兆円が消費され、残りの$(1-c_1)$兆円が貯蓄されることになります。貯蓄された分は、需要としては現われてこないのですが、消費c_1兆円は消費財の購入という形で、再び企業の付加価値をc_1兆円だけ増大させる結果になります。その増大した付加価値の大きさであるc_1兆円はかならず誰かに分配され、分配された金額に限界消費性向をかけた大きさだけ、つまりc_1倍が再び消費にまわされるのです。その結果、$(c_1 \times c_1)$兆円（$=c_1^2$兆円）が、第2ラウンドでの消費増加分ということになります。第3ラウンドでは、c_1^2兆円のさらにc_1倍が消費されます。このような循環のプロセスがつづくとき、付加価値（GDP）の究極的な増加はいくらになるでしょうか。

このことを、表4-1でみることにしましょう。投資が1兆円増加するとき、第1ラウンドの付加価値の増加が1兆円であることはすでにみたとおりです。限界消費性向がc_1のとき、そのうちのc_1兆円が消費され、$(1-c_1)$兆円が貯蓄にまわります（以下、兆円を省略）。消費にまわったc_1は、第2ラウンドの付加価値の増分になり、それはさらに消費をc_1倍だけ増大させるので、ここでの消費増加はc_1^2となります。

このようなプロセスを無限につづけると、付加価値の累積増加額ΔYは

$$\Delta Y = 1 + c_1 + c_1^2 + \cdots + c_1^{n-1} + \cdots = \frac{1}{1-c_1}\text{（兆円）}$$

になります[9]。同じようにして、消費の増分は$\dfrac{c_1}{1-c_1}$兆円、貯蓄の増分は1兆円になることがわかります。結局、このようなプロセスを経て、1兆円の投資増加が限界貯蓄性向$(1-c_1)$の逆数分だけGDPを増加させるということになるわけです。

このとき、GDPの増加額は、消費の増加額と貯蓄の増加額の和になってい

ることに注意してください。GDP はかならず誰かに分配され、それは消費されるか、あるいは貯蓄されるかですから、この結果は当然といえるでしょう。また、先の数値例にしたがって、$c_1 = 0.6$ であれば、$\Delta Y = 2.5$ になることは、いまや明らかでしょう。

完全雇用を達成するために必要な追加的財政支出

私たちは以上の議論から、政府支出乗数が限界貯蓄性向 $(1-c_1)$ の逆数であることを知りました。すなわち、

$$\frac{\Delta Y}{\Delta G} = \frac{1}{1-c_1}$$

でした。完全雇用を達成するには、GDP を Y^* から完全雇用 GDP である Y_F にまで、$(Y_F - Y^*)$ だけ増やす必要がありますが、そのために必要な追加的な政府支出 ΔG は

$$\Delta G = (Y_F - Y^*)(1-c_1)$$

になることがわかります。これだけの政府支出の拡大により、図 4-4 の Y^D 線が $Y^{D'}$ 線まで上方にシフトし、45 度線と E 点で交わります。このときの GDP は $Y^{**}(=Y_F)$ になります。

完全雇用 GDP と総需要の差のことを「デフレギャップ」と呼び、その額が大きければ大きいほど、不況は深刻であると考えてさしつかえありません（図中、線分 EF がデフレギャップに相当します）。

このように、総需要（図 4-4 の $C+I+G$）を上下にシフトさせる政策のことを総需要管理政策と呼びます。総需要管理政策の代表的なものは、政府支出を増減させることですが、このほかに、税体系を変更する租税政策、あるいは利子率を変化させる金融政策などがあります。総需要管理政策の詳細については、本書を通じて様々な形で登場します。いずれにせよ、価格が硬直的な世界では、ケインズ的な財政金融政策は、乗数効果を通じて強力な雇用創出能力をもつものと考えられてきたのです。

9—この計算は、初項 1、公比が c_1 の等比数列の和を求める問題と同じである。すなわち、

$$\Delta Y = 1 + c_1 + c_1^2 + \cdots + c_1^{n-1} + \cdots$$

であるから、両辺に c_1 を乗じると

$$c_1 \Delta Y = c_1 + c_1^2 + c_1^3 + \cdots + c_1^n + \cdots$$

となるので、辺々差し引けば $(1-c_1)\Delta Y = 1$ となる。なぜなら、第 n 項までを考えると、$(1-c_1)\Delta Y = 1 - c_1^n$ となるが、c_1 が 0 と 1 のあいだの数なので、n が十分大きければ c_1^n は無視しうるからである。結局、$\Delta Y = \dfrac{1}{1-c_1}$ が得られる。

　ただ、こうした景気をよくするための総需要管理政策は、現在の日本の経済状況からすると、その有効性について以前ほど明確ではなくなっています。日本の累積財政赤字はすでに非常に大きく、金利もほぼゼロの水準で推移しています。今後のあり方を含めて、このあたりについては、エピローグ（16章）で詳しく触れることにします。

減税の効果

　景気を刺激するための財政政策には、これまで議論してきた政府支出の拡大のほかに、減税の実施が考えられます。減税の景気浮揚効果は公共事業などと異なるのでしょうか。答えは「イエス」です。

　いま、税額だけを T から $T+\Delta T$ にまで変化させると、(6′)式は

$$Y^* = \frac{c_0 - c_1 T - c_1 \Delta T + I + G + NX}{1 - c_1} \tag{10}$$

となりますから、(10)式から(6′)式を辺々差し引くと、GDPの増加額は

$$\Delta Y = -\frac{c_1 \Delta T}{1 - c_1}$$

または、

$$\frac{\Delta Y}{\Delta T} = -\frac{c_1}{1 - c_1} \tag{11}$$

となります。つまり、税額を ΔT だけ増税すると、GDPはその $\dfrac{c_1}{1-c_1}$ 倍だけ減少するということです。いま問題にしているのは減税のケースですから、(11)式の両辺にマイナスを乗じると、減税の効果が計算できます。すなわち、税額を ΔT だけ減税すると、GDPはその $\dfrac{c_1}{1-c_1}$ 倍だけ増大するという結果が得られます。

[数値例：完全雇用を達成するのに必要な減税額]

　均衡GDPが500兆円、完全雇用GDPが525兆円、限界消費性向 $c_1 = 0.6$ というこれまでどおりの数値例で減税の効果を計算すると、完全雇用を達成するのに必要な減税額は、(11)式を使って計算すると

$$-\Delta T = \frac{(1 - c_1)\Delta Y}{c_1} = \frac{0.4 \times 25兆円}{0.6} = 約16.7兆円$$

となります。つまり、16.7兆円の減税によって、GDPを25兆円増大させ、完全雇用GDPを実現できるというわけです。また、減税の乗数値が $-\dfrac{\Delta Y}{\Delta T}$ =1.5であることも容易に確認できます。

　計算の結果わかったことのひとつは、G（政府支出）を1兆円増加させるの
も、T（租税）を1兆円減税することによって削減するのも、有効需要の創出
という観点からみれば、一見同じ効果をもつように思われるにもかかわらず、
実は政府支出増加の乗数効果のほうが、減税の乗数効果よりも大きいのです。
Gの1兆円の増加はGDPを$\dfrac{1}{1-c_1}$倍だけ大きくしますが、Tを1兆円減らし
た場合は、GDPは$\dfrac{c_1}{1-c_1}$倍だけしか増加しないからです。その理由はなんで
しょうか。

　Gの増加の場合、それが第1ラウンドでは全額の1兆円が有効需要の増加
となるのに対して、減税の場合には、減税によって増加した1兆円の可処分所
得のうち、第1ラウンドではc_1兆円だけが有効需要の増加となり、残りの
$(1-c_1)$兆円が貯蓄として漏出してしまうことに原因があります。この第1ラ
ウンドの$(1-c_1)$兆円の貯蓄は、有効需要には寄与しないのです。したがって、
この分だけ、減税の景気浮揚効果は減殺されることになるわけです。

インフレギャップとその対策

　ケインズ経済学の誕生が1930年代であったせいでしょうか、ケインズ経済
学は不況の経済学であるという印象が、一般にもたれているようです。しか
し、景気が過熱した状態に対しても、ケインズ流の所得（＝GDP）決定理論
は同じように適用できます。

　そこで、景気が過熱した状態に対して、GDP決定理論がどのような役割を
果たすのか概観してみましょう。まず、景気が過熱する状態をより正確に定義
するとすれば、それは、総需要が完全雇用GDPを上まわっている場合である
ということです。このようなときには、企業は生産を拡大したいのですが、現
行の賃金のもとで働く意思のあるすべての労働者はすでに雇用されつくしてい
ますし、かといって短期間に労働を節約しうる技術を開発するようなことはで
きません。

　このような場合、雇用を拡大しようとすれば、企業は労働者に対してより高
い賃金をオファーする必要があるでしょう。その結果、物価も上昇しはじめま
す。つまり、ケインズ的な数量調整の世界は、景気が過熱しすぎているときに
は有効に働きえず、調整は価格の上昇によって行なわれるようになると考えら
れます。これを放置すれば、総需要が完全雇用GDPを上まわるかぎりインフ
レーションがつづくことになるでしょう。これは、GDPが完全雇用GDPを超
えて無制限に大きくはなれないという、供給制約の存在によるものです。この
ような状態はケインズによって、「真正インフレーション」と名付けられてい

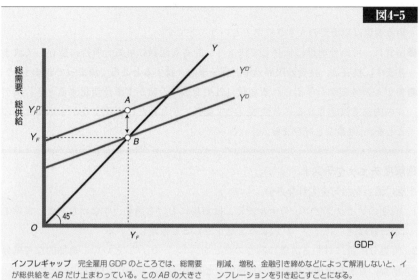

図4-5

インフレギャップ 完全雇用GDPのところでは、総需要が総供給を*AB*だけ上まわっている。この*AB*の大きさがインフレギャップであるが、このギャップを政府支出の削減、増税、金融引き締めなどによって解消しないと、インフレーションを引き起こすことになる。

ます。

　経済がこのように過熱状態にある場合には、総需要を抑制する必要がでてきます。どれだけ総需要を抑制すればよいかといえば、それはインフレギャップに相当する部分です。インフレギャップとは、デフレギャップとはちょうど逆に、総需要が完全雇用GDPを上まわる額のことです。図4-5では、総需要が $Y^{D'}$ のとき、線分 $AB(=Y_F^{D'}-Y_F)$ に相当するインフレギャップが存在しています。インフレギャップが存在する場合、政府支出を削減したり、増税をしたりするなどの財政政策のほか、金融を引き締めて（利子率を高めて）企業の投資コストを引き上げるなどの金融政策—10により、総需要を望ましい水準に調整することが必要だというのがケインズ経済学の考え方です。図4-5では、$Y^{D'}$ を Y^D の水準にまで低下させるような財政金融政策を発動すれば、インフレギャップが解消され、完全雇用も達成されることになります。

本章のポイント

●財市場において需要と供給に不一致が生じた場合、ケインズが想定する短期の世界では価格が固定的なため、調整は数量調整によって行なわれ、総需要に等しいところで総供給が決められます。つまり、このモデルにおいて、GDPの水準を決

10—本章では利子率は一定と仮定している。利子率をコントロールする金融政策については5章で学ぶ。

める要素は総需要の大きさであるということです。

●消費は、可処分所得に依存して決まり、貯蓄も同様に可処分所得に依存して決まります。投資は、投資の限界効率と利子率が一致するところで決まってきます。

●モデルの外側から与えられる変数（外生変数）の値が 1 単位変化するとき、モデルの内部で決定されるべき変数（内生変数）がどれだけ変化するかを示す比率のことを、「乗数」と呼びます。

理解度チェックテスト

空欄に適当な語句を入れなさい。

1. 短期のケインジアン・モデルでは、財市場における調整、すなわち需要と供給の不一致は（　　　　）によって是正されると仮定している。

2. 可処分所得に対する消費の割合のことを（　　　　）といい、追加的な可処分所得に対する追加的な消費の割合のことを（　　　　）という。

3. 追加的な投資から見込まれる投資の収益率は投資の（　　　　）と呼ばれる。投資金額が大きくなるにつれて低下していくと考えられ、最適な投資の大きさはこの収益率と（　　　　）が一致するところで決まる。

4. 政府支出の増加分に対する GDP の増加分の大きさは（　　　　）と呼ばれ、単純なケースでは限界貯蓄性向の逆数になる。

5. GDP が完全雇用 GDP を下まわっている場合には（　　　　）ギャップが存在し、政府支出の増大、減税、金融緩和などによって総需要を高めないとデフレーションが生じる。逆に、GDP が完全雇用 GDP を上まわっている状態は（　　　　）ギャップが存在していることになり、財政縮小ないしは金融引き締めによって解消しないとインフレーションを引き起こすことになる。

解答：1. 総需要の変化　　2. 平均消費性向　限界消費性向　　3. 限界効率　利子率　　4. 政府支出乗数　　5. デフレ　インフレ

練習問題

計算問題

1. GDP が消費（C）、投資（I）、政府支出（G）からなる経済において、いま、消費関数が

$$C = 10 + 0.75Y$$

であらわされ、投資 $I = 17.5$兆円、政府支出 $G = 10$兆円 であるとする。このとき、次の問いに答えなさい。

(1) 均衡 GDP を求めなさい。

(2) 政府支出乗数を求めなさい。

(3) 完全雇用 GDP 水準が 250 兆円であるとき、この水準を達成するためには政府支出をいくらに拡大する必要があるだろうか。

2. いま、マクロ経済が次のモデルであらわされるとする。

$$Y = C + I + G$$
$$C = 10 + 0.8(Y - T)$$
$$T = 0.3Y$$

さらに、投資 $I = 38$ 兆円、政府支出 $G = 18$ 兆円 であるとき、次の問いに答えよ。

(1) 均衡 GDP を求めなさい。

(2) このモデルにおける民間の貯蓄を求めなさい。

(3) 投資乗数を求めなさい。

(4) 投資が 45 兆円に増加したとき、また政府支出が 30 兆円に増加したとき、均衡 GDP はそれぞれいくらになるか。

3. いま、GDP が消費、投資、政府支出からなるマクロ経済が、次の条件下で成立していたとする。また、税金もないとする。

　　条件 1：完全雇用 GDP は 350。

　　条件 2：基礎的消費は 30。

　　条件 3：投資と政府支出の合計額は、GDP 水準とは無関係に 50 である。

　　条件 4：限界消費性向は 0.75。

このとき、

(1) 均衡 GDP を求めなさい。

(2) 消費と貯蓄をそれぞれ求めなさい。

(3) 投資乗数を求めなさい。

(4) このモデルにおいて、発生しているデフレギャップの値はいくらか。また完全雇用を達成するためには、政府支出をいくら増加させたらよいか求めなさい。

記述問題

1. 財市場において需給の不一致が生じた場合に、どのような調整が行なわれるか。古典派の立場とケインジアンの立場から説明しなさい。

2. 本章で用いたモデルであらわされる経済においては、国民全体が消費を減らして、より多く貯蓄をしようとすると、結果として貯蓄が減ってしまう。これを「貯蓄のパラドックス」という。図を描いて、この「貯蓄のパラドックス」を説明しなさい。

ディスカッションテーマ

1. 本章の枠組みのなかで、政府の総需要管理政策の効果を考えることには限界がある。「短期」のケインジアン・モデルを使って、総需要管理政策の効果を議論した場合に発生するであろう問題点について考えてみなさい。

2. 本章ではケインズ型の景気刺激効果は「乗数」の大きさによって示された。

   (1) 乗数の大きさは限界消費性向の大きさで決まるが、それでは限界消費性向はどのような要因によって決まるのだろうか。

   (2) 近年、公共事業の乗数が低下してきたと指摘されているが、その原因について考えよ。

   (3) 近年、政府債務が巨額になってきたため、乗数効果が小さくなっているという意見が強まっている。なぜ国の債務が巨額になると乗数は小さくなると考えられるのか。

5：
貨幣の需給と利子率

本章の目的
- ●貨幣の基本的機能についてレビューした後、なぜ人々は貨幣を保有するのか（貨幣に対する需要）について紹介し、「貨幣需要関数」を定式化します。
- ●市場に出まわっている貨幣量（貨幣供給またはマネーストック）の統計的な定義を明らかにし、マネーストックの決定メカニズムについて説明します。
- ●貨幣市場における需要と供給がどのように均衡するのか、また、その均衡状態で利子率が決定される様子を示します。
- ●下図のフローチャートにあるように、本章では貨幣市場（貨幣と国債などの債券が取引される市場）が分析の対象です。

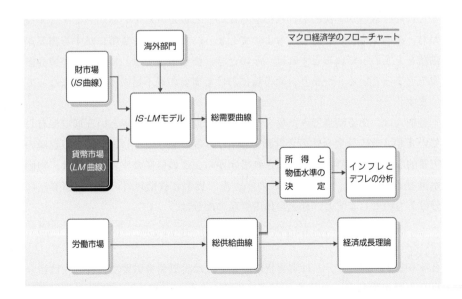

　の章では、貨幣市場の均衡を分析します。貨幣市場というのは、一言でいうと、人々が貨幣と貨幣以外の金融資産（主として国債）を交換するところです。貨幣市場で決定されるのは、貨幣の価格ともいえる利子率（金利）です。なぜ、利子率が貨幣の価格といえるのか。それは、本章を読みすすめていくうちに明らかになります。

　さて、先に学んだ財市場において、財はあたかも1種類しかないかのように仮定してきました。議論を簡潔にするため、貨幣市場の分析においても、貨幣と交換される資産は1種類しかないものとして議論をすすめることにします。そして、その1種類の資産を「債券」と呼ぶことにします。国債や社債といった種々の金融資産をまとめて抽象化して「債券」と呼ぶことにするわけです。

5-1　ストック市場におけるワルラスの法則

　ところで、債券（金融資産）と貨幣とを交換する市場ならば、貨幣市場だけではなく債券市場も同様に分析すべきではないか、という疑問がわいたとしても、不思議ではありません。たしかに、その疑問は本質をついています。しかし、実は貨幣市場と債券市場はコインの表と裏のようなもので、実体はひとつなのです。なぜなら、ここでは「金融市場には貨幣と債券の2種類のみが存在し、取引されている。したがって、人々は資産を貨幣でどれだけ保有し、債券でどれだけもつかを決めなければならない」と仮定されているからです。すなわち、次のようにいい直してもよいでしょう。貨幣市場で貨幣に対する需要が供給を上まわっているとすれば、そのとき、債券市場では、債券供給が債券需要を上まっている。つまり、両市場における需要の過不足の和はゼロになっています。

　各個人は、ある時点でみた場合、一定の資産を貨幣と債券という形で保有しています。その社会全体の合計額を W であらわすものとします。この資産の実質的な価値は物価水準に左右されますから、この資産の実質的価値は、物価水準を P とすれば $\frac{W}{P}$ です。この $\frac{W}{P}$ を、貨幣と貨幣以外の資産（債券）に分けるものとしますと、社会全体の資産の配分は、

$$\frac{W}{P} = L + B \tag{1}$$

となります。ただし、L は実質貨幣需要、B は実質債券需要で、各個人は自分自身の資産総額 $\frac{W}{P}$ の枠のなかで、貨幣をどれだけ保有し、債券でどれだけ保有するのかを決めることになります。つまり、(1)式は資産に対する需要サイ

ドの内訳をあらわしています。ここで、貨幣需要 L、債券に対する需要 B はすでに物価水準で実質化された数値とします。

　他方、供給サイドはどうなっているでしょうか。貨幣供給の大本が中央銀行（日本では日本銀行）であることはいうまでもないでしょう。また、債券の供給主体は、国債であれば政府（財務省）、社債であれば、企業です。ある時点をとった場合、経済全体では一定の実質貨幣残高（実質マネーストック。市場に出まわっている現金通貨と、民間金融機関に預けられている預金の残高の合計を（名目）マネーストックといいますが、これを物価水準で割り、実質化したものを実質マネーストックと呼び、$\frac{M}{P}$ であらわす）と、実質債券発行残高 B^s が存在しており、それが経済全体の富を形成していますから、

$$\frac{W}{P} \equiv \frac{M}{P} + B^s \tag{2}$$

という定義式が得られます。これが、資産を供給サイドからみた定義式になります。

　いま、(1)式から(2)式を辺々差し引くと、

$$\left(L - \frac{M}{P}\right) + (B - B^s) = 0 \tag{3}$$

という関係が得られます。上記(1)、(2)、(3)の各式で L、B、B^s をなぜ物価水準 P で割って実質化しないのかと疑問に思う読者がいるでしょうが、すでに触れたように、ここでは L、B、B^s はすでに P で割って実質化した数値として取り扱っているため、このような表示になっているのです。

　さて、(3)式の左辺第1項は貨幣に対する超過需要、第2項は債券に対する超過需要をあらわしますが、(3)式の意味するところは、もし第1項が正ならば第2項は負、逆に第1項が負ならば第2項は正でなければならないということです。つまり、貨幣市場における超過需要は債券市場における同額の超過供給、あるいは貨幣市場における超過供給は債券市場における同額の超過需要を意味するのです。この事実を、ストック市場における「ワルラスの法則」といいます。

　ワルラスの法則のおかげで、資産市場全体（貨幣市場と債券市場）の分析をするかわりに、貨幣市場の分析だけをすれば足りるということになります。換言すれば、債券市場を個別に取り上げて分析しなくても、貨幣市場の分析が同時に債券市場の分析を「同じコインの裏側」として示すことができるので、不都合が生じることはないということです。いうまでもなく、もし貨幣市場の需要と供給が均衡しているならば（$L = \frac{M}{P}$）、債券市場における需給も均衡して

います（$B = B^S$）。

5-2　貨幣の需要

　　それでは、貨幣市場の分析をはじめましょう。まずは貨幣に対する需要について考えていくことにします。人々はどういったときに貨幣を必要とするのでしょうか。

貨幣の機能

　　本論に入る前に、貨幣はそもそもなぜ必要なのか、ということから考えてみましょう。貨幣の機能は2つあります。

⑴ 交換を効率化する

　　私たちは物を買うときに貨幣を使って代金を支払います。もし貨幣がなければ、商品の売買はすべて物々交換に頼ることになりますが、物々交換は想像以上に不便なものです。この点については、次のような例を考えれば、すぐに納得がいきます。

　　いま、ある人がパンを自分が消費する以上にもっていて、ワインを欲したとしましょう。この場合、パンを買いたいと思う人を探そうと思えば、それほどの困難もなく探せるかもしれません。しかし、パンを買いたい人を探せたとしても、その人がワインを売りたいと思っているとはかぎりません。むしろ、数多くの財のある世界では、それは非常にまれであるというべきでしょう。したがって、パンを売りたい人がパンをワインと交換できるチャンスは、それだけ減少します。

　　それだけではありません。たとえ運よくこの人が、ワインをパンと交換してもよいという相手に出会えたとしても（もっとも、パンが固くなってしまう以前に出会う必要がありますが）、パンとワインの交換条件が2人のあいだで一致する保証はありません。パンを売りワインを買いたい人が多数と、ワインを売りパンを買いたい人が多数同じ場所に集まることができれば、パンとワインの交換はある程度実現するでしょうが、1対1の取引では交換が実現するかどうか予測できません。

　　あるいは、テニスを習いたいと思っている経済学者は、経済学を学びたいと思っているテニスのコーチを探さなければならないし、土地を欲している小説家は、彼の小説をこよなく愛する地主をみつける必要があります。なんという

「不可能」でしょう。物々交換の世界ではこのような「欲望の偶然の一致」が二重に重なる必要がありますが（Double Coincidence of Wants）、経済活動の基本である交換が二重の偶然によって支配されるようでは、市場経済の発展はとうてい望めないでしょう。このような不便を克服するために、人類は古くから様々な貨幣（貝殻や奴隷、金・銀など）を交換の手段として使ってきたのです。

　貨幣が導入されると、交換は大幅に効率化されます。パンを売ってワイン（そのほかリンゴやチーズなど複数の財貨でも、この場合いっこうにかまわない）を手に入れたい人は、さしあたり、誰にでもパンを売って貨幣を受け取ればよいのです。これは、ワインとパンを交換したいという人にのみパンを売るという行為より、はるかに簡単です。貨幣を手に入れたあとは、ワインを売りたい人（その人はかならずしもパンを欲している必要はない）を探せばよいだけです。テニスと経済学、小説と土地の交換も貨幣を通して間接的に行なえば困難ではありません。

　この、いささか原始的な例によって明らかになることは、貨幣の基本的な機能のひとつが交換を効率化するという点にあるということです。実際、貨幣がなくては、取引はごくかぎられた範囲でしか行なわれないでしょうし、今日のような高度に分業化された高い生産性を誇る社会はとうてい出現しなかったでしょう。

(2) 富を貯蔵する手段となる

　しかし、貨幣の機能は取引の効率化にとどまるわけではありません。貨幣は、証券（株式や社債、国債などの政府証券）や財（耐久財など）とならんで、貯蓄された富を貯蔵する手段として使われています。たしかに貨幣自体は、株式やその他の債券のように配当や利子を稼ぐことができませんし、値上がりによるキャピタル・ゲインもありません（ただし、物価水準が下落するときはこのかぎりではない）。また、耐久財のもたらすサービス（家をもつことによって得られる快適さや、自動車が提供する輸送サービスなど）も貨幣はもたらせないのですから、取引のために必要な量を超えて貨幣を保有することは、馬鹿げていると思われるかもしれません。

　このような見方は、世の中が天下太平であって、将来になんの不確実性もリスク（危険）もないという状態のときにはある程度妥当します。そのようなときには、取引のために必要な分を貨幣でもつ以外は、財産のすべてをなんらかの便益を生ぜしめる債券や財の購入に充てるべきでしょう。

　しかし、現実の世界は不確実です。話を資産運用という点に限定したとして
も、不確実性を示す例はいくらでもあります。たとえば来年のいまごろ、株式
相場は個々の銘柄に関してどのように価格を付けているのか、正確に答えるこ
とはどんな名相場師にとっても不可能です（それができれば、彼／彼女はたち
まち億万長者になれるでしょうが……）。

　将来が不確実である場合、財産のすべてを危険がともなう資産につぎこむこ
とが期待収益を最大にするかというと、かならずしもそうとはいえません。た
とえば貨幣が利子・配当などの収益を生み出すことができないとしても、貨幣
以外の資産を保有することにともなう危険（将来に値下がりが見込まれる場合
など）を考慮すれば、一時的に貨幣を保有するほうが有利であることはしばし
ばあります。

　昔から「財産三分法」という財産管理の定石があることは、読者も知ってお
られると思います。むずかしい資産選択理論（別名ポートフォリオ・セレクシ
ョンの理論）―1によることなく、賢明な投資家は昔から、資産は貨幣、債券や
株式などの金融資産、土地に三分して保有するのがよいと教えています。ただ
し、ここでいう三分とは、貨幣、債券や株式などの金融資産、土地をそれぞれ
3分の1ずつもつということではありません。たとえば債券の価格が十分低く
なったと思われるときは、債券保有の割合を増やし、逆に高くなったときには
その割合を減らすというように、情勢の変化に応じて保有割合を変えるべきだ
と理解したほうがよいでしょう。しかし、いずれにしても、将来が不確実な世
界においては（現実の世界がまさしくそれにあたるのですが）、貨幣も資産保
有の有力な一手段であるといっても間違いありません。

貨幣に対する需要

　以上でみたように、貨幣の機能は、交換の効率性を高める機能と、不確実な
世界において危険を分散せしめる富貯蔵手段としての機能に分けられます。貨
幣に対する需要は、これらの貨幣の機能に付随して発生すると考えられます。
交換の効率化を達成するという目的で貨幣が需要される場合、経済学の用語で
は「取引動機」にもとづく需要、または簡単に「取引需要」と呼んでいます。
他方、資産保有機能を果たすために需要される場合は、「投機的動機」にもと
づく需要、または簡単に「資産需要」と呼んでいます。

1―資産選択理論については、たとえば、仁科一彦『現代ファイナンス理論入門（第2
　版）』（中央経済社、2004年）を参照。基本文献は、J. Tobin, "Liquidity Preference
　as Behavior Towards Risk," *Review of Economic Studies* (1958)。

⑴ 取引需要

　私たちが日常の取引をするうえで必要とされる貨幣の需要が取引需要ですが、この取引需要による貨幣保有の大きさは、ほぼ人々の所得水準に比例すると考えてよいと思います。月収20万円のサラリーマンと月収200万円の会社社長とでは、常時ポケットに入っている現金にせよ、キャッシュカードで引き出せる「要求払預金」にせよ、その金額が同じであるということはないでしょう。むしろ平均的には、この場合、会社社長の保有貨幣量はサラリーマンの数倍にも達するだろうことは想像に難くありません。

　したがって、経済全体でみた場合、取引動機による貨幣保有はほぼGDPの水準の増加関数であると考えられます。しかし、債券の利回り（債券の保有者に支払われる利息を債券の購入金額で割ったもの）が高くなると、現金を寝かせておくことによる機会費用（ほかの用途に使えば得られたであろう利益）が大きくなってきますので、取引の円滑さという利便を多少は犠牲にしても、取引需要にもとづく貨幣保有を以前よりも減らし、その分を債券購入にまわすインセンティブが働くと思われます。したがって、取引需要はGDPの増加関数であるとともに、利子率の減少関数であるといえます。

⑵ 資産需要

　資産保有手段としての貨幣の機能に対応する貨幣需要が資産需要にあたりますが、これはケインズによって、「流動性選好」として定式化されたものです。すでに述べたとおり、財産のすべてを危険の多いポートフォリオのみに投資してしまうことは、投資家の立場からみてかならずしも望ましくありません。また、「流動性選好」という言葉が示すとおり、いつでも現金として使える貨幣は高い流動性を有するため、人々はたとえ利息を稼げなくても貨幣という形で保有したいと考える傾向があるのです。ただし、債券保有が十分有利な場合、貨幣保有はあきらめ、すべてを債券保有に回すということもあり得ます。

　たとえば、債券価格が十分高いときには、通常、人々はいずれそれが安くなるのではないかと予想するでしょう。この場合、現在の高い価格で債券を買う必要はないわけで、近い将来に安くなる見込みが強いのであれば、しばらく現金で保有しておけばいいのです。たしかに現金自体は利息を生み出せませんし、インフレーションが進行しているときには、実質的な価値が下落します。しかし、債券価格が十分高くて、近い将来に、現金を保有することによって失われるこれらの機会費用を補ってあまりあるような価格下落があるならば、高いものをいま買うのは明らかに損なのです。

　逆に、債券価格が十分安い（つまり、近い将来に値上がりするであろう）と思われるときは、現金を保有することはなるべく避けたほうがよいということになります。この場合でも、将来の見通しが100％確実でないかぎり、また人々が危険回避的な態度をとるかぎり、現金保有をゼロにすることは最適な資産選択であるとはいえません。このような結論は、資産選択理論によって明らかにされたものです。

　ところで債券価格が高いときは、通常、利子率が低く、逆に、債券価格が低いときは、利子率が高いと考えられます。もしそうであれば、貨幣の資産需要は利子率が低いほど大きく、利子率が高いほど小さくなるといえるわけです。

債券価格と利子率の関係

　先にすすむ前に、債券価格と利子率がなぜ相反する動きをするのかについて検討しておきましょう。いま、額面が A 円、利息が元金に対して年率 α の割合で将来にわたって永続的に支払われるような債券（このような債券を永久確定利付債券、または永久債と呼んでいる―2）について、その価格はどのようにあらわされるのか考えてみます。

　今年この債券を買うとすれば、来年から毎年 αA 円の利息が手に入ります。しかし、来年の αA 円は当然、今年の αA 円と同じ価値をもつわけではありません。現在の市場利子率が $100 \times r$ ％である場合（たとえば、利子率が5％であれば $r=0.05$ とあらわされる）、来年の αA 円の割引現在価値は $\dfrac{\alpha A}{1+r}$ 円にすぎません（BOX「割引現在価値の考え方」を参照）。それは、現在 $\dfrac{\alpha A}{1+r}$ 円もっていた場合、それを運用して利子を稼げば、来年には元利合計が $\dfrac{\alpha A}{1+r} \times (1+r) = \alpha A$ 円になっていることから容易にわかります。再来年の利子の割引現在価値は、さらにもう一度、$(1+r)$ で割り引いた金額 $\dfrac{\alpha A}{(1+r)^2}$ 円になることも明らかでしょう。つまり、利息を永続的に受け取るとした場合の利息収入の流れの割引現在価値 B は、

$$B = \frac{\alpha A}{1+r} + \frac{\alpha A}{(1+r)^2} + \frac{\alpha A}{(1+r)^3} + \cdots$$

となります。これは、初項が $\dfrac{\alpha A}{1+r}$、公比が $\dfrac{1}{1+r}$ の等比級数列の和ですから、公式を適用すれば、

2―歴史的に有名なものとして、イギリスが1751年に発行した国債の一種であるコンソル公債がある。当時の利率は年3％であったという。

$$B = \frac{\alpha A}{r} \tag{4}$$

と簡略化してあらわせます——**3**。

　ここで、B は、将来支払われる利息の割引現在価値として計算されたものですが、債券市場が機能しているかぎり、これが債券の市場価値、つまり債券価格と一致します。もし、実際の価格が B より高ければ、債券の価値の総額 B と比較した場合、債券をいま売却することが利益を生むことがわかりますから、そのような債券は売られることになり、債券価格は下落するでしょう。価格が安すぎる場合には、ちょうど逆の現象が生じて、結局、債券価格は B 円に落ち着くのです。

　債券価格が(4)式の B で与えられる場合、債券価格 B と市場利子率 r のあいだには次のような関係があることが判明します。

　(ⅰ) 利子率 r が上昇すれば、債券価格 B は下がる。

　(ⅱ) 利子率 r が下落すると、債券価格 B は上昇する。

　(ⅲ) 利子率 r と利息の割合 α が等しいときには、債券価格 B と額面 A は一致する。また、$r > \alpha$ ならば $B < A$ であり、$r < \alpha$ ならば $B > A$ である。

　さしあたりここで重要なのは、(ⅰ)と(ⅱ)の結論です。つまり、先にも述べたとおり、債券価格 B と市場利子率 r のあいだには相反関係があるということになります。

　本章の冒頭で利子率は貨幣の価格のようなものと述べましたが、ここで説明したように、利子率と債券価格はお互いに反対の関係にありますが、一方が決まればもう一方が決まるという関係であり、同じものを別の側面からみたものといえます。また、先のワルラスの法則から債券と貨幣はコインの表と裏の関係にあります。利子率が上昇し、債券価格が下がると債券に対する需要が高まるので、貨幣に対する需要が低下します。逆に、利子率が低下し、債券価格が

3——この計算の仕方は４章の脚注９でも説明した乗数の計算と基本的に同じである。念のために、より一般的な計算式を示すと次のとおり。

　初項が z、公比が a（$0 < a < 1$）の等比級数列の和を S とすれば、

$$S = z + za + za^2 + \cdots + za^n$$

両辺に a を掛け算すると、

$$aS = za + za^2 + za^3 + \cdots + za^{n+1}$$

となり、最初の式から２つ目の式を左右の辺どうしで引き算をすると、

$$(1-a)S = z(1 - a^{n+1})$$

となる。ここで、n が十分に大きいとき、a は１より小さいので、$a^{n+1} \fallingdotseq 0$ となる。その結果、$S = \frac{z}{1-a}$ が得られる。本文では $z = \frac{\alpha A}{1+r}$、$a = \frac{1}{1+r}$ である。したがって、(4)式が得られる。

BOX 割引現在価値の考え方

　経済学を勉強するうえできわめて重要な用語のひとつが、割引現在価値（Discounted Present Value）です。

　割引現在価値は、将来にわたって得られる所得や利息などを現在の時点で評価したものです。例を挙げてみましょう。今後3年間にわたって毎年末に100万円の所得を見込む人がいたとします。この人の所得は単純に合計すると300万円ということになりますが、それでは、1年目の末に一挙に300万円の所得を得て、あとは所得のないケースと比べた場合、読者にとってどちらの価値が高いでしょうか。

　私なら、1年目の末に300万円もらえるほうを選びます。なぜなら、そうして得た300万円を活用して利息を稼ぐことができるからです。金利が10%なら、このお金は2年目末には330万円、3年目末には330万円×(1+0.1)＝363万円 に増加するからです。

　しかし、毎年末に100万円ずつの所得が入ってくる人は、最初の100万円を運用して3年目末には121万円（金利が10%の場合、2年目末には110万円になるが、これをもう一度運用すると、110×(1+0.1)＝121万円 になる）、2年目末に入ってくる100万円については3年目の末の時点で1年だけ運用するので110万円、3年目の末に入ってくる100万円については利息を稼ぐ時間がないので100万円のまま、ということになります。結局、3年目の末に残る金額は

$$121\,万円＋110\,万円＋100\,万円＝331\,万円$$

となります。これは、1年目末に一挙に300万円もらって運用した場合（363万円）に比べて、32万円も少ないのです。つまり、1年目の末に一気に300万円もらうほうが、価値が高いということがわかります。

　以上の計算は、3年先の価値で比較したものです。今度は逆に、現在（1年目の初め）の価値に置き直してみましょう。1年目の末にもらった300万円は、現在の価値に置きなおしてみると、$\frac{300}{(1+0.1)}$ ということになります。なぜそうなるのでしょう。いま手元に279万円あれば、年10%の利息を稼げるので、年末には

$$279\,万円×(1+0.1)＝300\,万円$$

になります。このことから、「1年先に手に入る300万円の割引現在価値は279万円である」ことがわかります。つまり、いまの279万円と年末の300万円は、金利が10%なら価値は同じということです。

　　次に、毎年末に 100 万円ずつ得た所得の割引現在価値を計算してみましょう。1 年目の末に入手した 100 万円については、割引現在価値は

$$\frac{100}{(1+0.1)}万円 \tag{1}$$

です。2 年目の末に手にする 100 万円の割引現在価値については、1 年目の末に入手した 100 万円の所得をさらにもう一度「割り引く」必要があります。すなわち、(1)式の値をもう一度 (1+0.1) で割る必要があります。

$$\frac{100}{(1+0.1)^2}万円 \tag{2}$$

3 年目末の所得は、(2)式で計算した 2 年目末の所得の割引現在価値をさらにもう一度割り引いておかなければなりません。すなわち、

$$\frac{100}{(1+0.1)^3}万円 \tag{3}$$

になります。上記の(1)、(2)、(3)式を合計したもの

$$\frac{100}{(1+0.1)}万円 + \frac{100}{(1+0.1)^2}万円 + \frac{100}{(1+0.1)^3}万円 ≒ 249万円$$

が、毎年末に 100 万円ずつ所得を見込んでいる人が稼ぐであろう所得の割引現在価値です。これは、1 年目の末に 300 万円受け取ったときの割引現在価値である 279 万円よりも少ないことがわかります。つまり、割引現在価値を求めることで、1 年目の末に 300 万円受け取るほうが、3 年間にわたって 100 万円ずつ受け取るよりも有利であることが確認できるのです。

　　なお、ここで使った 10％という金利は金融情勢によって変化しますが、このように所得を割り引くときの金利を「割引率」とよんでいます。結局、割引現在価値とは将来所得の流れを割引率で割り引いて、現在時点に置き換えた値ということになります。ちょっとややこしかったかもしれませんが、いまの 1 円と将来の 1 円では金利分だけ値打ちがちがう、ということをしっかりと覚えてください。

上がると債券に対する需要が低下するので、貨幣に対する需要が高まります。したがって、利子率は、貨幣の価格のようなものといえるのです。

資産需要：再説

さて、再び、貨幣の資産需要について考えていきます。

現在の市場利子率が高い水準にあり、将来は下落すると人々が予想したとしましょう。この場合、上記(4)式の分母 r が低下して、債券価格 B は上昇すると予想したことになります。そのように考えた人はどういう行動をとるでしょうか。当然、貨幣保有を減らして、値上がりが見込まれる債券をいまのうちに買い増そうとするはずです（貨幣の資産需要は小さくなる）。このような場合、貨幣という形で資産をもっているよりも、債券を購入するほうが得策だからです。

逆に、現在の利子率が低い水準にある場合を考えてみましょう。利子率が低いということは、(4)式の関係から、債券価格がすでに高くなっているということですから、多くの人々は債券価格が将来値下がりする（利子率が将来上昇する）と予想し、債券を新たに購入することを控えるでしょう。このとき、人々の貨幣需要は大きくなります。このような場合、債券を保有しつづけるよりも、貨幣保有を増やすほうが得策だからです。

したがって、貨幣の資産需要と市場利子率の関係は、図5-1のような右下がりの曲線として描かれるわけです。このグラフは、「流動性選好表」と呼ばれています。

貨幣需要関数

以上の議論から、貨幣に対する需要 L は

$$L＝L_1(Y)＋L_2(r) \tag{5}$$

と書くことができます。まず、所得 Y が増えると、貨幣に対する取引需要（L_1）が増えます。また、利子率 r が上昇すれば（債券価格が下落すれば）、債券需要が増え、貨幣の資産需要（L_2）は減少します。より一般的な形で表現すれば、(5)式は次のように書くことができます。

$$L＝L(Y, r) \tag{6}$$

つまり、貨幣需要関数 L は、所得 Y の増加関数、利子率 r の減少関数としてあらわせることになります。すなわち、r が一定で Y だけが増加したときには L が増加し、逆に Y が一定で r が上昇したときには L が減少するということになります。

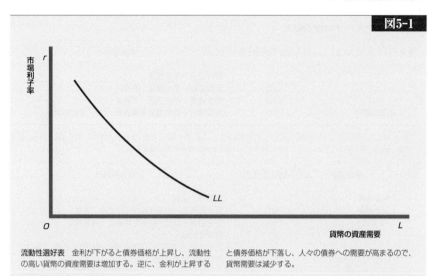

流動性選好表　金利が下がると債券価格が上昇し、流動性の高い貨幣の資産需要は増加する。逆に、金利が上昇すると債券価格が下落し、人々の債券への需要が高まるので、貨幣需要は減少する。

5-3　貨幣の供給

　ここまで貨幣の需要についてみてきましたので、次に、貨幣の供給について考えていきましょう。貨幣の需要と供給のメカニズムがわかれば、貨幣の需要と供給が一致するところで貨幣の価格である利子率が決定されるメカニズムが理解できるようになります。

　貨幣の供給を理解するということは、いったい誰がどのような仕組みで貨幣を供給しているのかを理解するということですが、その前に貨幣の定義についてはっきりさせておく必要があります。

貨幣の定義（マネーストック統計）

　ここで定義という場合、貨幣とはなんぞやというような厳密な哲学的議論ではなく、経済学でいうところの貨幣の需要・供給の概念に実際に対応する「貨幣の範囲」についての定義です。「貨幣の範囲」とその流通量については、日本銀行「マネーストック統計」にまとめられています。以下では、マネーストック統計の分類にもとづいて、様々な貨幣の定義（範囲）について説明します（表5-1や図5-2も参照してください）。なお、マネーストック統計で集計されている貨幣は、非銀行部門が保有する貨幣（その多くは銀行部門に預金として預けられているのだが）のみであり、銀行部門自体が保有している分は含まれません。マクロ経済学の主たる関心領域は、消費、設備投資といった実物経済

表5-1　マネーストックの内訳と概念図

マネーストックの区分	2019年度平残（兆円）	構成項目
M1	808	現金通貨＋預金通貨
M2	1,035	現金通貨＋預金通貨＋準通貨＋CD
M3	1,369	現金通貨＋預金通貨＋準通貨＋CD
広義流動性	1,819	現金通貨＋預金通貨＋準通貨＋CD＋その他

注：M2とM3では通貨発行主体の範囲が異なる。M2の場合は、日銀、国内銀行（除くゆうちょ銀行）、在日外銀、信金、信金中金、農中、商中が該当する。M1とM3の場合は、日銀と全預金取扱機関が該当する。

マネーストック構成項目	2019年度平残（兆円）	対象金融商品
現金通貨	103	日銀券＋硬貨
預金通貨	705	要求払預金－金融機関保有小切手・手形
準通貨	532	定期預金＋据置貯金＋定期積金＋外貨預金
CD	29	譲渡性預金
その他	450	金銭信託、投資信託、金融債、銀行発行普通社債、金融機関発行CP、国債、外債

出所：日本銀行

図5-2

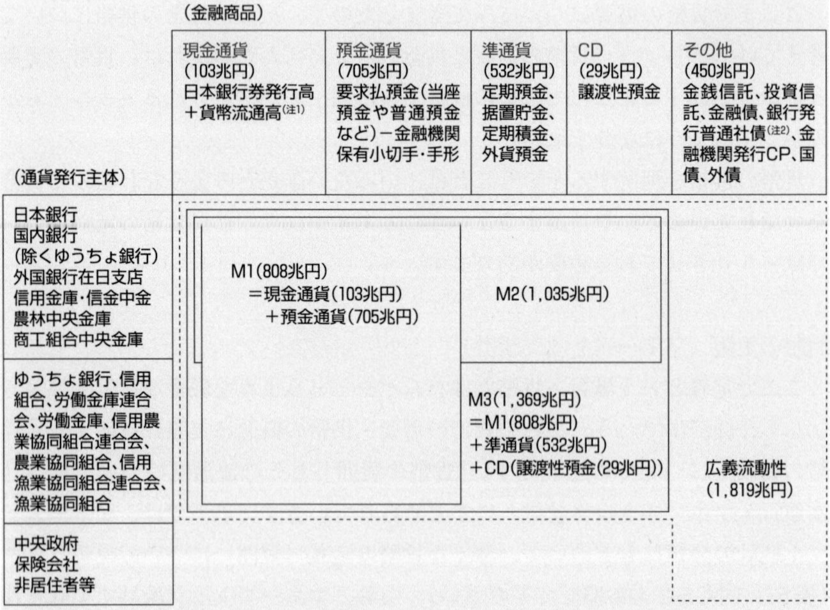

マネーストックの定義の概念図（2019年度平均残高）

注1：日本銀行券発行高は、市中に出まわっている紙幣で、貨幣流通高は、市中に出まわっている貨幣（硬貨）で、これらの合計は、世の中に出まわっているお金の大きさになる。また、硬貨の発行主体は政府である。

注2：国内銀行を主たる子会社とする持株会社による発行分を含む。

出所：日本銀行の資料をもとに著者作成

にありますので、実物経済で流通する貨幣量を把握するという意味で、集計の領域を非銀行部門に限定しています。

　さて、貨幣については、政府が発行する硬貨（百円玉、十円玉など）や日本銀行が発行する紙幣（一万円札、千円札など）が貨幣であるということは、誰も異論がないと思います。では、銀行に預けてある預金は貨幣と考えるべきでしょうか。

　貨幣の基本的な特徴は、流動性が高いということです。現に流通している現金通貨（流通通貨）は、この意味で貨幣としては100％条件を満たしています。しかし、流動性という点からみるかぎり、小切手やキャッシュカード、デビットカードなどでいつでも即時に引き出すことのできる要求払預金（当座預金や普通預金など）も、硬貨・紙幣などとほとんど同じ高い流動性をもっているというべきでしょう。

Ch.5
Part 2

　要求払預金を貨幣と定義することについては、経済学者のあいだでコンセンサスが成立しています。実際、日々の決済では、預金振り込みや、小切手、クレジットカード[4]の使用がさかんで、流通通貨よりもこれらの「預金通貨」のほうが量的にはずっと重要になっています（預金通貨に比べると、現金通貨はおよそ6分の1程度にすぎない）。ですから、預金通貨を含めないで貨幣量を議論することは、ほとんど不可能です。マネーストック統計では、現金通貨と預金通貨をあわせた合計金額をM1（エムワンと読む）と呼んでいます[5]。

　それでは、当座預金のように小切手の切れる要求払預金ではないが、6カ月定期や1年定期のように約定期間の決められた預金は、貨幣と呼ぶべきでしょうか。これらのいわゆる「定期預金」は、たしかに預金振り替えによる資金決済や、小切手やキャッシュカードで引き出すことはできませんが、ごく短期間の予告で引き出し、資金決済に使うことは可能です。したがって、定期預金も貨幣に近い性質をもつといえるでしょう。マネーストック統計では、定期預金や外貨預金（これらは準通貨と呼ばれる）、さらに満期前に他人に譲渡することが可能な譲渡性預金（CD）をも含めた場合の貨幣数量をM3（エムスリーと読む）と定義しています。また、M3と類似の概念にM2（エムツー）があります。M2はM3と金融商品の範囲は同じですが、通貨発行主体の範囲が狭くなっています（M2には、ゆうちょ銀行や信用組合などの預金は含まれない）。

　4──小切手やクレジットカードは貨幣とは考えない。これらは、貨幣である預金を決済するための手段であり、貨幣そのものではないと考える。
　5──預金通貨の発行者は、ゆうちょ銀行を含む全預金取扱機関。

　M3 よりさらに広範囲な概念が広義流動性です。広義流動性は、M3 に金銭の信託、投資信託、国債、外債などを足したものです。マネーストック統計のなかでは、広義流動性が文字通り最も範囲の広い概念となっています。

　マネーストック統計で定義される貨幣の種類は、上記のとおりです。それでは、マクロの経済政策を発動するうえで、M1、M2、M3、広義流動性のいずれを貨幣と定義するのがよいのか、ということが問題になりますが、これはなかなかむずかしい問題です。貨幣の精密な定義は、「科学的な必要事項であるのと同じくらいに趣味の問題でもある」―6という意見もあるくらいです。

　マネーストック統計は毎月公表されますが、そのさい、新聞などニュースで取り上げられるのは M3 であることが多いようです。そういう意味では、現在最も注目されているカテゴリーは M3 であるといってもよいかもしれません。ただ、M3 はマネーストック統計の公表がはじまったのが 2008 年 6 月ということもあって、長期にわたっての数字の蓄積がありません―7。長期にわたる貨幣量の推移をみたい場合は、M2 を利用することが有用です―8。

貨幣の供給主体

　次に、貨幣の供給主体、すなわち貨幣を供給するのは誰なのかについて考えてみましょう。

　いわゆる現金だけが貨幣ではないとすると、通常考えられているように、貨幣を発行している政府や日本銀行（日銀）だけがその供給をしているわけではありません。マネーストックの構成項目で大きな部分を占めるのは、預金通貨であり準通貨です。預金通貨や準通貨がどこにあるかといえば、それは銀行に預けられており、預金という貨幣の供給には銀行が大きく関与しています。したがって、貨幣の主な発行主体は政府・日銀ですが、民間銀行も大きな役割を果たしています。以下では、銀行が預金を生み出す仕組みについてみていきますが、その前にまず、最も身近な貨幣である現金通貨の供給について説明しておきましょう。

　現金通貨を発行、供給するのは、いうまでもなく、政府（硬貨）、日本銀行

6―P. サムエルソン・W. ノードハウス『サムエルソン経済学（第 13 版）』（都留重人訳、岩波書店、上巻、p.222）より。

7―マネーストック統計の公表がはじまる前は、マネーサプライ統計という名称で貨幣量が公表されていた。マネーサプライ統計では、郵便貯金の残高を含まない M2 に CD を加えた M2＋CD が最も注目されたカテゴリーであった。なお、マネーストック統計の M2 は CD を含むが、マネーサプライ統計の M2 は CD を含まない。

8―日本銀行が四半期ごとに公表する「展望レポート」では、M2 の動向が触れられている。

（紙幣）です。先に学んだ貨幣の機能でいうと、硬貨、紙幣は、交換の効率化、取引需要にもとづいて保有される性質が強いものです。ですから、硬貨、紙幣の供給もそのときの経済状況・規模に見合った量が供給されることになります。

　日銀は輪転機を回せばいくらでも紙幣を供給できるといった議論が時折なされますが、日銀といえども、そう簡単に紙幣を供給できるわけではありません。日銀券は、企業や家計が銀行から引き出すことによってはじめて発行量が増加します。企業や家計が日銀券を必要としていないのに輪転機を回しても、日銀あるいは銀行の金庫に紙の束が積み上がるだけです。紙幣をたくさん印刷すれば取引需要が増えるというのは、因果関係が逆転しています。つまり、取引需要が増えてはじめてそれに対応すべく紙幣が供給されるということです。

　一方、金利が低く預金に入れておいてもほとんど利子が得られないといった局面では、預金するよりも現金でもっておくほうがよいという人が増えることも考えられます―9。この場合は、富を貯蔵する手段、資産需要から現金が選好されます。近年、ゼロ金利政策がつづけられているなかで、紙幣の発行量が大きくなってきているのはこのためと考えられます。いずれにせよ、硬貨、紙幣は、家計や企業などの取引需要、資産需要に応じて、政府、日銀が受動的に発行することになります。

信用創造：銀行は預金を創り出す

　さて、次に世の中に流通する貨幣のなかで大部分を占める預金通貨について考えましょう。預金通貨を取り扱っているのは銀行ですが、銀行はどのようにして預金を増やすのでしょうか。銀行員が取引先を足繁く訪問して預金集めをし、預金量を増やす。こう考える人が多いのではありませんか。しかし、この考えはある意味では正しいのですが、ある意味では間違っています。いったいどういうことでしょう。結論を先にいうと、銀行は預金集めをしなくても自ら預金を創り出すことが可能なのです。どういうことかというと、銀行は貸出をすることによって預金を増やすことができるのです。逆にいうと、銀行は、あらかじめ預金で原資を集めていなくても貸出をすることが可能です。一見、不可解に思えるこの仕組みを、銀行のバランスシート（貸借対照表）を使って考えてみましょう。

　9―また、税務当局に資産残高を捕捉されたくないとの理由で、匿名の資産である現金が選好される場合もある。

表5-2　企業のバランスシートと銀行のバランスシート

企業のバランスシート				銀行のバランスシート			
（借方）			（貸方）	（借方）			（貸方）
預金	100	借入金	80	貸出金	80	預金	100
設備	120	資本金	140	証券投資	40	資本金	20

　バランスシートは、貸方（かしかた）（右側）に資金調達の様子、借方（かりかた）（左側）に資金運用の様子を記述します[10]。通常、企業は、借入金や資本金で資金を調達し（貸方）、その調達した資金を設備や預金として保有します（借方）。したがって、企業にとって運用手段である預金は借方に計上されます。一方、銀行は、預金によって資金を調達し（貸方）、その調達した資金を貸出や証券投資などで運用します（借方）。預金は銀行にとっては調達手段なので、貸方に計上されるわけです。つまり、預金は家計や企業にとっては資産ですが、銀行にとっては負債です。企業のバランスシート（貸借対照表）をみると預金は借方（左側）に計上されますが、銀行のバランスシートをみると貸方（右側）に計上され、記載されている位置が逆になっています。預金は銀行の負債ですので、預金が増えるということは、銀行の負債、すなわち借金が増えるということです。この例は表5-2に示されています。

　では、銀行はどのようにして預金（負債）を増やすのでしょうか。銀行員が預金を集めてきて、銀行のバランスシート上の貸方の預金が増え、その増加分が貸出に回されて、借方の貸出金が増える。この場合は、先の考えの「銀行員が取引先を足繁く訪問して預金集めをし、預金量を増やす」は正しいといえますし、多くの人がイメージする銀行の役割はこのようなものかと思います。ただ、銀行が貸出をするパターンはこのパターンだけではありません。銀行は預金を集めなくても貸出をすることが可能です。預金を集めずに銀行はどうやって企業に貸出をするのか。銀行は自行にある取引先の預金口座に貸出金に見合う金額を記録することによって、貸出を実行することができるのです。つまり、単に記録するだけというものです。

　表5-2の銀行のバランスシートでみると、銀行は企業に貸出80をすることによって、借方の貸出金に80を計上します。一方で、企業からの預金として

---

[10]──貸方と借方が左右でどちらになるのかが混乱してわかりづらいという読者は、貸方（かしかた）の「し」の字が右にはらう形になっているから右側に、借方（かりかた）の「り」の字が左にはらう形になっているから左側に書くものだという覚え方をすると、忘れにくいかもしれない。

貸方の預金にも 80 を計上します（表 5-2 で 100 が計上されていますが、これは、もともと 20 あった預金に 80 を足したものだと考えてください)。これで終了です。このように、銀行は、預金を集めてこなくても、貸出を実行することによって預金を増やすことができるのです。つまり、銀行がどのようにして預金の供給を増やすのかというと、貸出を実行することによって、ということになります。預金を集めてきて貸出する場合も、預金を集めてこずに単に取引先の通帳の預金残高に記帳するだけの場合でも、銀行のバランスシートは借方に貸出金が立ち、貸方に預金が立って、まったく同じになるのです。

　さらにいうと、銀行が預金を増やすことができるのは、貸出実行によってだけではありません。たとえば、銀行は国債を購入することによっても預金を増やすことができます。銀行が機関投資家から国債を購入し、銀行のバランスシートの借方に購入した国債の額を計上し、機関投資家の預金口座に購入代金を記載すれば、その分、貸方にある預金残高が増加します。

　預金を無から創り出す銀行のこの機能を信用創造と呼びます。貸出実行など銀行の与信行動（「信用を与える」というもので、金融機関による資金の貸し付けのことをいいます）によって預金を創り出しますので、預金創造ということもできます。この信用創造（預金創造）という機能は、企業や家計の預金口座に数字を入れることができる銀行のみがもつ特別な機能です。たとえば、生命保険会社なども企業への貸出を行なっていますが、そのさいには、まず貸出用の資金をあらかじめ調達しておく必要があります。一方、銀行は貸出に充てる資金（預金）を集めてこなくても、バランスシートの借方に貸出金、貸方に預金を計上することによって、貸出金と預金を同時に同額増やすことができるのです。

　いま、個別の銀行を例にとって、信用創造のメカニズムを説明しましたが、視点を銀行業界全体に広げると、信用創造の重要性がより明らかになります。先の例では、銀行が貸出を実行するパターンとして、銀行員が預金を集めてくる場合と、貸出の実行によって信用創造を行なう場合の 2 パターンをあげました。たとえば都市銀行である A 銀行はどちらかのパターンにより、預金量（貸出額）を増加させることができるわけです。ただ、視点を広げて銀行業全体を考えた場合、前者の預金を集めてくるパターンでは預金総量は増加しません。A 銀行の行員が預金を集めてきた場合、それは B 銀行にあった預金が A 銀行に振り替わったにすぎず、それでは銀行業界全体での預金総額は変化しないからです。銀行業界全体での預金総額が増加するとしたら、それは、新規の貸出実行により信用創造がなされることによって、ということになります（逆に、貸

出金が返済されると、預金は減少します）。

　「貸出実行などによる銀行の与信行動によって預金が創り出される」。これが信用創造というものです。このことはきわめて重要ですので、よく理解しておいてください。

預金発行量の上限

　貨幣量の大半を占める預金通貨は、銀行の与信行動によって創り出される。では、銀行がむやみに貸出を増やしてしまった場合、預金通貨が際限なく生み出されてしまうといったことが起きるのでしょうか。答えは「ノー」です。銀行は、取引先の預金口座に数字を記録するだけで貸出ができるといっても、無尽蔵に貸出金（預金）を増やせるわけではありません。それは、貸出にともなって生じた預金がずっと自行に留まっているわけではなく、外部に流出するからです。

　たとえば企業BがA銀行から100の借入をして、その資金で企業Cから機械設備50を購入したとします。企業Cの取引銀行もA銀行であった場合は、A銀行の預金は（名義の一部が企業Bから企業Cに変わるだけで）変化しませんが、企業Cの取引銀行がD銀行であった場合は、A銀行からD銀行に預金が流出することになります。

　銀行の数が複数ある実際の経済では、このようなことは当然起こります。したがって、個別の銀行は、貸出によって創造した預金の一部が、外部に流出すると考えておかなければいけません。預金が外部に流失した場合、貸出金を回収する、あるいは流出相当分の預金を新たに集めないと、銀行のバランスシートはバランスしません。このため、銀行は貸出実行後の預金流出に対応できる程度にしか貸出金を増やすことができませんし、預金流出分を補填するために預金を集める努力も継続的に行なう必要があるのです。つまり、銀行は際限なく貸出を増やすことはできませんし、預金集めも必要なのです。

　さらに加えて、銀行は、預金の流出に備えて預金の一定額を中央銀行（日本銀行）に準備預金として預けておかなければいけないという決まりがあります（準備預金制度）。これらの要因により、銀行が生み出せる預金量には、状況に応じて上限があることになります。では、そのメカニズムについてみていきたいと思いますが、その前の準備として、準備預金制度について説明しておきましょう。

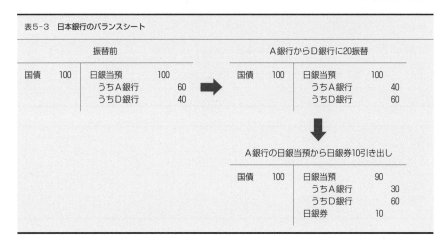

表5-3　日本銀行のバランスシート

振替前				A銀行からD銀行に20振替			
国債	100	日銀当預	100	国債	100	日銀当預	100
		うちA銀行	60			うちA銀行	40
		うちD銀行	40			うちD銀行	60

A銀行の日銀当預から日銀券10引き出し

国債	100	日銀当預	90
		うちA銀行	30
		うちD銀行	60
		日銀券	10

Ch.5
Part 2

中央銀行と準備預金制度

　中央銀行は銀行の銀行というべき存在で、日本の場合は日本銀行、米国の場合は FRB（Federal Reserve Board）、英国の場合はイングランド銀行、欧州では ECB（European Central Bank）がそれにあたります。

　わが国の民間銀行は、日本銀行に口座をもち（「銀行の銀行」―11)）、日本銀行は民間銀行から当座預金を受け入れています（このために日銀に開設されている口座を「日銀当座預金」といい、略して「日銀当預」と呼ぶ)。民間銀行間や日本銀行との取引の決済は、この日銀当預を通じてなされます。たとえば、A銀行の預金からD銀行の預金への振替が行なわれる場合は、A銀行の日銀当預からD銀行の日銀当預に数字を振り替えることによってなされます。ちなみに、これは民間銀行間で決済をオンライン処理しているネットワークで、「日銀ネット」（正式には「日本銀行金融ネットワークシステム」）と呼ばれる仕組みが存在しているために可能になっています。また、日本銀行が紙幣を発行する場合は、日本銀行は、まず民間銀行から国債などの資産を購入し（日銀のバランスシートの借方に国債を計上)、その見返りとして民間銀行の当座預金（日銀のバランスシートの貸方）に購入額を計上します。次に、民間銀行が顧客からの預金引き出しに対応するために、日銀当預から銀行券を引き出そうとするとき、日銀券が新たに発行されることになるのです。このとき、日銀のバランスシートの貸方では、引き出される分だけ、日銀当預から日銀券に振り替わります。このように、日本銀行にとっては、当座預金も銀行券も負債とし

11―日本銀行は、「銀行の銀行」のほか、日銀券（紙幣）の供給と回収を行なう「発券銀行」、公務員の給与や公共事業の支払い、税金や社会保険料の受け取りなど、「政府の銀行」としての機能ももっている。

表5-4

企業Bのバランスシート（万円）		A銀行のバランスシート（万円）			
預金 100	借入金 100	貸出金 100		預金 100	

表5-5

A銀行のバランスシート（万円）		
貸出金 100	預金	100
準備預金 1	コールマネー	1

て計上されます。なお、以上の説明については、表5-3に一例をまとめていますので、各自、確認してみてください。

さて、前述のように、民間銀行は、保有する預金の一定量を引き出しに備えて日銀の準備預金に預け入れる必要があります（この割合を準備率と呼ぶ）。準備預金といっても特別な口座があるわけではなく、各銀行がそれぞれ日銀にもっている当座預金の口座に必要な準備預金額を預け入れることによって、準備預金を積み立てているとみなされます。準備率については、銀行の規模や預金の種類によって細かく定められていますが、大手銀行で預金額の1％程度と、比率としては高いものではありません。なお、現在の準備率については1991年に定められたもので、それ以降、準備率の変更はなされていません。

では、民間銀行は日銀に預け入れる準備預金をどのようにして調達するのでしょうか。個別銀行のレベルで考えた場合は次のようになります。先に説明したように、預金は銀行が貸出を行なうことによって創造されます。いま、A銀行が企業Bに100万円の貸出をしたとしましょう。そのときのA銀行と企業Bのバランスシートは表5-4のとおりです。このとき、準備率が1％だとすると、A銀行は1万円の準備預金を日銀に積まないといけないので、1万円の資金を新たに調達する必要があります。そのために、A銀行の行員が1万円の預金を新たに集めてくる、あるいは銀行間で資金のやりとりをする市場（これをコール市場と呼ぶ—12）で、資金をほかの銀行から調達するなどの必要が生じます。コール市場で他行から1万円を調達したあとのA銀行のバランスシート

12—コール市場での貸出をコールローン、借入をコールマネーと呼ぶ。代表的な短期金融市場である。

表5-6

銀行全体のバランスシート （兆円）				日銀のバランスシート （兆円）			
貸出金	1,000	預金	1,000	日銀貸出	10	日銀当預	10
日銀当預	10	日銀借入	10				

は表5-5のようになります。

　個別銀行のやりとりは以上のとおりですが、次に銀行業界全体で考えるとどうでしょう。まず、銀行全体で1,000兆円の貸出をすると、預金が1,000兆円生まれます。準備率が1％だとすると、銀行全体では10兆円の準備預金を日銀に預け入れる必要が生じます。では、銀行全体では、どうやってこの10兆円を調達するのでしょうか。個別銀行で考えた場合は、ほかの銀行から資金を調達すればよかったわけですが、銀行全体で考える場合、ほかの銀行は存在しないので、ほかの民間銀行から資金を調達することはできません。したがって、このままであれば、銀行全体では準備預金への預け入れができないということになってしまいます。実は、こうした状況のときに銀行に対する資金の出し手となるのが、ほかならぬ中央銀行なのです。銀行全体で考えるとほかの銀行は存在しないので、結果的に、中央銀行である日銀は、個別の銀行に貸出をする（日銀貸出）、あるいは銀行から国債を購入するなどして、銀行全体に対して総額10兆円の資金を供給することになります。日銀が銀行に供給する資金は、銀行の日銀当座預金に振り込まれますので、これが準備預金となるのです（表5-6）。

　以上でみたように、銀行全体で考えた場合、預金はまずは銀行の貸出によって創り出されるのですが、預金を創造した銀行が準備預金を預け入れる場合には、日銀が準備預金に見合う額を銀行に供給する必要があります。したがって、銀行は日銀の意向を無視して無尽蔵に貸出を増やして預金を創り出すことはできませんし、日銀は、銀行への資金供給を通じて、銀行の貸出行動に間接的に影響を与えることができるのです。

信用乗数

　ちょっとむずかしくなってきたかもしれませんが、ここはマネーストックがどう決まるかを知るための肝心なところですので、もう少し我慢して読んでください。

　銀行の預金量の上限についてさらに考えてみましょう。銀行は貸出を実行することによって預金を創造しますが、その預金は全部が銀行内に留まるわけで

はありません。いま、銀行が X の貸出を実行して、X の預金が創造されたとします。預金 X は、全額が預金として留まるわけでなく、一部が預金 D として銀行に留まり、一部は現金 C として銀行外に流出し、一部は準備預金として日銀当預 R に預け入れられるとします（$X = D + C + R$）。

すなわち、銀行が X の貸出をしたとき、$(C+R)$ が銀行の外に流出していくことになります。したがって、銀行は X の貸出をしたとき、$(C+R)$ は外部に出ていくものとして手元に残しておく必要があります。逆にいえば、銀行は、$(C+R)$ の手元資金を確保しておけば、貸出 X を実行し、現金と預金の和（$=C+D$）である貨幣を創造することができるわけです。この手元資金 $(C+R)$ に対して、貸出実行を通じて創造された貨幣量 $(C+D)$ の比率 m を信用乗数と呼びます。

$$m = \frac{C+D}{C+R} \tag{7}$$

さて、ここで注目してもらいたいのは、信用乗数 m の分母にある現金（C）と日銀当預（R）は、いずれも日本銀行が深く関わることができるものだということです。世の中に流通する現金通貨 C と日銀当預 R の合計は、マネタリーベース（あるいはベースマネーともいう）と呼ばれます。また、その残高は日銀が毎月公表しています。日銀券や日銀当預はともに日銀の負債に計上されるものですから、日銀がその量をコントロールできると考えられます。先にみたように、日銀券は、経済活動の規模によって受動的に発行されるものですので、日銀のコントロールは限定的ですが、日銀当預については、たとえば日銀が民間銀行から国債を購入してその購入金額を日銀当預に記録するなどして、残高をコントロールすることが可能です——13。さらにいえば、日銀券は日銀当預が形を変えて銀行から出ていったものですから、日銀は日銀当預の残高をコントロールすることによって、マネタリーベースの総額をコントロールできるということになります。

(7)式において、$(C+D)$ はマネーストック、$(C+R)$ はマネタリーベースですので、(7)式は次のように書くこともできます。

$$\text{信用乗数 } m = \frac{\text{マネーストック}}{\text{マネタリーベース}}$$

日銀当預の残高の上げ下げを通じて、日銀がマネタリーベースをコントロール

13——現状のように、市場金利がゼロで日銀当預に利息が付く（付利）状況では、民間銀行は日銀当預に資金を放置しておいても機会損失が生じない。日銀にとってはマネタリーベースをコントロールしやすい状況にあるといえる。

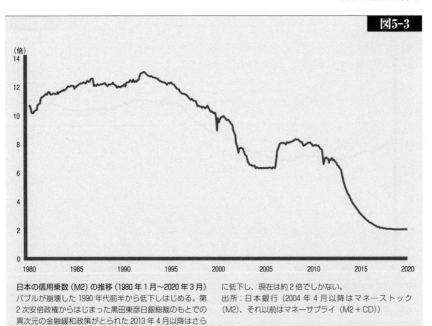

日本の信用乗数（M2）の推移（1980 年 1 月〜2020 年 3 月）
バブルが崩壊した 1990 年代前半から低下しはじめる。第
2 次安倍政権からはじまった黒田東彦日銀総裁のもとでの
異次元の金融緩和政策がとられた 2013 年 4 月以降はさら
に低下し、現在は約 2 倍でしかない。
出所：日本銀行（2004 年 4 月以降はマネーストック
（M2）、それ以前はマネーサプライ（M2 ＋ CD））

Ch.5

Part 2

できるとすると、貨幣量は(7)式から、マネタリーベースの信用乗数倍まで増加
させることができることになります。この信用乗数倍した大きさが、民間銀行
が生み出せる貨幣量の理論上の上限になります。

　さて、ここで注意しなければいけないのは、マネーストックをマネタリーベ
ースの信用乗数倍まで増やすことができるということと、日銀がマネタリーベ
ースのコントロールを通じてマネーストックの量を自在にコントロールできる
ということは別だということです。事実、マネーストックは常にマネタリーベ
ースの信用乗数倍となっていますが、日銀はマネタリーベースのコントロール
はできても、マネーストック量を自在にコントロールできるわけではありませ
ん。その理由は、信用乗数が安定的ではないからです。図 5-3 で示されている
ように、日本の信用乗数は、近年急降下していることがわかります。

　このように信用乗数が大きく動く状況下では、日銀が、マネーストック量を
ある水準にしたいと考えたとしても、そのためにどれだけのマネタリーベース
を供給すればいいかを事前に把握することは困難です。では、信用乗数はどう
してここまで大きく変動してしまったのでしょうか。(7)式は、分母分子を D
で割ることで、以下のように書き換えることができます。

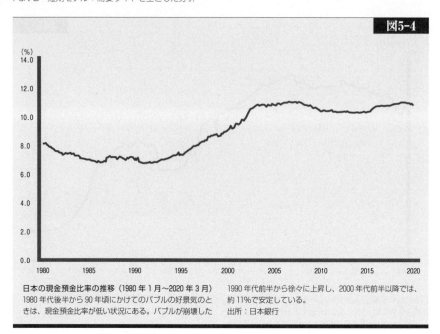

日本の現金預金比率の推移（1980年1月〜2020年3月）
1980年代後半から90年頃にかけてのバブルの好景気のときは、現金預金比率が低い状況にある。バブルが崩壊した

1990年代前半から徐々に上昇し、2000年代前半以降では、約11%で安定している。
出所：日本銀行

$$m = \frac{\dfrac{C}{D}+1}{\dfrac{C}{D}+\dfrac{R}{D}} \tag{8}$$

ここで、$\dfrac{C}{D}$ は現金預金比率、$\dfrac{R}{D}$ は準備率—[14]をあらわします。(8)式から簡単に計算することができるのですが、現金預金比率や準備率が上昇すれば、信用乗数の値は小さくなります。また、現金預金比率や準備率が低下すれば、信用乗数の値は大きくなります。現金預金比率と準備率を時系列で示したのが、それぞれ図5-4と図5-5になりますが、一見して明らかなように、これらは安定的には推移していません。

　近年のように極度の低金利が定着している状況では、「利息が付かない銀行預金に入れておくくらいなら、現金でもっておいたほうがよい」という人が増え、現金預金比率は高まっています。また、準備率は、2013年4月以降の日銀の異次元金融緩和政策により極端に上昇しています。かつては、銀行が日銀に預ける準備預金には利息が付きませんでした。そのような時代には、銀行は無利息の準備預金に資金を積んでおくと機会費用が発生するので、定められた

14—以下でいう準備率は、銀行が預金残高に応じて最低限預けなければいけない法定準備率ではなく、過剰準備も含んだ準備預金の預金残高に対する割合を指す。

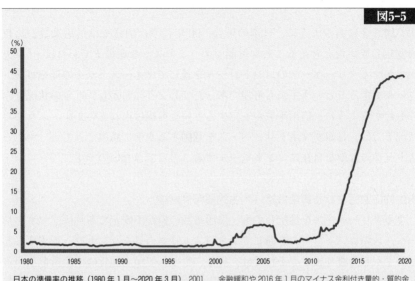

図5-5

日本の準備率の推移（1980年1月〜2020年3月）2001
年2月のゼロ金利政策再開や同年3月の量的緩和政策の開
始で上昇していたが、2006年7月のゼロ金利政策の解除
で一時的に低下した。しかし、2013年4月の量的・質的

金融緩和や2016年1月のマイナス金利付き量的・質的金
融緩和、同年9月の長短金利操作付き量的・質的金融緩和
が開始されてからは急激に上昇している。

出所：日本銀行

法定準備率以上の資金を準備金として置いておくということはしませんでし
た。しかし現在では、必要準備を超える超過準備の一部残高に対して利息が付
きますので、銀行は、現在のような運用難かつ低金利下では、日銀当預に超過
準備を積み上げます――15。その結果、準備率は近年急上昇しているのです。現
金預金比率や準備率が安定的に推移しないので、信用乗数も安定しません。
　「中央銀行がマネタリーベースのコントロールを通じてマネーストックの量
をコントロールできる」。このような主張がしばしばなされますし、マクロ経
済学の教科書でも、そのような前提のもとで理論展開をする例が多くみられま
す。実際、本書でも6章の *IS-LM* 分析の説明のところで、留意点を喚起しつ
つも、中央銀行がマネーストックを操作できるという前提で話をすすめていま
す。そうすることがマクロ経済理論の体系を理解するうえで便利だからです。
ここでもう一度繰り返しておきますが、注意しなければならないのは、中央銀
行がマネタリーベースのコントロールを通じてマネーストックをコントロール
するためには、信用乗数が安定しているという前提条件が必要だということで

15――日銀当預の必要準備までの利息は0％であるが、それを超える「超過準備」につい
　　ては、2016年1月に「マイナス金利付き量的・質的金融緩和」が導入されたことに
　　よって3層に分割され、プラス金利（プラス0.1％）、ゼロ金利（0％）、マイナス
　　金利（マイナス0.1％）が適用されている。

す。図 5-3 にあるように、日本の場合、90 年代半ば頃までは信用乗数が比較的安定していたと考えることも可能です。このような環境下であれば、「中央銀行がマネタリーベースのコントロールを通じてマネーストックの量をコントロールできる」という主張も可能であったでしょう。しかし、近年の状況をみてもわかるように、信用乗数が安定するという前提は崩れています。こうした状況下では、日銀がマネタリーベースを意図する水準に誘導できても、マネーストックの水準を自在にコントロールすることはできないのです。

内生的に決定される貨幣供給（内生的貨幣供給論）

　マネタリーベースを供給しても、信用乗数の値が不安定であれば、マネタリーベースのコントロールを通じてマネーストックの量をコントロールすることはむずかしくなります。それでは、貨幣、主として預金通貨の供給量を決めるものはなんでしょうか。もう答えられますね。すなわち、預金通貨の量は銀行の与信（貸出）によって決まりますから、結局、銀行の与信態度が供給量を決定することになります。銀行の与信態度は、様々な要因の影響を受けます。銀行は営利企業ですから、与信行動を通じて収益の最大化を目指して行動します。景気が上向いているときには、貸出を増やそうとするでしょうし、不景気なときには貸出に消極的になるでしょう。結局、預金量、すなわち貨幣量は種々の要因により内生的に決定されることになります。

　しかし、だからといって中央銀行が貨幣量の決定にまったく影響を与えないというのも正しくありません。中央銀行が銀行の与信行動へのコントロールを通じて景気をコントロールする政策を金融政策と呼びます。日本銀行の異次元金融緩和、マイナス金利政策など、近年、金融政策に対する関心は高まっており、その手段も多岐にわたっています。中央銀行による金融政策の様々な手段については、章をあらためて 15 章でより詳しくみていくことにします。

　以下の議論では、中央銀行による貨幣量のコントローラビリティには限界があるものの、ある程度はコントロールできるとの仮定のうえで話をすすめていきます。実際には貨幣量は内生的に決定されるのですが、理論の展開上は外生的に中央銀行によって決定されると仮定するのです。このような仮定のもとで、貨幣量の増減が金利にどのような影響をあたえ、その結果、経済がどのように動くかについて考察していきます。

　なぜ、現実とは異なる仮定で話をすすめていくのか？　このような疑問をもつ読者も少なくないかもしれませんが、それは次のような事情によります。先にみたように、近年、信用乗数は低下してきていますが、過去には信用乗数が

安定的に推移していた時期もありました。本書で学ぶ入門レベルのマクロ経済学は、信用乗数が安定的に推移していた時代につくられた理論が中心となっています。現実に見合った信用乗数が安定しない世界での経済学を学ぶ前に、まずは、基礎的な知識として信用乗数が安定した世界の動きを学びます。現状は、信用乗数は安定していませんが、安定しているとの仮定のもとで経済がどのように動くと考えられるかを知っておくことは、経済政策について議論をするうえで、決して無駄にはなりません。そのような基礎的な知識を習得しておけば、マネーストックが「内生的」に決まる現実のより複雑なマクロ経済の動きを分析するさいにも大きな力となりうるのです。

5-4　貨幣市場の均衡と利子率の決定

さて、本章の終わりに、貨幣市場における需要と供給がどのように均衡するのかについて考えていきましょう。

貨幣に対する需要は、すでに詳しくみたように、所得 Y について増加の関係、利子率 r について減少の関係となり、

$$L=L(Y,r) \tag{6}$$

とあらわしました。

他方、貨幣の供給（マネーストック）については、中央銀行がある程度の影響を与えつつ、民間銀行の与信行動の結果として M という水準に外生的に決定されると仮定します。ただし、この M は、「名目」の貨幣供給である点に注意しなければならず、「実質」的な貨幣需要との均衡を考えるためには、これを物価水準 P で割る必要があります。つまり、貨幣市場における需給均衡の条件は、

$$\frac{M}{P}=L(Y,r) \tag{9}$$

となります。

いま、物価水準 P と所得 Y を一定とすれば、また、マネーストックが M で固定されるとすれば、(9)式から利子率 r が決定されることになります。図5-6は、P と Y を一定とした場合の貨幣市場における需給の均衡が利子率を決定する様子を示したものです。まず、マネーストックが利子率と独立に確定できると仮定しているので、マネーストックは図中 MM 線のようにあらわすことができます。一方、貨幣の需要は LL 線のようにあらわすことができ、これは図5-1の流動性選好表に、貨幣の取引需要（Y に依存）を水平方向に加

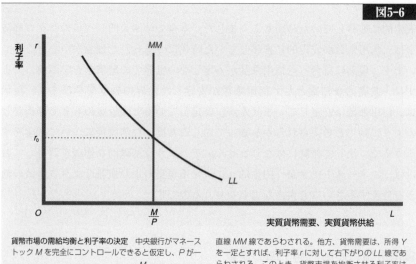

貨幣市場の需給均衡と利子率の決定　中央銀行がマネース 直線 *MM* 線であらわされる。他方、貨幣需要は、所得 *Y*
トック *M* を完全にコントロールできると仮定し、*P* が一 を一定とすれば、利子率 *r* に対して右下がりの *LL* 線であ
定であるとすれば、マネーストックは $\frac{M}{P}$ の水準で垂直な らわされる。このとき、貨幣市場を均衡させる利子率は
r_0 に決定される。

えたものになります。そして、*LL* 線と *MM* 線との交点で需給が均衡し、利
子率は r_0 に決定されます。

　こうして決定される利子率は、投資の限界効率表を通じて投資に影響を与え
ることになり、またひいては有効需要の原理によって所得 *Y* を決定すること
になるのです。次章では、4 章の財市場の分析と 5 章の貨幣市場の分析を統合
することにしましょう。

本章のポイント

- 貨幣市場における超過需要は常に債券市場における同額の超過供給を意味すると
　いう、ストック市場における「ワルラスの法則」のおかげで、資産市場全体の分
　析をするかわりに、貨幣市場の分析だけをすれば十分であることを確認しましょ
　う。

- 貨幣の機能は、交換を効率よく行なわせる交換機能と、不確実な世界において危
　険を分散させる富貯蔵手段としての機能とに分けられます。

- 貨幣に対する需要のうち、交換の効率化を目的とする需要のことを「取引需要」、
　資産保有機能を果たすための需要のことを「資産需要」と呼びます。所得が増え
　ると貨幣の取引需要が増加し、また、ケインズの流動性選好理論により、利子率
　が上昇すると貨幣の資産需要は減少します。したがって、貨幣需要関数は所得の
　増加関数、利子率の減少関数としてあらわすことができます。

●貨幣供給量は主に銀行の与信行動を通じて決定されます。中央銀行は、マネタリーベースの量をコントロールすることによって、貨幣供給量の上限を決めることができます。

●マネーストックがマネタリーベースの何倍かを示す倍数を「信用乗数」と呼び、現金預金比率と準備率（銀行保有現金と法定準備の合計と預金の比率）によって変化します。

●ケインズが想定する貨幣市場のモデルにおいては、貨幣の需要と供給が均衡するところで利子率が決定されます。

理解度チェックテスト

空欄に適当な語句を入れなさい。

1. 貨幣市場が均衡していれば債券市場も均衡しているという事実は、ストック市場における（　　　　　）の法則という。

2. 貨幣に対する需要は、所得水準に比例する取引需要と、利子率に依存する（　　　　　）がある。

3. ケインズの流動性選好によると、金利が上昇すると債券価格が下落するために人々の債券への需要が高まるので、貨幣需要は（　　　　　）する。

4. マネーストック統計では、現金通貨のうち実際に流通している大きさの流通通貨と預金通貨（要求払預金）をあわせた合計金額を（　　　　　）と呼ぶ。これにさらに定期性預金や外貨預金や譲渡性預金も含めた貨幣量を（　　　　　）と呼ぶが、これと似た概念で、金融商品の範囲は同じであるものの、通貨発行主体の範囲が狭く、ゆうちょ銀行や信用組合が発行する預金を含まないものを（　　　　　）と呼ぶ。そのなかで代表的な指標は（　　　　　）とされている。

5. 通貨当局が発行する通貨と、民間の銀行が中央銀行に預ける預け金の合計を（　　　　　）という。

6. 銀行の信用創造などを通して、マネタリーベースの何倍ものマネーストックが創り出されるが、この倍数を（　　　　　）と呼ぶ。

7. 準備率が引き上げられると信用創造メカニズムのプロセスがうまく機能せず、信用乗数は（　　　　　）。

8. ケインズが想定する貨幣市場では、貨幣に対する需要と供給が等しくなるように（　　　　　）が決定される。

6. 信用乗数　7. 小さくなる　8. 利子率

4. M1（エムワン）　M3（エムスリー）　M2（エムツー）　M3　5. マネタリーベース

解答：1. ワルラス　2. 資産需要　3. 減少

練習問題

計算問題

1. ある時点での M1 は 660 兆円、預金通貨銀行の手持ち現金（手元保有現金）と日銀当預預け金の合計は 250 兆円であった。このとき、M1 で計った信用乗数が 2 であったとすれば、預金通貨銀行のバランスシート上に負債項目として現われる預金（預金通貨）残高は何兆円になるか。

2. 準備率が 0.02、公衆の現金預金比率が 0.1 である。

   (1) 信用乗数を求めよ（小数第 2 位以下を四捨五入）。

   (2) マネタリーベースが 50 兆円のとき、マネーストックはいくらになるか。

   (3) マネタリーベースが 10 兆円増加したとき、現金通貨はどれだけ増加するか。

3. マネーストック統計によれば、2016 年度の平均残高は、現金通貨が 92.7 兆円、預金通貨が 581.7 兆円、準通貨が 562.2 兆円、CD が 31.5 兆円であった。また、2016 年度のマネタリーベースの平均は、415.8 兆円であった。このとき、2016 年度の以下の数値を求めなさい。

   (1) マネーストックは、M1 でいくつになるか。また、M3 はいくつになるか。

   (2) 信用乗数は、M1 でとるといくつになるか。また、M3 でとるといくつになるか。

記述問題

1. 利子率が上昇すると貨幣需要が減少する理由を述べなさい。

2. マネタリーベースの何倍ものマネーストックが創出されるメカニズムを説明せよ。また、この「信用乗数」が変動する要因としてなにが考えられるか。

ディスカッションテーマ

1. 図 5-3 をみると、1995 年以降の時期は、信用乗数の低下が顕著である。このように信用乗数が変化した理由はなにか。時代背景を考えながら述べなさい。また、現在の低水準の信用乗数が上昇するのは、日本経済がどう変化した場合なのであろうか。

6 :
IS-LM 分析と
財政金融政策

本章の目的

●財市場における需要と供給の均衡が維持されるときの利子率と GDP の関係（*IS*
曲線）、貨幣市場における需要と供給が維持されるときの利子率と GDP の関係
（*LM* 曲線）の概念を説明します。

●財市場と貨幣市場が同時に均衡する状態は、*IS* 曲線と *LM* 曲線が交わるところで
実現することをみます。*IS-LM* 分析は両市場の相互依存関係を分析するためのマ
クロ経済学の基本的分析手法です。

● *IS-LM* 曲線を使って、財政政策と金融政策が景気対策としてどのように効くかを
示します。また、「流動性のわな」など、金融政策が効かないケースについて説明
します。

●下図のフローチャートにあるように、本章では 4 章における財市場の均衡と、5 章
における貨幣市場の均衡を同時に分析します。

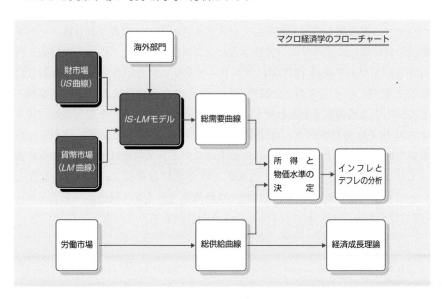

4章では、財市場における需給が一致するところでGDPの水準が決定されることを、また5章では、貨幣市場における需給が一致するところで利子率が決定されるということを学びました。財市場、貨幣市場という別々の2つの市場で、それぞれ均衡にいたるメカニズムをみてきたわけですが、実際には、GDPの水準は貨幣の需給によっても影響されますし、利子率の水準も財市場における需要と供給にも依存します。そこで、本章では、財市場、貨幣市場の2つの市場がお互いに影響しあうなかで、どのようなメカニズムでGDP、利子率が同時に決定されるかについて学んでいきます。すなわち、4章のGDP決定論（有効需要の原理）と5章の利子率理論（流動性選好説）を統合し、財市場と貨幣市場の同時均衡を分析していきます。

　財市場と貨幣市場の同時均衡などというと、たいそうむずかしそうに聞こえますが、簡単にいうと、利子率が動く世界でGDPの水準がどう決まるかを考えるということです。4章でGDPの水準の決定について学んだとき、利子率は一定という仮定を設けて話をすすめてきましたが、ここからは、利子率が動く、より現実的な世界でのGDPの水準の決定について学んでいきます。ただし、以下の議論では、引きつづき「価格」（物価水準）については一定との仮定を置いて議論をすすめますので注意してください。繰り返しますが、「短期」経済モデルですので、利子率は動くが価格は一定という前提で話をすすめます。

　さて、財市場と貨幣市場の同時均衡を分析する場合、最も標準的なものは*IS-LM*分析と呼ばれる手法です。この*IS-LM*分析は、1972年に、当時、筆者がハーバード大学大学院で師事していたケネス・アロー教授とともにノーベル経済学賞に輝いたイギリスの経済学者ヒックスが、ケインズの『一般理論』刊行からわずか1年後の1937年に『エコノメトリカ』という学術誌に発表した手法です[1]。ケインズの『一般理論』が革命的な理論書にありがちな難解さと部分的な論理的混乱をあわせもった書物であるということを考えると、ヒックスの*IS-LM*分析が後々の経済学界や政策当局に及ぼした影響ははかりしれないものがあります。実際、今日の標準的なケインズ解釈はケインズ自身によって与えられたというよりも、ヒックスの*IS-LM*分析によって与えられたといってもよいほどで、かつては「マクロ経済学（ケインズ経済学）を学ぶ」＝「*IS-LM*分析を学ぶ」といってもいいような時代もありました。

1—J. R. Hicks, "Mr.Keynes and the 'Classics'; A Suggested Interpretation," *Econometrica*
　（1937）

　もっとも、現在では、マクロ経済学における *IS-LM* 分析の位置づけは、かつてほど大きなものではなくなっており、とくに高度に数学化した大学院レベルでの講義ではほとんど取り上げられることがなくなってきました。その理由はいくつか考えられますが、なかでも、以下でみるように、*LM* 曲線を導出するさいには、中央銀行がマネーストックを完璧にコントロールできるという仮定が必要なのですが、この仮定がもはや現実的ではなくなっているところが重要です―**2**。

　ただ、本書が対象とする入門・学部レベルの学習においては、*IS-LM* 分析はやはり学んでおくべきと考えます。実際、経済政策の是非を問う経済論壇の場では、今でも *IS-LM* 分析的な発想で議論されることがしばしばです。景気刺激のための公共投資の実施、設備投資減税、低金利政策などは、*IS-LM* 分析による考え方をもとにして発案、実施されています。理論が現実をトレースしきれていない面もあるため、政策効果が想定通りには得られていないこともたしかにあるのですが、*IS-LM* 分析の思考の枠組みとその限界を理解しておくことは、マクロ経済学を学んでいく過程では今でも非常に大切です。

Ch.6
Part 2

6-1　財市場の均衡をあらわす *IS* 曲線

　4章では45度線分析という手法を用いて、利子率一定の仮定のもとでGDPがどのように決まるのかを考えましたが、ここからは利子率が変化する場合でのGDPの水準の決まり方について考えます。45度線分析では、GDPは、財市場で総需要と総供給が一致（均衡）した水準に決まると学びました。では、利子率が変化したとき、均衡点はどのように変化するでしょうか。実は、この「利子率が変化したとき、財市場で決定されるGDPの水準の変化をグラフであらわしたもの」が、*IS* 曲線にほかなりません。つまり、「*IS* 曲線とは、財市場を均衡させるような利子率とGDPの組み合わせをあらわす曲線である」と定義されます。*IS* 曲線の *I* は Investment、つまり投資を意味し、*S* は Saving、すなわち貯蓄をあらわしています。したがって *IS* 曲線は訳語で呼ぶとすれば、投資・貯蓄曲線ということになります。財市場が均衡しているということは、「貯蓄＝投資」という関係が成り立っているといい直すことができるからです。では、*IS* 曲線はどのような形状になるのかみていきましょう。

2―中央銀行がマネーストックをかならずしもコントロールできないという点については、5章で詳しくみた。

IS 曲線の導出

　ところで、財市場における総需要は、海外との貿易がない経済を想定したとき、4章で学んだように、消費 C、投資 I、政府支出 G を合計したものでした。

　消費が所得（GDP）Y に依存すると仮定すれば[3]、

$$C = C(Y)$$

と書くことができます。また、4章では利子率を一定としたので、投資も一定として扱いましたが、ここでは投資が利子率によって変化すると考えます。すなわち、

$$I = I(r)$$

と書くことができます。残りの政府支出は国会などの予算審議を経て決定されるものであり、経済システムの外部で決められるものなので、ここでは「外生変数」として扱うこととすれば、総需要は、

$$Y^D = C(Y) + I(r) + G \tag{1}$$

としてあらわすことができます。財市場の均衡は、総需要 Y^D が総供給 Y^S に一致するところで決まりますから、均衡 GDP を Y（$=Y^D=Y^S$）とすると、財市場の均衡式は次のようになります。

$$Y = C(Y) + I(r) + G \tag{2}$$

　このようにして求められる財市場の均衡を達成する GDP の水準 Y と利子率 r の組み合わせが IS 曲線となります。ちなみに、(2)式を変形すると

$$Y - C(Y) - G = I(r)$$

とあらわすことができます。左辺は GDP から消費と政府支出を除いたものですから、民間貯蓄を表します。一方、右辺は民間投資です。このように、財市場が均衡するとき、民間投資（I）と民間貯蓄（S）が等しくなるので、IS 曲線という名前がついています。

　それでは、IS 曲線をグラフにあらわすとどのような形になるかを考えてみましょう。いま、財市場の均衡を達成する GDP と利子率のひとつの組み合わせを (Y_0, r_0) とします（図6-1の A 点）。この組み合わせは財市場を均衡させているのですから、IS 曲線上にあるはずです。この点から出発して、いま、GDP が Y_0 から Y_1 に増えたとしましょう。このとき、利子率が不変ならば、財市場の需給バランスは崩れ、図6-1の B 点に移動します。

　3—消費は本来、可処分所得（所得から税金などを差し引いたもの）に依存すると考えられるが、ここでは簡単化のため、税については考慮せず、単に所得に依存するものとして議論をすすめる。

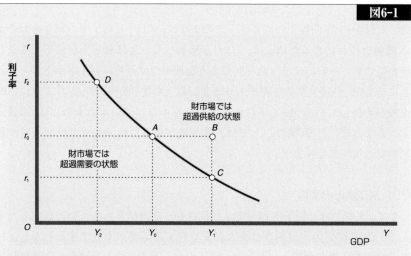

図6-1

IS 曲線の導出　*IS* 曲線は財市場の均衡を維持することのできる利子率と GDP の組み合わせをあらわす右下がりの曲線である。利子率が低下した場合、総需要項目の投資が増えるので、総供給 *Y* も増加しなければ、需給が均衡しない。したがって、*IS* 曲線は右下がりとなる。

　まず、(2)式の左辺が右辺より大きくなることは明らかです。(2)式の右辺は消費が $C(Y_0)$ から $C(Y_1)$ に増えますが、この増え方は限界消費性向[4]が１より小さいため、Y の増加分（$Y_1 - Y_0$）よりも小さいはずです。つまり、このときには、

$$Y_1 - Y_0 > C(Y_1) - C(Y_0)$$

となり、(2)式より

$$Y_0 = C(Y_0) + I(r_0) + G$$

とあわせて考えると、

$$Y_1 > C(Y_1) + I(r_0) + G \tag{3}$$

となって、財市場の均衡は保てないことがわかります。この場合、(3)式の左辺が総供給 Y_1 で、右辺が (Y_1, r_0) のときの総需要になり、財市場では超過供給になります。図6-1 の *B* 点はこのような財市場の不均衡の状況（総供給が総需要を上まわっている状況）をあらわします。所得が Y_1 のままで均衡を回復するには、利子率が低下する必要があります。図6-1 の *C* 点にあるように、利子率が r_0 から r_1 へ低下すると、民間投資 $I(r)$ が増加し、(3)式の右辺が大きくなりますので、再び(2)式の均衡が回復することが可能になります。図中 *C* 点 (Y_1, r_1) は、財市場の均衡を達成する Y と r の組み合わせのひとつですか

　[4]──限界消費性向については、p.70 を参照。

ら、たしかに IS 曲線上の点です。このように、GDP と利子率の組み合わせが IS 曲線上にとどまるためには、GDP が増加したときに利子率が低下することが必要です。あるいはまったく同じような理由づけから、利子率が上昇したときには GDP が減少する必要があります。以上の説明から明らかなように、財市場が均衡している A、C、D のような点をつなげていったものが IS 曲線です。ちなみに、IS 曲線の右上では、財市場が超過供給、左下では財市場が超過需要の状態になります。

GDP 決定論との関係

さて、4 章では、利子率が一定かつ投資も一定の値をとるものと仮定したうえで、GDP 決定論が説明されたことを想起する必要があります。しかし、投資が利子率に依存するとしたとき、利子率が上がると投資は減少し、逆に利子率が下がると投資は増加します。このことは、政府支出や租税の水準を変更する財政政策とならんで、利子率も均衡 GDP の水準を決定するうえで重要な役割を果たしていることを示しています。すなわち、利子率を金融政策によって変化させることができるなら、金融政策も総需要管理政策—5として使えるということになります。

図 6-2 は、均衡 GDP の水準が利子率の変動を通じてどのように変化するかを示したものです。利子率が r_0 の場合、均衡 GDP が Y_0 にあるとしましょう。このときの総需要（$C+I+G$）は図の 45 度線（総供給）と点 A で交わり、それに対応する GDP は Y_0 です。点 A は、図 6-1 の IS 曲線上の点 A に対応しています。利子率が r_1（ただし、$r_1 < r_0$）のときには、投資が増加しますから、総需要と総供給の交点は A 点から C 点に移動します。このとき GDP は Y_1（ただし、$Y_1 > Y_0$）で、図 6-1 の C 点と同じ水準になります。

6-2 貨幣市場の均衡をあらわす *LM* 曲線

LM 曲線の L は Liquidity Preference、つまり、貨幣に対する流動性選好を意味します。他方、M は Money Supply、つまりマネーストック（貨幣供給量）をあらわしています。IS 曲線が財市場の均衡をあらわすのに対し、LM 曲線は貨幣市場の均衡を維持する利子率と GDP の組み合わせをあらわす曲線である、と定義されます。

5—総需要をコントロールすることによって、経済を望ましい状態に導く政策。

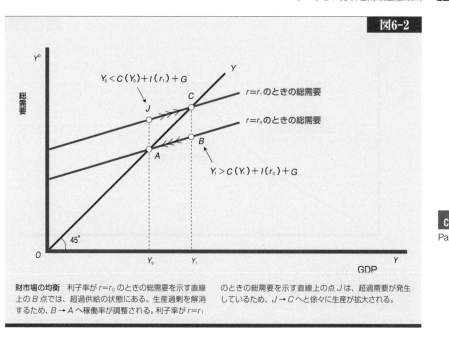

財市場の均衡　利子率が $r=r_0$ のときの総需要を示す直線上の B 点では、超過供給の状態にある。生産過剰を解消するため、$B \to A$ へ稼働率が調整される。利子率が $r=r_1$ のときの総需要を示す直線上の点 J は、超過需要が発生しているため、$J \to C$ へと徐々に生産が拡大される。

Ch.6

Part 2

LM 曲線の導出

　ところで、貨幣市場の均衡は、5章で学んだように、次の式であらわすことができます。

$$\frac{M}{P} = L(Y, r) \tag{4}$$

　LM 曲線を導出するにあたっては、左辺の貨幣供給量（マネーストック）は、中央銀行が任意の水準にコントロールできると仮定します。いま、名目マネーストック M と物価水準 P が所与である（したがって、実質マネーストック $\frac{M}{P}$ も所与である）ケースを考えると、(4)式で与えられる *LM* 曲線はどのような形になるでしょうか。図6-3は縦軸に利子率、横軸に GDP をとった場合に、*LM* 曲線がどのように描けるかを示したものです。図にあるように、*LM* 曲線は右上がりになります。

　その理由は次のとおりです。貨幣市場の需給が均衡しているあるひとつの状態（たとえば図中の A 点で、このとき $r=r_0$、$Y=Y_0$）から出発して、利子率がなんらかの理由で r_1 まで上昇したとします。そうすると、貨幣に対する資産需要が減少しますので、(4)式の右辺が左辺より小さくなってしまい、貨幣市場の均衡が維持できません（図中 F 点）。つまり、貨幣市場では超過供給になっているのです。貨幣市場を再び均衡状態に戻すためには、利子率上昇によ

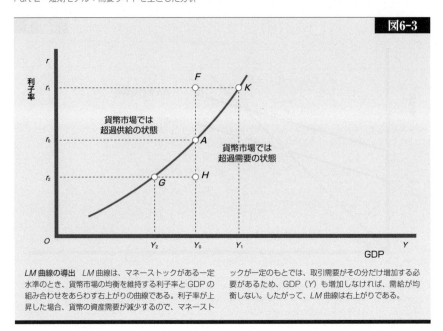

LM 曲線の導出　LM 曲線は、マネーストックがある一定
水準のとき、貨幣市場の均衡を維持する利子率と GDP の
組み合わせをあらわす右上がりの曲線である。利子率が上
昇した場合、貨幣の資産需要が減少するので、マネースト
ックが一定のもとでは、取引需要がその分だけ増加する必
要があるため、GDP（Y）も増加しなければ、需給が均
衡しない。したがって、LM 曲線は右上がりである。

る資産需要減少分を補うだけの取引需要を増やしてやらなければなりません。
つまり、GDP すなわち Y をその分 Y_1 まで増やす必要があります（図中 K
点）。すなわち、貨幣市場が均衡を維持するには、利子率が上昇したときには
GDP も上昇することが必要です。もちろんそれとは逆に、利子率が r_2 まで下
落したとき（図中 H 点）には GDP も Y_2 まで下落することが必要です（図中
G 点）。このようにして求めた K、A、G 点を結んだものが LM 曲線になりま
す。したがって、LM 曲線の左上では、貨幣市場において超過供給、右下では
貨幣市場において超過需要になっています。

6-3　財市場と貨幣市場の同時均衡

　以上で詳しく論じてきたように、IS 曲線は財市場の均衡をあらわし、LM
曲線は貨幣市場の均衡をあらわしています。したがって、財市場と貨幣市場
は、IS 曲線と LM 曲線が交わるところでは、同時に均衡しているということ
になります。このとき、GDP も利子率もともに、それ以上いずれの方向にも
調整される必要がないという意味で、それぞれ均衡 GDP、均衡利子率と呼ぶ
ことができます。

　図 6-1 と図 6-3 を統合すると図 6-4 になり、財市場と貨幣市場の同時均衡が

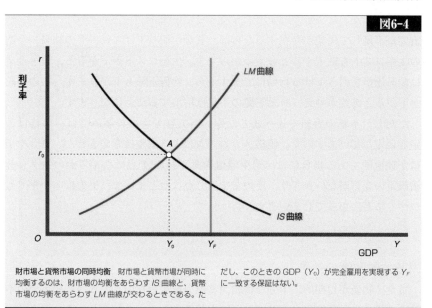

図6-4

財市場と貨幣市場の同時均衡 財市場と貨幣市場が同時に均衡するのは、財市場の均衡をあらわす *IS* 曲線と、貨幣市場の均衡をあらわす *LM* 曲線が交わるときである。た だし、このときの GDP（Y_0）が完全雇用を実現する Y_F に一致する保証はない。

Ch.6
Part 2

求められます。このとき、*A* 点が財市場と貨幣市場を同時に均衡させる利子率と GDP の組み合わせになります。

6-4　労働市場との関係

　ただし、ここで注意しなければならないことは、価格が硬直的であるとする Part 2（短期モデル）の分析においては、財市場と貨幣市場を同時にクリアする均衡利子率と均衡 GDP の組み合わせが、かならずしも労働市場の需給を一致させる（完全雇用を達成させる）とはかぎらないということです。たとえば、賃金の硬直性などの理由により、現行賃金で働きたいのに職がない「非自発的失業者」が存在する可能性は十分にあるわけです。

　図 6-4 で、*IS* 曲線と *LM* 曲線の交点は *A* 点で与えられますが、この点は、財市場と貨幣市場は均衡していますが、労働市場では失業が存在する「過少雇用均衡」でしかありません。完全雇用 GDP（非自発的失業がゼロである場合の均衡 GDP）を Y_F とすると、この経済には $Y_0 Y_F$ に相当する有効需要の不足が存在することになります。失業は、有効需要の不足がつづくかぎり解消しないのですから、問題は経済に完全雇用を達成するような自動調節メカニズムがあるかどうかということです。

　これらの問いに対する古典派—[6]の解答は「イエス」です。なぜなら、有効

需要が不足して失業が存在するならば、賃金が切り下げられ、その結果、企業の生産コストも低下すると考えるからです。生産コストが下がると、競争企業は製品価格を引き下げる行動にでますから、物価水準も下がります。物の値段が下がると需要が増え、有効需要の不足は解消することになります。

　ただし、本章の冒頭で述べましたが、*IS-LM* 分析の枠組みでは、価格は一定と仮定していますので、価格メカニズムによる調整は考えません。賃金や価格が硬直的である場合には、過少雇用均衡である *A* 点はなんらかのマクロ経済政策の変更がないかぎり、そのまま同じ点にとどまって、失業はいつまでもつづくことになってしまいます。

6-5　財政金融政策の効果

　賃金・物価が短期的に十分な需給調整能力をもたないとすれば、総需要の不足は市場の自動調節にまかせておいても解消されないでしょう。その場合、もし、失業や不景気のもたらす害悪が社会的にみて、政府の介入がもたらす害悪（公共部門の肥大による民間活動の圧迫、競争阻害や非効率の定着、インフレーションの危険など）に比べて大きいと思われるときには、裁量的なマクロ経済政策が正当化されることになります。

　ここでは、まず中央銀行による金融政策の効果について考えましょう。物価が変動しない短期の場合、すなわち物価が硬直的で不変であるとした場合、名目マネーストック M を金融当局が増加させる政策をとれば、実質マネーストック $\frac{M}{P}$ を同じ割合だけ増加させることができます[7]。マネーストックの増加が GDP にどのような影響を与えるのか、*IS-LM* 曲線を使って確認しておきましょう。

　実質マネーストック $\frac{M}{P}$ が増加すると、LM 曲線は右下方にシフトします。理由は以下のとおりです。

　中央銀行が名目マネーストック M を増加させると、価格一定の前提のもとでは実質マネーストックも増加し、貨幣市場で供給超過となりますので、

$$\frac{M}{P} > L(Y, r) \tag{5}$$

となります。

6—価格メカニズムの働きにより、経済は均衡に到達するという考え方をもつ経済学派。

7—物価が一定なので、「名目の変化率＝実質の変化率」となる。

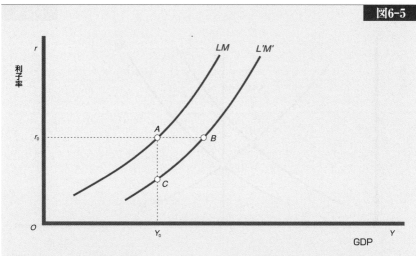

名目マネーストックの増加と *LM* 曲線のシフト　名目マネーストックが増加すると、実質マネーストックが増加するので、貨幣市場が均衡するためには、利子率 r が不変のときは Y が増加しなけらばならず、（A 点→ B 点）、Y が不変のときは利子率 r が下落しなければならない（A 点→ C 点）。いずれにしても、名目マネーストックが増加すると *LM* 曲線は右下方にシフトすることがわかる。

Part 2

　⑸式を再び均衡状態に戻すためには、Y や r の値はどう変化すべきでしょうか。2つの変数を同時に考えるとわかりにくいので、いま仮に利子率が不変に保たれているとしましょう。このとき、⑸式の右辺の貨幣需要を増やすにはGDP である Y が増加しなければなりません。GDP の増加は貨幣に対する取引需要を増やすため、右辺が増加します。図 6-5 の B 点が新しい均衡点です。

　今度は所得 Y が不変に保たれているとします。このとき、⑸式右辺の貨幣需要を増やすには利子率 r が下落しなければなりません。利子率の下落は貨幣に対する資産需要を増やすため、右辺が増加します。図中 C 点がこの場合の新しい均衡点です。

　いずれにしても、Y もしくは r（あるいはその両方）が変化することによって、再び貨幣市場の均衡が回復されます。このようにして得られた B や C 点などの点を結んでいくと、新しい *LM* 曲線が得られます。以上のことから、名目マネーストックの増加は *LM* 曲線を右下方にシフトさせることが理解できるのです（図では、もとの *LM* 曲線が $L'M'$ の位置にシフトしている）。

　図 6-6 は、財市場と貨幣市場の均衡点が A 点で与えられる場合、名目マネーストックの増加によって完全雇用が達成される様子を示したものです。*LM* 曲線が $L'M'$ までシフトした結果、*IS* 曲線との新たな交点は E 点に移動します。E 点においては、財市場、貨幣市場、労働市場の 3 市場が同時に均衡し

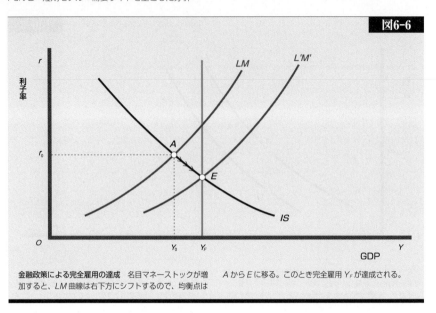

金融政策による完全雇用の達成　名目マネーストックが増　　　A から E に移る。このとき完全雇用 Y_F が達成される。
加すると、LM 曲線は右下方にシフトするので、均衡点は

ています。このように緩和的な金融政策の発動により、やがては完全雇用均衡が達成されるわけです。財市場と貨幣市場を同時にクリアする均衡点 A が、上の例のように完全雇用を保証するような均衡点 E までどの程度敏速に移動しうるかどうかは、金融緩和により利子率がどの程度低下し、どの程度迅速に貸出の増加、投資の増加、ひいては GDP の増加につながるかにかかっています。

　もちろん、公共投資や減税などの財政政策も、金融政策にかわって発動することができます。ただし、財政拡大政策の場合には、LM 曲線が移動するのではなく、IS 曲線が右上方に移動することになります。公共投資や減税などの財政政策がなぜ IS 曲線を右上方にシフトさせるのかということは、図 6-7 の 45 度線分析にもどって考えれば、簡単に確認することができます。

　図 6-7 の Y_0^D 線は、利子率を一定とした場合の総需要と GDP の関係をあらわしたものです。このとき、財市場は A 点で均衡しており、均衡 GDP は Y_0 です。完全雇用 GDP が Y_F のとき、政府支出の増額や減税などの財政政策を発動すれば、Y_0^D 線は Y_1^D の位置にまで上方にシフトします。その結果、利子率がもとの水準に固定されているかぎり、均衡 GDP は完全雇用 GDP のレベルにまで増加します[8]。つまり、財政政策によって、財市場の均衡点は利子率が不変のまま A から D に移ることになりますが、これを (Y, r) の座標に移して書きこめば、図 6-8 の A、D 点に対応します。このような財市場の均衡

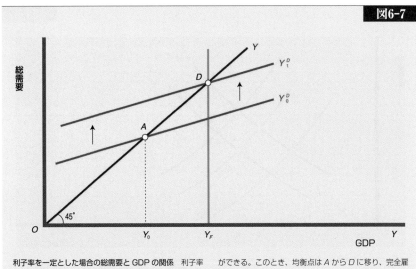

利子率を一定とした場合の総需要と GDP の関係　利子率が一定である場合、政府は財政政策を発動することによって、総需要曲線を Y_0^D 線から Y_1^D 線までシフトさせることができる。このとき、均衡点は *A* から *D* に移り、完全雇用 Y_F が達成される。

点の移動は、*IS* 曲線のどの点から出発しても同じように起こりますので、このようにして得られる点を結べば、新しい *IS* 曲線（*I'S'* 線）が得られます。つまり、一定の有効需要を創出する財政政策がとられると、*IS* 曲線は右上方に移動するわけです。

財政政策によるクラウディングアウト

　ところで、図 6-8 において *D* 点は *LM* 曲線上にないので、貨幣市場を均衡させる点ではありません[9]。

　結局、この場合、財市場と貨幣市場を同時に均衡させる点は図 6-8 の *F* 点で、そのときの GDP は Y_0 よりは多いけれども、Y_F よりは少ないということになります。つまり、有効需要が増大しても、利子率が上昇する結果、その需要創出効果の一部分は減殺されるわけです。この減殺される GDP の大きさが $Y_0 Y_F$ の大きさになります。なお、このように拡張的な財政政策が行なわれたときに、それが利子率の上昇を招き、民間投資を一部減少させてしまう現象のことをクラウディングアウトと呼んでいます。

8—この場合、どれだけの政府支出増加もしくは減税が必要になるかについては、4 章の乗数の議論を思い出せばよい。

9—ここでは財政政策の効果を考えていますので、金融政策による *LM* から *L'M'* へのシフトはないものとします。ここで図 6-8 をみるさい、*L'M'* は無視してください。

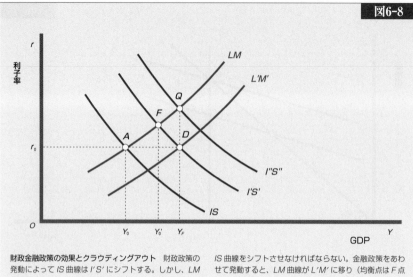

財政金融政策の効果とクラウディングアウト 財政政策の発動によって IS 曲線は I′S′ にシフトする。しかし、LM 曲線が右上がりなので、利子率が上昇し、民間投資が抑制される（A 点→F 点）。これをクラウディングアウトという。財政政策のみで完全雇用を達成するには、I″S″ まで IS 曲線をシフトさせなければならない。金融政策をあわせて発動すると、LM 曲線が L′M′ に移り（均衡点は F 点→D 点）、利子率を変えることなく完全雇用が達成される。

　このように財政政策にはクラウディングアウトがつきものなので、その分余分に財政を刺激しなければなりません。図では、財政政策によって完全雇用を達成するためには、IS 曲線を I″S″ の位置にまでシフトさせなければならないことが示されています。このとき、財市場、貨幣市場を同時に均衡させる点は Q になります。もし、クラウディングアウトを避けながら完全雇用を達成しようとするなら、たとえば、財政政策によって IS 曲線を I′S′ の位置にまでシフトさせ、金融政策によって LM 曲線を L′M′ の位置にまでシフトさせればよいのです。このように、財政政策、金融政策を適度に組み合わせる（ポリシーミックスと呼ばれます）ことによって、経済に不必要な歪みを加えることなく完全雇用が達成されうるとする考え方は、ノーベル賞経済学者ポール・サミュエルソン—10 らによって提唱され、1960 年代までは全盛をきわめた考え方でした。

金融政策が機能しない特別なケース

　金融政策の効果を先で述べましたが、以下の 2 つの特別なケースでは、金融政策は経済活動の水準に影響を及ぼすことはできません。なお、これらのケー

10—サミュエルソンらの考えは、学説史的には新古典派総合と呼ばれる。

BOX 現実はもっと複雑だ!?

この章では、J. R. ヒックスが開発した *IS-LM* 分析の枠組によって、均衡利子率と均衡 GDP の求め方を勉強しました。面倒だと思われた読者もいるとは思いますが、ていねいに読み返せば、少なくとも理論的には驚くべき簡潔さで複雑なマクロ経済が分析されているということになるのではないでしょうか。金利はどういうふうに決まるのか、GDP の水準はどう決まるかといった複雑きわまりない問題が、*IS* 曲線や *LM* 曲線の概念を使うことによってこんなに簡単に解けたのです。この手法を開発したヒックス教授は1972 年にケネス・アロー教授とともにノーベル経済学賞に輝きましたが、受賞理由の少なくとも一部には *IS-LM* 分析によって難解なケインズ理論を解き明かした業績が含まれていたはずです。

さて、ここで均衡利子率、均衡 GDP というふうに「均衡」とわざわざ繰り返し使っているのは、このようにして計算された利子率や GDP が財市場、貨幣市場をそれぞれ同時に均衡させている数値であることを強調するためです。

しかし、現実の経済はここで議論しているような意味でいつも「均衡している」わけではありません。たとえば、不況が長引いている場合の財市場では、恒常的な売れ残り現象（過剰生産）がつづくのが普通です。残業時間を減らす程度の生産調整であれば問題ないのですが、需給ギャップが大きい場合には、従業員の解雇に踏み切らなければ十分生産量を落とせないかもしれません。しかし、終身雇用を守りたいと考える経営者は解雇という手段はとりたくないでしょう。そうすると、なかなか過剰生産体質は治らないことになります。

貨幣市場でも似たことは起こりえます。流動性のわなが存在するようなときには、貨幣供給が過剰であるにもかかわらず、金利はある一定の水準よりも低下しないからです。最近では、いわゆる「マイナス金利政策」がとられていますが、それでも、定期預金の金利がマイナスになるとか、住宅ローンの金利がすべてマイナスとなることはありえないでしょう。つまり、金利には下限があるということです。そうだとすると、貨幣市場で不均衡があっても、十分な金利変動によって均衡が回復される保証はないということになります。

このように、長期的には均衡に向かって調整が行なわれることはたしかだとしても、調整にはかなりの時間がかかる場合があることを覚悟しなければ

なりません。*IS-LM* 分析ではこのような問題について十分考慮していない という問題があります。そうだとすると、現実の経済はむしろ「不均衡の状態にある」と考えたうえでマクロ経済学の理論を作り上げることが必要になります。

　しかし、このような「不均衡モデル」の構築はたいへん複雑かつ困難であり、*IS-LM* モデルのような簡潔なモデルを作り上げることはほとんど不可能です。現実はもっと複雑だけれども、複雑な現実を理論化することは非常にむずかしいので、とりあえずは *IS-LM* 分析のような簡潔なモデルで理論を組み立てて、マクロ経済に対する理解を深めておこうというわけです。

　IS-LM 分析でせっかくわかった気分になったのに、水をかけるようなことを書いてしまいました。しかし、経済学とはそんな学問なのです。経済学を勉強するさいには、簡潔なモデルを用いてマクロ経済の動き方を理解するのですが、それですべてがわかったと思うと失敗してしまいます。*IS-LM* 分析をすすめるさいにも、まさにこのような感覚が必要だと思います。

スにおいては、*IS* 曲線を財政政策によってシフトさせることのみが景気刺激策として有効になります。

⑴「流動性のわな」に陥っている場合

　これまでの議論では、貨幣需要（資産需要）は利子率が上昇すれば減少し、利子率が下落すれば増加するとされていました。しかし、利子率に対する貨幣需要の弾力性（利子率が1％上昇した場合に、貨幣需要が何％減少するかを示す割合）が無限に大きくなった場合、「流動性のわな（Liquidity Trap）」が存在するといいます。流動性のわなは、利子率が十分低く、すべての人が現在の利子率は下限に達している（したがって債券価格は天井を打っている）と確信している場合に発生します。このとき、人々は誰も債券を新たに買おうとしないため（買っても金利が低く、値上がりもしないし、下手をするとキャピタル・ロス―11をこうむってしまうため）、たとえ実質マネーストック―12が増加

11―債券や株式などの資産の価格の下落にともなう投資家の損失をキャピタル・ロスという。逆に、資産価格の上昇にともなう投資家の利益をキャピタル・ゲインという。
12―価格が変動しない *IS-LM* 分析のもとでは、「名目の変化率＝実質の変化率」であることに注意。

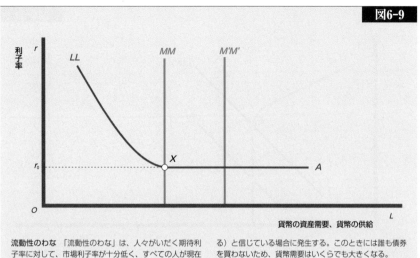

流動性のわな 「流動性のわな」は、人々がいだく期待利子率に対して、市場利子率が十分低く、すべての人が現在の利子率は下限に達している（債券価格は上限に達している）と信じている場合に発生する。このときには誰も債券を買わないため、貨幣需要はいくらでも大きくなる。

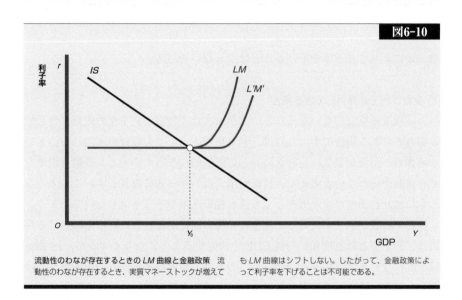

流動性のわなが存在するときの*LM*曲線と金融政策 流動性のわなが存在するとき、実質マネーストックが増えても*LM*曲線はシフトしない。したがって、金融政策によって利子率を下げることは不可能である。

したとしても利子率はそれ以上下がらなくなります。したがって、*LM*曲線はこの下限の利子率のところで水平になってしまいます。

図6-9に描かれた流動性選好表のうち、*XA*の部分が流動性のわなの状態をあらわしています。また、図6-10にあるように、流動性のわなが存在する場合の*LM*曲線は完全に水平になるため、マネーストックをいくら増やしても人々は貨幣で保有しようとするため、*LM*曲線がシフトせず、したがって、金

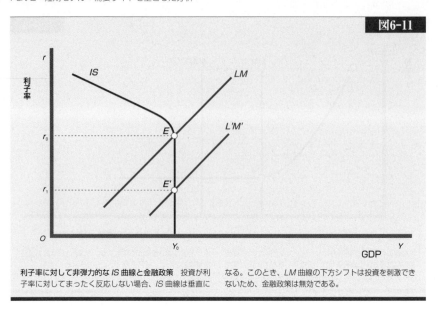

利子率に対して非弾力的な IS 曲線と金融政策　投資が利子率に対してまったく反応しない場合、IS 曲線は垂直になる。このとき、LM 曲線の下方シフトは投資を刺激できないため、金融政策は無効である。

融政策によって利子率を下げることはできないのです。

⑵ 投資が利子非弾力的である場合

　金融政策が機能しないもうひとつのケースは、投資が利子率の変動に対して非弾力的である場合です。これは、利子率が下がっても投資が増加しないという場合で、企業が景気の先行きに対して悲観的になっていると、設備を増やしても商品が売れないと考えて、投資が増えないケースになります。このようなときには、利子率が少々下がっても誰も投資を増やそうとはしないでしょう。

　投資や消費が利子率に対して完全に非弾力的である場合、財市場における均衡は、利子率とは無関係に均衡 GDP を決定することになりますから、IS 曲線は垂直になります（図 6-11 参照）。このとき、金融政策によって利子率を下げたとしても、投資や消費を刺激できないため、金融政策は無効になります。

本章のポイント

● IS 曲線は、財市場の均衡を維持する利子率と GDP の組み合わせをあらわす曲線で、右下がりのグラフとして描かれます。
● LM 曲線は、貨幣市場の均衡を維持する利子率と GDP の組み合わせをあらわす曲線で、右上がりのグラフとして描かれます。
● 財市場と貨幣市場が同時に均衡するのは、財市場の均衡をあらわす IS 曲線と、貨

幣市場の均衡をあらわす *LM* 曲線が交わるときになります。ただし、このときかならずしも労働市場は均衡しているとはかぎりません。

●金融緩和政策は *LM* 曲線を右下方にシフトさせ、完全雇用を保証する GDP の水準を達成させるという効果があります。ただし、流動性のわなが存在している場合や投資が利子に対して非弾力的である場合には、金融政策は機能しません。

●財政政策の発動によっても完全雇用を達成することはできますが、利子率の上昇を招いて民間投資を減少させてしまう現象であるクラウディングアウトが発生します。

理解度チェックテスト

空欄に適当な語句を入れなさい。

1. *IS* 曲線は、財市場を均衡させるような（　　　　　）と GDP の組み合わせを描いた曲線であるのに対して、*LM* 曲線は、（　　　　　）市場を均衡させるようなこれらの組み合わせを描いた曲線になる。

2. 利子率が上昇すると投資は（　　　　　）する。

3. 利子率が上昇すると貨幣に対する需要は（　　　　　）するのに対して、GDP が増大すると貨幣に対する需要は（　　　　　）する。

4. マネーストックの増大などの金融緩和政策は *LM* 曲線を右下方にシフトさせ、利子率の（　　　　　）や GDP の（　　　　　）をもたらす。

5. 公共投資や減税などの財政拡大政策は *IS* 曲線を右上方にシフトさせ、利子率の（　　　　　）や GDP の（　　　　　）をもたらす。

6. 拡張的な財政政策が金利の上昇を招き、民間投資を減少させてしまう現象のことを（　　　　　）と呼ぶ。

7. 利子率に対する貨幣需要の弾力性が無限に大きくなった場合を（　　　　　）が存在するといい、この状況のもとではそれ以上の金融緩和政策は効果がないとされる。

解答：1. 利子率　貨幣　2. 減少　3. 減少　増加　4. 下落　増大　5. 上昇　増大　6. クラウディングアウト　7. 流動性のわな

練習問題

計算問題

1. ある経済は次のモデルで描写されるという。ここで Y：GDP、C：消費、I：投資、L：実質貨幣需要で単位は兆円。利子率 r は％表示とする。政府部門や外国貿易はないものとする。このとき、以下の問いに答えなさい。

　　　マクロ経済均衡式：$Y=C+I$

　　　消費関数：$C=0.8Y$

　　　投資関数：$I=200-10r$

　　　貨幣需要関数：$L=Y+(200-10r)$

　　　実質マネーストック：$\dfrac{M}{P}=600$

　　　完全雇用を保証する GDP：$Y_F=550$

このとき、

(1) IS 曲線を求めなさい。

(2) LM 曲線を求めなさい。

(3) 均衡 GDP と均衡利子率を求めなさい。このとき、均衡 GDP は完全雇用を達成しないことを確認せよ。

(4) IS 曲線をシフトさせ、完全雇用を達成するためには、政府が公共投資をはじめるとした場合、何兆円の公共投資が必要か。

(5) LM 曲線をシフトさせ、完全雇用を達成するためには、実質マネーストックは何兆円増えなければならないか。

(6) クラウディングアウトを引き起こさないで（つまり、(3)で求めた均衡利子率を一定に保ったままで）完全雇用を達成するためには、金融政策と公共投資をどのように組み合わせる必要があるか。

記述問題

1. IS 曲線が右下がりの曲線、LM 曲線が右上がりの曲線となる理由をそれぞれ述べなさい。

2. 政府などによる裁量的な経済政策は、どのような状況のときに正当化されるだろうか。

3. クラウディングアウトとはなにか。図を描きながら説明しなさい。

ディスカッションテーマ

1. 1990 年代の日本経済においては、財政政策の大がかりな発動が行なわれた。また、金融政策については、1999 年から 2006 年にかけての「ゼロ金利政策」「量的緩和政策」、2010 年では「包括的金融緩和政策」、2013 年では「量的・質的金融緩和」、2016 年では「マイナス金利付き量的・質的金融緩和」や「長短金利操作付き量的・質的金融緩和」といった大胆な緩和政策（異次元の金融緩和政策）がとられてきた。これらの政策はどの程度有効だったのだろうか。また、本章のIS-LM 分析はこの時期の財政金融政策の効果を分析するツールとしてどの程度有効だったであろうか（この問題は、現時点では完璧に答えられなくてもよい。以

降の各章で答えが徐々にみえてくる）。

7:
国際マクロ経済学

本章の目的

● ここまでは、海外との取引については無視してきましたが、本章では、まず、対外経済取引がどのように記録され、分類されているかについて説明したのち、海外との取引を含めたマクロ経済理論の解説をします。

● 為替とはなにか、そして、為替相場制度が歴史的にどのように推移してきたのかを解説し、固定為替相場制と変動為替相場制という2種類の為替相場制度の本質的なちがいについて述べます。

● 海外との貿易を含む開放体系化のマクロ経済（オープンマクロ経済）を分析する枠組み、いわゆる「マンデル＝フレミング・モデル」を、これまで学んできた *IS-LM* モデルを拡張することによって導出します。

● 固定為替相場制と変動為替相場制のもとで、財政政策や金融政策の効果がどのように変わるのかを説明します。

● 下図のフローチャートにあるように、本章では6章の *IS-LM* 分析をベースに、海外部門を考慮したモデル（マンデル＝フレミング・モデル）に拡張します。

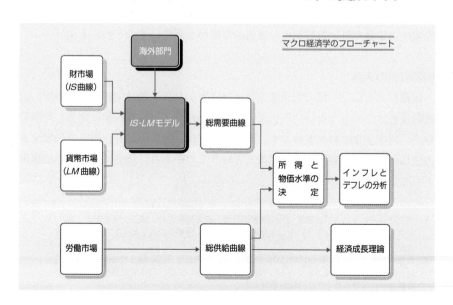

現代経済はグローバリゼーションが進展しており、海外部門との相互依存関係を無視してマクロ経済学を語ることはできません。企業は、国内、国外を問わず売れるところにはどこにでも商品を売ろうとしますし、企業の国際移動（海外進出）も日常茶飯事です。インターネットを通じた国際的な取引も今や普通のこととなっていますし、個人や機関投資家—1は自らの金融資産を国境を越えて収益率のより高いところに投資しようと知恵を絞っています。輸入品の購入、海外旅行など、無意識のうちに海外部門と経済取引をしている部分も無視できないほどの大きさになっています。

　つまり、経済活動をする経済主体にとっては、国境は絶対的な障壁ではないということです。それどころか、国境を越える自由な経済活動は情報通信技術（ICT）や交通手段の発達によって急速に拡大し、さらなる拡大をつづけています。もちろん、2020年に発生した新型コロナウイルス感染症の蔓延によってグローバル経済の姿は大きく影響を受けていますが、その影響の大きさについて議論するさいにも、海外との取引を含むマクロ経済学の知識が不可欠です。

　そこで本章では、海外部門のより詳細な分析を組み入れた開放体系下のマクロ経済（オープンマクロ経済）を考察します。

7-1　国際収支の構造と外国為替制度

　海外部門を含むマクロ経済理論に入っていく前に、基礎的な知識として、国際収支の定義や外国為替制度の歴史的な推移をみていくことにします。

国際収支の定義

　国際収支とは、一国のすべての対外経済取引を体系的に記録したもので、国際収支表はこのような経済取引を種類別に分類し、ある期間内に発生した国際取引の内容をまとめたものです。対外取引を体系的に記録し、内容を分類する方法に、IMF（国際通貨基金）方式というものがあり、現在、世界各国で採用されています—2。

1—機関投資家とは、大口投資家で、生命保険会社、損害保険会社、銀行、年金基金、政府系金融機関などのことをいう。大量の資金を使って債券や株式を購入し、その運用を行なっている。

2—現在の日本の国際収支統計は、IMFが2008年に公表した「国際収支マニュアル第6版」にもとづいて作成されている。国際収支統計については、用語の定義を含めて、財務省や日本銀行のHPに詳細な解説がある。

表7-1　国際収支表の構成（2018年度）　　　　　　　　　　　　　　　（億円）

経常収支（a+b+c）	192,434	金融収支	212,310
（a）貿易・サービス収支	-160	直接投資	205,842
貿易収支	6,963	証券投資	68,817
輸出	803,259	金融派生商品	1,185
輸入（-）	796,295	その他投資	-96,995
サービス収支	-7,123	外貨準備	33,461
（b）第一次所得収支	210,125		
（c）第二次所得収支	-17,532		
資本移転等収支	-1,578		
誤差脱漏	21,455		

出所：財務省「国際収支状況」

　表7-1は、2018年度の日本の国際収支表を示したものです。国際収支表は経常収支と資本移転等収支、金融収支の3つのセクションに分類され記録されています。

　まず経常収支ですが、表に記載のとおり、

　　　経常収支＝貿易・サービス収支＋第一次所得収支＋第二次所得収支

と定義されます。ここで、貿易・サービス収支は、貿易収支とサービス収支からなっており、貿易収支は、財の輸出と輸入の収支（輸出－輸入）、サービス収支はサービスの輸出と輸入の収支を指します—3。このふたつを合計した貿易・サービス収支は、2章で学んだ国民経済計算では輸出と輸入の差額である純輸出に相当します。

　第一次所得収支は、対外債権・債務（直接投資、証券投資、貸付・借入など）から生じる利子や配当の収支を示します。また、第二次所得収支は、海外との対価をともなわない資産の提供（無償資金援助、寄付、贈与など）に係る収支を示します。

　次に資本移転等収支ですが、対価の受領をともなわない固定資産の提供や債務免除などの収支を示します。

　最後に金融収支です。たとえば、ある企業の純輸出（輸出－輸入）がプラスとなって輸出超過分の代金が企業に入り、その企業が得た資金を外国銀行に預けた（預金）とします。その場合、対外資産（預金）が増加することになりますが、この増加分が金融収支の黒字として計上されます。このように、経常収

　3—財とは形のある商品で、サービスとは形のない商品をいう。2018年度のサービス収支については、「知的財産権等使用料」の収支が約2.6兆円の黒字であった。また、近年の訪日外国人旅行であるインバウンドの増加もあって、2013年度までは赤字だった「旅行」の収支が大きく増加し、2018年度では約2.4兆円の黒字で過去最高になった。

表7-2　日本の国際収支

年度	経常収支 (a+b+c)	(a) 貿易・サービス収支	貿易収支	輸出	輸入	(b) サービス収支	第一次所得収支	(c) 第二次所得収支	資本移転等収支	金融収支	直接投資	証券投資	金融派生商品	その他投資	外貨準備	誤差脱漏
1996	73,709	19,208	87,601	442,516	354,915	-68,393	65,047	-10,546	-4,148	98,545	25,683	57,501	9,531	-14,935	20,763	28,983
1997	131,632	72,769	136,920	492,512	355,592	-64,152	69,207	-10,343	-9,122	153,992	30,038	-45,058	6,769	154,627	7,617	31,481
1998	143,495	95,630	160,965	470,823	309,858	-65,335	62,454	-14,589	-21,086	135,387	14,903	41,090	553	82,450	-3,610	12,979
1999	136,050	78,494	138,892	461,775	322,883	-60,398	68,392	-10,835	-15,667	135,703	9,099	-15,311	781	43,223	97,911	15,320
2000	135,804	63,573	117,226	492,332	375,095	-53,653	81,604	-9,373	-6,517	132,932	54,261	64,373	8,170	-28,215	34,343	3,646
2001	113,998	38,557	93,558	456,473	362,915	-54,991	81,626	-6,195	-3,629	127,151	26,183	116,077	-2,586	-64,341	51,818	17,088
2002	131,449	63,607	119,243	495,284	376,042	-55,635	77,782	-9,941	-3,629	126,426	21,212	146,123	-8,064	-114,832	81,988	-1,394
2003	178,305	96,053	135,054	527,584	392,530	-39,001	90,453	-8,201	-5,598	137,128	31,523	34,662	-2,958	-268,869	342,770	-35,579
2004	192,342	95,624	138,639	584,556	445,918	-43,014	106,686	-9,969	-4,086	169,630	37,819	1,616	-4,491	112,903	21,784	-18,626
2005	194,128	74,072	110,677	655,948	545,271	-36,604	128,989	-8,934	-7,213	163,246	49,532	9,728	9,000	67,433	27,554	-23,668
2006	218,865	81,860	121,176	740,012	618,836	-39,317	149,811	-12,806	-5,086	193,171	78,693	-151,887	-3,455	230,369	39,452	-20,608
2007	243,376	90,902	136,862	812,627	675,765	-45,960	165,476	-13,002	-3,856	255,221	64,399	59,414	-11,739	102,307	40,839	15,701
2008	106,885	-8,878	26,683	679,452	652,769	-35,561	129,053	-13,290	-4,940	168,446	81,901	250,716	-19,580	-169,349	24,758	66,500
2009	167,551	48,437	80,250	559,068	478,818	-31,812	129,868	-10,755	-4,890	168,599	56,538	131,307	-8,040	-35,198	23,992	5,934
2010	182,687	55,176	80,332	649,175	568,843	-25,155	139,260	-11,749	-4,804	208,412	65,283	63,573	-6,701	34,222	52,035	30,529
2011	81,852	-50,306	-22,097	628,438	650,535	-28,210	143,085	-10,927	2,561	87,080	97,889	-61,046	-14,062	-50,640	114,939	2,668
2012	42,495	-92,753	-52,474	622,026	674,499	-40,280	144,825	-9,577	-3,710	14,719	96,583	-135,154	34,760	42,464	-23,934	-24,066
2013	23,929	-144,785	-110,455	697,326	807,782	-34,330	183,191	-14,477	-5,838	-9,830	148,269	-209,590	31,768	-27,168	46,891	-27,921
2014	87,031	-94,116	-66,389	756,403	822,792	-27,728	200,488	-19,341	-2,707	142,128	133,913	51,089	46,509	-92,303	2,920	57,804
2015	182,957	-10,141	2,999	731,761	728,762	-13,140	213,195	-20,097	-7,009	242,833	162,054	300,342	-5,492	-220,147	6,075	66,885
2016	216,686	44,084	57,863	708,026	650,163	-13,779	193,646	-21,044	-2,486	249,879	177,528	51,731	7,552	7,363	5,703	35,679
2017	221,749	40,829	45,396	782,829	737,434	-4,567	202,668	-21,748	-3,105	206,805	145,279	68,651	18,626	-48,460	22,709	-11,838
2018	192,434	-160	6,963	803,259	796,295	-7,123	210,151	-17,532	-1,578	212,310	205,842	68,817	1,185	-96,995	33,461	21,455

出所：財務省

支や資本移転等収支に係る取引を通じて、わが国が保有する対外資産が増減しますが、その動きを直接投資（企業経営への関与を意図した長期投資）、証券投資（利子や配当を目的とする短期の投資）、金融派生商品（デリバティブ商品など）、その他投資（銀行貸出や預金など）、外貨準備（政府・中央銀行によるもの）といった項目別に示したものの合計が金融収支です（経常収支が黒字であれば対外資産が増加しますので、金融収支は黒字となり、逆に経常収支が赤字であれば金融収支は赤字になります）。したがって、**経常収支と資本移転等収支を足したものは、金融収支と一致します**が、統計作成上の理由（つまり、すべての取引を把握できないという理由）から、その調整項目として誤差脱漏が計上されています。つまり、

経常収支＋資本移転等収支＋誤差脱漏＝金融収支

となります。

　参考のために、表7-2に1996〜2018年度の日本の国際収支の実績をかかげておきます[4]。近年の日本の国際収支の動向をみると、貿易収支のプラス幅がかつてに比べると低下していることがみてとれます。これは、企業の海外展

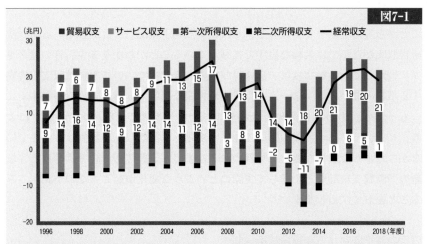

日本の経常収支とその内訳の推移（1996〜2018 年度）　リーマンショックが起こる 2008 年までは大幅な貿易収支の黒字であった。リーマンショックによって、貿易収支は半減し、その後、2011 年の東日本大震災ではエネルギー資源の輸入などもあって、一時貿易収支は赤字になった。い

まや経常収支を構成する項目のなかでは第一次所得収支が大幅な黒字で推移している。
出所：財務省（グラフの中の数字は、第一次所得収支と貿易収支の大きさである）

開や現地生産の進展によって輸出の増加ペースが鈍化していることや、原子力発電所の停止によって鉱物性燃料の輸入が増えたことや原油価格の上昇などが影響していると考えられます。貿易収支が縮小する一方、第一次所得収支が大きく拡大してきていますが、これは、これまでの経常収支の黒字の累積によって積みあがった対外資産（直接投資や証券投資など）から得られる投資収益の増加によるものです。いまや、経常収支の大部分は第一次所得収支によって稼いでいるといってよい状況になっています―**5**。

　それがわかるグラフが図 7-1 になります。リーマンショックが起こる 2008 年までは大幅な貿易収支の黒字で推移しています。図のなかの赤い棒グラフに書かれている数字は貿易収支の大きさです。リーマンショックによって、貿易収支は半減し、その後、2011 年の東日本大震災では国内の原子力発電所が停止したことで、石油などのエネルギー資源を大幅に輸入したことから貿易収支は一時赤字になりました。ただ、これまでの大幅な貿易収支の黒字を計上した

4―1996 年 1 月に国際収支統計が新しく改訂され、それまでの国際収支統計（旧国際収支統計）の項目とは大きく異なっている。とくに現行基準での金融収支は資本収支という概念で計上され、符号も逆転するなど扱いには留意が必要である。旧基準の詳細については、財務省や日本銀行の HP などにある説明資料を参照のこと。

5―内閣府「令和元年度経済財政白書」第 3 章第 1 節「長期的にみた日本の貿易・投資構造や経常収支の変化」（2019 年）も、近年の経常収支の動向を知るうえで有益である。

ことから対外資産を多く保有し、それによる利子や配当を計上している第一次所得収支が近年では大幅な黒字で推移していることがわかります。青い棒グラフに書かれている数字は第一次所得収支の大きさです。いまや経常収支を構成する項目のなかでは、第一次所得収支が大幅な黒字で推移しているのです。

　もっとも、2020年に発生した新型コロナウイルスによるパンデミックにより、ヒト、モノ、カネの国際間の動きが変化し、国際収支の数値はこれまでになかったような急激な変化に見舞われるはずです。興味ある読者はぜひとも最新の国際収支統計などを通じて実際にどのような変化が起こったのか調べてみることをおすすめします。

固定為替相場制から変動為替相場制へ

　次に、第2次世界大戦後の為替相場制度の歴史を概観しておきます。為替相場制度は戦後しばらく固定為替相場制をとっていましたが、1973年以降、先進諸国は変動為替相場制に移行しています。

　1944年、アメリカのニューハンプシャー州ブレトンウッズに世界各国（44カ国）の代表が集まり、諸国間の為替レートを固定し、新しい通貨体制をスタートさせることに同意しました。これが「ブレトンウッズ体制」のはじまりです。このとき、円は1ドル360円と定められたわけです。ブレトンウッズ体制のもとでは、各国の中央銀行は固定為替相場制を維持するため、外国通貨を要求に応じていくらでも売ったり、買ったりし、自国通貨との交換に応じることができる態勢になければなりません。もし、それが不可能になる場合には、為替レートの切り上げ、または切り下げに踏み切ることになりますが、固定為替相場制が維持されるためには、そのようなことがしばしば起こってはなりません。

　図7-2は、1966年から1973年までの円ドル為替レートと日本の外貨準備高の動きを示したものです。1971年8月、アメリカのニクソン大統領はドルと金の交換を停止すると発表し、世界を驚かせました（いわゆるニクソン・ショック。それまでは外国がアメリカにドルの買い取りを求めてきた場合、アメリカはいつでも金1オンス（約31g）＝35ドルの比率でそれを買い取ることを約束していた）。同年12月にIMF（International Monetary Fund、国際通貨基金）の主要な加盟国がワシントンのスミソニアン・インスティテューション（The Smithsonian Institution）に集まり、それまでのドルがほとんどすべての他国通貨に対して過大評価であったことを認め、全面的な為替レートの修正に合意しました（これを「スミソニアン合意」と呼ぶ）。しかし、それでも各国

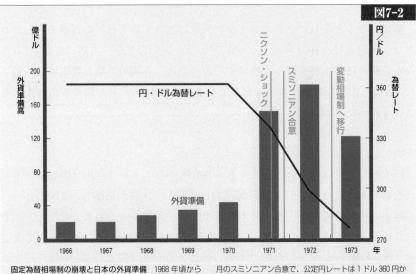

固定為替相場制の崩壊と日本の外貨準備　1968 年頃から日本の経常収支黒字が定着しはじめ、外貨準備が増加しはじめた。これを「ドルの過大評価」とみた投資家は、1971 年に入って猛烈に円買いに走ったため、同年の外貨準備は急速に増加した。1971 年 8 月のニクソン・ショック、12 月のスミソニアン合意で、公定円レートは 1 ドル 360 円から 308 円（中心レート）に切り上げられたが、1973 年 2 月、ドルが再び切り下げられたのをきっかけに、各国は変動相場制に移行した。

Ch.7
Part 2

通貨間の為替レートはかならずしも適正ではなく、ドルの切り下げを予想する投機資金が大量に国際間を移動するという異常事態がつづきました。1973 年 2 月、アメリカが再びドルの切り下げを断行したのをきっかけに、先進各国はそれまで守ってきた固定為替相場制を放棄し、全面的に変動為替相場制に移行しました。これが戦後の世界経済を支えてきたブレトンウッズ体制の崩壊です。

　固定為替相場制が崩壊したのは、アメリカの輸出競争力の低下や、日本やドイツ（当時は西ドイツ）の経常収支が大幅な黒字となったため、世界各国の投機家が、ドルが過大評価されていることに気づいたためです。円やマルク（当時の西ドイツの通貨）が「切り上げられる」と予想した世界の投機家は、猛烈に円やマルクを買いはじめたため、ドイツの中央銀行ブンデスバンクや日本銀行はそれに対抗して巨額のドルを買わざるをえなかったのです。その結果、ブンデスバンクや日銀のドル保有高は急激に増えたのです。

　実際、図 7-2 からもわかるように、日本の外貨準備は 1971 年以降急激に増えました。ドイツ・マルクについても事情は同じです。

　このような投機が起こると、日銀やブンデスバンクは円やマルクを大量に市場に放出することになります。そして、それはとりもなおさず、マネーストックを増やすことになります。このような急激なマネーストックの増加は、石油危機の到来とともに、未曾有の「狂乱物価」の原因を作りました。

　結局、ドルとそれにともなって金が大量に流出することに危機感をもったニクソン大統領は、1971 年 8 月、ブレトンウッズの合意を一方的に放棄し、「ドル本位制」に終止符を打ったのです。このため、各国の外国為替市場は閉鎖され、同年 12 月のスミソニアン合意で全面的な為替レートの修正があったことはいま述べたとおりです。

円高のはじまり

　円ドルレートは、このときに 1 ドル 360 円から 1 ドル 308 円（中心レート）に改められましたが、日本の政策当局は、360 円体制が崩壊し、308 円という当時からすれば異常な円高が日本経済の成長を鈍化させると考えたため、マネーストックの急増を容認し、また、田中角栄首相（当時）の「日本列島改造論」[6]を推進しようとしたのです。このこともまた 1973、1974 年の狂乱物価の素地を作ったのでした。

　変動為替相場制への移行後は、日本経済の良好なパフォーマンスを反映して、全般的に円高傾向が定着したといってよいでしょう（図 7-3）。とくに重要なのは、1985 年 9 月の「プラザ合意」です。これは、当時 G5（日本、アメリカ、イギリス、フランス、西ドイツ）がアメリカのプラザホテルに集まり、当時のアメリカが抱えていた双子の赤字（財政収支の赤字と貿易収支の赤字）のうちの貿易収支の赤字を減らすために、ドル安にしようとして行なわれた協調介入にともなう合意です。これを機に急激な円高がすすみ、1986 年から 87 年にかけては、円ドルレートが一挙に 1 ドル 120 円台にまで上昇しました。このため、日本経済を支えてきた輸出産業が軒なみ減産を余儀なくされ、失業率が上昇し、日本経済は「円高不況」に見舞われました。

　その後、円ドルレートは 1994～95 年、2008～13 年と、1 ドル 100 円を下まわる円高ドル安を経験してきましたが、これらの時期を除くと、概ね 100 円から 120 円のボックス圏で推移しています。

固定為替相場制と変動為替相場制

　ところで、固定為替相場制と変動為替相場制の最も本質的な差はなんでしょうか。固定為替相場制とは、各国通貨間の交換比率を固定する制度です。しかし、交換比率を固定すると、ある通貨の需要が別の通貨の需要を上まわる（通

　6─都市に集中した産業を地方に分散させることで、国土の均等な発展を目指した。これによって高速道路などの交通網が全国的に整備されたものの、その後、土地の投機によって地価の高騰を招いたともいわれている。

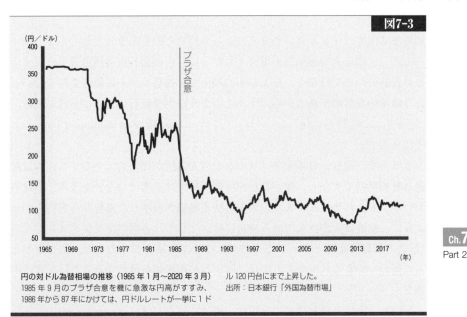

図7-3

（円／ドル）

プラザ合意

円の対ドル為替相場の推移（1965 年 1 月〜2020 年 3 月）
1985 年 9 月のプラザ合意を機に急激な円高がすすみ、
1986 年から 87 年にかけては、円ドルレートが一挙に 1 ド
ル 120 円台にまで上昇した。
出所：日本銀行「外国為替市場」

Ch.**7**

Part 2

貨間の魅力の度合が異なる）ということが避けられません。そのとき、中央銀
行は固定された為替レートで、民間の要求に応えていくらでも外国通貨を買っ
たり、売ったりする用意がなければなりません。

　もし、中央銀行が外国通貨と自国通貨を交換することを拒否すれば、固定為
替相場制はその瞬間に崩壊するでしょう。なぜなら、その場合には、民間部門
で生じた通貨間の需要と供給のアンバランスが解消されず、より安価だとみな
された通貨に関してはもはや受け取り手がいなくなるだろうからです。つま
り、固定為替相場制のもとでは、中央銀行は自国通貨と外国通貨の需給のアン
バランスに対応する分の外貨を、いつでも要求に応じて売ったり、買ったりし
なければならないということです。

　これに対して、変動為替相場制のもとでは、為替レートが通貨間の需要と供
給が調整されるように外国為替市場で決定されますので、中央銀行には固定為
替相場制の場合のように、外国通貨を売ったり、買ったりする義務はありませ
ん。

　このように、為替レートが完全に市場メカニズムで決められるとき、そのよ
うな制度を「自由変動為替相場制」（クリーン・フロート、Clean Float）と呼
びます。しかし、純粋にクリーン・フロートが実行されることはむしろ例外的
で、中央銀行がなんらかの形で為替市場に介入し、外国通貨を買ったり、売っ
たりするのがふつうです。日本銀行も円高が急激にすすむ局面では、ほとんど

例外なく円売り・ドル買いの介入によって円高を阻止しようとしてきました。

　ただし、固定為替相場制の場合とちがって、中央銀行が外国通貨を売買するのは義務のためではなく、なんらかの理由で、為替レートに影響を与えたいという政策的な目的があるからです。このような中央銀行の介入がある場合は、「管理された変動相場制」（ダーティ・フロート、Dirty or Managed Float）と呼ばれます。

　ところで、現在、日本やアメリカなどの先進国が採用しているシステムは変動為替相場制ですから、固定為替相場制の研究は不要ではないかと考える読者がいるかもしれません。また、固定為替相場制が崩壊した過程からも明らかなように、投機資金が巨大である場合には、そして、各国のファンダメンタルズ（経済の基礎的条件といわれるもので、インフレ率や競争力など）がときとともに変わってくる状況のもとでは、固定為替相場制を維持することは非常に困難です―7。

　しかし、固定為替相場制の分析は、避けて通るわけにはいかないのです。なぜなら、現在でも固定為替相場制を踏襲している国が少なくないからです。ヨーロッパの 19 カ国は、単一通貨「ユーロ」―8を使っています（2020 年 6 月現在）。ユーロに参加していないヨーロッパ諸国のなかにもユーロにペッグ（固定）している国が存在します。また、中南米をはじめ多くの途上国は、自国通貨をドルにリンクさせています。このため、世界が完全な変動為替相場制に移行したといえる状況にはありません。

IS バランスと資本勘定

　以上が為替相場制に対する基礎知識ですが、もうひとつ国際マクロ経済を議論するさい、非常に重要になる点を指摘しておきましょう。

　2 章で詳しくみたように、国民経済計算においては、貿易・サービス収支と民間部門の貯蓄投資（IS）バランス、財政収支のあいだには次のような恒等関

7―実際に固定為替相場制を維持できなくさせた人物に、ジョージ・ソロスがいる。彼は「イングランド銀行をつぶした男」と呼ばれている。1990 年にイギリスは、ヨーロッパの通貨を安定させる制度であった EMS（欧州通貨制度）に加盟したが、彼は、イギリスの通貨ポンドの価値が維持できないと予測し、1992 年 8 月にポンドを売り浴びせた。イングランド銀行はポンドが暴落しないように買い支えていたが、結果的には 1992 年 9 月にイギリスは EMS を離脱してしまい、支えることができなかったのである。

8―欧州連合（EU）の加盟国は、2020 年 6 月現在で 27 あるが、単一通貨「ユーロ」を使っているのは、そのうち 19 カ国である。1999 年 1 月 1 日に誕生した。ユーロの通貨を使っている国々を「ユーロ圏」と呼ぶ。

係があります。民間貯蓄を S、民間投資を I、政府支出を G、租税を T、輸出
と輸入との差額である貿易・サービス収支（輸出−輸入）の黒字を NX とす
れば、

$$\underbrace{S-I}_{\text{民間貯蓄超過}} \equiv \underbrace{(G-T)}_{\text{財政赤字}} + \underbrace{NX}_{\text{貿易・サービス収支黒字}} \tag{1}$$

という関係が得られます。つまり、国民経済計算においては、民間セクターに
おける貯蓄超過は、政府部門の投資超過（財政赤字）と海外部門の貯蓄超過
（貿易・サービス収支黒字）の和に等しいということです。この式を変形すれ
ば、

$$\underbrace{(S+T)-(I+G)}_{\text{国内全体の貯蓄超過}} \equiv \underbrace{NX}_{\text{貿易・サービス収支黒字}} \tag{2}$$

となりますが、(2)式の左辺の国内全体の貯蓄超過は、実は、「資本の国外流出」
に等しくなります。どういうことかといえば、貿易・サービス収支が黒字であ
れば、輸出企業などはかならずその支払いを受け取ります。受け取ったドルな
どはタンス預金にでもしないかぎり、ドル建ての債券や外国の資産購入などに
振り向けられますから、その分、資本輸出として海外に流出します。(2)式をも
う一度みると、NX が正ならば、ちょうどそれに見合った国内貯蓄超過が存
在していますから、その分が海外に流出し対外資産が増加するわけです。金融
収支黒字を CF と書くとすると

$$\underbrace{NX}_{\text{貿易・サービス収支黒字}} \equiv \underbrace{CF}_{\text{金融収支黒字}}$$

と書き直してもよいことになります[9]。ここで

$$\underbrace{-CF}_{\text{金融収支赤字}} \equiv \underbrace{(I+G)-(S+T)}_{\text{国内全体の投資超過}}$$

という関係が成立していることはいうまでもありません。

　重要なことは、財市場での取引が生み出す資金の流れと、国際金融市場にお
ける資本の流れは「同じコインの表と裏」の関係にあるということです。

7-2　マンデル＝フレミング・モデルの導出

　オープンマクロ経済の分析には、開発者の名前をとって名付けられたマンデ

　9─ただし先に述べたように、厳密には、金融収支と対応するのは、貿易・サービス収支
　に（第一次、第二次）所得収支と資本移転等収支を加えたものである。（統計上の）
　誤差脱漏に相当する差異が発生することにも注意する必要がある。

ル＝フレミング・モデルと呼ばれるモデルがよく用いられますが、これは、前章（6章）で学んだ *IS-LM* モデルに海外部門を組み入れたモデルです――**10**。なお、このモデルの開発者の1人であるマンデル教授は1999年にノーベル経済学賞を受賞しました。それほどマンデル＝フレミング・モデルの価値が高かったということだと思います。

財市場の均衡：*IS* 曲線

　まず財市場で、総需要と総供給が等しくなるような GDP の水準を考えましょう。海外との貿易がある場合、GDP を Y、民間消費を C、民間投資を I、政府支出を G、輸出等を EX、輸入等を IM、その差額、貿易・サービス収支（輸出－輸入）の黒字を NX とおくと、総需要は、

$$総需要 = C + I + G + EX$$

となります。一方、総供給は国内で生産された価値に輸入を足したものであるので、

$$総供給 = Y + IM$$

となり、総需要と総供給が等しくなる条件式は、

$$Y = C + I + G + EX - IM$$

となります。つまり、

$$Y = C + I + G + NX \tag{3}$$

を満たすということになります。ここで、貿易・サービス収支 NX をもう少し厳密に考えてみましょう。

　貿易・サービス収支は輸出（EX）と輸入（IM）の差額ですが、まず、輸出 EX は、為替レート（e）や外国の需要の大きさ、もっと厳密には外国のGDP の水準（Y_w）に左右されます。それに対して輸入 IM は、為替レートや自国の景気、もっと厳密には可処分所得の水準（$Y-T$）に左右されます。

　したがって、輸出、輸入はそれぞれ

$$EX = EX(Y_w, e)$$
$$IM = IM(Y - T, e)$$

と書くことができ、結局、貿易・サービス収支は

$$NX = EX(Y_w, e) - IM(Y - T, e)$$

10――マンデル＝フレミング・モデルについては、R. A. Mundell, *International Economics*, Macmillan, 1968（ロバート・A・マンデル『国際経済学』ダイヤモンド社、2000年）、J. Marcus Fleming, "Domestic Financial Policies under Fixed and Floating Exchange Rate," *IMF Staff Papers*（1962）を参照。

となります。これをひとつの式にまとめて書くと

$$NX = NX(Y-T, Y_w, e)$$

とあらわすことができます。

　ここで、貿易・サービス収支 NX は、可処分所得 $Y-T$ が増えると減少します（輸入が増えるため）。また、NX は、世界の景気がよくなると増え（輸出が増加するため）、為替レート e が減価する（その国の通貨の価値が低下することであり、日本の場合だと円安になるということ。e の値が大きくなる）と、やはり増加するでしょう（輸出が増え、輸入が減るため）。

　ところで、(3)式の右辺の $(C+I+G)$ は国内での財・サービスに対する（輸入品であれ、国産品であれ）支出で、しばしばアブソープション（Absorption、吸収の意）と呼ばれます。結局、財市場を均衡させる GDP の水準は、国内の生産 Y がアブソープション $A=C+I+G$ と貿易・サービス収支 NX の和に等しくなるところに定まる、といい直してもよいでしょう。

　結局、IS 曲線は

$$Y = C(Y-T) + I(r) + G + NX(Y-T, Y_w, e) \tag{4}$$

とあらわすことができます。

外国貿易乗数

　さらに立ち入った検証に入る前に、本章のように、外国貿易によって GDP が変化するものと考えた場合の乗数効果についてふれておきます。4 章での乗数は、限界貯蓄性向の逆数に等しかったわけですが、外国貿易、たとえば輸出が増えることで生産が増え、GDP が変化するものとしてモデルに導入されると、乗数の値は当然変わってきます。結論からいえば、この場合の乗数（これを外国貿易乗数という）は、外国貿易によって GDP が変化しないと考えた場合の乗数より小さくなります。これは GDP の増加によって、一部が輸入品の購入にまわるため（輸入による漏れが生じるため）効果が小さくなるのです。なお、外国貿易乗数を議論する場合、議論を簡単にするために、為替レートは固定と考えることにします。

　いま、消費は 4 章と同様に、

$$C = c_0 + c_1(Y-T)$$

輸入を、

$$IM = m_0 + m_1(Y-T)$$

と仮定します。ただし、c_0、c_1、m_0、m_1 はすべて正の定数とします[11]。投資 I、政府支出 G、租税 T および輸出 EX はすべて一定としましょう。このと

き、均衡 GDP である Y は、

$$Y = c_0 + c_1(Y-T) + I + G + EX - \{m_0 + m_1(Y-T)\}$$

によって決まります。つまり、

$$Y = \frac{1}{1-c_1+m_1}(I+G+EX+c_2-m_2) \tag{5}$$

となります。ただし、$c_2 = c_0 - c_1 T$、$m_2 = m_0 - m_1 T$ です。いま、たとえば輸出が EX から $(EX+\Delta EX)$ に増え、それに応じて Y が $(Y+\Delta Y)$ に変化したとすれば、

$$Y + \Delta Y = \frac{1}{1-c_1+m_1}(I+G+EX+\Delta EX+c_2-m_2) \tag{6}$$

が成立するはずですから、輸出の増加 ΔEX がもたらす GDP 拡大効果は、(6)式から(5)式を辺々差し引くことによって計算できます。

$$\Delta Y = \frac{1}{1-c_1+m_1}\Delta EX$$

これを整理して

$$\frac{\Delta Y}{\Delta EX} = \frac{1}{1-c_1+m_1}$$

となります。この式の右辺が外国貿易乗数ですが、これは輸出を 1 兆円増やすことができれば、GDP は $\frac{1}{1-c_1+m_1}$ 兆円増加するということです。また、m_1 が正 $(0 < m_1 < 1)$ であるかぎり、閉鎖体系下の乗数 $\frac{1}{1-c_1}$ よりも小さくなります。

貨幣市場の均衡：*LM* 曲線

　さて、貨幣市場の均衡はどうなるでしょうか。貨幣市場の均衡は *LM* 曲線であらわされますが、*LM* 曲線は固定為替相場制と変動為替相場制のもとではマネーストックのもつ意味合いが異なるものになります。つまり、固定為替相場制ではマネーストックは内生変数として、変動為替相場制では外生変数として扱うということになります。これについては、後で述べます。また、固定為替相場制のもとでは、中央銀行は固定相場を維持するため、持ち込まれた外貨をすべて自国通貨に交換する、あるいは持ち込まれた自国通貨をすべて外貨に交換する義務を負っています。たとえば、貿易・サービス収支の黒字によって

11―m_0 は所得（GDP）がない場合でも輸入される基礎的な部分で正の一定値をとる。また、m_1 は限界輸入性向をあらわし、$0 < c_1 < 1$、$0 < m_1 < 1$ とする。

民間企業がドルを稼いだ場合、日銀はそのドルを買い取り、円を民間に支払わなければならなくなります。すると、国内市場ではマネーストックが増えることになります。逆に、貿易・サービス収支が赤字の場合には、民間が貿易決済のための外貨不足に陥るため、中央銀行から外貨を買おうとします。中央銀行は基本的にはこれに応じなければならず、マネーストックを減少させてしまいます。

　このように、固定為替相場制のもとでは、中央銀行は金融政策の自由度を奪われ、マネーストックを自由にコントロールすることができなくなります―12。たとえば、いま1ドル＝100円という固定相場が日米両国によって発表されたとします。しかし、現実にマーケットで取引される為替レートが1ドル＝120円なら、ドルをもっている人はマーケットでそれを売り、1ドル当たり120円を手にいれた後、日本銀行に100円を提示し、1ドルを手にいれるならば、この人は1ドル当たり20円の利益を得ることができます。このような状況では、マーケットでのドル売り、円買い圧力が強く、やがてマーケットでの為替レートも1ドル＝100円の固定相場に近づいてくると考えられます。しかし、そうなるまでのあいだ（すなわち、固定相場と実勢レートが等しくなるまでのあいだ）、中央銀行はいくらでも自国通貨と外貨の交換に応じなければなりません。したがって、LM曲線は

$$\frac{M}{P} = L(Y, r) \tag{7}$$

と書くとしても、マネーストック M は政策によって決められる外生変数ではなく、モデルのなかで決定される内生変数ということになります。

　もっとも、自国通貨と外貨との交換要求に応じたとしても、中央銀行はそれによって生じるマネーストックの変化を相殺するような行動をとることは可能です。たとえば、持ち込まれた外貨を買い取ったためにマネーストックが増加したとしましょう。このとき、中央銀行は手持ちの国債などの債券を債券市場で売ること（「売りオペレーション」）ができます。もし、中央銀行が持ち込まれた外貨の円換算額に等しい金額分だけ、手持ち債券を売却したとすれば、その分だけマネーストックが中央銀行に吸収されますので、結局、マネーストックは差し引き変化しないことになります。中央銀行が外貨を売り、円を吸収し

12―マンデル＝フレミング・モデルは、IS-LM 分析の開放経済版であるので、貨幣市場については LM 曲線を前提とする。したがって、中央銀行がマネーストックをコントロールできるとの仮定を置くが、固定為替相場制のもとではコントロール不可となってしまう。

てしまった場合にはちょうどこの逆のこと（すなわち、債券を債券市場から買う「買いオペレーション」）を実行すれば、マネーストックは不変に保たれるでしょう。このように、中央銀行が自国通貨と外貨を交換することから発生するマネーストックの変化を相殺させるために行なうオペレーションのことを、不胎化政策（ふたいかかせいさく）といいます。国内のマネーストックを変化させないようにすることで、国内の物価に影響を及ぼすことがないようにするために、こうした不胎化政策をとることがあるのです。

　しかし、固定為替相場制においては、不胎化政策は短期的にはともかく、アグレッシブな投機家がいる場合、長期にわたってとりつづけることはしばしば困難です。たとえば、投機的な資金が大量にかつ急激に自国に流れ込んできた場合、あるいは、貿易・サービス収支の不均衡が長期にわたって継続した場合、中央銀行はそれによって発生した巨額のマネーストックの変化をすべてオペレーションで相殺することはできないでしょう。なぜなら、中央銀行はそんな巨額のオペレーションを実行に移すだけの債券を保有していないかもしれないからです。また、そのような巨額のオペレーションが債券市場を混乱させることも考えておかなければなりません。いずれにしても、長期にわたる不胎化政策は不可能であり、不胎化政策が実行できるのは、あるかぎられた範囲内であるという点に留意することが必要です。

　それに対して、変動為替相場制のもとでは、中央銀行は持ち込まれた外貨を自国通貨と交換するといった義務はありません。為替レートの自由な変動が許されているので、中央銀行は特定のレートに固執することはなく、したがって、自国通貨と外国通貨の交換はもっぱら市場にまかせておけばよいことになります。

　このように、変動為替相場制のもとにおいては、中央銀行は外国為替市場における通貨売買の仕事から解放されるため、金融政策の自由度が高まることになるわけです。対外不均衡の発生や投機資金の流出入に対しても、特別の政策的意図にもとづく介入を除けば、中央銀行はなんら義務を負っておらず、したがって、マネーストックも影響を受けることはありません。すなわち、変動為替相場制のもとでは、中央銀行は基本的にマネーストックをコントロールすることができるということです。結局、LM 曲線は(7)式と同じ形になりますが、ここではマネーストック M は政策によって決めることのできる外生変数であるという点が、固定為替相場制の場合と決定的に異なる点です。

資本移動と利子率の決定

　以下では、分析の対象としている経済が「小国」である場合を考えます（小国モデル）。「小国」とは、自国の経済規模が世界全体のなかで占める割合が無視できるほど小さく、自国のマクロ経済の変化が世界になんの影響も与えることができない場合をいいます。

　国内の利子率と海外の利子率が異なる場合、利子率の低いところから高いところに資本が大量に流出します。たとえば、自国の金利が低くて、海外に資本が流出したとすると、自国の貸付可能な資金が減少し、金融市場の需給がひっ迫—13して自国の金利は上昇するでしょう。世界金利は自国が「小国」であるため変化しません。この場合、資本流出は自国金利が世界金利と同じ水準になるまでつづくでしょう。逆に、自国の金利が世界金利よりも高い場合、世界の投資家は高い金利を求めて自国の債券などを購入しようとするでしょう。その結果、自国に資本が流入し、自国金利は低下することになります。資本の流入は自国金利と世界金利が等しくなるまでつづきます。

　このように、一時的に自国金利が世界金利と乖離したとしても、資本の流出入を通じて自国金利はかならず世界金利に引き寄せられることになります。すなわち、小国モデルで、資本移動が自由な世界では、国内利子率 r は常に世界利子率 r_w に等しくなります。

$$r = r_w \tag{8}$$

　現実の経済では、日本やアメリカなどの「大国」の経済活動が世界に影響を与えていますが、利子率に関していえば、資本が自由に国境を越えて大量に移動する現代では、金利は国内の状況だけで決まるわけではなく、世界の金融市場の影響を受けることになりますので、「小国」の仮定は、とりあえずは妥当なものであるといえます。

7-3　固定為替相場制のもとでのマンデル＝フレミング・モデル

　マンデル＝フレミング・モデルを使って、開放体系下のマクロ理論を検討してみましょう。まず、固定為替相場制について整理します。

　モデルは次の3本の均衡式からなっています。

$$IS：Y = C(Y-T) + I(r) + G + NX(Y-T, Y_w, e^*) \tag{9}$$

13—ひっ迫というのは、余裕がなくなるという意味。金融市場で需給がひっ迫するというのは、金融市場において資金需要が高まるということ。その結果、金利が上昇する。

$$LM : \frac{M}{P} = L(Y, r) \tag{7}$$

$$\text{利子率}：r = r_W \tag{8}$$

ただし、為替レートは固定されています（$e = e^*$。e^* は固定されている為替水準）。物価水準 P、租税 T、政府支出 G、世界所得水準 Y_W がある水準で固定されているとすると、このモデルにおける内生変数は Y、r、M ですが、方程式は 3 つあるため、ちょうどこれらの変数を決定することができます。

図 7-4 は固定為替相場制のもとで国内利子率と世界利子率が当初乖離している状態で、GDP の決定がどのようになされるかを示したものです。いま、固定為替レート e^* のもとで IS、LM 曲線を書くとき、均衡点が A 点であったとします。このとき、均衡利子率は r_0 でこれは世界利子率 r_W より高い水準にありますから、金利差を求めて世界の資本が流入してきます。その結果、自国の中央銀行には大量の外国通貨が持ち込まれます。中央銀行は、固定為替相場制のもとでは持ち込まれた外国通貨はすべて責任をもって自国通貨との交換に応じなければなりませんから、マネーストックが増加します。マネーストックが増加すれば、図中の LM 曲線は $L'M'$ の位置まで右下方にシフトし、結局、均衡点は B 点にまで移動します——[14]。B 点では国内利子率と世界利子率が一致し、これ以上の資本流入は起こりません。B 点は財市場と貨幣市場を同時に均衡させており、しかも投機目的の資本の流出入もないため、固定レートとマーケットでの均衡為替レートに乖離がない状態です。したがって、B 点は明らかに上記 3 本の均衡式を同時に満たしています。

逆に、国内の均衡利子率が世界利子率 r_W に比べて低すぎる場合、資本の流出が起こるため、自国通貨を外国通貨に替える動きが活発になります。中央銀行は持ち込まれた自国通貨を外国通貨に交換するため、市場に出まわっていた自国通貨が中央銀行に吸収され、マネーストックが減少します。このため、LM 曲線が左上方にシフトをはじめることになります。読者は図 7-4 と同様の図を描いて、均衡が達成される様子を確認してください。

このように、固定為替相場制のもとでは、自国利子率と世界利子率の不均衡がマネーストックの変化を通じて LM 曲線をシフトさせ、それが均衡 GDP を決定します。

先に述べたように、中央銀行は不胎化政策によって短期的には LM 曲線のシフトを阻止することは可能ですが、資本移動が自由な世界では大量の資本が

---

[14]——ここでの一連の分析では、不胎化政策は行なっていないとしている。

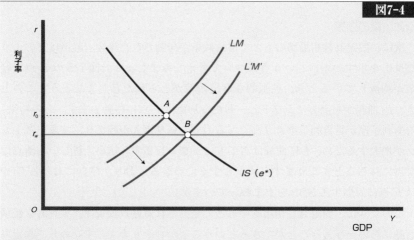

図7-4

固定相場制のもとでのGDP決定（自国の利子率が高すぎる場合）　初期の均衡点はA点であるが、ここでは自国利子率が世界利子率より高いため、自国通貨の需要が高ま

り、その結果マネーストックは増加する。したがってLM曲線はL'M'まで右下方にシフトし、結局、自国利子率が世界利子率に等しくなる点Bで均衡する。

Ch.**7**

Part 2

流入したり、流出したりするため、長期的に不胎化政策をつづけることはできません。とくに「小国」モデルでは、この傾向は非常に強いと思われます。アメリカや日本のように世界全体に対してなんらかの影響を与えることができるほど大きく、純粋な意味で「小国」とはいえない経済の場合、不胎化政策をつづける余地は純粋な「小国」に比べると大きくなります。ただし、それも程度の問題で、今日のように資本市場のグローバル化がすすんだ状況のもとでは、どの国も国際情勢と無関係に不胎化政策をとりつづけることは不可能なのです。

　以上を要約すると、次のようになります。

【固定為替相場制のもとでのマンデル＝フレミング・モデル】
　資本移動が自由な場合、国内の均衡利子率が世界利子率と比べて高いと、資本流入が起こる。その結果、利子率が世界利子率と等しくなるまで低下し、GDPが増大する。
　逆に、国内の均衡利子率が世界利子率と比べて低いと、資本流出が起こる。その結果、利子率が世界利子率と等しくなるまで上昇し、GDPが減少する。

財政政策の効果

次に、固定為替相場制のもとで財政政策が発動された場合、経済はどのような反応を示すのか、という点について考えてみましょう。図7-5の E 点で経済が均衡しているとき、拡張的な財政政策がとられたとしましょう。このとき、IS 曲線が右上方にシフトし、新たな均衡は F 点に移動します。その結果、均衡利子率が世界利子率より高くなるので、資本流入が起こり、マネーストックが増大するため、LM 曲線は右下方にシフトします。結局、新しい均衡点は G 点に移ることになります。図からすぐにわかるとおり、G 点における GDP は E 点に対応する GDP を上まわっています。

このように、固定為替相場制のもとで発動される財政政策は、実質的な経済活動に影響を与えることができるということがわかります。すなわち、固定為替相場制のもとでは財政政策は有効です。世界が不況になっているとき、貿易黒字国が内需を拡大し、機関車の役割を果たすべきだという「機関車論」は、固定為替相場制のもとでの財政政策に関するかぎり、正しい主張であるということがわかります。自国に貿易・サービス収支黒字があるとき、財政政策によって内需を拡大すれば輸入が増え、それが自国のみならず海外の景気を浮揚させる効果があるからです。

金融政策の効果

固定為替相場制のもとでの金融政策の効果についてはどうでしょうか。図7-6の E 点は金融政策が発動される前の均衡点です。この状態で金融緩和政策が発動されると、LM 曲線が右下方にシフトし、国内の均衡利子率が r_0 の水準にまで低下しますので、それまで国内にとどまっていた資本がより高い世界金利を求めて外国に流出します。その結果、国内のマネーストックが減少し、LM 曲線はもとの位置に逆戻りしてしまいます。

結局、固定為替相場制のもとでは金融政策は実体経済に影響を与えることができず、金融政策は無効になります。

為替レート変更の効果

金融政策は無効であるという結論に達しましたが、経済を刺激したい場合の「奥の手」としては、自国通貨の切り下げという方法で経済を活性化することは可能です。図7-7の IS 線は、固定為替レートが e_0 のときの IS 曲線です。為替レートを e_0 から e_1 へと切り下げる（たとえば $e_0 = 100$ 円／ドルから、$e_1 = 200$ 円／ドルへと円を切り下げる）と、それだけ自国製品の国際競争力が

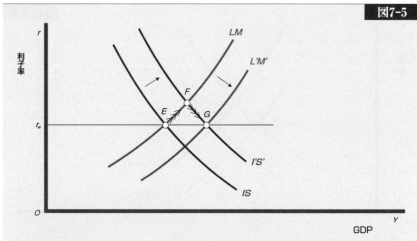

図7-5

固定相場制のもとでの財政政策の効果 拡張的財政政策により、IS 曲線は I'S' まで右上方にシフトし、均衡点は一時的に F 点に移るが、それ以降は図7-4と同じ過程を経て均衡点は G 点に移る。均衡 GDP は増大するので、財政政策は有効である。

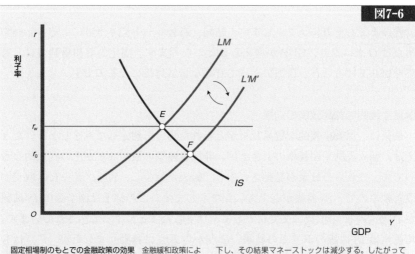

図7-6

固定相場制のもとでの金融政策の効果 金融緩和政策によりマネーストックを増やすと LM 曲線は L'M' まで右下方にシフトし、均衡点は一時的に F 点に移る。しかし、自国利子率が世界利子率より低いため、自国通貨の需要が低下し、その結果マネーストックは減少する。したがって LM 曲線はもとの位置まで戻るので均衡点も初期の E 点に戻り、変化がない。すなわち、金融政策は無効である。

増大し、輸出が伸びる[15]ので、貿易・サービス収支が改善し、IS 曲線が右上方にシフトします。図中、I'S' 線が切り下げられた為替レートに対応する新しい IS 曲線になります。その結果、均衡点が E 点から F 点に移りますが、この点では資本流入によるマネーストックの増大があるため、LM 曲線が L'M' の

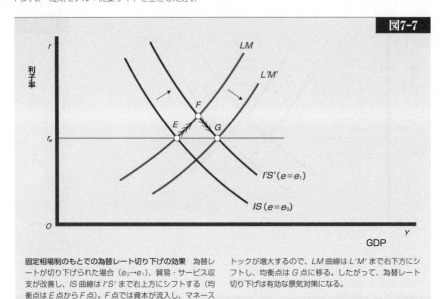

図7-7

固定相場制のもとでの為替レート切り下げの効果　為替レートが切り下げられた場合（$e_0 \rightarrow e_1$）、貿易・サービス収支が改善し、IS曲線はI'S'まで右上方にシフトする（均衡点はE点からF点）。F点では資本が流入し、マネーストックが増大するので、LM曲線はL'M'まで右下方にシフトし、均衡点はG点に移る。したがって、為替レート切り下げは有効な景気対策になる。

位置にまで右下方にシフトします。結局、為替レート切り下げによる新しい均衡点はG点になり、GDPが増えることになります。固定為替相場制では、為替を切り下げることが自国にとって有効な景気対策になるのです。

保護主義的な貿易政策の効果

最後に、保護主義的な貿易政策がとられた場合を想定してみましょう。たとえば、輸入規制や関税率の引き上げ、非関税障壁の設定などがその代表的なものです。これらの政策が発動されると、輸入が減少し、貿易・サービス収支が改善するので、IS曲線が右上方にシフトします。この様子は図7-8のIS曲線がISからI'S'の位置にまで右上方にシフトしたことによって示されています。均衡点はIS曲線のシフトの結果、E点からF点に移動しましたが、F点はもちろん安定的な均衡点ではありません。ここでは資本が流入し、マネーストックが増加するため、LM曲線が右下方にシフトするからです。結局、最終的な均衡点はG点になり、保護主義的な貿易政策は自国の所得を増やす効果があるということがわかります。

15──たとえば、200円の自国の商品は、為替レートが1ドル＝100円のときは外国での価格が2ドルの換算になる。為替レートが1ドル＝200円になると、同じ200円の商品の価格は1ドルになる。このように、円安ドル高になると自国の商品の外国での価格が低下するため、長期的には輸出が増加するとされている。

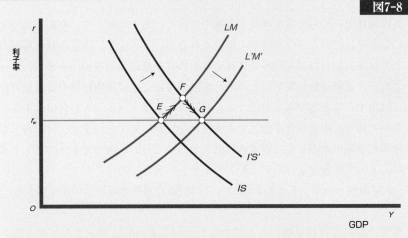

図7-8

固定相場制のもとでの保護主義的貿易政策の効果　保護主義的貿易政策（輸入規制、関税率引き上げなど）をとることによって輸入が減少し、貿易・サービス収支が改善する。よって IS 曲線は I'S' まで右上方にシフトし、均衡点はF点に移る。F点ではマネーストックが増大するので、LM 曲線が L'M' まで右下方にシフトし、均衡点は G 点に移る。したがって、保護主義的貿易政策は有効である。

以上を要約すると、次のようになります。

> 固定為替相場制のもとでは、
> (ⅰ) 財政政策は、均衡 GDP を増大させるので、有効である。
> (ⅱ) 金融政策は、もとの GDP に戻ってしまうので、無効である。
> (ⅲ) 為替レートを切り下げる政策は、均衡 GDP を増大させるので、有効である。
> (ⅳ) 輸入制限などの保護主義的貿易政策は、均衡 GDP を増大させるので、有効である。

7-4　変動為替相場制のもとでのマンデル＝フレミング・モデル

　今度は、変動為替相場制のもとではどのようなメカニズムが働くのかという点を、やはりマンデル＝フレミング・モデルの枠組みを使いながら検討してみましょう。

　これまでの分析手順と同じように、まず、物価水準は変わらないものとして議論をすすめます。固定為替相場制と変動為替相場制の本質的な差は、固定為替相場制のもとでは中央銀行は決められた固定相場を維持するために自国通貨

と外国通貨をいくらでも交換する義務を負っているのに対して、変動為替相場制においてはそのような義務から解放されるという点です。固定為替相場制のもとでは中央銀行は固定相場を維持するために金融政策の自由度を奪われていましたが、変動為替相場制になると、金融政策は完全に国内経済の安定化のために利用することができるわけです。為替レートはマーケットが自由に決定するものであり、中央銀行が介入する義務はないからです。つまり、自国利子率と世界利子率が乖離して、資本の流出入があっても、自国のマネーストックはそれによって影響を受けることがありません。また、同じことですが、その結果、LM 曲線もシフトしないわけで、これが固定為替相場制との決定的な差です。

さて、固定為替相場制のもとでの分析と同じように、マンデル＝フレミング・モデルの 3 本の均衡式をもう一度整理しておきましょう。

$$IS : Y = C(Y-T) + I(r) + G + NX(Y-T, Y_w, e) \tag{4}$$

$$LM : \frac{M}{P} = L(Y, r) \tag{7}$$

$$利子率 : r = r_w \tag{8}$$

変動為替相場制のもとでは、(4)式の為替レート e はいまや自由に変動する変数（内生変数）となり、一方、マネーストック M は外生変数となります。物価水準 P、租税 T、政府支出 G、世界の GDP 水準 Y_w がある水準で固定されていたとすると、このモデルにおける内生変数は Y、r、e ですが、方程式が 3 つあるため、ちょうどこれらの変数を決定することができます。

図 7-9 は、変動為替相場制のもとで国内利子率と世界利子率が当初乖離している状態で、GDP の決定がどのようになされるかを示したものです。いま、一時的な均衡点が A 点であったとします。このとき、均衡利子率は r_0 で、これは世界利子率 r_w より高い水準にありますから、金利差を求めて世界の資本が流入してきます。その結果、為替レートが増価し（自国通貨の価値が大きくなること。日本の場合では円高になるということ。e の値が小さくなる）、貿易・サービス収支が悪化します。すなわち、IS 曲線が左下方にシフトします。その結果、B 点が新しい均衡点になりますが、B 点では自国利子率と世界利子率が一致し、これ以上の資本流入は起こりません。B 点は財市場と貨幣市場を同時に均衡させており、しかも資本の流出入もない状態です。したがって、B 点は明らかに上記 3 本の均衡式を同時に満たしています。

逆に、国内の均衡利子率が世界利子率 r_w に比べて低すぎる場合には資本の流出が起こるため、為替レートが減価する（e の値が大きくなる）ことになり

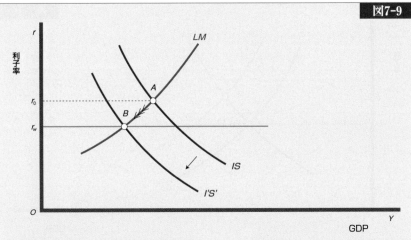

図7-9

変動相場制のもとでのGDPの決定（自国の為替レートが過小評価されている場合）　初期の均衡点はA点であるが、ここでは自国の利子率が世界利子率より高いため、外国から資本が流入し、為替レートが増価する。その結果、貿易・サービス収支が悪化し、IS曲線はI'S'まで左下方にシフトし、自国利子率と世界利子率が一致する点Bが均衡点となる。なお、自国利子率と世界利子率の乖離があっても固定相場制の場合とちがい、LM曲線はシフトしない。

ます。その結果、貿易・サービス収支が改善され、IS曲線が右上方にシフトします。読者は、国内利子率が世界利子率より低い場合に均衡点が移動する様子を、自ら図を描くことによって確かめてください。

このように、変動為替相場制のもとでは、利子率の不均衡（実は、それは為替市場の不均衡でもある）は、為替レートの変化を通じてIS曲線がシフトすることによって解消されるのです。

以上を要約すると、次のようになります。

【変動為替相場制のもとでのマンデル＝フレミング・モデル】

　資本移動が自由な場合、国内の均衡利子率が世界利子率と比べて高いと、為替レートが増価して貿易・サービス収支が悪化する。その結果、GDPが低下する。

　逆に、国内の均衡利子率が世界利子率と比べて低いと、為替レートが減価して貿易・サービス収支が改善する。その結果、GDPが増大する。

財政政策の効果

次に、変動為替相場制のもとで財政政策が発動された場合、経済はどのような反応を示すのか、という点について考えてみましょう。図7-10のE点で経

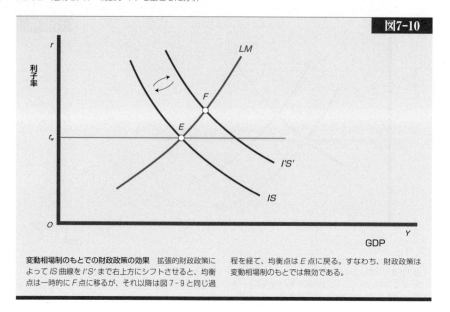

図7-10

変動相場制のもとでの財政政策の効果 拡張的財政政策によって*IS*曲線を*I'S'*まで右上方にシフトさせると、均衡点は一時的に*F*点に移るが、それ以降は図7-9と同じ過程を経て、均衡点は*E*点に戻る。すなわち、財政政策は変動相場制のもとでは無効である。

済が均衡しているとき、拡張的な財政政策がとられたとしましょう。このとき、*IS*曲線が右上方にシフトし、新たな均衡は*F*点に移動します。その結果、均衡利子率が世界利子率より高くなるので、資本流入が起こり、為替レートが増価するため、貿易・サービス収支が悪化して、*IS*曲線はもとの位置にまで再び左下方にシフトします。結局、均衡点はもとの*E*点に戻ってしまうことになります。このように、変動為替相場制のもとで発動される財政政策は、実質的な経済活動に影響を与えることができないということがわかります。すなわち、変動為替相場制のもとでは財政政策は無効なのです。

　世界が不況になっているとき、貿易黒字国が内需を拡大し、機関車の役割を果たすべきだという「機関車論」は、固定為替相場制のもとでの財政政策に関するかぎり、正しい主張であったのですが、変動為替相場制のもとでは、自国の為替レートを増価させる効果があり、輸出を減らし、外国からの輸入を増大させる効果があります。しかし、自国の経済を浮揚し、機関車の役割を果たすという意味では無意味な政策であるということがわかるでしょう。もっとも、機関車論はもともと比較的大きな国に適用されるべき話であり、ここで仮定しているような「小国」モデルにはふさわしくないというべきでしょう。

金融政策の効果

　変動為替相場制のもとでの金融政策の効果についてはどうでしょうか。図7-11の*E*点は、金融政策が発動される前の均衡点です。この状態で拡張的な

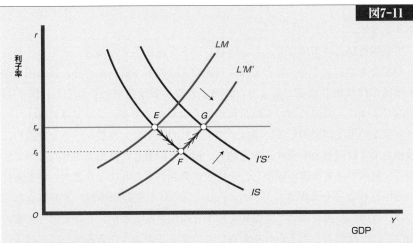

図7-11

変動相場制のもとでの金融政策の効果　金融緩和政策によってマネーストックを増やすと*LM*曲線は*L'M'*まで右下方にシフトし、均衡点は一時的に*F*点に移る。しかし、自国利子率が世界利子率より低くなるため、外国へ資本が流出し、為替レートが減価する。その結果、貿易・サービス収支が改善し、*IS*曲線は*I'S'*まで右上方にシフトし、均衡点は*G*点に移る。したがって、金融政策は有効である。

　金融政策が発動されると、*LM*曲線が右下方にシフトしますが、国内の均衡利子率がr_0の水準にまで低下しますので、それまで国内にとどまっていた資本がより高い世界金利を求めて外国に流出します。その結果、為替レートが減価し、*IS*曲線が右上方にシフトします（貿易・サービス収支が改善されるため）。新たな均衡点*G*では、より高いGDPが実現しています。

　結局、変動為替相場制のもとでは、金融政策は実体経済に大きな影響を与えることができるということになります。すなわち、変動為替相場制のもとでは金融政策は有効です。

　ところで、変動為替相場制になってからも、各国の中央政府はしばしば為替レートをある特定の値に固定しようと試みています。実際、投機が過熱すると実力以上に自国通貨が評価されることがあり、IMFも投機を中和する意味での為替市場への介入は必要との立場をとっているほどです。

　中央銀行が金融を緩和すると、為替レートが減価し、国際競争力が強化されるため、貿易・サービス収支が改善するということはすでに述べたとおりですが、これは外国為替市場へ介入する（外国通貨を買う）ことによっても達成できます。なぜなら、外国通貨を買えば、同時に、中央銀行が保有している自国通貨が市場に出まわることになり、マネーストックが増えるからです。このように、意図的に金融政策を緩和することは、一種の「管理フロート制」とみなすことができますが、管理フロートを口実に他国に犠牲を強いるような介入も

ありえます。

　中央銀行が為替市場に介入し、為替レートを減価させた場合、どのようなことが起こるでしょうか。たとえば、日銀が大量のドル買いを行なえば、円安が人為的に作り出されるでしょう。このような為替政策がとられると、図7-11でみたように、自国においては景気がよくなるのですが、G点では貿易・サービス収支の黒字が増加しているはずです。この黒字は、為替レートを意識的に減価させて自国製品を売り込み、他方、輸入を抑制した結果発生したものですから、他国では総需要が縮小し、不況が誘発されることになります。中央銀行の外国為替市場介入がよく "Dirty Float"（汚れた変動相場制）と非難されるのは、自国の不況対策として為替レートを操作することが、しばしば「失業の輸出」につながると考えられるからなのです。このような介入はしばしば「近隣窮乏化政策」（Beggar-Thy-Neighbor Policy）と呼ばれています。

保護主義的な貿易政策の効果

　最後に、保護主義的な貿易政策がとられた場合を想定してみましょう。これはすでに述べたように、輸入規制や関税率の引き上げ、非関税障壁の設定などがその代表的なものです。これらの政策が発動されると、輸入が減少し、貿易・サービス収支が改善しますので、IS曲線が右上方にシフトします。この様子は図7-12のIS曲線がISからIS'の位置にまでシフトしたことによって示されています。均衡点はIS曲線のシフトの結果、E点からF点に移動しますが、F点はもちろん安定的な均衡点ではありません。ここでは資本が流入し、為替レートが増価するため、IS曲線がもとの位置に向かって左下方にシフトするからです。結局、最終的な均衡点はもとのE点になり、保護主義的な貿易政策は自国のGDPを増やす効果がまったくないことがわかります。この結論は固定為替相場制のもとでの結論とはまったく逆であることに注目してください。

　以上を要約すると、次のようになります。

変動為替相場制のもとでは、

(i) 財政政策は、もとのGDPに戻ってしまうので、無効である。

(ii) 金融政策は、均衡GDPを増大させるので、有効である。

(iii) 輸入制限などの保護主義的貿易政策は、為替レートを増価させるだけで、もとの均衡GDPに戻ってしまうので、無効である。

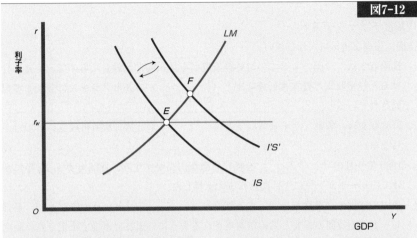

変動相場制のもとでの保護主義的貿易政策の効果　保護主義的貿易政策によって貿易・サービス収支が改善すると、IS曲線はI'S'まで右上方にシフトし、均衡点は一時的にF点に移る。しかし、それ以降は外国から資本が流入するため、為替レートが増価し、貿易・サービス収支が悪化、IS曲線はもとの位置まで戻り、均衡点も初期のE点まで戻る。すなわち、保護主義的貿易政策は変動相場制のもとでは無効である。

　ここで強調しておかなければならないのは、固定為替相場制の場合と変動為替相場制の場合とでは、政策の効果がことごとく逆になっているということです。

本章のポイント

●国際収支とは、一国のすべての対外取引を体系的に記録したものです。

●固定為替相場制のもとでは、自国通貨と外国通貨の需給バランスの調整は中央銀行の通貨交換によって行なわれるのに対して、変動為替相場制のもとでは、需給バランスの調整は市場における為替レートの変化によって行なわれます。

●マンデル＝フレミング・モデルにおいては、固定為替相場制の場合と変動為替相場制の場合とでは、財政政策や金融政策などの効果が変わってきます。固定為替相場制のもとでは、自国利子率と世界利子率の差はマネーストックの変化を通じて（LM曲線がシフトすることによって）解消されるのに対して、変動為替相場制のもとでは、為替レートの変化を通じて（IS曲線がシフトすることによって）解消されます。その結果、固定為替相場制では、財政政策は有効ですが金融政策は無効となり、変動為替相場制では、財政政策は無効ですが金融政策は有効となります。

理解度チェックテスト

空欄に適当な語句を入れなさい。

1. 国際収支は、一国のすべての対外経済取引を体系的に記録したもので、大きく分けると経常収支と資本移転等収支と（　　　　　　）の3セクションに分類して記録されている。

2. 経常収支は、貿易・サービス収支と（　　　　　　）と第二次所得収支の3項目からなる。

3. 1985年9月の（　　　　　　）を機に急激な円高がすすみ、1986年から87年にかけて円レートが一気に120円台にまで上昇した。

4. 各国の通貨の交換比率を固定する制度を（　　　　　　）というのに対して、為替レートが通貨間の需要と供給が調整されるように外国為替市場で決定される制度を（　　　　　）という。

5. 固定為替相場制のもとでのマンデル＝フレミング・モデルでは、金融政策は（　　　　　）であるのに対して、財政政策は（　　　　　）となる。

6. 変動為替相場制のもとでのマンデル＝フレミング・モデルでは、金融政策は（　　　　　）であるのに対して、財政政策は（　　　　　）となる。

解答：1. 金融収支　2. 第一次所得収支　3. プラザ合意　4. 固定為替相場制　変動為替相場制　5. 無効　有効　6. 有効　無効

練習問題

計算問題

1. 政府部門がなく、資本移動や価格変動もない次のような簡単な「固定為替レート・モデル」を考える。

$$C = 30 + 0.8Y$$
$$I = 30$$
$$IM = 10 + 0.2Y$$
$$EX = 80$$
$$Y_F = 400$$

ただし、Y：GDP、C：消費、I：投資、IM：輸入、EX：輸出、Y_F：完全雇用GDP である。このとき、

(1) 外国貿易乗数を求めなさい。

(2) 財市場の均衡をもたらす GDP を求めなさい。このときの貿易・サービス収支を求めよ。また貿易・サービス収支を均衡させる GDP 水準はいくらになるか。

(3) 完全雇用が達成されるとき、貿易・サービス収支はどうなるか。

2. 次のマクロモデルを考える。

$$Y = C + I + G + EX - IM$$
$$C = 50 + 0.9Y$$
$$I = 100$$
$$G = 200$$
$$EX = 200$$
$$IM = 60 + 0.1Y$$
$$Y_F = 2500$$

ただし、G：政府支出であり、それ以外の表記は前問と同じとする。このとき、

(1) このモデルにおける均衡 GDP を求めなさい。

(2) このモデルの貿易乗数を求めなさい。

(3) この国の貿易・サービス収支を求めなさい。

記述問題

1. 本章のマンデル＝フレミング・モデルにおいて、

   (1) 資本移動が完全でないとすれば、国際収支均衡を示す $r = r_w$ 線はどう変わるか。

   (2) このとき、拡張的財政政策がもたらす自国の GDP、利子率、貿易・サービス収支への効果はどうなるであろうか。固定為替相場制、変動為替相場制のそれぞれについて答えなさい。

   (3) また、金融緩和政策のもたらす自国の GDP、利子率、貿易・サービス収支への影響についてはどうか。固定為替相場制、変動為替相場制のそれぞれについて答えなさい。

2. マンデル＝フレミング・モデルにおいて、以下の事態が発生したとき、GDP、為替レート、貿易・サービス収支はどのような影響を受けるかを、固定為替相場制、変動為替相場制のそれぞれについて答えなさい。

   (1) 日本製自動車に対するアメリカ人の評価が急激に高まったため、自動車輸出が予想以上に伸びた。

   (2) 日本経済の先行きの不安を感じた国民の行動が慎重になったため、貯蓄傾向が強まり、消費支出が減少した。

   (3) 長引く金融不安のため、家計において「たんす預金」が増加し、企業においても流動性過剰が生じた。

ディスカッションテーマ

1. 固定為替相場制と変動為替相場制のメリットとデメリットについて整理しなさい。

2. ユーロの誕生によって、巨大な単一通貨市場が生まれたが、ユーロ圏諸国にとってそのメリットとデメリットはなにか。

Part 3

長期均衡への調整

供給サイドから見たマクロ経済

　Part 2 では「価格が硬直的」な短期モデルについてみてきました。それに対して、Part 3 では、「価格が変動して、需要と供給の不均衡を調整する」長期モデルを分析の対象とします。「長期」においては、短期とちがって、「供給サイド」が重要な役割を果たします。このため、これまで詳細には扱ってこなかった「労働市場」を明示的に取り上げる必要がでてきます。

　まず 8 章では「短期モデル」を復習しながら、「長期モデル」との比較をします。

　9 章では、価格が変動する経済（長期）を分析するさいの有力ツールである総需要曲線と総供給曲線について学びます。それぞれの導出の仕方を説明した後、総需要曲線と総供給曲線から、物価水準がどのように決定されるかを考えます。10 章では、こうして決まった物価水準が時間の経過とともにどのように変化していくのかという、インフレーションやデフレーションの問題を扱います。

　11 章では、資本ストックが変化し、また、労働人口や技術も変化する経済成長の理論にすすみます。

8：
短期モデルと
長期モデルの比較

本章の目的

●読者のマクロ経済学の全体像に対する理解を確実にするため、3章につづいて、「短期モデル」と「長期モデル」の全体的枠組みを示し、両モデルで GDP の水準と利子率がどのように決定されるか、その基本的なちがいを説明します。

●7章の海外部門を考慮したマンデル＝フレミング・モデルにおける「長期均衡」とはどのようなものなのかについて議論します。

●最後に、「短期モデル」では価格が固定的なため、「名目利子率」と「実質利子率」を区別しなかったのですが、「長期モデル」ではその区別が重要になることを示します。

　　　クロ経済学を体系として理解する重要なポイントは、価格が硬直的な
マ　「短期モデル」（ケインジアン・モデル）と、価格が需給の不一致に対し
て調整する「長期モデル」（古典派、もしくはマネタリスト・モデル）のちが
いを明確に区別することです。また、マクロ経済政策の有効性について理解
し、評価できるようになるためにも、「短期モデル」と「長期モデル」を比較
し、そのちがいを説明できるようになることが近道です。たとえば、エコノミ
ストなどが経済政策についてコメントしているとき、その人が「短期モデル」
を前提に議論しているのか、「長期モデル」を念頭に議論しているのか注意す
ることが、彼らの主張を正確に理解するために必要なのです。

　このような観点から、すでに3章「マクロ経済学における『短期』と『長
期』」においても、「短期モデル」と「長期モデル」の比較をしました。ここで
もう一度、両モデルの差を解説する理由は、4章から7章までを勉強された読
者に、いま一度、自分の立っている地点・場所を確認しておいてもらいたいか
らです。

　4章から7章までを完全に理解している人は、マクロ経済学を「それなり
に」理解しているとはいえますが、それだけではまだ「底が浅い」といわざる
をえません。この章によって、価格が硬直的であるか否かというマクロ経済学
にとってきわめて重要な仮定の意味をしっかりと認識することで、より深い理
解に到達することができます。

　9章以降では、価格がどのように決定されるのか、価格が変動するインフレ
ーションという現象はなぜ起こるのかなど、より高度な理論を学ぶことになり
ます。

8-1　短期モデルの枠組み

　まず、Part 2で学んだ短期モデルを復習しておきましょう。ただし、ここで
は議論を簡単化するために、海外部門や租税を無視した国内経済を考えること
にします。

　このときの短期モデルは、次の2本の式であらわされます。

$$IS\ 曲線（財市場）\text{-}\mathbf{1}\quad : Y = C(Y) + I(r) + G \tag{1}$$

$$LM\ 曲線（貨幣市場）\text{-}\mathbf{2} : \frac{M}{P} = L(Y, r) \tag{2}$$

1—p.126 の(2)式を参照。
2—p.129 の(4)式を参照。

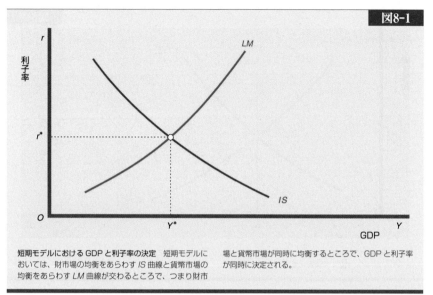

図8-1

短期モデルにおける GDP と利子率の決定　短期モデルにおいては、財市場の均衡をあらわす IS 曲線と貨幣市場の均衡をあらわす LM 曲線が交わるところで、つまり財市場と貨幣市場が同時に均衡するところで、GDP と利子率が同時に決定される。

Ch.**8**
Part 3

　これら2本の方程式に対して、モデルの外から値が与えられる外生変数は、政府が決定する財政策 G、中央銀行が決定する（と仮定する）マネーストック M、ある水準に固定されている物価水準 P の3つです。それに対して、上記2つの式で求められるべき内生変数は Y（GDP の水準）と r（利子率）ですが、2本の方程式に対して解を求めるべき内生変数が2つなので、これら2本の方程式から同時に解が求められることになります。

　このように、財市場と貨幣市場の両市場を統合することではじめて、Y（GDP の水準）と r（利子率）が決定されるというのが、短期モデル（*IS-LM* 分析）でした（図8-1参照）。

8-2　長期均衡モデルの枠組み

　それでは、価格調整が完了した、あるいは価格の調整速度が速いために常に均衡が達成されている世界を想定した長期モデルの枠組みのもとでは、GDP の水準 Y や利子率 r はどのように決定されるのでしょうか。長期モデルでは、短期モデルでも行なった財市場と貨幣市場の分析に加えて、労働市場の分析を取り入れることになります。なぜでしょうか？　それは、長期においては賃金も変動するため、労働に対する需要、供給が変化するためです。

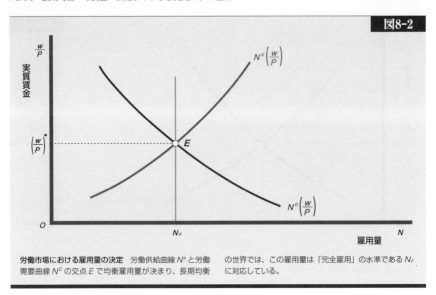

労働市場における雇用量の決定　労働供給曲線 N^s と労働需要曲線 N^D の交点 E で均衡雇用量が決まり、長期均衡の世界では、この雇用量は「完全雇用」の水準である N_F に対応している。

労働市場の均衡と産出量水準の決定

　長期モデルでは、賃金や価格の伸縮性によって、実質賃金 $\dfrac{w}{P}$ が労働需給を一致させるように調整されるために、非自発的失業者は存在しないという意味での「完全雇用」が常に達成されます（図 8-2 参照）。このことは

$$N^S\!\left(\frac{w}{P}\right)=N^D\!\left(\frac{w}{P}\right)=N_F \tag{3}$$

という式であらわすことができます。N_F は完全雇用に対応する雇用量です。

　ここで、N^S は労働供給をあらわしますが、N^S が実質賃金 $\dfrac{w}{P}$ に依存する理由は、人々が自分の持ち時間をレジャーに使おうか、それとも所得を稼げる労働にまわそうかという選択をしているからです。実質賃金が高くなると、レジャーを犠牲にして労働供給を増やすと考えれば（そうではない人もいるでしょうが）、労働供給曲線 $N^S=N^S\!\left(\dfrac{w}{P}\right)$ は、図 8-2 のように右上がりの曲線になります。

　他方、N^D は労働に対する企業の需要をあらわしています。企業は実質賃金が低くなるほどコストが安くなるため、利潤機会が増えると考え、雇用を増やそうとします。このため、労働需要曲線 $N^D=N^D\!\left(\dfrac{w}{P}\right)$ は、図 8-2 のように右下がりの曲線になるわけです。賃金や物価水準が伸縮的に動く長期モデルにおいては、$\dfrac{w}{P}$ が労働の需給を均衡させるように変化し、常に完全雇用 N_F が達成されます。

　資本ストック量（生産設備）が変化しない場合の生産関数は、図 8-3 のよう

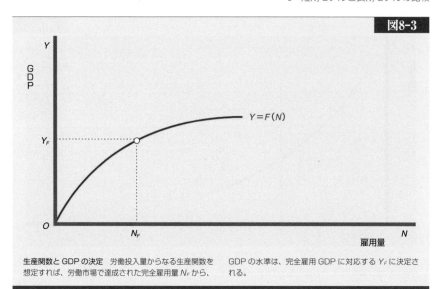

図8-3

生産関数とGDPの決定　労働投入量からなる生産関数を想定すれば、労働市場で達成された完全雇用量 N_F から、GDPの水準は、完全雇用GDPに対応する Y_F に決定される。

な労働投入量（雇用量）N のみからなる

$$Y=F(N)$$

とあらわすことができ、これは、労働投入量（雇用量）N が決まれば、GDPの水準 Y も決定されるということを示しています。したがって、長期モデルの場合、労働市場においてすでに完全雇用 N_F が達成されているために、GDPの水準 Y も完全雇用GDPに対応する Y_F、すなわち、

$$Y=F(N_F)=Y_F \tag{4}$$

となります。

　以上の議論から明らかになったように、長期モデルの枠組みでは、GDPの水準 Y が労働市場の均衡だけで決定され、そして、その水準は常に完全雇用GDPに対応する Y_F となります。

財市場の均衡と利子率の決定

　つづいて財市場の分析に移っていきましょう。短期モデルでの IS 曲線と同じようにして、財市場の均衡は

$$Y=C(Y)+I(r)+G \tag{5}$$

とあらわされます。この式だけでは、内生変数である Y と r を求めることができません。しかし、長期モデルでは、すでに労働市場でGDPの水準 Y が Y_F に決定されていますので、(5)式に(4)式を代入した

$$Y_F=C(Y_F)+I(r)+G \tag{6}$$

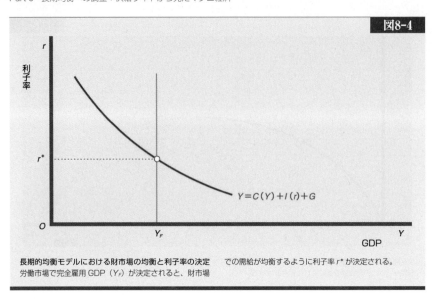

長期的均衡モデルにおける財市場の均衡と利子率の決定
労働市場で完全雇用 GDP（Y_F）が決定されると、財市場　での需給が均衡するように利子率 r^* が決定される。

から残った内生変数である利子率が均衡利子率 r^* の水準に決定されることになります。図 8-4 は、これを図式化したものです。

以上をまとめると次のようになります。

【長期モデル】

労働市場においては、完全雇用（N_F）を実現する実質賃金（$\frac{w}{P}$）が決定される。

完全雇用量（N_F）を投入すると、生産関数 $Y=F(N_F)=Y_F$ により、完全雇用 GDP（Y_F）が決定される。

財市場においては、完全雇用 GDP（Y_F）から利子率（r^*）が決定される。

長期モデルでの貨幣市場の役割

長期モデルにおいて、GDP の水準 Y と利子率 r がすでに労働市場と財市場で決定されているとすれば、貨幣市場の役割はどのようなものになるのでしょうか。

短期モデルでの LM 曲線と同じようにしてあらわせば、貨幣市場の均衡は

$$\frac{M}{P}=L(Y_F, r^*) \tag{7}$$

となります。長期均衡モデルでは、以上の議論で明らかにしたとおり、Y は労働市場において完全雇用を達成する水準で生産関数から Y_F に決まり、利子率 r は財市場の均衡によって決定されています（$r=r^*$。図8-4参照）。また、名目マネーストック M は、中央銀行が管理をしている政策変数（外生変数）です。

　このとき、貨幣市場で決定される変数はなんでしょうか。(7)式からわかるように、M、Y、r の各変数はあらかじめ決定されているので、貨幣市場で決定される変数は結局、残った物価水準 P だけということになります。しかも(7)式の右辺 $L(Y_F, r^*)$ は定数になるので—**3**、M と P は完全に比例して動くということになります。

　このように、長期モデルでは、貨幣市場のマクロ経済に与える影響はあくまで物価水準という「名目的」なものにとどまり、実体経済にはなんら影響をもたらさないということがわかります。貨幣量の大小が実体経済に（少なくとも価格調整が完了した長期においては）影響力をもたないとする考え方をマネタリズム、もしくは貨幣数量説といいます。

貨幣数量説

　貨幣数量説において最も中心的な役割を果たすのは、貨幣の流通速度—**4**という概念です。1年間の実質取引量を T、物価水準を P としたとき、取引金額は PT になります。貨幣の流通速度 V とは、PT だけの取引をするうえでマネーストック M が1年間にどれだけの取引に用いられているか、より具体的には、マネーストック M が何回循環したか、を示す数字です。つまり、実質取引量 T をベースにして測った貨幣の流通速度 V_T は

$$V_T \equiv \frac{PT}{M}$$

となります。ここで実質取引量 T はあくまで取引される財・サービスの数量であり、付加価値をあらわす GDP とは異なる概念です。この点については、本書の2章で詳しくみたところですが、以下では、財・サービスの取引数量 T が実質 GDP（Y）と比例的関係にあると仮定します。P を物価水準（GDP デフレーター）にすると、実質 GDP で計測した貨幣の流通速度（所得速度）を V であらわすとすると

3—IS 曲線と労働市場の完全雇用によって Y_F と r^* がすでに決定されている。
4—「貨幣の所得速度」とも呼ばれる。

$$V \equiv \frac{名目GDP}{M} \equiv \frac{PY}{M}$$

と書き換えることができます。流通している現金通貨と預金通貨の合計で定義されるマネーストックは、M3でみると2018年時点では約1,332兆円で、名目GDPは約547兆円ですから、貨幣の流通速度は、547兆円/1,332兆円 ≒ 0.41ということになります。1円のマネーストックによって0.41円の名目GDPがもたらされているということになります。

　上記の定義式の両辺にMをかけると、

$$MV \equiv PY \tag{8}$$

が得られますが、これを「交換方程式」（あるいはフィッシャーの交換方程式）といいます。

　ところで、マネタリズムのうち、最も素朴で古典的な学説（これを「素朴な貨幣数量説」と呼ぶ）においては、貨幣の流通速度Vが一定不変であると考えるのです。さらに、価格が伸縮的な経済では、Yは労働市場で決定されました。したがって、$Y(=Y_F)$、Vが一定であるかぎり、マネーストックMと物価水準Pは比例的に変動します。MとPが比例的に動くことは、YとVが一定であれば、(8)式から明らかです。

　素朴な貨幣数量説においては、マネーストックと利子率のあいだにはなんら関連がないとされています。その基本的な理由は、古典派においては、貨幣の唯一の役割は「交換の効率化」にあり、したがって、実質貨幣需要Lは「取引動機」のみに（GDPのみに比例的に）依存すると考えるからです。つまり、

$$L = L_1(Y) = kY \tag{9}$$

とあらわされるというわけです。ここで現れるkはしばしば「マーシャルのk」と呼ばれますが、いうまでもなく、kはVの逆数です。

　貨幣市場の均衡条件$\frac{M}{P} = L$より、

$$M = kPY \tag{10}$$

が得られますが、この式は「マーシャルのkが一定であれば、M（名目マネーストック）とPY（名目GDP）は比例的であり、Yが完全雇用GDPに固定されていれば、M（マネーストック）とP（物価）は同じ速度で変化する」ことになります。別のいい方をすると、Yとkが一定不変であるあいだは、MとPは比例的に動くということになります。

　このような関係は、マネーストックが実物経済に影響を与えることなく、物価水準にのみ影響を与えるという古典派の主張の根拠になってきました。マネタリストは、貨幣はGDPや失業率の決定など、実物経済の活動水準に影響力

をもたないとする「貨幣の中立性命題」、あるいは貨幣の役割は実物経済に影響を与えないヴェールのようなものとする「貨幣ヴェール観」を主張してきたのです。すなわち、経済に出まわっている貨幣量（マネーストック）の大きさは、物価水準を決定するだけで、経済活動自体を左右するものではないというわけです。これは、実物部門と貨幣部門が完全に分離し、お互いに影響を及ぼさないということを意味します。このことはしばしば、「古典派の二分法（Classical Dichotomy）」とも呼ばれています。

　しかし、実は、貨幣需要関数の変数として、所得 Y（取引動機）に加えて、利子率 r（資産動機）をいれることにより、貨幣需要をより一般的な形で定式化したとしても、長期均衡においては貨幣の中立性命題や古典派の二分法の結論は変わりません[5]。なぜでしょうか？　読者はぜひその理由を本章を復習することにより明らかにしてください。

　それによって、古典派やマネタリストの主張が、これまで説明してきた長期モデルを前提に考えられたものであることがわかるはずです。

マネーストックと名目 GDP、インフレーションとの関係

　さて、マネタリストの最も基本的な主張は、「名目 GDP の大きさ（伸び率）はマネーストックの水準（伸び率）によって決定される」という考え方であり、これは今日でも、しばしばなされる主張でもあります。これに対して、ケインズ経済学の場合、V や k の値が利子率や GDP の変化にともなって変動すると考えており、マネーストックと名目 GDP や物価水準が比例的に動くとは考えないのです。

　このマネタリスト（長期モデル）とケインジアン（短期モデル）の主張は、現実のデータに照らしあわせた場合、それぞれ正しいといえるでしょうか。図8-5 には、1968 年以降 2018 年までのわが国におけるマネーストック（M2 の平均残高ベース）と名目 GDP の対前年伸び率の動きが描かれています[6]。この図でみるかぎり、マネーストックと名目 GDP が、いつも正確に同じ動きをしていると考えることはできません。とくに、1971 年から 1972 年にかけてはマネーストックが急上昇したのに、名目 GDP の成長率は逆に低下しました。

5——長期の場合、利子率は財市場の均衡であらかじめ決められている（図 8-4 を思い出してください）ので、同じ議論となる。

6——マネーストックの代表的な指標は M3 であるが、M3 だと古いデータをとることができないため、ここでは M2 を用いている。図 8-5 では、2004 年以降のマネーストック統計は M2 を、2003 年以前についてはマネーサプライ統計の M2 ＋ CD を用いている。

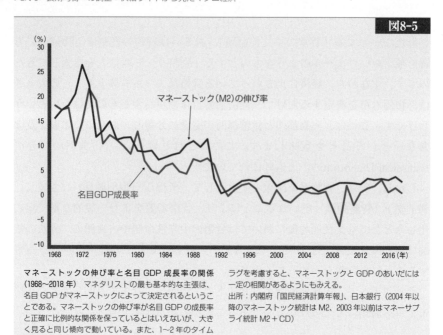

マネーストックの伸び率と名目 GDP 成長率の関係
（1968〜2018 年）　マネタリストの最も基本的な主張は、
名目 GDP がマネーストックによって決定されるというこ
とである。マネーストックの伸び率が名目 GDP の成長率
と正確に比例的な関係を保っているとはいえないが、大き
く見ると同じ傾向で動いている。また、1〜2 年のタイム
ラグを考慮すると、マネーストックと GDP のあいだには
一定の相関があるようにもみえる。

出所：内閣府「国民経済計算年報」、日本銀行（2004 年以
降のマネーストック統計は M2、2003 年以前はマネーサプ
ライ統計 M2＋CD）

1973〜74 年はそれとは逆で、マネーストックの伸び率が低下したのに、名目
GDP は上昇しています。また、1998 年以降は、マネーストックはプラスの伸
びをつづけていますが、名目 GDP の成長率は常にそれを下まわっています。
また、リーマンショックの後の 2009 年には、名目 GDP の成長率は大きくマ
イナスとなっています。このように、単純なマネタリストの仮説が成立しない
ことは明白です。

　しかし、これらの例外的な動きを除けば、2 つの変数はかなり密接な動きを
しており、大きくみると同じ傾向をもって変化しているということはたしかで
す。また、マネタリストの基本的な仮定は、マーシャルの k が一定であると
いうことでしたが、これは図 8-6 をみればすぐにわかるように、日本のデータ
によっては支持されません。マーシャルの k は傾向的にかなりはっきりと上
昇してきているからです。これは、貨幣の流通速度が低下しつづけているとい
うことです。1990 年代半ばから 20 年以上つづいたデフレ経済において、マネ
ーが活発に動かず滞流したため、マーシャルの k は上昇をつづけたのです。

　さらに、図 8-7 には、マネーストックの伸び率と GDP デフレーターの伸び
率の動きが描かれています。マネタリストはしばしば、「インフレーションの
程度はマネーストックの伸び率によって決まる」、「インフレやデフレは貨幣的
現象だ」などと主張しています。これらの主張も、貨幣数量説による考え方を

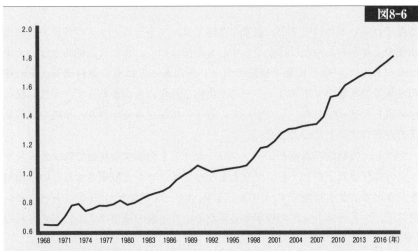

マーシャルの k の推移（1968〜2018 年）　マーシャルの k はマネーストックと名目 GDP の比率と定義される。マネタリストの基本的な仮定は、マーシャルの k が一定であるということだが、図のように日本のデータでは支持されず、傾向的に上昇している。名目 GDP が増大するにつれ

て、GDP1 単位当たりに必要な貨幣量が増大することを示している。
出所：内閣府「国民経済計算年報」、日本銀行（2004 年以降のマネーストック統計は M2、2003 年以前はマネーサプライ統計 M2 ＋ CD）

Ch.8
Part 3

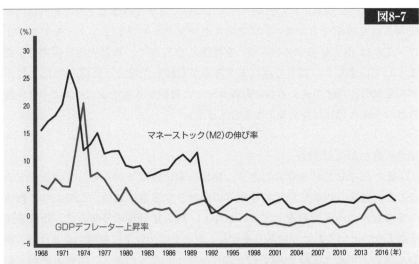

マネーストックの伸び率とインフレーションの関係（1968〜2018 年）　マネーストックの伸び率と GDP デフレーターで測ったインフレーションはいかなる関係にあるだろうか。1973 年、74 年の金融引き締めは、1975 年のインフレ鎮静化をもたらした。しかし、90 年代後半以降のデフレ局面では、ゼロ金利政策、量的緩和策にかかわらず、デフレ脱却は実現しなかった。2014 年の量的・質的

金融緩和策の拡大後は、消費増税もあって、いったん物価上昇率がプラスに戻る局面もあったが、2017 年以降再びマイナス圏に落ち込んでいる。
出所：内閣府「国民経済計算年報」、日本銀行（2004 年以降のマネーストック統計は M2、2003 年以前はマネーサプライ統計 M2 ＋ CD）

基礎にしているわけですが、厳密な意味では、マネーストックの伸び率と物価水準の上昇率のあいだにはかならずしも相関はなく、まして比例的とはいえません。とくに、90年代後半以降のデフレ下にあってはゼロ金利政策、量的緩和政策等で大量のマネタリーベースが供給されたにもかかわらず、デフレ脱却は実現しませんでした。したがって、近年の状況をみるかぎり、単純な貨幣数量説が妥当するとはいえません。

　ただし、長期的にみると、インフレーションを抑制する局面ではマネーストックの伸び率低下がタイムラグをともなってインフレを収束させるという傾向を読みとることも可能です（1973〜75年、91〜93年など）。インフレーション対策上、マネーストックの管理が必要だという主張の根拠はここに求められるのです。

8-3　海外部門を組み入れた場合の長期モデル

　これまでは、海外部門を無視した国内経済を議論の対象にしてきましたが、次に海外部門を組み入れた長期モデルについて考えてみましょう。海外部門を組み入れた短期モデルは、7章で学んだマンデル＝フレミング・モデルですが、これは *IS-LM* モデル（6章）を拡張したもので、物価固定（短期）を前提としていました。以下では、まず物価が変動した場合（長期）の *IS-LM* モデルを説明し、その後、それに為替レートの変動を考慮することによって、海外部門を組み入れた長期モデルを考えます。

物価変動と *IS-LM* 分析

　6章で *IS-LM* 分析を学んださい、物価一定の短期モデルとして話をすすめました。通常、*IS-LM* 分析の枠組みで議論をするさいには、このように物価一定の仮定のうえで話をします。しかし、*IS-LM* 分析の枠組みで、物価変動を扱えないというわけではありません。たとえば、以下に説明するように、物価水準が下がると *LM* 曲線が右下方にシフトします。逆に、物価水準が上がると *LM* 曲線が左上方にシフトします。

　LM 曲線は $\dfrac{M}{P} = L(Y, r)$ とあらわしますが、物価水準 P が下落すると、右辺の貨幣需要に対して、左辺の実質マネーストックが増加するので、

$$\frac{M}{P} > L(Y, r)$$

となります。このとき、これを再び均衡状態に戻すためには、Y や r がどう

変化すべきかを考えることによって、*LM* 曲線のシフトのメカニズムがわかりますが、これは6章（6-5　財政金融政策の効果―7）で述べたものとまったく同じ理屈で説明できます（各自で考えてみてください）。6章では、金融政策（名目マネーストックの増加）による *LM* 曲線のシフトを説明しましたが、金融政策の発動がなくても、物価が低下すれば実質マネーストック $\frac{M}{P}$ の増加により *LM* 曲線の右下方シフトが起こるのです。そして、このことにより、経済が不完全雇用均衡の状態から、完全雇用 GDP の状態までシフトさせることが可能となります―8。不完全雇用均衡の状態から完全雇用均衡の状態までどの程度敏速に移動しうるかは、失業が存在する場合に、賃金や物価がどの程度、またどのような速度で下落しうるかということにかかっています。

「名目」為替レートと「実質」為替レート

　次に、モデルに海外部門を組み入れるさいに欠かすことができない為替レートについて考えます。ここまで「為替レート」という言葉を無造作に扱ってきましたが、為替レートには「名目」と「実質」の2つがあり、物価の調整を考える場合には、この2つを区別する必要があります。「名目」為替レートとは、われわれが新聞やテレビなどで見聞きする通常の為替レートです。たとえば、2020年7月現在の名目ドル・円レートは107円前後です。「実質」為替レートは、これを両国の物価水準の変動によって調整したものです。

　このような調整が必要なのは、たとえ名目為替レートがある期間にわたって同じでも、自国と外国のインフレ率に相違があると、両国の実質的な競争力に差がでるからです。たとえば、名目為替レートが一定なのに、自国の物価上昇率が0％、相手国の物価上昇率が10％であったとすると、実質為替レートは10％分減価している（自国の対外価格競争力が10％上昇している）ということになります。名目為替レートを *e*（ドルと円のレートが1ドル107円ならば、*e*＝107 とあらわす）とすれば、実質為替レート *ε*（イプシロンと読む）は

$$\varepsilon = e \times \frac{P_W}{P} \tag{11}$$

とあらわすことができます。ここで P_W は海外の物価水準を、*P* は国内の物価水準をあらわしています。

　期初の名目為替レートが *e*＝120円で、自国のインフレ率が0％、海外のイ

ンフレ率が 10% であれば、期末（きまつ）の実質為替レート ε は、名目為替レートに変化がなければ 120 円 × 1.1 = 132 円ということになります―9。自国に比べて海外ではこの間に 10% の物価上昇があり、その分、製品の価格競争力が低下しました。逆に、日本製品の価格競争力は 10% 向上していますから、名目為替レートが不変なら、そのような為替レートは「実質的には」10% 分「円安」なのだということになります。（なお、実質為替レートは自国と外国のあいだの価格競争力（あるいは輸入価格 eP_w と輸出価格 P の比率）をあらわしていますが、国際貿易の理論ではしばしばこの比率の逆数を「交易条件」（Terms of Trade）と呼んでいます―10。）

　したがって、名目為替レート e が一定であったとしても、世界価格と国内価格の相対比率 $\frac{P_w}{P}$ が上昇すればするほど（外国製品の価格が国内製品の価格に比べて高くなればなるほど）、実質為替レートが自国通貨安になるため、自国の輸出は増加し、輸入が減少します。それに対して名目為替レート e が一定であったとしても、世界価格と国内価格の相対比率 $\frac{P_w}{P}$ が低下すればするほど（外国製品の価格が国内製品の価格に比べて安くなればなるほど）、実質為替レートは自国通貨高になり、自国の輸出は減少し、輸入が増加します。つまり、貿易・サービス収支 NX は、実質為替レート ε の増加関数であり、これはまた、名目為替レートが一定であっても、世界価格と国内価格の相対比率 $\frac{P_w}{P}$ が上昇すればするほど、増加するということになります。

　図 8-8 は、円ドルレートの名目値と実質値を時系列であらわしたものです。1970 年代は概ね名目値が実質値を上まわり、1980 年代半ば以降は逆に実質値が名目値を上まわっているということがわかります。90 年代以降の動きをみると、名目為替レートは円高基調で推移している一方、実質為替レートは長めのトレンドではむしろ円安基調で推移している様子がうかがわれます。とくにアベノミクス―11により金融緩和が拡大した 2014 年以降は、実質ベースでは

9―自国のインフレ率は 0% なので、物価水準を 100、海外のインフレ率が 10% なので物価水準を 110、名目為替レートを 120 円として (11) 式に代入すると求めることができる。一般には、(11) 式を変化率の形にすると、左辺は実質為替レートの伸び率、右辺は名目為替レートの伸び率に海外のインフレ率を足したものから自国のインフレ率を引いた式になる。これに、名目為替レートの伸び率（0%）や自国と海外のインフレ率を代入すると、実質為替レートの伸び率が 10% になることがわかり、期初の実質為替レートである 120 円を使って（期初では名目為替レートと等しいとして）、120 円 × 1.1 = 132 円と求めることができる。

10―交易条件は、輸出財 1 単位でいくつの輸入財を輸入できるかをあらわしたもの。輸出価格と輸入価格の比率（＝輸出価格 / 輸入価格）であらわされる。この数値が上昇すると、輸出財 1 単位でより多くの輸入財を輸入できるので、交易条件が改善したといい、逆に低下すると、交易条件が悪化したという。

**名目為替レートと実質為替レート（1973年1月〜2020年
3月）** 90年代以降の動きを見ると、名目為替レートは円
高基調で推移している一方、実質為替レートは長めのトレ
ンドではむしろ円安基調で推移している様子がうかがわれ
る。とくにアベノミクスがはじまった2014年以降は、実質
ベースでは過去と比べても円安の水準にあることがわかる。
注：実質為替レートは1986年1月に基準化している。
出所：日本銀行、総務省、米国労働統計局

過去と比べても大幅な円安の水準にあることがわかります。

固定為替相場制のもとでの物価調整と完全雇用

　それではいよいよ、物価調整が行なわれた場合に、固定為替相場制のもとで
完全雇用は達成されるかどうか考えてみましょう。

　図8-9には、*IS-LM*曲線によって、GDPが決まる様子がこれまでどおり書
き込まれています。*IS*（$P=P_0$）は、自国の物価水準がP_0のときの*IS*曲線を
あらわしています。このときの均衡GDPをY_0とすると、完全雇用GDPが
Y_Fのとき、$Y_0 < Y_F$ですから、労働市場では失業が存在しています[12]。

　しかし、失業が存在しているため、名目賃金が下がり、その結果、物価水準
もP_0からP_1に下がったとしましょう。このとき、名目為替レートが固定さ
れていても、物価水準が下がると、実質為替レートは下落します（自国物価が
世界物価に対して相対的に下がるため、輸出競争力が高まる）ので、輸出が増

---

[11]—アベノミクスとは、安倍晋三首相（当時）によって2012年12月26日からはじまっ
　　た第2次安倍政権で表明した「3本の矢」（大胆な金融政策、機動的な財政政策、民
　　間投資を喚起する成長戦略）を柱とする経済政策をいう。2013年3月に黒田東彦氏
　　が日本銀行の総裁に就任し、2013年4月に「量的・質的金融緩和」が導入され、金
　　融緩和政策が本格的にはじまった。

[12]—不完全雇用均衡からのスタートとなっているので、以下はケインジアン流の議論で
　　あることに注意。

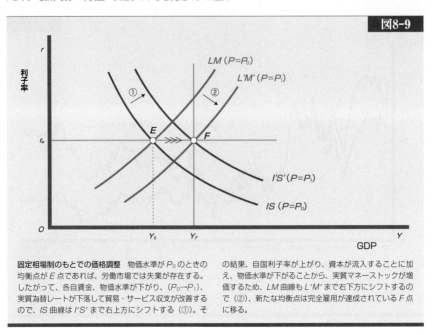

固定相場制のもとでの価格調整　物価水準が P_0 のときの均衡点が E 点であれば、労働市場では失業が存在する。したがって、各自賃金、物価水準が下がり、($P_0 \to P_1$)、実質為替レートが下落して貿易・サービス収支が改善するので、IS 曲線は $I'S'$ まで右上方にシフトする（①）。その結果、自国利子率が上がり、資本が流入することに加え、物価水準が下がることから、実質マネーストックが増価するため、LM 曲線も $L'M'$ まで右下方にシフトするので（②）、新たな均衡点は完全雇用が達成されている F 点に移る。

え、輸入が減ることになります。すなわち、貿易・サービス収支が改善されて GDP が増加し、IS 曲線が右上方にシフトします。図中、IS 線から $I'S'$ 線へのシフトがそれをあらわしています（図の①）。一方、GDP が増加すると、自国利子率が上がって資本が流入することに加え、物価水準の下落もあって実質マネーストックが増加するので、LM 曲線は右下方にシフト（$LM \to L'M'$）します（図の②）。結局、新たな均衡点は F 点に移ることになります。F 点に対応する GDP は図ではたまたま完全雇用 GDP になっていますが、仮に、F 点が Y_F 線よりも左にあったとしても、さらに物価が下がることによって、やがて完全雇用が達成されることは明らかでしょう。

　ここでの重要な発見は、固定為替相場制のもとにおいても、価格が不均衡に対して適切に調整される場合は、経済は完全雇用を達成するということです。ただし、完全雇用が達成されるまでどの程度の時間がかかるかは、価格の調整速度に依存します。

変動為替相場制のもとでの物価調整と完全雇用

　つづいて、変動為替相場制のもとで物価調整が行なわれた場合、完全雇用が達成されるかを考えてみましょう。

　図 8-10 をみてください。初期の均衡点が E にあったとし、完全雇用 GDP が図中 Y_F の位置にあったとします。この状態では失業が存在するため、物価

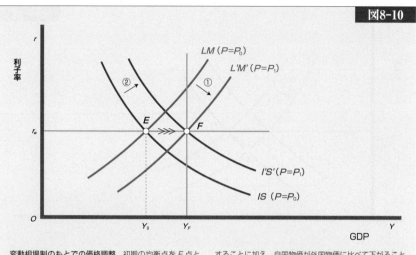

変動相場制のもとでの価格調整 初期の均衡点を E 点とする。価格が伸縮的な場合、失業が存在するので名目賃金、物価水準は下がり（$P_0 \rightarrow P_1$）、LM 曲線は $L'M'$ まで右下方にシフトする（①）。その結果、自国利子率が下がり、資本が流出する。したがって、名目為替レートが減価することに加え、自国物価が外国物価に比べて下がることから実質為替レートが名目為替レート以上に減価するため、貿易・サービス収支が改善され、IS 曲線が $I'S'$ まで右上方にシフトする（②）。新たな均衡点は完全雇用が達成されている F 点に移る。

P が下がりはじめます。自国物価が下がりはじめると、LM 曲線が右下方にシフトをはじめます（図の①）。このとき、金利が下がって資本流出が起こり、名目為替レートが下落します。同時に、自国物価が外国物価に比べて下がるため、実質為替レートが名目為替レート以上に減価することで競争力が強まり、貿易・サービス収支が改善されます。その結果、図にあるように IS 曲線が右上方にシフトし（図の②）、完全雇用 GDP が達成される F 点が新たな均衡点となります。

　ところで、賢明な読者ならすでに気づいていると思いますが、図8-9と図8-10はまったく同じようにみえるグラフです。ただし、説明文の一部だけは異なっています。図8-9が固定為替相場制で名目為替レートが不変であるのに対し、変動為替相場制（図8-10）のもとでは、名目為替レートが変化しうるからです。しかし、価格が十分伸縮的であるかぎり、固定為替相場制と変動為替相場制のあいだには本質的な差は存在しないのです。2つの図が同じになってしまったのは、実はそのためです。

金融政策の長期的中立性

　次に金融政策の効果について考えてみましょう。なお、以下は変動為替相場制のもとでの分析です。固定為替相場制のもとではどうなるか、これは読者が同じような方法で自ら分析してみてください。

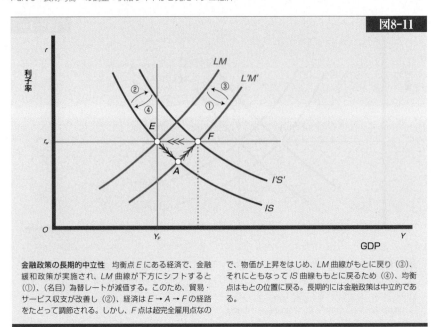

金融政策の長期的中立性　均衡点 E にある経済で、金融緩和政策が実施され、LM 曲線が下方にシフトすると（①）、（名目）為替レートが減価する。このため、貿易・サービス収支が改善し（②）、経済は $E \to A \to F$ の経路をたどって調節される。しかし、F 点は超完全雇用点なので、物価が上昇をはじめ、LM 曲線がもとに戻り（③）、それにともなって IS 曲線ももとに戻るため（④）、均衡点はもとの位置に戻る。長期的には金融政策は中立的である。

　図 8-11 は、経済が長期均衡 E 点にあるときに、拡張的な金融政策がとられた場合の調整プロセスを示しています [13]。マネーストックが増加するにつれ、LM 曲線が $L'M'$ に右下方にシフトし、均衡点が E から A に移動します（図の①）。しかし、同時に貿易・サービス収支が改善する（図の②）ので、経済が A 点から F 点に移動するという点はこれまでと同じです。

　しかし、F 点では GDP（Y）が Y_F を上まわっているため、労働市場のひっ迫 [14] により賃金が上昇し、その結果、物価が上昇をはじめます。物価が上昇をはじめると、LM 曲線が左上方にシフトします（図の③）。そうすると、金利が上昇し、実質為替レートが増価するので貿易・サービス収支が悪化し、IS 曲線が左下方にシフトします（図の④）。そして、結局のところもとの E 点に戻ってくるのです。長期的には、金融緩和政策は中立的（GDP を増大させる効果はない）ということになります。この戻ってきた E 点では、名目マネーストックは増加したのですが、それをちょうど相殺するだけの物価上昇が起こっており、実質マネーストックは不変です。

　では、実質為替レート（交易条件の逆数）である $\dfrac{eP_W}{P}$ は変化したでしょう

13──完全雇用 Y_F の長期均衡点からスタートしているので、以下は古典派流の議論であることに注意。

14──ひっ迫というのは、余裕がなくなるという意味。労働市場のひっ迫というのは、労働供給に対して労働需要が高まり、労働市場では人手不足になるということで、その結果、賃金は上昇する。

か。たしかに、名目マネーストックが増大したとき、為替レートが安くなり、e の値は上昇します。このプロセスは為替市場の調整速度が速いのですぐに起こってきます。一方、財の価格は、財市場の調整速度が遅いので、すぐには上昇しないのですが、しばらくすると上昇をはじめるでしょう。P が上昇をはじめると、LM 曲線が左上方にシフトしはじめ、長期的には E 点に戻るというわけですが、このとき、e の上昇分と、P の上昇分は長期ではまったく同じ比率になっています。そうでなければ、貿易・サービス収支が変化し、IS 曲線がもとの位置に戻らないことになるでしょう。しかし、IS 曲線と LM 曲線がともにもとの位置に戻らない状態は長期均衡ではないわけですから、さらに調整がつづけられて、結局、実質為替レート（交易条件の逆数）はもとどおりになるのです。つまり、e と P は比例的に変化するということです。

為替レートのオーバーシューティング

このように、拡張的な金融政策は短期的には GDP を増大させる効果があるのですが、長期的にはその効果は「中立的」であるという結論が得られます。ここで興味深いのは、為替レートがきわめて迅速に調整されるのに、価格の調整速度はそれに比べればはるかに遅いということです。このため、金融緩和に対しては、為替レートのオーバーシューティング（調整の行きすぎ）という現象が発生するのです。

図 8-11 で、$E \rightarrow A \rightarrow F$ というプロセスのうち、$E \rightarrow A$ はマネーストックの増加によるものですが、$A \rightarrow F$ は為替レートの下落によるものです。F 点では、為替レートの下落によって貿易・サービス収支が改善し、金融収支も増加します。このとき、為替レートは財価格の調整がまだ起こっていないため、国際収支をとりあえず均衡させるに十分なだけ減価する必要があります。$F \rightarrow E$ へ戻るプロセスでは、物価が上昇をはじめるため、為替レートは物価上昇分だけ切り上がりはじめ（そうでなければ国際収支は均衡しないから）、それが E 点に到達するまでつづきます。

図 8-12 は、t_0 期にマネーストックが増加し、以後はその状態がつづく場合の為替レートおよび物価水準の変化する様子を示したものです。為替レートがまず大きく反応し、物価がゆっくり上昇をはじめると、オーバーシュートした為替レートは徐々に増価し（切り上がり）ます。長期均衡では、マネーストックの増加率と為替レートの減価率、物価上昇率はすべて等しいのですが、外国為替市場と財市場の調整速度が異なるために、為替レートのオーバーシューティングが生じたわけです―[15]。

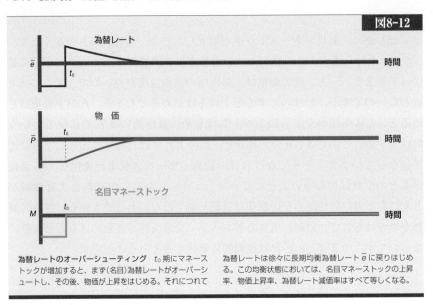

図8-12

為替レートのオーバーシューティング　t_0 期にマネーストックが増加すると、まず（名目）為替レートがオーバーシュートし、その後、物価が上昇をはじめる。それにつれて　為替レートは徐々に長期均衡為替レート $\bar{e}$ に戻りはじめる。この均衡状態においては、名目マネーストックの上昇率、物価上昇率、為替レート減価率はすべて等しくなる。

購買力平価説

さて、実質為替レートと名目為替レートの関係は

$$\varepsilon = e \times \frac{P_w}{P}$$

でした（(11)式）。

実質為替レートが均衡し、それが一定である（$\varepsilon = \varepsilon^*$）としたとき、(11)式より、名目為替レートは

$$e = \varepsilon^* \times \frac{P}{P_w} \tag{12}$$

となります。名目為替レートが(12)式のように両国の物価水準の比率で決まってくるとする考え方を、購買力平価説（Purchasing Power Parity Hypothesis、しばしば PPP 仮説と略称）といいます。これはどういう考え方なのでしょうか。具体的な例で説明してみます。

いま、アメリカ国内で1ドルで買えるマーケット・バスケットの数量が、日本国内で ε^* 円で買える同じマーケット・バスケットの数量よりも多いとしましょう。ここで、マーケット・バスケットというのは、買い物かごに入ってい

15―為替レートのオーバーシューティングについての先駆的な業績としては、R. Dorbusch, "Expectations and Exchange Rate Dynamics," *Journal of Political Economy*（1976）がある。

る標準的な商品の組み合わせのことです。2章で消費者物価指数（CPI）を計算するときにもこのマーケット・バスケットが出てきましたが、考え方はまったく同じです。

さて、運送費や関税などをゼロとすれば、アメリカでそれを買い、日本にもってきてそれを売ることによって利益を得ることができます。このような裁定取引—16は、アメリカの商品に対する需要を高め、日本での供給が増えるため、アメリカの物価を引き上げ、日本の物価を引き下げるでしょう。一方、実質為替レートが固定されているかぎり、(12)式より、名目為替レート（e）と両国の相対価格（$\frac{P}{P_W}$）は比例的に動くことになります。いまの例だと、P_W が上昇し、P が下落するので、名目為替レート e の値は小さくなる（円高の方向に動く）ことになります。これをインフレーションとの関連でいえば、名目為替レートは自国と外国のインフレ率の差に反応して変動する、ということになります。たとえば、日本とアメリカのインフレーションがそれぞれ1％と3％で推移するならば、その差は2％となり、e の値が2％小さくなるということから、円ドルレートは毎年、3 − 1 = 2％ずつ増価することになります—17。

図 8-13 は、$\frac{P}{P_W}$ の単位のとり方を適当に調整したうえで、日本とアメリカのあいだで PPP 仮説が成立しているかどうかをみるために描いたものです。図でみると、名目為替レート e と日米の相対価格 $\frac{P_J}{P_{US}}$ が厳密な意味でいつも一定の比率を保っているわけではありませんが、数年単位の中長期でみればかなり相関していることがわかるでしょう。現実の為替レートが数年にわたって相対価格線から乖離することはしばしばですが、しかし、ある程度時間が経過すると、かならずそれは $\frac{P_J}{P_{US}}$ に近づいてくることが確認できます。

ただ、購買力平価説は厳密な意味では成立せず、あくまで長期的な傾向として参考にする程度にとどめることが賢明です。

8-4 「名目」利子率と「実質」利子率

ところで、これまでの議論では、利子率を r という記号であらわしてきま

16—商品の価格差を利用して利益を得る取引。安い市場で商品を買って、高い市場で商品を売ることによって、リスクなく利益を出すことができる。裁定取引によって需給が均衡し、公正な市場価格が生み出されるとされる。金利差を使った金利裁定取引や為替レートの差を使った為替裁定取引などもある。

17—実質為替レート（ε）が固定であるとして、円ドルレートについての(12)式を変化率の形にすると、名目為替レート（e）の変化率は、日本のインフレ率とアメリカのインフレ率との差に等しくなる。

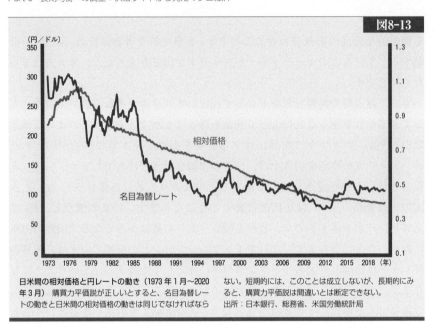

図8-13

日米間の相対価格と円レートの動き（1973年1月〜2020年3月）　購買力平価説が正しいとすると、名目為替レートの動きと日米間の相対価格の動きは同じでなければならない。短期的には、このことは成立しないが、長期的にみると、購買力平価説は間違いとは断定できない。
出所：日本銀行、総務省、米国労働統計局

した。10章で詳しく解説しますが、インフレーションの存在を考慮する場合には、「名目利子率」と「実質利子率」の区別が必要です。「名目利子率」とは、普通われわれが日常生活で見聞きする金利のことであり、「実質利子率」とは、「名目利子率」から予想されるインフレ率（期待物価上昇率）を差し引いたものです。

　たとえば、将来、インフレーションが激化すると予想されると、かりに名目金利が変わらなくても、われわれは、インフレーションが現実のものとなる前に借金をして家を購入したり、資金を借り入れて工場を作ろうとしますね。なぜなら、名目の金利は同じでも、将来、インフレーションがある場合とない場合とでは、実質的な金利負担は明らかに異なるからです。100万円の借金の実質的な負担は、インフレーションが2％のときには、1年後には98万円に下がることからも、このことは理解されるでしょう―18。もちろん、物価が下がるデフレの場合には、逆の現象が起こります。

　もう少し具体的な例でこのことを考えてみましょう。たとえばいま、名目利子率が2％であり、1年後に物価が2％上昇すると予想されているとします。この場合には、借金が100万円だと金利支払いが2万円（= 100万円 × 0.02）、インフレーションによる債務の実質的減少分（これを債務者利益とい

18―この98万円は、100万円÷(1 + 0.02)の計算で求められる。

BOX　「長期にはみんな死んでいる」？

　この章では、価格が硬直的な短期モデルと、価格調整が終わる様子や価格調整が終わった後の均衡状態を分析対象とする長期モデルを比較しているのですが、長期とはどのくらいの期間を指すのでしょうか。

　ジョン・メイナード・ケインズは「長期にはみんな死んでいる」、したがって、古典派経済学者が展開する長期モデルの論理的な妥当性はともかく、みんなが死んでしまうような遠い将来の話をいくらしても意味がないとして、短期モデルこそ現実性のある重要な経済理論だと主張しました。ケインズ経済学を信奉する経済学者は多かれ少なかれ、このような見解をもっている人たちです。

　しかし、マーケット・メカニズムの調整能力を信じるマネタリストや、10章で詳しく説明する「合理的期待学派」は、経済は常に概ね均衡の近辺にあり、均衡から大きく乖離しそうになると、価格調整が働いて均衡近くに引き戻されるという見方をしています。したがって、経済政策を策定する場合にも、このような観点に立つことが重要だという立場です。

　どちらが正しいのでしょうか。マクロ経済学者は実はこの問いに答えを与えるために様々な研究をしているといっても過言ではありません。答えは、国によって、時期によって、対象としている経済によって変わってくるのです。たとえば、1930年代の大恐慌時には、ケインズ的な考え方が正しかったといえるでしょう。アメリカでは失業率が25％にも達しており、改善の兆しがほとんどみられなかったからです。しかし1970年代のように、世界的にインフレーションが蔓延していた時代には、価格調整はかなりの威力を発揮したと考えられます。

　結局、いまの時点でも、この問題に決着はついていません。本書で、短期モデルと長期モデルを明確に区別し、それぞれの経済モデルの構造を明らかにしようとしているのは、まず、両モデルの中身を正確に知ることがマクロ経済学をマスターするうえで不可欠だからです。また、長期モデルの「長期」が現実にどのくらい先のことなのかはわからないにしても、価格調整能力の有無が両モデルを分かつものであること、マクロ経済政策の有効性を判断するさいにも、価格調整能力についての判断が決定的に重要であることを理解しておくことこそ、マクロ経済学を学ぶ「コツ」であるからです。

う）が2万円（＝ 100 万円× 0.02）で、差し引きした実質的な借金の負担の増加がゼロ円なので、「実質利子率」はゼロ％になります。インフレーションがないと予想される場合には、債務者利益は発生しないので、実質的な借金の負担の増加は2万円となり、100 万円に対する2万円なので、実質利子率は2％になります。この場合、名目利子率と実質利子率が等しくなります。

　このように考えると、明らかに「インフレについての予想」（あるいは経済学者は「期待」という言葉をより頻繁に使う）が、経済主体の行動に大きな影響力をもっていることがわかります。つまり、「インフレ期待」がゼロでないならば、「名目利子率」と「実質利子率」を区別して論議する必要が生じるということです。このような考え方を明示的に理論化したのは、イェール大学のアーヴィング・フィッシャーでした。いわゆるフィッシャー方程式（Fisher Equation）と呼ばれる関係がそれにあたります。すなわち、フィッシャー方程式とは、

$$名目利子率＝実質利子率＋期待物価上昇率$$

または、同じことですが、

$$実質利子率＝名目利子率－期待物価上昇率$$

という関係のことです。

本章のポイント

● 「短期モデル」においては、財市場と貨幣市場が同時に均衡するところで、産出量（GDP）の水準と利子率が同時に決定されます。

● 「長期モデル」においては、労働市場で完全雇用が達成されることによって、GDP は完全雇用に対応する Y_F に決定されます。さらに、Y_F が労働市場で決定されると、財市場の均衡を示す IS 曲線から利子率が決定されることになります。

● 「長期モデル」においては、貨幣市場では物価水準のみが決定されることになります。このように、マネーストックが実物経済に影響を与えず物価水準のみに影響を与えるという考え方は「古典派の二分法」、あるいは「貨幣ヴェール観」と呼ばれています。

● 海外部門を考慮した長期モデルでは、価格（や為替レート）の調整によって長期均衡が達成されるため、金融政策は景気に対して長期的には「中立的」になります。

● インフレーションの存在を考慮する場合には、「名目利子率」と「実質利子率」の区別が必要となります。名目利子率は通常見聞きする利子率のことであり、実質利子率はそれから期待物価上昇率（インフレ期待）を差し引いたものであり、こ

れをあらわしたのが、フィッシャー方程式です。

●フィッシャー方程式とは

$$名目利子率＝実質利子率＋期待物価上昇率$$

あるいは同じことですが、

$$実質利子率＝名目利子率－期待物価上昇率$$

という関係です。

理解度チェックテスト

空欄に適当な語句を入れなさい。

1. 短期モデル（*IS-LM* 分析）では、財市場と（　　　　　）市場を均衡させる GDP と利子率が決定される。

2. 長期モデルの枠組みでは、GDP の水準が（　　　　　）市場の均衡だけで決定され、その水準は常に完全雇用 GDP に対応する大きさになる。また、この GDP 水準のもとで財市場が均衡するように（　　　　　）が決定される。

3. 貨幣が増大しても GDP などの実物経済の活動水準に影響しないというように、実物部門と貨幣部門とを分離させて2つに分けるという考え方を（　　　　　）という。

4. われわれが新聞やテレビなどで見聞きする通常の為替レートは（　　　　　）為替レートである。それに対して、両国の物価水準の変動によって調整したものが（　　　　　）為替レートになる。

5. 金融政策を行なった場合に、為替レートがきわめて迅速に調整されるのに、価格の調整速度ははるかに遅いという現象を、為替レートの（　　　　　）という。

6. 名目為替レートが自国と外国の物価水準の比率に比例的に変化するという考え方を（　　　　　）という。

7. 名目利子率が実質利子率に期待物価上昇率を加えたものになるという関係式を（　　　　　）という。

解答：1. 貨幣　　2. 労働　利子率　　3. 古典派の二分法　　4. 名目　実質　　5. オーバーシューティング　　6. 購買力平価説　　7. フィッシャー方程式

練習問題

計算問題

1. アメリカの国債利回りが6％、日本の国債利回りが2％であったとする。いま、両国の実質利子率が1％で均等化されており、現在の為替レートが1ドル100円であり、購買力平価説が成り立っているとする。

(1) 日米の期待インフレ率を求めなさい。

(2) 1年後の為替レートはいくらになると考えられるか。

(3) ある人が銀行から年利3％で日本円を借りて、年利6.5%のドル建て預金をすれば、3.5%の収益を稼げるという財テクを考えた。この財テク方法についてコメントしなさい。

記述問題

1. ゼロ金利政策によって名目利子率がきわめて低い水準にあったにもかかわらず、企業の設備投資はなかなか活発化しなかった。なぜか。

2. 変動為替相場制のもとでの長期均衡を考えた場合、実質為替レートはどのように決定されるか。また、名目為替レートはどのように決定されるか。

ディスカッションテーマ

1. マクロ経済政策の効果を考えるさい、なぜ「短期」と「長期」を分けて検討する必要があるのだろうか。あなたは「短期」と「長期」のどちらの観点がより重要と考えるか。その理由は？

9：
物価水準は
どのように決まるか

本章の目的

● ここまで、物価が変動しない「短期モデル」、物価が変動する「長期モデル」について議論してきましたが、物価水準自体がどのように決まるかについては議論して来ませんでした。本章では、物価水準の決定について理論的な整理を行います。

● 物価水準は総需要と総供給が均衡するところに決まります。そこで、まず、IS-LMモデルから総需要関数がどのように導き出せるかを紹介します。

● 3章で学んだ「価格の硬直性」を想定した短期の総供給曲線と、「価格の伸縮性」を想定した長期の総供給曲線とのちがいを復習します。

● 「労働市場」を明示的に取り上げ、労働者の行動を取り入れた場合、なぜ総供給曲線が右上がりとなるのかを考えます。

● 総需要曲線と短期・長期の総供給曲線を用いて、物価水準がどのように決まるかを明らかにします。

● 総需要曲線と総供給曲線を用いて、財政政策と金融政策の効果を再確認します。

● 下のフローチャートにあるように、本章では、IS-LMモデルから導出される総需要曲線と、労働市場から導出される総供給曲線を使って、所得と物価水準がどのようにして決まるかを学習します。

Ch.9
Part 3

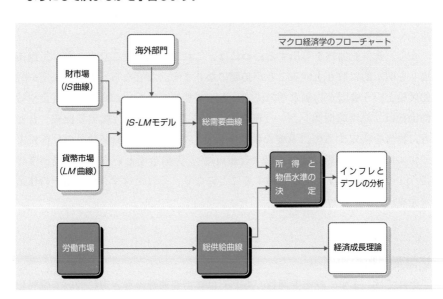

Part 2 では、物価水準という概念はほとんど表面にでてきませんでした。その理由は、Part 2 の各章で扱っていたのが、基本的に価格固定モデルだったからです。本章では、いままで脇役であった「物価」を陽のあたるところに登場させ、物価水準がどのようにして決まるのかということを考えます。

物価水準はどのように決定されるのか。ミクロ経済学でこの問題を考えるさいに登場するのが、おなじみの右下がりの需要曲線と右上がりの供給曲線です（このとき、縦軸に価格、横軸に生産量をとります）。個別市場の商品価格（たとえば、りんごやみかんなど）は、需要曲線と供給曲線が交わった点で決定されます。

マクロ経済学で物価水準を考える場合も、需要曲線と供給曲線の交点で決まると考えますが、マクロ経済学が対象とするのは、個別商品の価格ではなく、取引されるすべての商品やサービスの価格変動を織り込んで指数化した物価指数やデフレーターといった一般物価水準です。したがって、（個別商品ではなく）一般物価水準とマクロ経済全体の総需要の関係を示す総需要曲線（AD 曲線：Aggregate Demand Curve）、一般物価水準とマクロ経済全体の総供給の関係を示す総供給曲線（AS 曲線：Aggregate Supply Curve）をそれぞれ導出し、それらの交点で一般物価と GDP の水準が決まると考えます。

以下では、総需要曲線、総供給曲線をどのように導出するのかについて順にみていきます。ところで、総需要曲線の導出にさいしては、すでに学んだ IS-LM 分析の知識が必要となります。読者の皆さんは、必要に応じて IS-LM 分析について見直したうえで（6-1、6-2、6-3、6-4、8-3 節）、以下を読みすすめてください。

また、総供給曲線を導出するためには、これまで扱ってこなかった「労働市場」を明示的に取り上げることが必要になります。なぜなら、賃金の決定や労働供給という要因が物価水準の決定にとって無視できないからです。賃金や労働供給は「総供給関数」という概念のなかに組み込まれ、「総需要曲線」とともに物価を決定するのに重要な役割を果たします。「総供給関数」の分析にまですすめば、財市場、貨幣市場（資産市場）、労働市場というマクロ経済学で扱う 3 つの市場のすべてが登場することになり、それだけマクロ経済学の体系が完成に近づくわけです。

9-1　総需要関数の導出

それでは、まず、総需要関数、もしくは総需要曲線の導き方について説明し

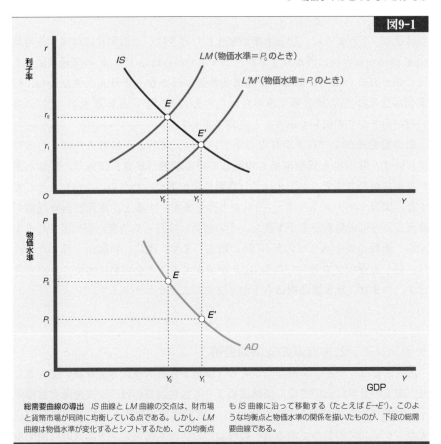

図9-1

総需要曲線の導出　IS 曲線と LM 曲線の交点は、財市場と貨幣市場が同時に均衡している点である。しかし、LM 曲線は物価水準が変化するとシフトするため、この均衡点も IS 曲線に沿って移動する（たとえば E→E'）。このような均衡点と物価水準の関係を描いたものが、下段の総需要曲線である。

ましょう。繰り返しますが、総需要関数または総需要曲線とは、財貨に対する総需要と物価水準の関係として定義されます。ミクロ理論における需要関数が、ある単一の財の価格と需要の関係であるのに対して、ここでの総需要関数は総需要と集計的な物価水準の関係として理解する必要があります。

　さて、図 9-1 の上段には、ある与えられたマネーストックと政府支出のもとでの IS-LM 曲線が描かれています。ところが、8 章（8-3 節）で学んだように、LM 曲線は、物価水準が下落すれば右下方にシフトする（逆に、物価水準が上昇すれば LM 曲線は左上方にシフトする）ので、IS-LM 曲線の交点（財市場と貨幣市場の同時均衡点）は物価水準とともに移動します。

　図中、曲線 LM は物価水準が P_0 のときの LM 曲線で、このときの均衡利子率は r_0、実質 GDP の水準は Y_0 です（均衡点は E）。他方、曲線 L'M' は物価水準が P から P_1 に下落したときに（名目マネーストックは所与のもとで）描かれる LM 曲線で、均衡利子率は r_1、実質 GDP は Y_1 に移っています（均衡

点は E'）。このように、物価水準が変化したときに、その変化に対応する均衡GDP は図から容易に導かれますが、こうして得られる P と Y の関係（図の下段に描かれている AD 曲線）が総需要曲線にほかなりません。すなわち、総需要曲線とは IS-LM 分析で求められた均衡 GDP（Y）と物価水準（P）のあいだの右下がりの関係である、と定義できます。

　総需要曲線がなぜ右下がりなのかといえば、次のように考えればよいのです。いま、財市場も貨幣市場も均衡している状態（E 点）にあり、物価水準がなんらかの事情で（たとえば名目貨幣賃金が下がったため）下落したとしますと、実質マネーストック（$\frac{M}{P}$）が上昇します。すると、流動性選好理論が教えるように市場利子率が下落し、その結果、投資（や消費）が刺激されますから、乗数効果を通じて均衡 GDP が増加します。逆に、物価が上昇した場合は、同じようなプロセスで均衡 GDP が減少することを容易に示すことができます。つまり、総需要曲線は右下がりであることがわかります。

9-2　ケインジアンと古典派の総供給曲線

　Part 2 では、ケインズ派が想定する「価格が硬直的な世界」を描いてきました。現実の世界においては、価格調整よりも数量調整のほうが支配的な需給ギャップ調整の方法であるとみなすのが、「有効需要の原理」の出発点でした。実際、ケインズの著作である『一般理論』の物価水準決定メカニズムに関する有力な解釈のひとつは、不均衡から均衡へのプロセスにおいては、雇用量、生産量などの数量のみが変化して、価格水準は変化しないというものです。

　このような硬直的価格にもとづくケインジアン・モデルにおける総供給曲線は、図 9-2 のような横軸に水平な直線として描くことができます。Y_F は完全雇用 GDP で、供給側は需給が均衡していない場合（Y_0 と Y_F が等しくない場合）でも価格を変更せず、生産量のみを変更するものとされています。図中 AD_0、AD_1 は、総需要の水準が異なる 2 本の総需要曲線を描きいれたものですが、総需要が不足しているとき（AD_0）の産出量は Y_0、物価水準は P_0 です。これに対して、総需要が十分に大きいとき（AD_1）には、完全雇用 GDP（Y_F）が実現しますが、物価はもとのままです。ケインジアン・モデルの場合、産出量を Y_0 よりも増大させるためには、価格が硬直的である以上、総需要管理政策による AD 曲線のシフトに頼る以外に方法はないのです。

　他方、古典派が想定する価格が完全に伸縮的な世界においては、総供給は一般物価水準がどのようなものであろうと、完全雇用 GDP のところで決定され

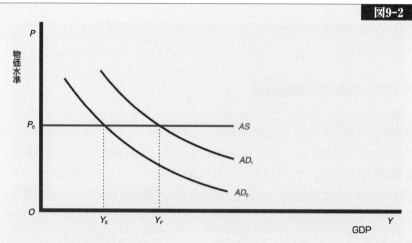

図9-2

ケインジアン・モデルにおける総供給曲線　需給ギャップが存在するとき、企業は価格を動かさずに、もっぱら生産数量によって調整を行なう場合には、総供給曲線は水平な直線となる。このため、総需要が変化するとGDPも変化し、需要側が供給、すなわち経済活動の水準を決定することになる。

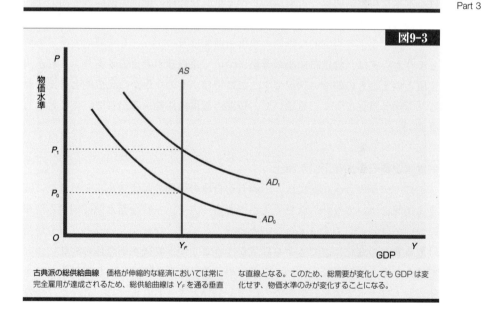

図9-3

古典派の総供給曲線　価格が伸縮的な経済においては常に完全雇用が達成されるため、総供給曲線は Y_F を通る垂直な直線となる。このため、総需要が変化してもGDPは変化せず、物価水準のみが変化することになる。

ました[1]。すなわち、総供給曲線は図9-3のように、Y_F を通る垂直な直線としてあらわされました。この垂直な総供給曲線は価格調整がすべて完了したあとに実現する「長期の総供給曲線」です。

　このとき、総需要が AD_0 から AD_1 へと拡大しても、GDPは変化せず、も

1—3章もしくは8章を参照。

っぱら一般物価水準のみが P_0 から P_1 へと変化するだけです。

9-3 現実的な短期の総供給曲線

　以上のように、ケインズ派と古典派がまったく異なる結論に到達したのは、結局のところ、前者が「価格の硬直性」を仮定し、後者が「価格の伸縮性」を仮定したからなのです。しかし、現実の世界は、おそらくケインズ派の仮定と古典派の仮定のあいだにあると考えるべきでしょう。たしかに価格はまったく硬直的ではありませんが、かといって、完全に伸縮的と考えることも無理というべきです。「価格はゆっくりと調整される」と考えるのが現実的です。事実、たとえ短期をとって考えても、景気がよくなるにつれて物価は上昇しはじめるのが普通であり、より現実的なマクロ経済の分析のためには、ケインズ派における水平な総供給曲線と古典派における垂直な長期の総供給曲線の中間的な、すなわち、右上がりの総供給曲線を想定する必要があると思われます。

　このようなより現実的な短期の総供給曲線はどのようにして導出できるのでしょうか。実は、総供給曲線の導出については複数の考え方があり、これが決定版といえるものがない状況です。ここでは、そのなかから代表的と考えられる「労働者錯覚モデル」を用いて、短期の総供給曲線を導出していくことにします――**2**。

労働者錯覚モデルを用いた導出

　このモデルの大きな前提は、労働者が自身の労働の対価である名目賃金に関する情報についてはいちはやく入手できる一方で、一般物価水準に関する情報についてはしばらく手に入らないということです。なぜかというと、自分が受け取る賃金の変化は誰でもすぐに気がつきますが、物価水準全体の変化については なかなか情報がなく、わからないのが普通だからです。これに対して、企業は個人に比べて情報収集の能力はより高いと考えられるため、賃金だけでなく一般物価水準についても瞬時に情報を入手することができると仮定するのです。このため実質賃金（$\frac{w}{P}$）に関しては、企業はいつも正しい情報をもっていますが、労働者は間違った $\frac{w}{P}$ の情報をもとに労働供給をするというわけで

2――労働者錯覚モデル以外の学説として、不完全情報モデル（本章 BOX 欄参照）、硬直価格モデル、硬直賃金モデルなどがある。いずれのモデルも決定版とはなりえないが、短期総供給曲線が右上がりとなる理由をそれぞれ説明している。結局、どれが決定版かと結論を急ぐより、これら複数の理由により「短期総供給曲線は右上がり」と考えるのが妥当であるということであろう。

す。つまり、$\frac{w}{P}$ に関する錯覚は労働者には発生するが、企業には発生しないということになります――3。

このような仮定のもとでは、労働者は彼らが予想する物価水準 P^e をもとに労働供給量を決めるということになります。つまり、労働供給 N^s は次の式であらわされます。

$$N^s = N^s\left(\frac{w}{P^e}\right)$$

労働者は（予想）実質賃金（$\frac{w}{P^e}$）が高いほど、働く意欲を強め、多く働くようになりますので、労働供給は（予想）実質賃金の増加関数になります。

次に、企業の労働需要について考えます。企業は賃金のみならず、実現している正しい物価水準 P も知っているとの仮定から、労働需要関数は実質賃金 $\frac{w}{P}$ に依存する形であらわすことができます。つまり、労働需要 N^D は次の式であらわされます。

$$N^D = N^D\left(\frac{w}{P}\right)$$

企業は、実質賃金（$\frac{w}{P}$）が低ければ多くの人を雇おうとしますので、労働需要は実質賃金の減少関数になります。

図9-4 はこれらを図示したもので、縦軸には実質賃金 $\frac{w}{P}$、横軸には雇用量や労働供給が描かれています。労働者は労働供給を実質賃金 $\frac{w}{P}$ ではなく、錯覚しているかもしれない $\frac{w}{P^e}$ によって決めています。ただ、議論を簡単にするために、図9-4 では、労働者はとりあえず当初は「正しく」物価水準を予想しているとします（$P^e = P_0$）。このとき、$N^s\left(\frac{w}{P^e}\right)$ には労働者の錯覚はありません。図にあるように $\frac{w_0}{P_0}$ は労働市場を均衡させる均衡実質賃金であったとしましょう（A 点）。いま、なんらかの事情で、物価水準が P_0 から P_1 に上昇したとします。名目賃金 w_0 が不変ならば、実質賃金は $\frac{w_0}{P_0}$ から $\frac{w_0}{P_1}$ に低下します。しかし、労働者は P_0 が P_1 に上昇したことに気づいていない、すなわち、実質賃金の低下に気づいていないので従来どおりの労働供給 N_0 をつづけています。このときの労働供給曲線は図中 C 点を通るものになります。しかし、C 点は均衡点ではありません。なぜなら、実質賃金が $\frac{w_0}{P_1}$ まで下がると企業側の

3――労働者錯覚モデルにはじめて言及したのは、ノーベル賞経済学者ミルトン・フリードマンである。M. Friedman, "The Role of Monetary Policy," *American Economic Review*（1968）および、ミルトン・フリードマン著、保坂直達訳『インフレーションと失業』（マグロウヒル好学社、1979 年）p.17 を参照。彼は「重要なのは物価上昇そのものというより、予想されない物価上昇であること。その理由は人々が錯覚に陥るからであること」を雄弁に主張した。

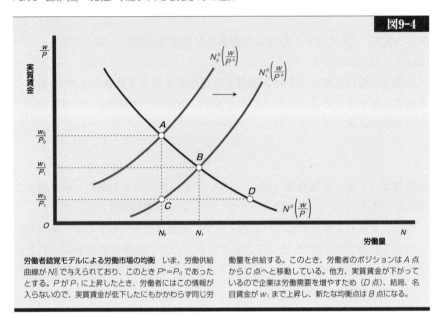

労働者錯覚モデルによる労働市場の均衡　いま、労働供給曲線が N_0^S で与えられており、このとき $P^e=P_0$ であったとする。P が P_1 に上昇したとき、労働者にはこの情報が入らないので、実質賃金が低下したにもかかわらず同じ労働量を供給する。このとき、労働者のポジションは A 点から C 点へと移動している。他方、実質賃金が下がっているので企業は労働需要を増やすため（D 点）、結局、名目賃金が w_1 まで上昇し、新たな均衡点は B 点になる。

労働需要が大きくなり（D 点）、超過需要が発生するからです。その結果、賃金が w_0 から w_1 に引き上げられ、新たな均衡点は図中 B 点になります。図中 C、B を通る労働供給曲線 N_1^S は現実に物価水準が P_1 に変化したにもかかわらず、労働者が物価水準の変化に気づかず、$P^e=P_0$ と錯覚しているためにもとの位置 N_0^S から下方にシフトしたわけです。その結果、労働供給量（＝雇用量）は N_0 から N_1 に増加しました。つまり、物価の上昇によって（P_0 から P_1 へ）、実質賃金が低下するものの、労働者はこの実質賃金の低下に気づかないのに対して、企業側は実質賃金が低下したことで労働需要を増やします。その結果、労働に対する超過需要が生じ、名目賃金が上昇します（w_0 から w_1 へ）。その結果、労働供給が増える（N_0 から N_1 へ）というものです。

　このプロセスをもう一度繰り返しみておきましょう。いま、なんらかの事情で一般物価水準 P が予想値 P^e より上昇したとしましょう。労働者はこのことを知りませんが、企業は一般物価水準が上昇したことから、実質賃金 $\dfrac{w}{P}$ が低下したことを知り、労働需要を増やすでしょう。労働者はこの時点では実質賃金は不変だと信じていますから労働供給を減らすことはありません。しかし、労働需要はいまや労働供給を上まわっており、このことを反映して名目賃金が上昇をはじめます。名目賃金が上昇しはじめても、その上昇幅が物価上昇幅ほど大きくないかぎり、企業は労働需要をもとの水準よりは増やしているはずです。労働者は名目賃金が上昇したことで、これを実質賃金の上昇と錯覚するた

め、労働供給を増やすということになります。

　この労働供給の変化は図 9-4 における N^S 線のシフト（$N_0^S \rightarrow N_1^S$）によって示されています。労働者はまったく同じ実質賃金に対しても、錯覚によってあたかも実質賃金が上昇したと錯覚することにより、労働供給を増やすわけです。結局、労働市場の均衡は錯覚がなかった当初の A 点から B 点に移動し、その結果、雇用量が N_0 から N_1 に増加します――4。

　ところで、GDP（Y）は雇用量が増加するにしたがって増大します。当初の A 点が完全雇用を示す点である（$N_0 = N_F$）であるとすれば、GDP（Y）は P が P^e を上まわる程度が大きいほど大きくなるため、

$$Y = Y_F + \lambda(P - P^e)$$

のように書くことができます。そして、この式を変形すれば、

$$P = P^e + \alpha(Y - Y_F) \tag{1}$$

という総供給関数を導出することができます（ただし、$\frac{1}{\lambda} = \alpha$）。ここで α は財市場における現実の GDP と完全雇用 GDP のあいだのギャップに反応する係数（反応係数）です。この式が示していることは、「予想物価水準（P^e）が高いほど物価水準（P）は高くなる。また、現実の GDP が完全雇用 GDP よりも大きい（$Y > Y_F$）ほど物価水準は高くなり、現実の GDP が完全雇用 GDP よりも小さい（$Y < Y_F$）ほど物価水準は低くなる」ということです。

総供給関数における長期と短期

　さて、このようにして得られた総供給関数はあくまで短期の総供給関数であるということを、ここでもう一度思い出すことが必要です。上記の短期の総供給関数からは、一般物価水準が予想物価水準を上まわる場合には完全雇用 GDP を上まわる生産を実現し、一般物価水準が予想物価水準を下まわるならば、生産は完全雇用 GDP を下まわる、ということが結果として得られました。しかし、「長期」においては、労働者もやがて自分が予想していた物価水準 P^e と現実の物価水準 P がちがっていることに気づくはずです。そのときは労働者の錯覚は解消するため、$P = P^e$ となり、$Y = Y_F$ が得られます。その結果、完全雇用 N_F が実現することになります。すなわち、労働者の予想物価水準（P^e）と現実の物価水準（P）が一致する長期においては、総供給関数は垂直（$Y = Y_F$）になります。それは、必要な情報がすべて入手できるようにな

4――読者は、錯覚がなかったところ（A 点）からスタートして、一般物価水準がなんらかの事情で下落した場合の新しい均衡点へいたる道筋を確認してほしい。

BOX　総供給曲線を導くほかの学説（不完全情報モデル）

　短期の総供給曲線の導き方として、本文では「労働者錯覚モデル」を紹介しました。一般物価水準の変化に対して、十分な情報をもたない労働者が、あたかもそれが実質賃金の変化だと気づかずに、自分の労働供給態度を変えるという考え方です。それが生産数量に影響を与えるというわけです。

　しかし、現実の経済ではこれ以外にも様々な複雑な要因が働いています。たとえば、労働者錯覚モデルでは、十分な情報をもたないのは労働者であって、企業は完全な情報をもっていると仮定されていました。しかし、企業だって万能ではありません。たとえば、自社が扱っている商品の値段については常に最新の情報をもっているとしても、その他のマーケット（労働市場や原材料の市場、他産業のマーケットなど）の情報はたいしてもっていないかもしれません。

　つまり、自社が扱っている製品の値段の変化はすぐに察知できますが、全体的な価格動向については遅れた情報しか入手できないとしましょう。自社製品の値段が上昇したという情報を得た企業は、「これは儲かるぞ。増産しよう」と生産を増やしたとします。しかし、実はこのとき、ほかの市場の価格も同じように上昇していたとすればどうでしょうか。賃金も上昇する、原材料価格も上昇するという具合にです。

　この場合、一時的には生産は上昇しますが、やがて企業は増産の判断が間違いだったことに気づくでしょう。なぜなら、賃金や原材料価格も同じように上昇しているのなら、この会社の経営環境は実質的にはなんら変化していなかったわけであり、したがって生産計画を変更する必要もなかったことになるからです。しかし、このような不完全情報のゆえに、全般的な物価水準の上昇があると生産が増える、すなわち短期の総供給曲線は右上がりになるという結果が得られます。このモデルを「不完全情報モデル」と呼んでいます。

り、価格が不均衡を調整するのに十分な時間がある場合には、期待と現実が一致するからです。

9-4　価格の調整速度と総需要管理政策の効果

　つづいて、以上で導出した総需要（AD）曲線と総供給（AS）曲線を用いて、物価水準がどのように決定されるのか、さらに、これらの枠組みを利用して、総需要管理政策の効果についてもう一度考えていきます。

物価水準の決定

　価格は需要と供給の一致するところで定まる——これは経済の一大原則です。マクロ経済学で扱う物価水準も、例にもれず、需要と供給の一致するところ、つまり、総需要曲線と総供給曲線が交わるところで決定されると考えることができます。

　先に学んだように、総需要曲線は、$IS\text{-}LM$ 曲線の交点と物価水準の関係から、図9-5の AD のように物価水準と GDP のあいだの右下がりの関係として描かれています。また、短期の総供給曲線は AS のように物価水準と GDP のあいだの右上がりの曲線として求められました。これらの曲線の交点 E_0 は総需要と総供給が一致している点で、このときの物価水準 P が均衡物価水準ということになります。この均衡点では、財市場、貨幣市場、労働市場が同時に均衡しています。$IS\text{-}LM$ モデルでの均衡点が財市場と貨幣市場のみの均衡点であったことを考えれば、ここでの均衡点はマクロ経済をより包括的にとらえた均衡をあらわしていることがわかります。

　ただしここで留意すべきことは、このようにして得られた均衡点 E_0 が、決して長期的に維持しうる均衡点ではなく、あくまで一時的な均衡点であるということです。これは、完全雇用水準ではないからです。

名目賃金の伸縮性と完全雇用命題

　図9-5の E_0 点は、財市場、貨幣市場、労働市場が同時に均衡しており、かつ企業の供給計画が予定どおり実現（販売）しうる点として描かれているのですが、労働者はやがて均衡点 E_0 が錯覚にもとづく均衡であることに気づきます。なぜなら、E_0 点では $Y_0 < Y_F$ なのでやがて物価が下がりはじめ、人々は現実にあわせて期待を調整せざるをえないからです。どういうことかというと、図の中の総供給曲線 AS は、予想物価水準が P_0 のもとで描かれています（(1)式をみよ）。総需要曲線 AD との交点で均衡となっている E_0 点では物価水準が P_1 となるので、期待が調整されて新しい予想物価水準は P_1 になり、今度は F_1 点を通る総供給曲線 A_1S_1 へと下方にシフトします。そうすると、新しい均衡点は E_1 になりますが、依然として完全雇用 GDP である Y_F よりも小

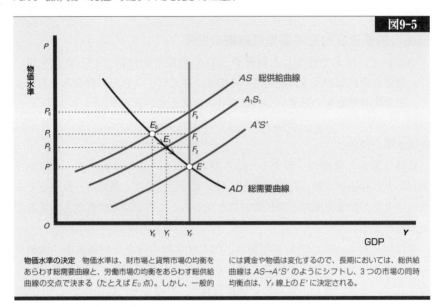

図9-5

物価水準の決定 物価水準は、財市場と貨幣市場の均衡を あらわす総需要曲線と、労働市場の均衡をあらわす総供給 曲線の交点で決まる（たとえば E_0 点）。しかし、一般的 には賃金や物価は変化するので、長期においては、総供給 曲線は $AS \rightarrow A'S'$ のようにシフトし、3 つの市場の同時 均衡点は、Y_F 線上の E' に決定される。

さい（$Y_1 < Y_F$）ので、再び予想物価水準が修正されて P_2 になり、新たに F_2 点を通る総供給曲線が描かれるのです。GDP が Y_F よりも小さいかぎり、予想 物価水準 P^e は下方に修正することが必要になり、結果的には、総供給曲線は $A'S'$ まで下方にシフトします。

別の見方をすると、E_0 点での GDP の水準 Y_0 は完全雇用 GDP である Y_F を 下まわっているため、労働市場では働きたいのに働けない（非自発的）失業者 が存在します（Y_F の定義を思い出してほしい。Y_F は完全雇用に対応する GDP の水準であり、それを下まわる GDP では長期均衡が達成されない）。そ の結果、名目賃金が引き下げられ、それとともに物価水準が低下し、やがてそ れが予想物価水準を引き下げるので、総供給曲線 AS は下方にシフトします （$AS \rightarrow A'S'$）。

名目賃金が下落した結果、総供給曲線が下方に（$A'S'$ に）シフトしたとす れば、総供給と総需要が均衡する点はいずれ E' に移ることになります。この とき、物価水準は名目賃金の下落を反映して P' にまで下がっていますし、 GDP も完全雇用を保証する Y_F になっています。つまり、AS を $A'S'$ にまで 押し下げるに十分な名目賃金の低下があるならば、完全雇用は財政金融政策の 助けなしに達成されることになります。E' では $P = P^e$ なので、これ以上 P^e が変化する必要はなく、長期的な均衡が保たれるわけです。

この「完全雇用命題」はもともと古典派やマネタリストによって主張されて いたもので、すべての価格（賃金も含む）が伸縮的であれば、マーケット・メ

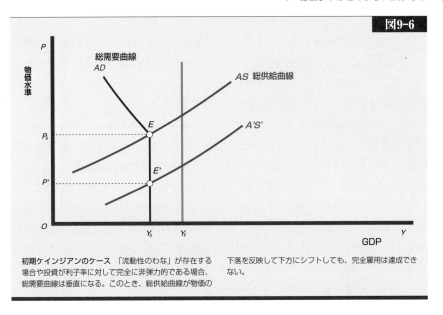

図9-6

初期ケインジアンのケース 「流動性のわな」が存在する場合や投資が利子率に対して完全に非弾力的である場合、総需要曲線は垂直になる。このとき、総供給曲線が物価の下落を反映して下方にシフトしても、完全雇用は達成できない。

カニズムを通じて、完全雇用が自動的に達成されるという命題です。またこの命題は、財政金融政策が無効であるとする根拠になっていました。

初期ケインジアンの議論

このような、長期的な見地からの完全雇用命題に対して、「たとえ価格が伸縮的であったとしても非自発的失業はなくならない（したがって総需要管理政策は長期的な意味においても依然として必要である）」と主張したのが、いわゆる「初期ケインジアン」と呼ばれる人たちです。初期ケインジアンは、流動性のわなが存在する場合や、投資や消費が利子率に対して完全に非弾力的である場合—5を想定し、そのような場合にはたとえ賃金や物価が完全に伸縮的であっても、自動的に完全雇用は達成できないことを主張したのです。

このような場合、総需要曲線が図 9-6 にみられるように、垂直な部分（EY_0）をもつ（総需要が一定以上は増えない）であろうことを容易に示すことができます。そのためには、

（ⅰ）流動性のわなが存在する場合には、物価水準の下落があっても LM 曲線は右方にシフトするだけで下方にシフトせず、Y は増加しない（図 6-10 参照）。

5—「流動性のわな」については p.138 参照。また、投資や消費が利子率に対して完全に非弾力的であるとは、利子率が低下しても投資や消費がまったく増えない状況をいう。

(ii) 投資や消費が利子率に対して完全に非弾力的であれば、*IS* 曲線が垂直に
なるため、たとえ物価水準の下落があって *LM* 曲線が下方にシフトして
も、*Y* が増加しない（図 6-11 参照）

ということを思い出すことができれば十分です―6。

　さて、総需要曲線が図 9-6 のように垂直な部分をもつとき、どのようなこと
が起こるでしょうか。いま、均衡点は図中 *E* 点にあるとします。伸縮的価格
の仮定のもとでは、名目賃金が下がり、前と同じように総供給曲線 *AS* はたと
えば *A'S'* の位置にシフトしますが、これに対応する新しい均衡点は *E'* です。
しかし、このときの実質 GDP は依然として Y_0 にとどまり、したがって完全
雇用命題は伸縮価格の経済においても成立しないということになるのです。し
かし、ここで注意すべきことは、新しい均衡点 *E'* が依然として一時的な均衡
点 Y_0 にとどまっており、価格が伸縮的であれば総供給曲線はさらに下方にシ
フトしつづけるであろうということです。

ピグー効果

　このように初期ケインジアンのケースの場合、価格が伸縮的であれば、名目
賃金は失業の存在を反映して永久に下がりつづけることになります。また、そ
の結果として、物価水準も永久に下がりつづけるという、いささか異常な事態
が発生します。

　古典派の大御所（おおごしょ）―7ともいうべき経済学者ピグーは、物価水準が永久に下が
りつづけることはありえないことを証明するために、いわゆるピグー効果の存
在を指摘しました。ピグー効果（Pigou Effect）とは、人々が保有する実質貨
幣残高が大きくなればなるほど、それにともなって需要（消費、投資）も大き
くなる現象のことで、別名「実質残高効果」（Real Balance Effect）とも呼ば
れています―8。実質貨幣残高 $\dfrac{M}{P}$ は、*M* が一定であっても、*P* が下がると明

6―読者はなぜ流動性のわなや、利子率に対して完全に非弾力的な投資が総需要曲線を垂
　直にするのか、自ら *IS-LM* 曲線から総需要曲線を導出するプロセスを復習しながら
　確認してほしい。
7―その道の大家（たいか）。第一人者（だいいちにんしゃ）とされる人。
8―これに対して、1980 年代後半のバブル経済の時期に発生した地価や株価の高騰が投
　資や消費に与えたプラス効果はしばしば「資産効果」（Asset Effect。株式や不動産と
　いった資産の価格や資産残高の実質価値が上昇することで、その保有者が消費や投資
　を増やすというもので、保有している資産が多いほど消費や投資が大きくなる）と呼
　ばれている。バブル崩壊にともなう株式や土地価格の大幅な低下は「逆資産効果」を
　生んだが、その結果、90 年代の不況が長期化したことはよく知られている（逆資産
　効果とは、資産の価格や資産残高の実質価値が低下することで、消費や投資が減少し
　てしまうというもの）。

らかに増加します。実質貨幣残高は人々の財産保有の一形態ですから、その増加は人々がそれだけ豊かになったことを意味するでしょう。その結果、消費や投資が刺激されるとするのがピグー効果の考え方です。

　ところで、もしピグー効果を考慮するとすれば、物価の下落につれて、IS曲線が右上方にシフトしつづけるため、総需要曲線も（垂直部分も含めて）どんどん右方向にシフトしますから、やがて完全雇用GDPが達成されることになるでしょう。したがって、初期ケインジアンのケースでも、ピグー効果を認めるかぎりは、価格が調整しつくされた長期においては、完全雇用命題は依然として成り立つことになります。

財政政策の効果

　財政政策が経済に与える効果については、6章でもふれましたが、ここでもう一度、総需要曲線と総供給曲線のグラフを使って、確認しておきましょう（図9-7）。総需要曲線と総供給曲線を使えば、総需要管理政策と物価の変動のあいだの関係を明示的に分析できるという利点があります。

　さて、拡張的な財政政策がとられると IS 曲線が右上方にシフトし（$IS \rightarrow IS'$）（図の①）、その結果、総需要曲線も AD から AD' へ右上方にシフトします（図の②）[9]。このとき物価が P_0 のまま変化しないあいだは、IS' と LM の交点は E_0 となり、所得は Y_F を超えることになります。しかし、E_0 点は均衡点ではありません。なぜなら、そこでは物価水準が P_0 のもとでは総需要が総供給を上まわっているからです。

　総需要と総供給が一致するためには、物価水準が P_0 から P' に上昇する必要があります。このとき、均衡 GDP はちょうど Y_F に一致します。なお、物価水準が P_0 から P' に上昇するため、LM 曲線は LM' の位置へと左上方にシフト（図の③）し、IS' と LM' の交点も E' に変化する点に注意してください。

　この図9-7から、結局、財政政策の効果は、

　（ⅰ）実質 GDP や雇用が増大する。

　（ⅱ）利子率が上昇する。

　（ⅲ）物価水準が上昇する。

の3点に整理できることになります。

9—IS 曲線が IS から IS' の位置にシフトすれば、AD 線も AD' にシフトする。なぜか。
　読者はこのことを図9-1を使って確かめてほしい。

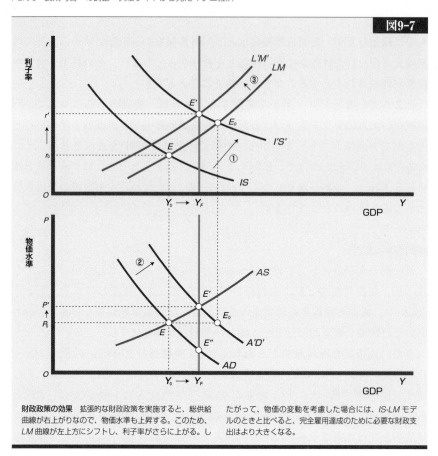

財政政策の効果　拡張的な財政政策を実施すると、総供給曲線が右上がりなので、物価水準も上昇する。このため、LM曲線が左上方にシフトし、利子率がさらに上がる。し　　たがって、物価の変動を考慮した場合には、IS-LMモデルのときと比べると、完全雇用達成のために必要な財政支出はより大きくなる。

　6章では、物価水準を外生変数としていたため、物価の変動を含む財政政策の効果が十分明確に分析されなかったのですが、本章においては物価水準決定の理論をもとに、物価水準と財政政策の関係を明示的に取り扱うことができたわけです──10。

金融政策の効果

　同じようにして拡張的な金融政策の効果について考えますと、まずマネーストックの増大によって LM 曲線が、図9-8における $LM \rightarrow L_0M_0$ へのシフト（図の①）であらわされるように、右下方に移動します。このときの IS 曲線と LM 曲線の交点は E から E_0 へ移ります。しかし、E_0 点が均衡点ではないと

10──たとえば、6章の図6-8はこの点を考慮すれば訂正を要する。すなわち、財政政策の結果、物価が上昇し、LM曲線が左上方にシフトするため、完全雇用を達成するために必要となる財政支出の額はさらに大きくなるからである。

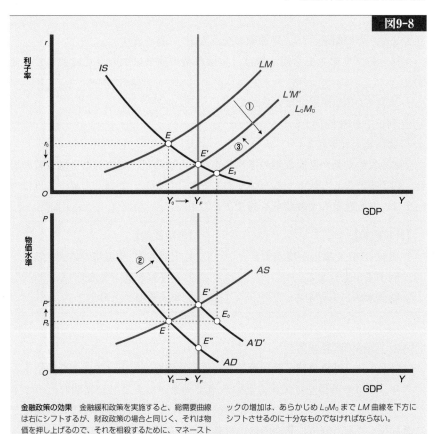

金融政策の効果　金融緩和政策を実施すると、総需要曲線
は右にシフトするが、財政政策の場合と同じく、それは物
価を押し上げるので、それを相殺するために、マネースト
ックの増加は、あらかじめ L_0M_0 まで LM 曲線を下方に
シフトさせるのに十分なものでなければならない。

いうことは明らかです。というのは、E_0 は、金融政策が発動された後、いま
だ物価水準が変化していない場合の GDP と利子率の組み合わせを示している
にすぎないからです。拡張的な金融政策がとられますと、LM 曲線が右下方に
シフトし、その結果、総需要曲線も右上方にシフトする（図の②）でしょう
—11。物価水準が P_0 の水準で変化しなければ、このときの総需要は図 9-8 の
下段図の E_0 点であらわされます。

　しかし、物価水準が P_0 のもとでは、財政政策の場合と同様、E_0 は超過需要
の状態なので、やがて物価水準は P_0 から P' へ上昇するでしょう。その結果、
新しい均衡点は E'、均衡 GDP は Y_F になります。このとき、物価上昇を反映
して、LM 曲線が $L_0M_0 \rightarrow L'M'$ へシフトする（図の③）ことはいうまでもあ

11—図 9-8 では、$AD \rightarrow A'D'$ へのシフトとして書き入れてある。読者はここでも LM 曲
　　線のシフトがなぜ需要曲線をシフトさせるのかについて、図をもとに考えてみて
　　ほしい。

りません。その結果、*IS-LM* 曲線の交点も *E′* に移ります。

　これらのプロセスを考慮すれば、金融政策の効果は次の 3 点に要約できます。

（i）実質 GDP や雇用を増大させる。

（ii）利子率を引き下げる。

（iii）物価を上昇させる。

　金融政策の効果が財政政策のそれと異なるところは、拡張的な金融政策の場合、利子率がむしろ低下するということです。しかし、物価が上昇する点については、財政政策も金融政策も同じことです。

【財政政策】	【金融政策】
1. 実質 GDP や雇用が増大する。	1. 実質 GDP や雇用が増大する。
2. 利子率が上昇する。	2. 利子率が低下する。
3. 物価水準が上昇する。	3. 物価水準が上昇する。

問題は「価格の調整速度」

　このように、財政政策・金融政策ともに、物価を押し上げることを覚悟するかぎり、雇用や所得を拡大するという点で効果があることが判明したのですが、もし価格（名目賃金を含む）が伸縮的ならば、なにも総需要管理政策などに頼らなくても、経済は長期的には自動的に完全雇用を達成するはずです。しかし、現実的な問題として経済政策を考える場合、価格（とくに名目賃金）は本当に伸縮的（とくに下方に向けて）であるのか、また、たとえ伸縮的であるとしても、その変化のスピードはどのくらいであるのか、が重要なポイントになってくるわけです。

　実際に失業している人にとっては、1 日も早く職につきたいと思うのは当然です。しかし、そのとき経済学者が、「心配しなくてよろしい。マーケット・メカニズムが働いて、いずれあなたは職を得るでしょう」と失業者をなぐさめたとしたら、その失業者はどんな反応をみせるでしょうか。反対に、別の経済学者がやってきて、「マーケット・メカニズムはいずれは失業を解消するかもしれないが、そんな悠長（ゆうちょう）なことをいっている場合ではありません。多少物価は上昇するかもしれないが、もっとすばやくあなたが職につくことができるよう、国債を発行するとか、利子率を下げるなどの手を打つように政府に進言しましょう」と失業者をはげましましたとしたらどうでしょうか。

　結局のところ、問題となるところは、2 人の経済学者が使った「いずれ」と

いう言葉の具体的な意味がどうなのか（どの程度の期間を指すのか）、という
ことです。価格の調整速度が非常に速いのであれば、完全雇用は短期間に達成
されるでしょうから、政策の介入がただ物価上昇を招いたり、クラウディング
アウト—12をもたらしたりするだけで、なんの利益ももたらさないことは明ら
かです。この場合、2人の経済学者のうち前者の主張が説得力をもつことも明
らかでしょう。しかし、価格の調整速度が遅いと、失業は長期間解消されませ
ん。失業が長期間解消しないということは、いろいろな意味で社会的な損失を
発生させます。したがってそのような場合、積極的な政策介入によって失業解
消の短期的実現をはかることが重要な政策的意味をもってくるのです。この意
味で、ケインズ的な総需要管理政策が有効であるかどうかは、価格の調整速度
についてどのような評価をくだすかということにかかっているといえるので
す。

本章のポイント

●総需要曲線は、マクロ経済全体の総需要と一般物価水準の右下がりの関係を示し、
　IS-LM 曲線から導き出すことができます。

●硬直的価格にもとづくケインジアン・モデルにおける総供給曲線は、水平な直線
　として描くことができます。それに対して、伸縮的価格にもとづく古典派の総供
　給曲線は、完全雇用水準で垂直に立つ直線であらわせます。

●「労働者錯覚モデル」では、労働者が名目賃金の変化を実質賃金の変化と一時的
　に錯覚するために、労働供給量が変化すると考えます。このモデルでは、予想よ
　りも物価水準が高く（低く）なったときには、生産量が完全雇用水準よりも大き
　くなる（小さくなる）ことが示されます。これによって、短期の総供給曲線は物
　価水準と総供給のあいだの右上がりの関係としてあらわされることが導き出せま
　す。

●物価水準は、総需要曲線と総供給曲線が交わるところで決定されます。

●拡張的な財政政策は、短期的に GDP や雇用の増加、利子率の上昇、物価の上昇を
　もたらします。一方、金融緩和政策は、短期的に GDP や雇用の増加、利子率の低
　下、物価の上昇をもたらします。

12—拡張的な財政政策が行なわれて利子率上昇したときに、民間投資を一部減少させて
　　しまう現象。6章を思い出されたい。

理解度チェックテスト

空欄に適当な語句を入れなさい。

1. 硬直的価格にもとづくケインジアン・モデルにおける総供給曲線は（　　　　）として描くことができる。

2. 価格が完全に伸縮的な世界を想定している古典派の総供給曲線は（　　　　）の産出量水準を通る（　　　　）として描くことができる。

3. 短期の総供給曲線を導出する労働者錯覚モデルでは、物価が上昇したときは実質賃金が（　　　　）するものの、労働者にはこの情報がわからないので、同じ労働量を供給する。このとき、企業は労働需要を増やすため、労働の超過需要となり、結局名目賃金が上昇し、労働供給を増やすと考える。その結果、短期の総供給曲線は（　　　　）になる。

4. 物価が下落して人々の保有する実質貨幣残高が大きくなったときに、消費や投資などの需要が大きくなる現象を（　　　　）という。

5. 拡張的な財政政策では、短期的には利子率や物価が（　　　　）し、実質 GDP や雇用を（　　　　）させる。

6. 拡張的な金融政策では、短期的には GDP や雇用を増加させ、利子率を（　　　　）させる。また物価の（　　　　）を引き起こす。

解答：1. 水平な直線　2. 完全雇用 GDP　垂直な直線　3. 低下　右上がり　4. ピグー効果　5. 上昇　増大　6. 低下　上昇

練習問題

計算問題

1. 総需要関数、総供給関数がそれぞれ次のような形であらわされるとする。

総需要関数 $P = 8 - Y$

総供給関数 $P = P^e + (Y - Y_F)$

ここで、P：物価水準、Y：GDP、P^e：労働者の予想物価水準で、当初の値は 8 である。また、Y_F：完全雇用に対応した GDP で、その値は 6 であるとする。単位は適当にとるものとする。

(1) 総需要関数、総供給関数をグラフ上にあらわしなさい。

(2) 均衡物価水準と均衡 GDP を求めなさい。それが長期均衡でないことを確認しなさい。

(3) 長期均衡時の総供給関数を(1)のグラフ上に書き入れなさい。長期均衡物価水準はいくらか。このとき、労働者の予想物価水準が現実の物価水準と一致することを確認しなさい。

(4) 物価水準の下落による長期均衡への移行には時間がかかるとみた政策当局は、景気対策を発動して完全雇用を達成することに成功した。このときの総需要曲線の移動の様子をグラフに書き入れなさい。このときの物価水準はいくらか。また、このときの均衡点が長期均衡であることを確認しなさい。

［留意点］実は本問においては総需要関数を簡素化しているため、均衡点がどんどん変化していっても総需要関数の位置は変化しないと仮定している。しかし、これは厳密にいうと成立しない。なぜならば、物価水準が変化すれば実質マネーストックが変化するため、総需要曲線はシフトするからである。読者は、総需要曲線が IS 曲線と「物価水準の変化によってシフトする」LM 曲線から導出されたことを思い起こされたい。

2. 総需要関数、総供給関数の形状やその他の仮定が前問とすべて同じと仮定する。そのうえで、労働者の予想物価水準が次のような方法で調整され、毎期変化するとする（このような予想形成の仕方を「静学的期待形成」と呼ぶ。次章参照）。

$$P^e = P_{-1}$$

ただし、P_{-1} は前の期に成立した物価水準である。つまり、労働者は、1 期遅れて物価水準に関する情報を手にし、その情報をそのまま今期の予想物価水準に置き換えるということである。

このとき、短期の均衡から出発して長期均衡にいたるプロセスは具体的にどのようになるか。少なくとも 3 期先までの調整の様子をグラフ上に示し、1 期先、2 期先、3 期先の GDP、物価水準を求めなさい。

記述問題

1. 次の諸要因の変化が総供給曲線の位置や傾きにどのような影響を与えるか考えなさい。
   (1) パソコンなどの情報機器の普及によって労働者の生産性が高まった。
   (2) 失業への不安が高まり、労働者の名目賃金切り下げに対する抵抗が小さくなった。
   (3) インターネットなどの利用により、労働者の情報収集能力が飛躍的に増大した。
   (4) 人々が予想する今期の物価水準が低下した。
2. 流動性のわなが存在する場合や、投資が利子率に対して非弾力的である場合の総需要曲線が垂直になってしまうのはなぜか。図を描きながら説明しなさい。

ディスカッションテーマ

1. 2020 年はじめに発生した新型コロナウイルスの感染拡大は、世界経済に深刻な影

響をもたらした。このことを総需要曲線や総供給曲線の概念を使ってどのように説明できるだろうか。

10 :
インフレとデフレ

本章の目的

● インフレーション（インフレ）とは、物価が上昇しつづける状態のことであり、デフレーション（デフレ）とは、物価が低下しつづける状態のことです。

● 総供給曲線と総需要曲線を動学化することで、動学的総供給曲線（インフレ供給曲線）と動学的総需要曲線（インフレ需要曲線）を導き出し、インフレ率が決定されていく様子を明らかにします。

● インフレーションと失業率の関係をあらわす「フィリップス曲線」について説明します。

● マクロ経済学で重要な変数となる「期待」（そのなかでもインフレ期待はとくに重要）の形成がどのように行なわれるかについて考えます。また、マクロ経済学の世界に革命的なインパクトを与えた「合理的期待」の考え方について詳しく解説します。

● インフレーションとデフレーションの社会的な費用を考慮することで、インフレーションとデフレーションの問題点を明らかにします。

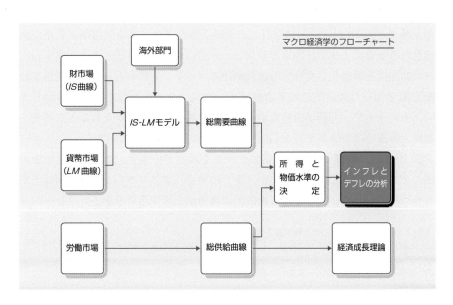

前章では、総供給関数と総需要関数が交わるところで物価水準が決定されることを学びました。そこで学んだのは、ある一時点において物価水準がどのように決まるかを考える「静学―[1]」の世界です。しかし、物価水準は常に変化していますし、経済動向の把握のために物価に注目するとき、関心をもつべきは物価水準そのものより、物価水準の変化率（すなわち、「動学」の世界）であることが多いかと思われます。次のような2つの例を考えてみましょう。

① 現在の物価水準が106（基準年 = 100）、前年は105であった（物価上昇率は約1%）―[2]。

② 現在の物価水準が106（基準年 = 100）、前年は96であった（物価上昇率は約10%）―[3]。

2つの例とも、現在の物価水準が106という点は同じですが、物価上昇率は大きく異なります。物価上昇率に注目すると、①はとくに問題になるようにはみえませんが、②は物価が高騰しています。しかも、基準年に比べ、前年の物価は96まで下落していました。かなり物価が不安定で、乱高下していることがみて取れます。単に現在の物価水準が同じだからといって、マクロ経済の状況も同じではないことが読み取れます。このように、インフレーションを議論するときには、物価の「水準」ではなく、物価の「変化率」を問題にする必要があります。すなわち、「静学的アプローチ」よりも「動学的アプローチ」が重要となってくるわけです。

本章では、「物価水準とGDPの関係」に注目した前章の議論をすすめ、「物価上昇率とGDPの関係」に注目し、どのようなメカニズムで物価上昇率が決定されるかを考えます。本章で学ぶことを先に述べておきましょう。まず、①総供給曲線を動学化した動学的総供給曲線（インフレ供給曲線）と、総需要曲線を動学化した動学的総需要曲線（インフレ需要曲線）をそれぞれ導出します。そのうえで、②動学的総供給曲線と動学的総需要曲線が交わるところで、物価上昇率（インフレ率）とGDPが決定されることをみていきます。

図10-1は、物価上昇率の時系列データを示しています。ここでは日米2カ国のデータしか示していませんが、多くの場合、アメリカのように物価は上がりつづけています。このような継続的に物価が上昇する状態をインフレーショ

1―p.8 の「静学的アプローチと動学的アプローチ」参照。

2―正確には、0.95%になる。これは、$\frac{106-105}{105} \times 100 \fallingdotseq 0.95$ の計算から求めることができる。

3―正確には、10.4%になる。これは、$\frac{106-96}{96} \times 100 \fallingdotseq 10.4$ の計算から求めることができる。

(%)

アメリカ

日本

1980 1982 1984 1986 1989 1991 1993 1995 1998 2000 2002 2004 2007 2009 2011 2013 2016 2018 (年)

図10-1

日米のインフレ率の推移（1980年1月〜2020年4月、前年同月比）　物価変動率の推移を時系列で見ると、多くの場合、米国のように物価の上昇（インフレーション）が常態であるが、日本では90年代後半以降、物価の下落がつづくデフレ的（デフレーション）状況がつづいてきた。
出所：総務省

Ch.10
Part 3

ン（インフレ）と呼びます。一方、日本では、近年、物価は下がる傾向にありました。この状態はデフレーション（デフレ）と呼びます。21世紀に入ったころから日本ではデフレが常態化してきています。欧米各国のデータをみていると、最近になってインフレ率が低下し、デフレに傾きつつあるようにみえます。ただし、物価の変化率のことを通常はインフレ率と呼びますし、今後の説明でもそのように呼ぶことにします。この呼び方にしたがえば、デフレはマイナスのインフレ率ということになります。

10-1　動学的総供給曲線

　まず、総供給曲線を動学化した動学的総供給曲線（インフレ供給曲線）について説明しましょう―4。前章で得られた総供給関数は次のような形をしていました。

$$P = P^e + \alpha(Y - Y_F)$$

この式の両辺から前期に実現した物価水準 P_{-1} を差し引いてみましょう。下付き添字の−1（マイナス1）は前期（1期前）の実績値を示します。

4―本書の旧版（第4版以前）では、動学的総供給曲線のことを、インフレ供給曲線と呼んでいた。インフレ率と供給側からみたGDPの関係をあらわす曲線ということで、このように呼んでいたが、最近では海外の教科書を含め、動学的総供給曲線（英語ではDynamic Aggregated Supply Curve）という呼び名が定着してきている。後述する動学的需要曲線（インフレ需要曲線）についても同様である。

$$P - P_{-1} = P^e - P_{-1} + \alpha(Y - Y_F) \tag{1}$$

(1)式の左辺（$P - P_{-1}$）は今期の物価上昇、すなわちインフレーションの程度を示しています。また、（$P^e - P_{-1}$）は前期に実現した物価水準と今期の予想物価水準の差ですから、予想インフレ率、もしくは期待インフレ率であると考えることができます[5]。インフレ率を $\pi = P - P_{-1}$、期待インフレ率を $\pi^e = P^e - P_{-1}$ とあらわすとすれば、(1)式は

$$\pi = \pi^e + \alpha(Y - Y_F) \tag{2}$$

と書き直すことができます。

(2)式が動学的総供給曲線を示す式です。(2)式および図 10-2 からわかることを整理しておきましょう。

（ⅰ）インフレ率 π は、期待インフレ率 π^e の水準が高ければ高いほど高くなる。

その理由は、多くの人が高いインフレ率を予想していると、実際の値付けのさいも価格を引き上げる傾向が強まるからです。たとえば、労働者は賃金交渉をするときに、高いインフレ率を予想すればするほど、賃金の目減りを防ぐために高い賃金水準を要求するはずです。経営者も、インフレになって価格引き上げが容易になると考えると、賃金引き上げにも簡単に応じるでしょう。このように、期待インフレ率が高ければ高いほど、実際のインフレ率も高くなります。

（ⅱ）インフレ率 π は、財市場における需給ギャップ（$Y - Y_F$）が大きければ大きいほど（すなわち、総需要と完全雇用 GDP の差である超過需要が大きければ大きいほど）、高くなる。

需要が強くて、品切れが発生するような経済情勢のときには価格が上がってきますし、不況で物が売れないときには価格は下がり気味に動くからです。

（ⅲ）需給ギャップ（$Y - Y_F$）に対するインフレ率の反応度が高いほど、α の値は大きい。逆に、このインフレ率の反応度が低いほど、α の値は小さい。

5—［本注釈については、数学の苦手な読者は飛ばし読みして差し支えない］（$P - P_{-1}$）、（$P^e - P_{-1}$）をそれぞれインフレ率、期待インフレ率と呼ぶのは厳密には正しくない。なぜならインフレ率、期待インフレ率の厳密な定義は（($P - P_{-1})/P_{-1}$）、（($P^e - P_{-1})/P_{-1}$）だからである。ただし、もし総供給関数をはじめから対数で定義していたならばこの問題は起こらない。なぜなら、対数で定義された物価水準（$\log P$）を時間 t で微分すれば、$d(\log P)/dt = \dot{P}/P$ となるからである。ここで $\dot{P}$ は dP/dt である。総供給関数にでてくる物価水準を対数で定義することには理論的になんら問題がなく、もしはじめからそうしていたならば、それに対応して(1)式の α の値を変えればよかっただけのことである。このような理由から、（$P - P_{-1}$）、（$P^e - P_{-1}$）をそれぞれインフレ率、期待インフレ率と呼ぶことは理論的には重大な問題にはならない。

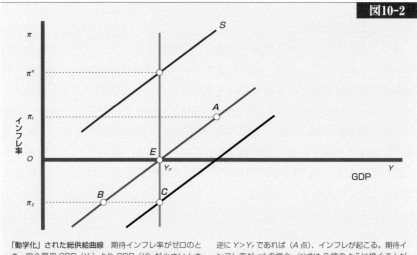

「動学化」された総供給曲線　期待インフレ率がゼロのとき、完全雇用 GDP（Y_F）より GDP（Y）が小さいとき（図の B 点）、インフレ率はマイナス（デフレ）になる。

逆に $Y>Y_F$ であれば（A 点）、インフレが起こる。期待インフレ率が π^e の場合、(2)式は S 線のように描くことができる。

　このことから、α の値は価格の伸縮性の程度を示していると考えることができます。α が大きい経済では、需給ギャップに対して価格がすぐに変化します（価格伸縮性が高い）が、α が小さい経済では需給ギャップがあってもそれほど価格変化は激しくありません（価格が硬直的）。

　α が無限大に大きいと、わずかな需給ギャップに対しても瞬時に価格調整が働いて均衡状態が実現するということですから、これは古典派の世界（経済が常時均衡している世界）をあらわします。逆に、α がゼロであれば、需給ギャップに対して反応がゼロということですから、価格が完全に固定的な素朴なケインジアンの世界になります。現実の α はこれらの中間的な値（$0<\alpha<\infty$）をとると考えられます。すなわち、図 10-2 の S 線（赤色）は、(2)式をグラフ上であらわしたもので、期待インフレ率 π^e と完全雇用 GDP（Y_F）を通る Y の増加関数であらわされます。期待インフレ率がゼロのとき、グラフは下方の青色の線にシフトします。このとき、完全雇用 GDP と期待インフレ率がゼロの点を通ることを確認してください。また、GDP の水準 Y が完全雇用 GDP（Y_F）より小さいとき（B 点）、インフレ率はマイナス（デフレ）になります。逆に $Y>Y_F$ であれば（A 点）、インフレ率はプラス（インフレ）になります。さらに、期待インフレ率がマイナスである場合には黒色の線であらわされているように、完全雇用のもとでもインフレ率はマイナス（デフレ）となってしまいます。黒色の線は、期待インフレ率が π_2 のときの動学的総供給曲線ですが、点 C を通ることを確認してください。

10-2 フィリップス曲線

　次に、インフレーション理論にはかならず登場するフィリップス曲線の説明をしたいと思います。実は、後述しますが、フィリップス曲線は上記で得られた動学的総供給曲線とあらわし方はちがうものの、その実態は同じものです。

　イギリスの経済学者 A. W. フィリップスは、1958 年に発表した論文のなかで、過去約 100 年間（1861～1957 年）のイギリスのデータをもとに、名目賃金の変化率と失業率のあいだに図 10-3 にみられるような右下がりの関係があることを示しました[6]。ここで出てくる賃金は実質賃金ではなく、名目賃金であることに注意してください。

インフレーションと失業のトレードオフ

　この図は、失業率が高ければ高いほど、名目賃金の上昇率は緩やかになる（十分高い失業率に対しては名目賃金が下落する）、あるいは失業と名目賃金の変化率のあいだには「トレードオフ」の関係があることを示しています。トレードオフとは、一方をよくしようとすれば、他方を犠牲にせざるをえないという関係です。つまり、失業率を下げようとすれば、インフレ率が上がるし、インフレ率を下げようとすれば、失業率が上がってしまうというわけです。このような「失業率と名目賃金の変化率のあいだのトレードオフ」関係を発見者の名にちなんで、フィリップス曲線と呼んでいます。

　図 10-4 は、フィリップス曲線をやや抽象化して描き直したものです。図中、u_N は「自然失業率」です[7]。u_N より小さい失業率では、労働に対する需要が供給を上まわり、賃金は上昇すると考えられます（賃金上昇率 $\frac{\Delta w}{w}>0$）[8]。逆に、失業率が u_N を上まわっている状況では、供給が需要を上まわり、賃金は下がりはじめると考えられます（$\frac{\Delta w}{w}<0$）。また、賃金は失業率がちょうど u_N に等しいときには、労働の需給が均衡しているので、変化しないというこ

6—A. W. Phillips, "The Relation between Unemployment and the Rate of Change of Money Wages in the United Kingdom," *Economica* (1958)

7—自然失業率についてはすでに 3 章で解説したが、フリードマンによって名付けられた「完全雇用に対応する失業の水準」で、そこでは、労働の需要と供給が一致している。完全雇用であるのに失業があるというのは矛盾しているようであるが、失業しているのは、自己の意思にもとづいてより良い職場を得るために職探しをしているか、単にひとつの仕事からほかの仕事へ移るプロセスのなかにいる労働者（自発的失業者）にかぎられている。別のいい方をすれば、自然失業率とは、現在の賃金で働きたい人はすべて雇用されており、いわゆる「非自発的失業者がいない状態」における失業率のことである。

8—Δ はデルタと読み、変化量をあらわす。Δw は賃金の変化量で、$\Delta w/w$ は賃金の変化率をあらわしている。

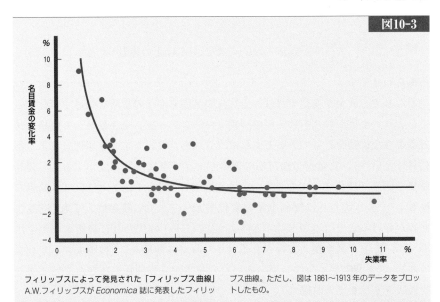

図10-3

フィリップスによって発見された「フィリップス曲線」
A.W.フィリップスが *Economica* 誌に発表したフィリッ

プス曲線。ただし、図は1861〜1913年のデータをプロットしたもの。

図10-4

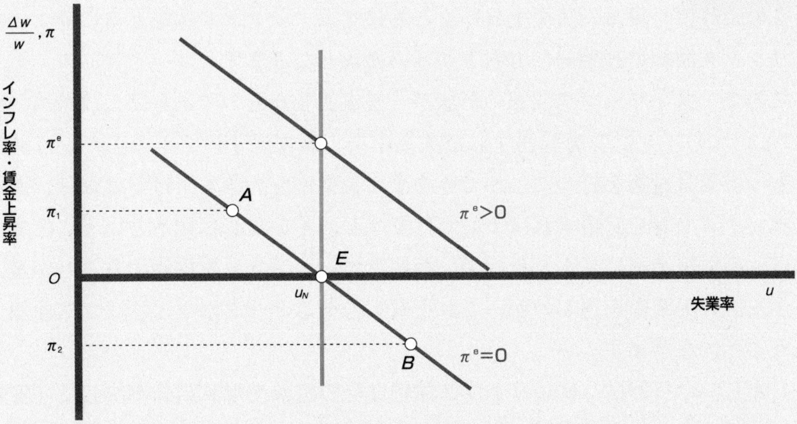

物価版フィリップス曲線　自然失業率 u_N より失業率が高いと、賃金が下がり（B 点）、逆に自然失業率よりも失業率が低いと、賃金が上昇する（A 点）。賃金上昇率とインフレ率のあいだに、一定の関係があれば（たとえば

$\Delta w/w = \pi$）、AEB であらわされるフィリップス曲線は、期待インフレ率がゼロのときの物価版フィリップス曲線である。期待インフレ率が $\pi^e (>0)$ のとき、物価版フィリップス曲線は図のように上方にシフトする。

とになります（$\frac{\Delta w}{w} = 0$）。ここで、労働の需給ギャップ（$u - u_N$）が大きければ大きいほど、賃金の変化率（$\frac{\Delta w}{w}$）が小さくなると考えられますので、フィリップス曲線は右下がりになります。このとき、フィリップス曲線は、

$$\frac{\Delta w}{w} = -\delta(u - u_N) \quad (\text{ただし、} \overset{\text{デルタ}}{\delta} \text{は正の定数}) \tag{3}$$

とあらわせます。

　ところで、賃金が変化すれば、当然、製品価格がその影響を受けて変化するでしょう。企業がコストに一定の利潤（マークアップ）を上乗せして価格を付けるような行動をとっているとすれば（これを「マークアップ原理」による価格付けという）、賃金が労働市場の需給ギャップを反映して変化すると、製品価格も同率で変化するでしょう。したがって、図 10-4 のフィリップス曲線の縦軸（$\frac{\Delta w}{w}$）の代わりに物価水準の変化率（$\pi = \frac{\Delta P}{P}$）で置き換えても、同様の曲線が描けることになります。このように、（$\frac{\Delta w}{w}$）の代わりに物価水準の変化率（$\pi = \frac{\Delta P}{P}$）で置き換えて得られるフィリップス曲線を、「物価版フィリップス曲線」（失業率とインフレ率のあいだの右下がりの関係）と呼んでいます。物価版フィリップス曲線は

$$\pi = -\phi(u - u_N) \quad (\text{ただし、} \overset{\text{ファイ}}{\phi} \text{は正の定数}) \tag{4}$$

と書くことができます。

　このように、縦軸に賃金上昇率をとるにせよ、インフレ率をとるにせよ、フィリップス曲線は理論的にも右下がりの曲線となります。

　ここで、フィリップス曲線の形状が「安定的」なものであれば、政策当局は「これだけのインフレを覚悟すれば失業率をこれだけ下げられる」という確信をもって景気対策を打つことができます。失業率を大きく下げたければ、かなり高いインフレを覚悟すればよいわけですし、インフレは困るということであれば、高い失業率に甘んじればよいわけです。インフレを抑制することを選ぶのか、低い失業率を選ぶのか、これを選択させるデータがフィリップス曲線ということになります。

　しかし、今日では、フィリップス曲線はその位置や形状自体が決して「安定的」ではなく、時とともに上下にシフトし、傾きが変化することが知られるようになっています。フィリップス曲線が「不安定」なのは、人々の将来のインフレ率に対する期待（期待インフレ率）が時として激しく変化するからだと考えられています。人々のインフレ期待が大きく動くことになると、フィリップス曲線も上下にシフトすると考えられます。なぜでしょうか。

「期待インフレ率」の変化がフィリップス曲線をシフトさせる

　期待インフレ率が変わるとフィリップス曲線がシフトするのは、人々の行動が将来の経済状況に対する予想（期待）に依存するからです。将来、不況がつ

づくと考えれば、人々の消費は減り、ますます不況になるかもしれません。逆に将来がバラ色であれば、消費が必要以上に盛り上がり、バブルになるかもしれません。このように、人々が将来に対してどのような期待をもつかによって、現実の経済は大きな影響を受けることになるのです。

　フィリップス曲線の話に戻りますと、労働者が本当に関心をもっているのは、時給が1000円だとか、月給が50万円であるといった「名目賃金」ではなく、これらの名目賃金を物価水準で評価し直した実際の購買力を示す「実質賃金」です。つまり、月給が倍増して50万円から100万円に上昇したからといって、物価が1年で2倍になるのであれば、実質的な購買力（実質賃金）は変化しません。すなわち、月給が50万円で、インフレがまったく起こらない場合の実質賃金とまったく同じです。

　このことをより深く理解するために、次のような例を考えてみましょう。いま、失業率が自然失業率 u_N の水準にあるとし、かつ人々が5％の物価上昇率を予想しているとします。その場合、現在の賃金のままで、今期賃上げが行なわれないとすると、物価が上昇するため、実質賃金（購買力）は5％下がることになりますから、労働者は賃金改定交渉にあたっては、もとの実質賃金を維持するために、少なくとも5％の賃上げを要求するでしょう。企業のほうも、物価水準が5％上昇すると予想される状況のもとでは、自己の製品価格を5％値上げすることは、自己の製品の競争力を相対的に悪化させないと考えますから、5％の賃上げ要求を比較的簡単に受け入れるものと思われます。その結果、実際の物価水準も5％上昇することになります。

　5％の賃上げが実現し、物価もそれに見合って5％上がるならば、実質賃金は変化しませんから、労働者は同じ量の労働供給をしつづける（失業率は変化しない）と思われます。その結果、失業率の大きさも自然失業率 u_N の水準で変わらないのです。つまり、労働市場が均衡するときには（あるいは同じことですが、総供給 Y が Y_F に一致するときには）、期待インフレ率（$\pi^e=5$％）と実際のインフレ率（$\pi=5$％）が自然失業率（u_N）のもとで一致するということになります。

　また、労働市場が超過需要（$u<u_N$）の状態にある場合には、期待インフレ率に相当する賃金引き上げだけだと実質賃金が十分には変化しないため、労働市場の超過需要が改善されません。したがって、このときには、名目賃金が予想物価上昇率の5％より高い伸び率（たとえば8％）を示すと考える必要があります。そうすると、実質賃金は差し引き3％上昇することになりますから、企業は採用をいくぶん手控えるでしょう。他方で、働きたいという人が増える

でしょう。その結果、失業率が上昇し、労働需給は均衡の方向に改善されることになります。

逆に、労働市場で超過供給（$u > u_N$）があるときには、名目賃金の伸び率は予想物価上昇率の5％より低い伸びしか実現しないでしょう。

要するに、以上の議論から明らかなことは、物価上昇率が π^e であると期待（予想）されるときには、フィリップス曲線は「期待」が考慮されていない場合に比べて、π^e だけ上方にシフトし、しかももとのフィリップス曲線と同じ右下がりの傾きをもっているだろうということです。図 10-4 には、期待インフレ率がそれぞれ0％、π^e％の場合のフィリップス曲線が描かれていますが、ここでは、現実の物価上昇率は、期待インフレ率にも依存して決定されるということに留意する必要があるのです。

以上の議論から、いまや「期待」を考慮したフィリップス曲線は

$$\pi = \pi^e - \phi(u - u_N) \tag{5}$$

という式であらわされることがわかります。

オークンの法則

さて、賢明な読者は図 10-2 の動学的総供給曲線と図 10-4 の物価版フィリップス曲線の図が似ていることに気づかれたのではないかと思います。両図とも縦軸はインフレ率がとられている反面、横軸は図 10-2 では GDP、図 10-4 では失業率となっています。実は、失業率と GDP のあいだには、「オークンの法則（Okun's Law）」と呼ばれる関係があります。オークンの法則は、労働市場と財市場が密接に連動していることから「（財市場で物がよく売れて）GDP の水準が上昇するときには労働需給がひっ迫して失業率が低下し、逆に、（財市場が不景気で）GDP が低下するときには労働需給がゆるみ失業率が上昇する—9」という法則です—10。つまり、「GDP と失業率は逆相関する」ということです。このような関係は、大まかにはどの経済においても成立しているとみてさしつかえないと思われます。

9—ひっ迫というのは、余裕がなくなるという意味。労働需給がひっ迫するというのは、労働供給に対して労働需要が高まり、労働市場では人手不足になるということ。また、労働需給がゆるむというのは、逆に労働市場では人手が余るということ。

10—オークンの法則については A. M. Okun, "Potential GNP: Its Measurement and Significance," in Okun's *The Political Economy of Prosperity*, W. W. Norton and Company（1970）をみよ。また、オークンの法則が現実にどの程度満たされるかについては様々な実証研究がある。たとえば、アメリカについては R. Gordon, "Unemployment and Potential Output in the 1980s," *Brookings Paper on Economic Activity*（1984）がある。

　そうであるとすれば、図10-2と図10-4は実は中身は同じであるということがわかります。すなわち、「フィリップス曲線と動学的総供給曲線の意味するところは同じ」ということであり、フィリップス曲線の形状やシフトについて議論するということは、動学的総供給曲線の形状やシフトについて議論していることと同じことになります。

インフレ期待の形成

　これまでみてきたように、インフレーションの理論では期待インフレ率が大きな役割を果たします。それでは、インフレーションに対する期待（予想）はどのようにして形成されるのでしょうか。

　いうまでもなく、期待というものはあくまで個人の主観的な判断・感性にしたがって形成されるものです。しかし、人間の主観、感情、衝動などはなかなか合理的に説明がつかないことが多いものですから、経済学者が期待形成についての精密な理論を構築することは、非常にむずかしい仕事であるといわなければなりません。ここでは、「適応的期待」、「静学的期待」、「合理的期待」といった仮説について説明します。以下を読んでいただくとすぐにわかることですが、わかりやすさ、実証分析のしやすさ、理論的な整合性などの面で、それぞれの仮説に一長一短があるといった状況です。

(1) 適応的期待形成

　このなかでおそらく最もわかりやすい期待形成の方法は、過去何年間かの物価上昇率の傾向（トレンド）をふまえて、それを加重平均することで予想を立てるという方法です。このような期待形成の方法を「適応的期待形成」といいます。適応的期待形成においては、予想は過去のデータからつくられます。

　たとえば、読者が過去3年間のインフレのデータをみて、今年のインフレ率の予想を立てるとします。過去3年間のインフレ率について、昨年が6％、2年前が10％、3年前が5％だったとします。また、3年間のウェイト付けを、たとえばそれぞれ0.5、0.3、0.2とすると、今年の予想されるインフレ率は

$$\pi = 0.5 \times 6\% + 0.3 \times 10\% + 0.2 \times 5\% = 7\%$$

すなわち、7％ということになります。ここで、各時期に付けられるべきウェイトの大きさは、過去の実績を分析してある程度推測することができます。また、ここでは3年間のデータを使うケースを取り上げましたが、もっと長期のデータを使うことも可能です。

⑵ 静学的期待形成

　適応的期待形成を最も単純化した期待形成が「静学的期待形成」です。前節でも取り上げたように、「期待インフレ率が１期前に実現したインフレ率に等しくなる」と仮定するというものです。つまり t 期の期待インフレ率（π_t^e）を

$$\pi_t^e = \pi_{t-1} \tag{6}$$

と考えるのです。上記の例では、昨年のインフレ率６％が今年もつづくと考え、それ以上過去のデータは使わないということです。このような期待形成は単純すぎて、実際にはあまり役に立ちません。しかし、マクロ経済理論を単純化し、そのエッセンスをつかもうとするには、「静学的期待形成」はかなり役に立ちます。

　静学的期待形成と適応的期待形成を比較すると、モデル上で変わる唯一の点は、適応的期待形成を使った場合、予想が現実に調整される速度が遅くなるということです。なぜなら、適応的期待形成の場合には、人々は直近の情報といえどもただちに信じず、過去からのトレンド全体をながめて調整を行なうため、調整に時間がかかるのです。ここで、静学的期待形成を採用する理由は、ただ単にそうすることによってインフレーションの理論のエッセンスを単純なフレームワークで理解できるようになる、ということだけです。

⑶ 合理的期待形成

　適応的期待形成のように、インフレ率だけをデータとして利用するのではなく、それ以外にインフレ率に影響を与えそうなすべての情報（中央銀行の金融政策、為替や景気の動向など）を活用して予測をする方法が「合理的期待形成」です。以下で述べるように、このような期待形成の仕方が適応的期待形成や静学的期待形成に比べてより「合理的」であることは明らかです。1970 年代後半に登場した合理的期待形成の考え方がマクロ経済学に与えた影響はきわめて甚大でした。ただし、1970 年代以降のマクロ経済学にきわめて大きな影響をもたらした合理的期待形成理論の詳細については、ここではこれ以上深入りせず、本章の後半部分でより詳しく解説することにします。

10-3　動学的総需要曲線とインフレ率の決定

　次に、動学的総需要曲線について説明します。物価水準が総需要曲線と総供給曲線の交わるところで定まるように、物価上昇率（インフレ率）は動学的総需要曲線と動学的総供給曲線の交点で決まります。

動学的総需要曲線

動学的総需要曲線は総需要曲線のシフトから導くことができます。動学的総需要曲線とは、物価上昇率と総需要（需要側からみた GDP）の間の関係を示す曲線のことですが、それが総需要曲線からいかに導かれるかを考えてみましょう。

まず、総需要曲線とは、財市場と貨幣市場を同時に均衡させるような P と Y の関係でした[11]。別のいい方をすれば、それは、$IS\text{-}LM$ 曲線の交点として得られる（需要サイドからみた）GDP すなわち Y と、そのときの物価水準 P のあいだの関係で、一般に右下がりの曲線として描くことができます。これを最も簡単な形であらわすと、

$$P=a-bY \tag{7}$$

となります。ここで切片 a の値は、金融政策や財政政策など、外生変数の大きさによって決まってきます。マネーストックが大きいほど、また財政政策が積極的であればあるほど、a の値は大きくなります。なぜなら、そのような場合のほうが総需要が増えるからです。

前期においても(7)式の関係が成立しているとすれば、

$$P_{-1}=a_{-1}-bY_{-1} \tag{8}$$

が成り立ちます。(7)式から(8)式を差し引けば、

$$P-P_{-1}=(a-a_{-1})-b(Y-Y_{-1}) \tag{9}$$

となり、$\pi=P-P_{-1}$、$m=a-a_{-1}$ と置くと、動学的総需要曲線は(9)式より

$$\pi=(bY_{-1}+m)-bY \tag{10}$$

となります。動学的総供給曲線の場合と同じく、左辺はインフレ率をあらわします。右辺の $(bY_{-1}+m)$ は(10)式のグラフの切片となりますが、これは前期に実現した GDP（Y_{-1}）と財政金融政策のスタンスを示す m の大きさによってその位置が決まります。

財政金融政策のスタンスとは、マネーストックの毎年の伸び率など政策当局が決めているもので、このスタンスを変えないかぎり、m は毎期一定の値をとることになります[12]。もちろん、前期から今期にかけて財政政策や金融政策のスタンスに変化があれば、その分、(10)式の切片は変化します。もし、前期以上に積極的な景気対策が打たれていれば、(10)式の切片の数値は大きくなりますし、緊縮的な政策の場合は、切片の数値が小さくなります。

11—この点が明らかでない読者は、以下を読む前に、9章を復習してほしい。
12—もっとも、近年の金融政策では「（人々の）期待に働きかける」という意図で施策がなされている（15章参照）。

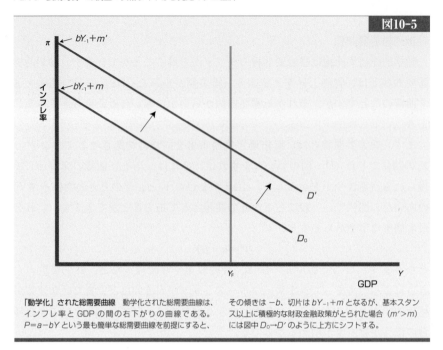

「動学化」された総需要曲線　動学化された総需要曲線は、インフレ率と GDP の間の右下がりの曲線である。$P=a-bY$ という最も簡単な総需要曲線を前提にすると、その傾きは $-b$、切片は $bY_{-1}+m$ となるが、基本スタンス以上に積極的な財政金融政策がとられた場合（$m'>m$）には図中 $D_0 \rightarrow D'$ のように上方にシフトする。

　図 10-5 は(10)式をグラフ化したものです。動学的総需要曲線は縦軸にインフレ率（π）、横軸に GDP（Y）をとったとき、右下がりの直線として描かれます。その傾きは $-b$、切片の値は（$bY_{-1}+m$）です。もちろん、積極的な財政金融政策が期中にとられた場合（$m'>m$）には、切片の値が大きくなるため、この直線は $D_0 \rightarrow D'$ のように上方にシフトします。

　図 10-6 は、動学的総供給曲線 S_0（図 10-2）と動学的総需要曲線 D_0（図 10-5）を同一平面上にあわせて書き入れたものです。この両直線の交点で当期のインフレ率（π_0）と均衡 GDP（Y_0）が決定されます（A 点）。なお、以下の議論を簡単にするため、Y_0 はたまたま Y_{-1} と同じ水準だったとします。問題は、このように決定されたインフレ率と GDP の水準はあくまで短期的なものであり、次期以降には両直線ともにシフトしつづけ、それは完全雇用が実現するまでつづくということです。

長期均衡への調整過程

　なぜ動学的総供給曲線、動学的総需要曲線がシフトしつづけ、完全雇用がやがて達成されるのでしょうか。この完全雇用にいたる調整過程を詳細に説明することはかなり複雑であり、本書の守備範囲を超えるので、ごく簡単に要点の

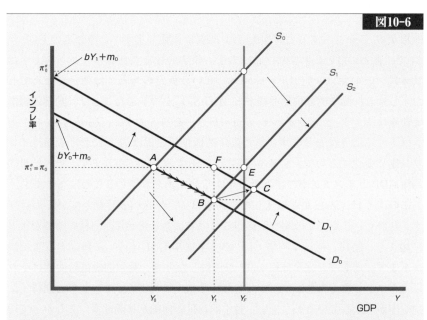

長期均衡への調整　短期の均衡点 A からスタートした経済は期待インフレ率の変化に応じてまず動学的総供給曲線が S_0 から S_1 にシフトする。その結果、均衡点が B に移動し、GDP は Y_0 から Y_1 に増加するため、動学的総需要曲線が D_0 から D_1 に移動する。しかし、このとき期待インフレ率が変化（B 点）するので動学的総供給曲線は S_2 にシフトする。このため、均衡点はさらに C に移動する。このような調整を経て、やがて経済は E 点に到達する。

みを述べておきます―**13**。

　いま、財政金融政策のスタンス m は不変（$m=m_0$。実はこれは π_0 に等しい）とします。図 10-6 で得られた均衡点 A では、インフレ率は π_0 であり、期待インフレ率 π_0^e を下まわっています。このとき、労働者は次期の期待インフレ率を修正するものと思われます。インフレ率に関する期待形成について、ここでは「t 期の期待インフレ率 π_t^e は前期（$(t-1)$ 期）に実現したインフレ率 π_{t-1} に等しい」と仮定します（静学的期待形成）。すなわち、

$$\pi_t^e = \pi_{t-1} \tag{6}$$

このような仮定のもとでは、次期の期待インフレ率（π_1^e）は π_0 となります（$\pi_1^e = \pi_0$）。このとき、動学的総供給曲線は S_0 から S_1 の位置にシフトします。S_1 は図中 E 点を通っています。なぜでしょうか？　それは $Y=Y_F$ のときには $\pi=\pi^e$ でなければならないからです（(2)式をみてください）。動学的総供給

13―現実には経済の潜在的生産力（完全雇用 GDP）は人口成長、技術進歩、資本ストックの増大などにより、成長していることが多いので、完全雇用 GDP（Y_F）は時間とともに増加するであろう。この点を考慮することは簡単であるが、ここでは議論をわかりやすくするために、経済成長はないものとする。

曲線が S_1 にシフトすると、均衡点は B 点に移動します。このときの GDP は Y_1 で、もとの Y_0 より増大しています。動学的総需要曲線は、とりあえずは $Y=Y_0$、m の値は一定（$m=m_0=\pi_0$）という仮定のもとでは動きませんでした。しかし、動学的総供給曲線が S_0 から S_1 にシフトしたことで、動学的総需要曲線は $Y=Y_1$ と $m=m_0=\pi_0$ の点（F 点）を通るように、D_0 から D_1 に上方シフトすることになります。また動学的総供給曲線は B 点における期待インフレ率に変化するので、S_1 から S_2 にシフトすることになります。その結果、均衡 GDP とインフレ率の組み合わせは C 点であらわされることになります。

　このように、A 点から出発した均衡点は B、C 点へと移動していくわけです。しかし、C 点でこの調整が終わるわけではありません。同様の調整が次々に起こり、結局、経済は均衡 GDP が完全雇用 GDP（Y_F）に到達するまでつづきます。そして、完全雇用 GDP が実現したとき、動学的総供給曲線はそれ以上シフトしなくなります。なぜなら、そこでは現実のインフレ率と期待インフレ率が一致しているからです。動学的総供給曲線が移動せず、したがって均衡 GDP が変化しなくなると、動学的総需要曲線もそれ以上シフトしなくなるため、結局、経済は図中の E 点のように完全雇用が達成された長期均衡に到達することになります。

財政金融政策の発動

　以上、完全雇用が達成されていない経済での長期均衡への調整プロセスをみてきましたが、問題はこのような調整プロセスが完了するまでどれくらいの時間がかかるのかです。これが比較的短期間で終わるのなら、政策当局はなにもする必要がないでしょう。放っておいてもしばらくすれば完全雇用が達成されるのですから。

　しかし、もし調整プロセスが長期間（たとえば 10 年）かかるとしたらどうでしょうか。失業者はそのあいだ景気回復を待ちつづけなければならないかもしれませんし、需給ギャップが大きいために生産設備などが稼働されず、経済的損失が累積していくかもしれません。このようなときには、政策当局による適切な総需要管理政策が必要になります。

　図 10-7 のように、動学的総需要曲線を一気に D_0' の位置にまで引き上げる積極的な景気対策が発動されれば（財政金融政策のスタンスを示す m の値を十分大きくすれば）、経済は瞬時に E' に到達し、完全雇用が達成されます。このようなときには景気対策は正当化される可能性があります。ただし、積極的な経済政策のコストを忘れてはいけません。財政赤字をつづけ、国の関与が

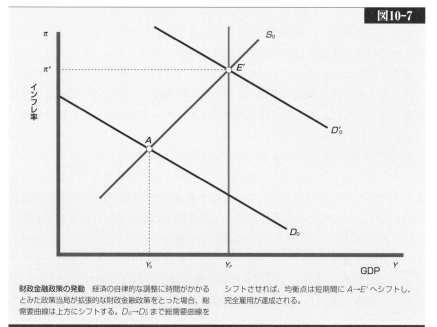

図10-7

財政金融政策の発動 経済の自律的な調整に時間がかかるとみた政策当局が拡張的な財政金融政策をとった場合、総需要曲線は上方にシフトする。$D_0 \to D_0'$まで総需要曲線をシフトさせれば、均衡点は短期間に$A \to E'$へシフトし、完全雇用が達成される。

増えると、長期的には財政赤字が累積したり、公共部門が肥大し、経済が非効率になったりするかもしれません。あるいは、拡張的な金融政策によってインフレが激化する可能性もあります。

10-4 合理的期待形成

「合理的」な期待とは

ここまでの議論で期待形成については、静学的期待形成を仮定してきましたが、静学的期待形成は、あくまで単純化のための仮定でした。合理的な個人ならば、前期に成立したインフレ率を今期の期待インフレ率に置き換えるような幼稚なことはしないでしょう。適応的期待形成は、1期だけのインフレ率の実績を利用するのではなく、過去何年間かのトレンドを利用するという点で静学的期待形成より少しは現実的ですが、しかし、これとて十分緻密な期待形成方法ではなく、静学的期待形成と本質的な差はありません。合理的な個人なら、静学的期待形成や適応的期待形成のように過去のインフレ率だけをみるのではなく、マクロ経済に関する様々な情報を利用しながら期待を形成するはずです。たとえば、中央銀行の金融政策に対するスタンス、財政当局の行動パターン、アジア経済の行方や情報技術の進展、あるいは、コロナ感染拡大にともな

う経済への影響など、将来のインフレ率に多少とも関わりのありそうなことならすべて取り込んで、自分の予想をより正確にしようとするはずです。

このように、単に過去のインフレ率によって今期の期待インフレ率を決めるのではなく、マクロ経済の構造や政策当局の行動など、その時点で入手可能な情報をすべて利用して人々は期待を形成するという考え方が合理的期待形成です。

合理的期待形成に関する本格的な理論展開は、ロバート・ルーカス、トーマス・サージェント、ニール・ウォーレス、ロバート・バローなど「新しい古典派」と呼ばれる経済学者たちによってなされました─**14**。人々の経済行動は、彼らが将来に対してどのような期待、予想を抱くかに決定的に依存しますが、この「期待形成」というこれまでの経済学で軽視されてきた分野に、「合理性」という概念を持ち込んだこれら経済学者の功績は否定できないと思われます。ルーカス教授が1995年にノーベル経済学賞に輝いたのは当然のことでした。

もう一度繰り返すと、合理的期待形成とは「利用可能な情報は浪費することなくすべて利用して」期待を形成するやり方です。入手可能な情報をすべて利用して期待を形成することが「合理的」だとすると、株価や為替相場の予測によく使われる罫線図─**15**を使った予想は、部分的情報しか活用していないので（株価や為替相場そのものの動きを分析しているだけで、その他の変数についての情報を使っていないため）、「非合理的」ということになります。

株価の予想に罫線を使うとすると（そもそも株価を予測することが可能なのかという疑問はさておくとしても）、政策当局の景気対策や海外の景気、春闘─**16**の相場や為替レートの動きなど、株価に影響を与えると思われる要因を無視することになり、「合理的」とはいえないでしょう。これらの数多く存在する情報を総合的にあますところなく利用し、しかも、経済の構造に関する情報をもふんだんに利用して株価を予想するほうが、より「合理的」だとするのが合理的期待形成の考え方です。

14─合理的期待形成に関しては多数の論文が発表されているが、代表的なものとして次の2点をあげておく。R. E. Lucas, "Expectations and the Neutrality of Money," *Journal of Economic Theory* (1972); T. J. Sargent and N. Wallace, "Rational Expectations, the Optimal Monetary Instrument, and the Optimal Money Supply Rule," *Journal of Political Economy* (1975)

15─株価や為替相場の動きを示した図。ローソク足とも呼ばれ、始値（はじめね、相場が始まった時の価格）、終値（おわりね、相場が終わった時の価格）、安値（やすね、取引中で最も低かった価格）、高値（たかね、取引中で最も高かった価格）などが描き入れられたもので、相場を観測する目的で用いられる図表。

16─春季闘争の略。毎年春に労働組合が行なう賃上げ要求を中心とした労働条件の改善を交渉する労働運動。

　ところで、この章で議論しているインフレーションの動きをあらわすための動学モデルに「合理的期待」の考え方を取り入れるとどうなるでしょうか。静学的期待や適応的期待と異なる結果が得られるでしょうか。結論は「イエス」です。

　人々が合理的期待形成を行なった場合に得られる仮説を「合理的期待仮説」と呼びますが、「合理的期待仮説」の結論は、なんと「経済は事前に予測不能な突発事件の影響を除けば、常に完全雇用 GDP を実現している（自然失業率仮説が常時成立している）」という極端なものなのです。期待形成方法が変わるだけでなぜこんなにも異なる結論が得られるのでしょうか。

衝撃的だった「財政金融政策無効論」

　その理由を一言でいえば、「合理的期待仮説」においては、人々はこれまで議論してきたようなマクロ経済の構造を熟知しており、また、政策当局がとるであろう政策の内容も正しく予測できるため、それがもたらす結果をあらかじめ考慮にいれて行動することができる、したがって、経済は常に長期均衡（完全雇用）を達成しているということになります。

　つまり、人々は経済調整がどのように行なわれるかを知っており、いずれ長期均衡が達成されることも知っているため、はじめから無駄な調整のプロセスを踏まず、一気に最終的な到達点（長期均衡）が達成されるように行動するというものです。もし、それにもかかわらず、長期均衡が達成されないとすれば、それは人々があらかじめ予想できない突発的な事件が起こり、それが経済を攪乱するためであるというわけです。

　たとえば図 10-6 において、最終的な均衡点が E 点であるということを人々が知っているので、労働者は自身の労働供給態度を調整し、その結果、動学的総供給曲線ははじめから E 点を通るようになると考えるのです。消費者や企業も同様に、総供給曲線がはじめから E 点を通るように行動を調整するため、いきなり長期均衡 E 点が達成されると考えるのです。

　労働者や消費者、企業がこのように合理的に行動するならば、経済は突発的な攪乱によるぶれを除けば、常に均衡点上にあることになります。したがって、政策当局による景気対策は不必要であるし、もし景気対策がとられても、それは GDP を変動させるものではなく、インフレ率のみを動かすことになると考えるのです。

　このことは、裁量的な景気政策が効果をもちうるのは、政策当局が人々の予想を裏切るような「予期せざる政策」をとりえたときだけであるということを

意味します。しかし、政策当局が人々の意表をつくポリシーを継続的に作り出すことは可能でしょうか。それはかなりむずかしいと合理的期待形成論者は主張します。なぜなら、ケインズ的な裁量政策は通常、不況局面で拡大策、好況局面で引き締め策と決まっていますから、人々によって予見されやすいのです。そして、予見された政策は「驚き」を作り出すことができず、政策効果はでないというのです。

　このように合理的期待学派は「裁量的なケインズ的経済政策は無意味である」ことを主張しています。これはマクロ経済学にとって非常に重大な挑戦であったといえます。なぜなら、マクロ経済学は「マーケットメカニズムだけにまかせておけば、大量の失業を生むなど経済は不安定になるので、政府が総需要の管理をするべきだ」というケインズの考え方をベースにして発展した学問であるからです。実際、ケインズが1936年の『一般理論』で、不況のさいには政府による裁量的な総需要政策が不可欠なことを説いて以来、資本主義国ではそれが常識となり、現実の経済政策もそういった考え方で運営されてきました。戦後一貫して当然のことと信じられ、実践されてきたマクロ経済政策がまったく無効であるという結論が、合理的期待形成を仮定することで導かれたのですから、マクロ経済学界が文字どおり蜂の巣を突っついたような騒ぎになったのは当然です。

　合理的期待形成にもとづくこのような新しい古典派経済学の結論は本当に正しいのでしょうか。それとも、そのような理論にはどこか大きな無理があると考えるべきなのでしょうか。

合理的期待形成は可能か

　合理的期待形成の前提をここで再確認しておきましょう。まず第1に、人々はマクロの経済構造に関する知識をもち、それを利用してインフレーションについて合理的な期待形成をします。重要なポイントはこのような期待形成を行なうためには、マクロ経済の構造を、これまで説明してきたような理論モデルも含めて、各経済主体が知っていなければならないということです。

　第2は、民間と政策当局のあいだに情報量の差がないということです。つまり、人々は政策当局の行動様式を知っており、マクロ経済政策が人々に常に「驚き」を与えることはできないということです。人々はたいていの場合、財政金融政策を正しく予測できるということが必要です。

　第3に、自然失業率仮説が前提にされていることです。すなわち、人々に絶対的な価格水準と相対的な価格に関する錯覚がない状態では、人々の行動は相

対価格に依存して決まってくるという意味での「合理性」が前提とされているということです。

このような前提に関してはいくつかの有力な批判があります。第1は、一般の人々はマクロ経済の構造や政府の行動に関する正確な情報をもっていないし、それをかりにもてたとしても、それらの情報を適切に処理し、自らの経済行動に反映させることなどできるわけがないという批判です。これは上記の第1と第2の前提に対する批判とみてよいでしょう。

現実をみると、部分的な情報であるはずの「罫線予測」や「トレンド予測」がしばしば利用されるということがあります。人々が「合理的」なら、そのような部分的な情報だけを使うはずがないのに、現実にはしばしば使われるのはなぜでしょうか。おそらくそれは予想の方法が簡単で、かつ情報収集の費用が安いという理由があるためです。情報収集のためにコストがまったくかからず、また、人間の情報処理能力が巨大であるのなら、たしかに人々は合理的期待形成をめざすべきでしょう。

ところが、現実には有用な情報を収集し、適切に処理するには多大の費用と労力が必要です。そうすると、非合理的とみられる「罫線予測」や「トレンド予測」も情報コストを考慮する場合には、（費用と便益のバランスがとれているという意味で）意外に合理的といえるのかもしれません。

合理的期待理論への最初の批判は、以上でみたような、情報収集・処理の費用を無視した点に集中しました。また、人間の能力は合理的期待理論が前提とするほど高くないというものです。しかし、合理的期待学派に対するこのような批判は妥当といえるでしょうか。この批判はたしかに合理的期待への鋭い批判です。しかし、これはなにも合理的期待理論にのみあてはまるのではなく、経済学（とくにミクロ経済学）全体にもある程度あてはまるものではないでしょうか。

というのは、ミクロ経済学を勉強した読者ならただちにわかることですが、ミクロ経済学の理論では自己を確立した経済人（ホモ・エコノミクス）が効用を極大化するという前提で構築されています。しかし、効用極大化を達成するためには、個人は単に現在の価格体系に関する情報を入手するだけでなく、「将来財」の価格などについても詳細な情報を得る必要があるのです。なぜなら、個人の効用は現在のみならず、未来の消費可能性にも依存するからです。そうなると、従来の経済学でもやはり暗黙のうちに、本来膨大であるはずの情報コストをゼロと仮定していたということになるわけです。従来の経済学ではこのような「合理性」を当然のこととして認めていたのに、期待形成について

は「合理性」を認めないというのは明らかに公平を欠くことになりましょう。

　ただし、合理的期待理論と従来の経済学がちがうところは、極大化のために必要とされる情報の範囲が大きく異なるという点です。従来のミクロ経済学の理論で要求される情報は、「価格」や「技術」に限定されていました。ところが、合理的期待理論においては、経済の構造そのものの知識や価格情報以外の膨大な知識が「合理性」貫徹のために必要とされるのです。実はこの差を本質的とみるか否かが、合理的期待学説の評価にとって、おそらくきわめて重要なのです。

10-5　インフレーションと失業のトレードオフ

　以上でインフレーションの基礎理論の学習を終えることができましたが、ここで、日本のデータを使ってインフレーションと失業のトレードオフ関係（フィリップス曲線）についてみておきましょう。

日本におけるフィリップス曲線

　図 10-8 は、1971〜2019 年のわが国におけるフィリップス曲線（ただし、名目消費者物価上昇率と失業率の関係）がどのようなものであったかを示したものです。この図からどのような事実が読みとれるでしょうか。

　1970 年代の前半は、フィリップス曲線の形が垂直に近いものになっており、インフレーションと失業のトレードオフ関係があまり明確でないことがわかります。このような場合には、政策的に望ましい失業率とインフレ率の組み合わせを実現することはほとんど不可能です。なぜなら、少しでも失業率を下げようとすると、大インフレになってしまうからです。このため、当時は「ケインズ経済学は死んだ」ともいわれたものでした。

　これに対して、1980 年代では、フィリップス曲線がなだらかな右下がりの形をしています。これはインフレ率と失業率とのあいだに一定のトレードオフ（一方を良くしようとすると他方が悪くなる関係）が存在しているということを示します。つまり、政策当局はたとえば、インフレ率を上げる覚悟さえすれば失業率を下げることができるという状況です。すなわち、ケインジアン的な景気刺激策が一定の有効性をもった時代といえます。

　1990 年代になると、フィリップス曲線はフラットになったものの、物価上昇率と失業率の関係がやや安定化したようにみえます。ただ、実際には、バブル崩壊によって日本経済の構造は大きく変わり、インフレーションと失業のト

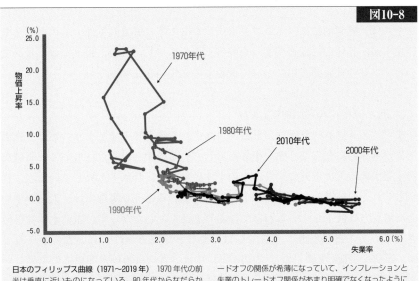

図10-8

日本のフィリップス曲線（1971〜2019年）　1970年代の前半は垂直に近いものになっている。80年代からなだらかになり、90年代から2000年代ではほぼフラット化している。物価が上昇しにくくなり、失業率とインフレ率のトレードオフの関係が希薄になっていて、インフレーションと失業のトレードオフ関係があまり明確でなくなったようにみえる。
出所：総務省

レードオフ関係は明確なものにはなりませんでした。右肩上がりの成長が期待できない構造的な問題が顕在化し、構造改革が不可欠になったのです。1990年代後半から2000年代初頭にかけての不況局面は「構造不況」と呼ばれ、経済に構造的な問題（金融不安や過剰規制、過剰設備、過剰債務、過剰雇用など）が存在したため、総需要政策だけで景気をよくすることは困難になりました。

　2000年代、2010年代のデータをみると、フィリップス曲線の傾きはさらに緩やかとなってフラット化がすすんでおり、失業率とインフレ率のトレードオフの関係が希薄になっています。フィリップス曲線がフラット化するということは、先に学んだように動学的総供給曲線がフラット化しているということであり、そのため、短期均衡から長期均衡にいたる道のりの長期化を余儀なくされたともいえます。

10-6　インフレとデフレの社会的費用

　私たちは、いわば本能的に「物価が上がるのは困る」、「インフレーションは悪だ」と感じています。一方、1990年代終わり頃から日本経済が陥ったデフレ的状況は「失われた20年」と呼ばれるほど、経済の停滞をもたらしました。

　私たちは、感覚的には、インフレもデフレもともに好ましくないものと感じていますが、具体的にはどのような弊害があるのでしょうか。以下では、インフレとデフレの社会的費用について改めて考えていきます。

インフレーションの社会的コスト

　まず、インフレーションの社会的コストから考えてみましょう。実は、物価上昇が具体的にどんな「悪」をもたらしているのかという点について、明確な答えを出せる人は意外に少ないものです。とくに、物価も上昇しているが、賃金もそれと同等あるいはそれ以上に上昇しているような場合には、人々の平均的な購買力は低下しているわけではありません。したがって、生活水準は維持されていることになり、インフレは「悪」とは決めつけづらいものがあります。事実、「狂乱物価」の年（1974年）には、賃金は物価水準以上に上昇したのです。

　多くのビジネスマンは「適度なインフレは景気をよくする」と信じているふしがあります。一定率のインフレがつづくと予想されると、企業は機械などの設備が安価なうちに投資をしようとするし、消費者もカネをもつよりもモノを志向するため、消費が活発化します。その結果、生産が拡大し、景気もよくなると考えられるからです。

　しかし、インフレーションは、公正という観点からみると問題を発生させます。また、様々な制度的歪みの存在によって、実は、経済効率自体にも影響を与える（すなわち、Y_F の大きさに影響を与える）可能性があります。このような観点からみたインフレーションの社会的コストとはどのようなものなのでしょうか。

　まず、第1に、インフレーションは強制的な所得再分配機能をもっているという点です。すなわち、金額があらかじめ決められた所得を得ている人にとっては、インフレーションは実質価値の目減りをもたらします。物価スライド制—17が完全でない年金の受給者も、同様にインフレの被害者といえるでしょう。

　第2に、インフレーションは債務者に有利な、債権者に不利な所得の再配分

17—「物価スライド制」とは、物価の上昇によって年金額の実質価値が下がらないようにするため、物価の変動に応じて年金額を改定すること。日本の公的年金の大きな特徴でもある。2004年度の制度改正では、「マクロ経済スライド制」が導入された。これは、現役人口の減少や平均余命の伸びなどの社会情勢にあわせて、賃金や物価が上がったときに年金の給付額の伸びを抑えるしくみで、2015年度、2019年度、2020年度で発動されている。

を、いわば強制的に、個々人の努力とは無関係に実行してしまいます——**18**。借金を抱えている人がインフレを待望するのはこのためです。このような「強制的所得再分配」は、国民的見地から望ましくないでしょう。それどころか、多くの場合、国民のあいだに不公平感が蔓延し、ひいては勤労意欲の減退、社会不安の増大など、様々な悪影響を生み出すことになるのです。

　第3に、現代の日本のように、政府が巨大な国債残高を抱える債務者であり、国民が債権者である場合、インフレは、政府の実質的な債務を減らす一方、国債の保有者である国民には大きな損失が発生します。

　第4に、インフレは貨幣価値の安定性を損なう要因になります。インフレが激しくなると、人々は交換手段としての貨幣を保有することを嫌うようになり、なるべく物を保有する傾向を示すことが多いのですが、これがますますインフレを激しくする可能性があります。実際、ハイパーインフレとは、人々が貨幣よりも財の所有を強く望むときに起こる現象です。インフレが貨幣の交換手段としての役割を阻害するようになれば、市場経済の効率性は大きく低下する可能性があります。

　実際、価格システムの基本的な機能は、企業や家計に最適な経済行動上の指針を提供するという点にあります。たとえば、企業であれば、将来の生産計画を決定するさいには、現在に比べて将来の諸価値がどのように変化しているかを知る必要があるでしょう。この場合、価格がほとんど変化しないか、あるいは変化のしかたが長期間安定的であれば、価格のもつシグナルとしての情報価値は高いと考えられますが、物価上昇が激しく、かつその変動が大きければ、将来価格の予想は一般的に困難になるでしょう。すなわち、将来の価格変化が予測できないような種類のインフレーションは、企業の生産計画立案を困難にし、企業の投資行動を保守的にさせる傾向をもつと考えられるのです。物価に対する不確実性の増大は、このように企業の投資行動を保守化させ、経済の停滞をもたらす可能性が強いといえるでしょう。

　第5に、上記の諸点と密接に関係しますが、インフレが激しくなり、またインフレ率そのものが毎年のように大きく変動するようになると、労働者の生活不安が高まり、賃金要求態度がより先鋭的・急進的になるということがあげられます。このような賃金要求が貫徹されると、インフレーションはますます強まり、いわゆる「物価と賃金の悪循環」が生じることになり、結局、労働生産

18——債務者とは、特定の人に対して一定の金銭の支払い義務を負う人のこと。債権者とは、債務者に対して金銭の請求ができる権利をもつ人のこと。

性の低下などの悪影響を避けることができなくなってしまいます。

デフレーションのコスト

　物価が低下し、失業率が上昇するような不景気な状態をデフレと呼びます。インフレに比べて、デフレにはどのような社会的コストが発生するのでしょうか。

　まず第1に、デフレ的状況のもとでは、失業率が高いというのが普通です（図10-8参照）。働きたいと思っているのに仕事がない失業者が多い状態は決して健全とはいえないだけでなく、社会全体の産出量が低下します。失業率を減らし、経済を活性化するためには、デフレをすみやかに解消することが必要です。

　第2に、インフレーションは強制的な所得再分配機能をもっているという点を指摘しましたが、デフレ下ではそれとはちょうど逆の所得再分配が起こります。すなわち、借金をしている人の負債の実質価値がどんどん上がるため、返済が困難になります。企業は通常、債務者の立場にあることが多いので、デフレになると経営が苦しくなります。債権者は逆に貸したお金の価値が上がるので所得分配上、有利になります。

　金利が固定され値上がりを期待することができない金融資産（定期預金や郵便貯金など）を保有している人にとっては、デフレは実質価値の上昇をもたらします。このように、デフレは債務者に不利な、債権者に有利な所得の再配分を、いわば強制的に、個々人の努力とは無関係に実行してしまいます。

　第3に、デフレは貨幣の価値を上昇させます。デフレが深刻になると、将来もっと物価が下がるかもしれないという予想が支配的になり、人々の買い控えが起こることもあります。これがますます不況を深刻化させることになります。恐慌とは、人々の貨幣選好が圧倒的に強くなり、誰も物を買わなくなったときに起こる現象です。

　第4に、デフレが進行し、人々のデフレ期待が高まると「実質金利」が上昇し、設備投資などの投資意欲が減退します。デフレ期にはたしかに名目金利も低下するのですが、名目金利はマイナスになりにくいという問題があります。それはゼロ以下の金利（マイナス金利）というのがなかなか実現しないということです。マイナス金利だと、誰も銀行にお金を預けようとはしなくなるため、お金が循環しなくなってしまいます。

　たとえば、名目金利はゼロであるが、物価は毎年10％下落すると人々が予想している（期待インフレ率がマイナス10％に達している）状態を考えてみ

ますと（かつての 1930 年代のアメリカ大恐慌時には実際これと似た状況が起こった）、実質金利（＝名目金利－期待インフレ率）はなんとプラス 10％にもなってしまいます。期待インフレ率がマイナスだと、実質金利は名目金利を上まわるのです。こうなると、誰もお金を借りて投資しようとは思わなくなるため、不況はより激しくなります。

　以上のことをまとめると、次のようになります。

【インフレーションのコスト】
1. インフレーションは強制的な所得再分配機能をもっていて、金額があらかじめ決められた所得を得ている人にとっては、実質価値の目減りをもたらす。
2. 債務者に有利で、債権者に不利な所得の再配分を強制的に実行してしまう。
3. 貨幣の価値を下落させることで、国民の富を強制的に減らしてしまう。国債の保有者である国民は大きな損失を被る。
4. 貨幣を保有することを嫌うようになると、貨幣の交換手段としての役割が阻害され、市場経済の効率性は大きく低下する可能性がある。
5. 労働者の生活不安が高まり、賃金要求態度がより先鋭的・急進的になる可能性があり、結局、労働生産性の低下などの悪影響をもたらす可能性がある。

Ch.10
Part 3

【デフレーションのコスト】
1. 一般的には失業率が高くなる。
2. 債務者に不利で、債権者に有利な所得の再配分を強制的に実行してしまう。
3. 貨幣の価値を上昇させ、人々の買い控えが起こる可能性がある。
4. デフレ期待が高まると「実質金利」が上昇し、設備投資などの投資意欲が減退する。

本章のポイント

●フィリップス曲線とは、失業率と賃金上昇率（あるいは物価上昇率）のあいだのトレードオフの関係をあらわしたものです。

●インフレ率、均衡 GDP は動学的総供給曲線と動学的総需要曲線の交点として決定されます。

●しかし、均衡 GDP が完全雇用 GDP と等しくないかぎり、長期均衡への調整が起こり、やがて完全雇用が達成されるものの、価格の調整速度の影響を受けます。

●長期均衡への調整に時間がかかる場合、財政金融政策によって完全雇用を達成する必要がでてきます。

●合理的期待形成の考え方によれば、人々が政策効果の先行きを正確に理解しているため、財政金融政策はまったく効果がないという結論が得られます。

●インフレの社会的費用には、インフレによって、強制的に債権者に不利、債務者に有利な所得再分配が行なわれてしまうこと、市場経済の効率性が大きく低下する可能性があること、などの点があげられます。

●デフレの社会的費用には、失業率が上昇してしまうこと、債務者に不利、債権者に有利な所得再配分が強制的に行なわれてしまうこと、実質金利が上昇することによって、投資が減少してしまうこと、などの点があげられます。

理解度チェックテスト

空欄に適当な語句を入れなさい。

1. 動学的総供給曲線や動学的総需要曲線を描くことで、（　　　　　　）と GDP の関係をみることができる。

2. 失業率と名目賃金の変化率とのあいだのトレードオフの関係を描いた曲線を（　　　　　　）という。

3. GDP が高いときには失業率が低下するのに対して、GDP が低いときには失業率が上昇するというように、失業率と GDP とのあいだのトレードオフの関係は（　　　　　　）の法則と呼ばれる。

4. 過去何年間かのトレンドをふまえてそれを加重平均することで予想を立てる期待形成の方法を（　　　　　　）期待形成といい、最も単純化して1期前に実現したデータが今期も実現するという期待形成の方法を（　　　　　　）期待形成という。

5. そのときに得られるすべての情報を活用して予測をする方法は（　　　　　　）期待形成と呼ばれる。

解答：1. インフレ率　2. フィリップス曲線　3. オークン　4. 適応的、静学的　5. 合理的

練習問題

計算問題

1. 動学的総供給曲線、動学的総需要曲線、インフレ期待形成が次の式で与えられるとき、(1)~(4)の問いに答えなさい。

   動学的総供給曲線 $\pi = \pi^e + Y - Y_F$

   動学的総需要曲線 $\pi = 4 - (Y - Y_{-1})$

   インフレ期待形成 $\pi^e = \pi_{-1}$

   ただし、π：インフレ率、π^e：期待インフレ率で初期の値を $\pi_0^e = 4$ とする。Y：GDP、Y_F：完全雇用 GDP で、ここでは $Y_F = 6$ とする。Y_{-1}：1期前に実現した GDP で、ここではその初期の値を $Y_{-1} = 4$ とする。π_{-1}：1期前に実現したインフレ率。単位は適当にとるものとする。

   (1) 今期の均衡 GDP とインフレ率を、グラフに描くことによって求めなさい。

   (2) 次の期において、動学的総供給曲線はどのようにシフトするか。このとき、期待インフレ率はいくらか。また、このシフトを図で示しなさい。

   (3) 次の期において、動学的総需要曲線はどのようにシフトするか。図に示しなさい。

   (4) その結果、経済は長期均衡に達することを示しなさい。

記述問題

1. 次のケースについて、動学的総供給曲線や総需要曲線にどのような影響がでるかを考えなさい。

   (1) 石油価格が暴騰した。その結果、期待インフレ率が急上昇した。

   (2) 急激な円高が発生した。

   (3) バブルが崩壊し、長期にわたるデフレが予想されるようになった。

2. フィリップス曲線に関して次の問いに答えなさい。

   (1) 「フィリップス曲線の問題点を理解する鍵は、絶対価格と相対価格を明確に区別することである。」これはどういう意味か。論評しなさい。

   (2) 「フィリップス曲線の問題点を理解する鍵は、予期されたインフレと予期せざるインフレを明確に区別することである。」これはどういう意味か。論評しなさい。

ディスカッションテーマ

1. 合理的期待形成はマクロ経済政策の有効性にいかなる影響を与えたか。「合理的期待」という考え方そのものの妥当性についてどう考えるべきであろうか。ま

た、ケインズ的政策は短期的にもまったく効果がないとする合理的期待学派の結論は、現実をどの程度説明していると考えるか。最近の日本経済の状況に照らして考察しなさい。

2. 新型コロナウイルスの世界的感染拡大がフィリップス曲線をどうシフトさせるか。考察しなさい。

11：
経済成長の理論

本章の目的

● 労働力人口や資本ストックが時間とともに変化し、技術も進歩する状況のもとで成長する経済について分析します。

● 新古典派成長理論を用いて、一国の経済成長を決める要因はなんなのか、最適な経済成長率はどのように決まるのかについて説明します。

● 経済成長を実現する諸要因が、どれだけ現実の経済成長に寄与したかを研究する方法を説明し、アメリカと日本の経済成長に関する実証研究を紹介します。

● 「内生的経済成長論」がどのような背景で出現してきたか、また、この理論の基本的な考え方について説明します。

● 下のフローチャートにあるように、経済成長理論は「総供給曲線」が時とともにどのように変化していくかを扱います。

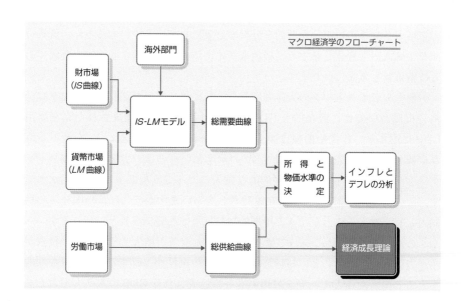

マクロ経済学のフローチャート

18世紀の産業革命以来、先進工業諸国の経済はすさまじい速度で成長をはじめました。日本も明治維新以来、西欧諸国に追いつくべく懸命の努力をつづけてきました。とくに、第2次世界大戦以降の日本の成長はまさに奇跡と呼んでもおかしくないほどめざましいものがありました。

　しかし、1990年代以降の日本経済の成長力は低下し、マイナス成長も経験しました。他方、アメリカ経済は1992年以降、リーマンショック前の2000年代半ば前までは、平均して3〜4%前後の経済成長をつづけてきました。その後の成長率は、以前に比べれば低下しましたが、それでも日本に比べれば高めの成長を維持しています。これらのちがいは単に不況・好況といった「景気の波」によるものではなく、「潜在成長率」の差によるものだと考えられます。

　一国の経済成長力を決める要因とはいったいなにか、成長率を引き上げるにはどのような政策が有効なのか。本章ではこういった問題に迫ります。

11-1　経済成長と総供給曲線

　経済成長論は、これまで扱ってきた短期の景気循環を対象とするのではなく、一国経済の成長という長期の問題を分析の対象にします。このため、前章までは、労働力や資本ストックの全体的な大きさを所与として理論を展開していたのですが、この章では、これら生産要素が時間とともに成長することを前提にしています。たとえば、前章までは投資が総需要の1項目として登場しましたが、本章では投資が機械などの資本ストックを増加させ、その結果、生産力を増大させるのに十分な期間を分析の対象にしています。もちろん、就業可能な労働人口も変化しますし、経済をダイナミックに動かす基本的な要因である技術革新も考慮にいれます。

　労働力や資本ストックの大きさを所与として扱っていたこれまでのマクロ経済分析においては、潜在的なGDPの水準は長期均衡が達成された完全雇用GDPに決まり、総供給曲線は図11-1で描かれているように、Y_Fを通る垂直な直線となりました。潜在的なGDPの水準というのは、労働力、資本ストック、生産性などの生産要素の平均的な投入によって実現できるGDPの水準です。このGDPの伸び率を「潜在成長率」といいますが、これは一国経済の供給力として考えることができ、中期的に持続可能な経済成長といわれます。

　この潜在的なGDPについては、労働力の大きさが増大しうること、投資が生産力に転化されること、技術進歩によって生産性が上昇するのに十分な期間をとるといったことで、完全雇用のもとで達成されるGDPの水準も増大しま

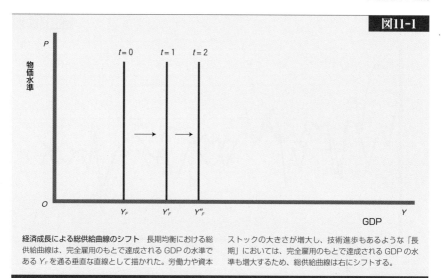

経済成長による総供給曲線のシフト　長期均衡における総供給曲線は、完全雇用のもとで達成される GDP の水準である Y_F を通る垂直な直線として描かれた。労働力や資本ストックの大きさが増大し、技術進歩もあるような「長期」においては、完全雇用のもとで達成される GDP の水準も増大するため、総供給曲線は右にシフトする。

Ch.11
Part 3

す。つまり、経済成長というのは、この潜在成長率（あるいは潜在成長力）を高めるということなのですが、これは、図 11-1 であらわされているように、長期均衡のもとでの総供給曲線が右にシフトすることを意味するのです。

日米経済成長率の比較

　図 11-2 は、1966 年から 2018 年にいたる日本とアメリカの実質経済成長率の推移を、グラフに示したものです。まず、日本は、第 1 次石油危機のあった 1973 年頃までは高度成長を誇っていたということ、しかし、第 1 次石油危機や円高の影響でそれ以降、90 年代初めのバブル経済の崩壊までは、平均して 4～5％程度の成長率になったことがわかります。第 2 次石油危機（1979 年）と円高ショック（1986 年）―1 の直後には見事な適応力をみせ、世界をあっといわせた日本経済ですが、1992 年以降は、潜在成長力が低下した状態がつづいています。2008 年 9 月のリーマンショック後の経済の落ち込みの影響で、2009 年の成長率は、震源地のアメリカを上まわる大きな落ち込みとなり、翌 2010 年は反動で大きな伸びとなりましたが、その後は再び低めの成長率で推

1―1985 年 9 月のプラザ合意における当時 G5（先進五カ国財務大臣・中央銀行総裁会議。日本、アメリカ、イギリス、フランス、西ドイツ）の外国為替市場への協調介入によって急激に円高になった。発表翌日の 9 月 23 日には、1 日で円ドル相場は 1 ドル 235 円から約 20 円もドルの価値が下落した。翌年になると 150 円台になり、1987 年末になると 120 円台にまで円高がすすんだ。これはアメリカが抱えていた「双子の赤字」（貿易赤字と財政赤字）のうち、貿易収支の赤字を縮小させることがねらいであった。これによって日本は一気に円高不況になった。これを受けて、金融を大幅に緩和したが、これがその後の 1986 年頃からはじまるバブル経済につながる。

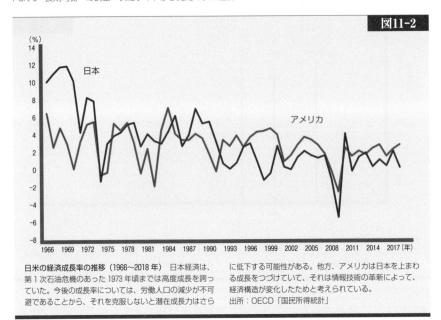

日米の経済成長率の推移（1966〜2018 年）　日本経済は、第 1 次石油危機のあった 1973 年頃までは高度成長を誇っていた。今後の成長率については、労働人口の減少が不可避であることから、それを克服しないと潜在成長力はさらに低下する可能性がある。他方、アメリカは日本を上まわる成長をつづけていて、それは情報技術の革新によって、経済構造が変化したためと考えられている。

出所：OECD「国民所得統計」

移しています。先行きについては、日本は労働人口の減少が不可避であり、それを克服しないと潜在成長力はさらに低下する可能性があります。2020 年春以降、世界的に猛威を振るう新型コロナウイルスをめぐる問題の帰趨―2も気になるところです。

　他方、アメリカの経済成長率はこの期間、平均して 3 ％前後で推移してきました。1992 年以降は日本の成長率を上まわることが多くなり、しかも長期間にわたって安定した経済成長を達成していました。リーマンショックの直後は成長率が急落し、マイナス成長に陥りましたが、その後は再び日本を上まわる成長をつづけています。アメリカが相対的に高い成長を維持してきたのは、情報技術の革新によって、経済構造が変化したためだと考えられています。実際、グーグル、アップル、フェイスブック、アマゾンや、マイクロソフト、インテル、ヤフーなどの IT・ネット関連企業の隆盛がいちじるしく、これがアメリカ経済の強さを支えてきたといえます。また、そのことが世界の有能な人材をシリコンバレー―3などに引き寄せる力にもなっていました。

　もっとも、アメリカの成長率も日本を上まわっているとはいえ、かつてに比

2―帰趨とは、行きつくところという意味。
3―アメリカ・カリフォルニア州北部のサンフランシスコベイエリア南部に位置する。Google 本社や Apple 本社（Apple Park と呼ばれる）もある。数多くの新興企業が存在し、スタートアップ企業の「聖地」と呼ばれている。

べれば低くなってきています。日米にかぎらず、近年、世界経済の成長率は低下傾向にあり、今後は長期にわたって低成長を余儀なくされるという「長期停滞論[4]」が議論されるようにもなってきています。

11-2　新古典派成長理論

　ロバート・ソローとトレイヴァー・スワンは、ほぼ同時に、いわゆる「新古典派成長理論」と呼ばれる理論を発表しました[5]。この理論の特徴は、マーケット・メカニズムが働いて、生産要素（資本および労働）が100％雇用されるようにつねに調整されている「長期モデル」をベースにしているということであり、マーケット・メカニズムによる価格調整が上手く働くと考えることから、“新古典派” 成長理論と呼ばれています。

ソロー＝スワン・モデル

　いま、資本 K と労働 N を投入した場合に得られる産出量（GDP）を Y としたとき、投入と産出のあいだに、次のようなマクロ的技術関係（生産関数）があるとしましょう[6]。

$$Y = F(K, N)$$

　さらに、生産技術は規模に関して収穫一定であると仮定します。規模に関して収穫一定とは、資本 K も労働 N も同じ比率（たとえば λ 倍）で増やした場合、GDP（Y）も同じ割合で増加する（λ 倍になる）ということです（このような関数を一次同次関数と呼びます）[7]。つまり、どのような λ の値に対して

Ch.11
Part 3

4─「長期停滞論（Secular Stagnation）」は、アメリカの元財務長官のローレンス・サマーズ（ハーバード大学教授）が提唱し話題となったが（L. H. Summers, "U. S. Economic Prospects: Secular Stagnation, Hysteresis, and the Zero Lower Bound," *Business Economics*, 2014)、古くはアルビン・ハンセンの米国経済学会会長講演（A. Hansen, "Economic Progress and Declining Population Growth," *American Economic Review*, 1939）に由来する。

5─たとえば、R. M. Solow, "A Contribution to the Theory of Economic Growth," *Quarterly Journal of Economics* (1956)（福岡正夫他訳『ソロー　資本・成長・技術進歩』竹内書店、1970 年）、T. W. Swan, "Economic Growth and Capital Accumulation," *Economic Record* (1956) を参照。

6─生産関数については 3 章を参照。ただし、3 章では資本ストック K は 定と仮定していたことに注意。

7──一般に、関数 $Y = F(K, N)$ において、$\lambda^\alpha Y = F(\lambda K, \lambda N)$ を満たすとき、α 次同次関数であるという。このソロー＝スワン・モデルでは、$\alpha = 1$ となっている。ちなみに、$\alpha > 1$ のとき「規模に関して収穫逓増」といわれ（半導体産業などがあてはまる）、$\alpha < 1$ のとき「規模に関して収穫逓減」といわれる（土地を耕す農業などがあてはまる）。

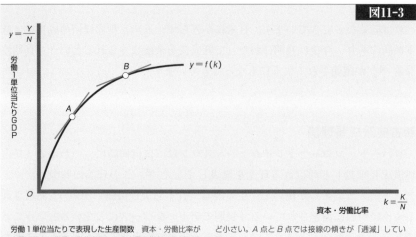

労働1単位当たりで表現した生産関数　資本・労働比率が上昇すると、労働1単位当たりの産出量も増加するが、その限界的な増加の程度は資本・労働比率が高ければ高いほど小さい。A点とB点では接線の傾きが「逓減」している。

も、

$$\lambda Y = F(\lambda K, \lambda N)$$

という関係があるということを意味します。$\lambda = 2$ なら、K と N をともに2倍投入すれば GDP も2倍になるわけです。いま $\lambda = \dfrac{1}{N}$ とし、上式に代入すると、

$$\frac{Y}{N} = F\left(\frac{K}{N}, 1\right)$$

となり、これは、労働1単位当たりの GDP（$y = \dfrac{Y}{N}$）が資本・労働比率（$k = \dfrac{K}{N}$）によって決まるという関係、つまり、

$$y = f(k)$$

に変形されます（$F\left(\dfrac{K}{N}, 1\right) = f(k)$ と置きかえています）。

　この関係が、図11-3の $y = f(k)$ のような形に描けるとしましょう。つまり、「資本・労働比率（資本装備率とも呼ばれる）（k）が上昇すると、労働1単位当たりの GDP（y）も増加するが、その限界的な増加（追加的な1単位の増加）の程度は資本・労働比率が高ければ高いほど小さくなる」という「収穫逓減」の関係を仮定しましょう。このとき、図中 A 点と B 点とでは、接線の傾きが逓減しています[8]。

　簡単化のために、海外部門や政府部門を捨象して考えると、総供給 Y は

$$Y \equiv C + S$$

8—「逓減」というのは、しだいに小さくなっていくという意味。

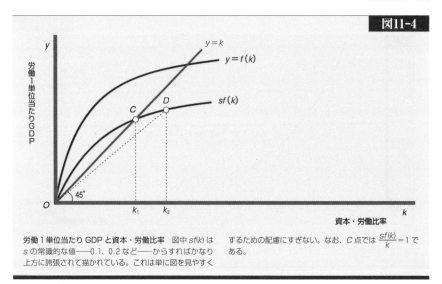

労働 1 単位当たり GDP と資本・労働比率　図中 sf(k) は
s の常識的な値——0.1、0.2 など——からすればかなり
上方に誇張されて描かれている。これは単に図を見やすく
するための配慮にすぎない。なお、C 点では $\frac{sf(k)}{k}=1$ で
ある。

であり、また、総需要 Y^D は

$$Y^D=C+I$$

とあらわされますから、財市場の均衡は

$$S=I$$

を満たすことになります。この財市場の均衡は、常に価格メカニズムが働いて
保たれているものとし、さらに、貯蓄 S は GDP の一定割合 s でなされるとす
ると、

$$S=sY=I$$

となります。しかし、上記の生産関数に関する仮定により、上式は、

$$I=sf(k) \cdot N$$

と変形できます。さらに、両辺を K で割ると、

$$\frac{I}{K}=\frac{sf(k)}{k} \tag{1}$$

という形になります。

　ところで、投資 I は資本ストック K の増分 ΔK にあたりますから、
$\frac{I}{K}\left(=\frac{\Delta K}{K}\right)$ は資本ストックの成長率になります。(1)式が満たされているよう
な資本成長率 $\frac{sf(k)}{k}$ のことを保証成長率と呼んでいますが、上の説明から明
らかなように、保証成長率とは財市場を常に均衡させる成長率です。図 11-4
には、$sf(k)$ および 45 度線で示される $y=k$ 式が書き入れてあります。$sf(k)$
線上の点（たとえば、C 点や D 点）と原点（O）を結んだ直線の傾きの大きさ
が $\frac{sf(k)}{k}$ になります。この大きさが保証成長率 $\left(\frac{sf(k)}{k}\right)$ で、それが k ととも

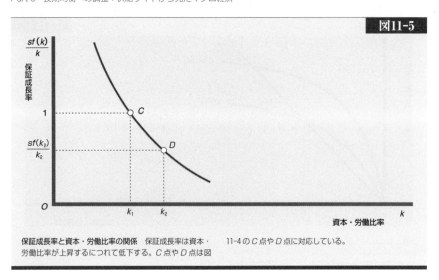

保証成長率と資本・労働比率の関係　保証成長率は資本・労働比率が上昇するにつれて低下する。C 点や D 点は図　11-4 の C 点や D 点に対応している。

に変化する様子を描いたものが図 11-5 です。k が大きくなるにつれて $sf(k)$ 線上の点と原点を結んだ直線の傾きは小さくなることから、保証成長率は、k が大きくなるにつれて低くなり、図のように右下がりになります。

【保証成長率】

　財市場を常に均衡させる資本の成長率。生産関数が、1 人当たりのGDP（y）や資本・労働比率（k）を使って $y = f(k)$ とあらわすことができるとき、保証成長率の大きさは $\dfrac{sf(k)}{k}$ になる（s は貯蓄率）。

均斉成長が達成されるメカニズム

　さて、いま労働市場では完全雇用が成立し、労働力はすべて雇用されているとします。さらに、労働力が毎年 n の速度で増加しているとするとしましょう（たとえば、2 ％の増加率であれば $n = 0.02$ となります。さしあたり、労働の生産性の上昇は無視します。生産性が上昇するケースについては後述します）。以後、労働力の成長率 n を自然成長率と呼ぶことにして、自然成長率と保証成長率が一致するメカニズムが存在するかどうかを調べてみましょう。自然成長率とは、労働力の伸び率に労働生産性の伸び率を加えたもので、自然に経済が成長するときの伸び率です（ここでは労働の生産性の上昇は無視しているので、労働力の伸び率だけを考えています）。さて、自然成長率と保証成長率が一致するということは、労働市場における完全雇用と財市場における需給

均衡が同時に達成されながら、経済が成長していることを示しています。

自然成長率と保証成長率が一致する場合、(1)式から、

$$\frac{sf(k)}{k}=n \tag{2}$$

もしくは、

$$sf(k)=nk \tag{3}$$

が満たされます。成長しつつある経済が(2)式または(3)式を満たしているとき、この経済は均斉成長（Balanced Growth もしくは Steady State Growth）の状態にあるといいます。

【自然成長率】
　労働力の伸び率に労働生産性の伸び率を加えたもので、自然に経済が成長するときの伸び率。労働市場の成長率でもある。

図11-6 では、資本・労働比率が $k=k^*$ のとき、A 点において(2)式が満たされており、均斉成長が実現しています。あるいはまったく同じことですが、図11-7 でも、$k=k^*$ のとき、A 点において(3)式が満たされており、やはり経済は均斉成長の状態にあります。

問題は、保証成長率と自然成長率とを一致させるようなメカニズムが存在するかどうか、ということです。結論からいえば、ソロー＝スワン・モデルでは、価格調整のメカニズムによって保証成長率と自然成長率が一致するように調整されるのです。

このことを示すために、いま、保証成長率が自然成長率を上まわる成長経路をすすんでいるとしましょう。図11-6（あるいは図11-7）で k_0（$<k^*$）のような資本・労働比率がつづくとすると、この場合には、資本が労働よりも速く成長しており（保証成長率は資本ストックの成長率ということを思い出してください）、したがって資本・労働比率 k は上昇しはじめるでしょう。逆に、資本・労働比率が k_1（$>k^*$）のような位置にあるときには、労働の成長率が資本の成長率を上まわっているため（自然成長率は労働力の伸び率であることを思い出してください）、資本・労働比率 k は低下しはじめます。結局、k が k^* の左側にある場合でも、k^* の右側にある場合でも、資本・労働比率は、徐々に k^* の方向に調整されて、長期的には保証成長率と自然成長率が一致するのです。

ソロー＝スワン・モデルでは、このように資本と労働が同率で成長する安定

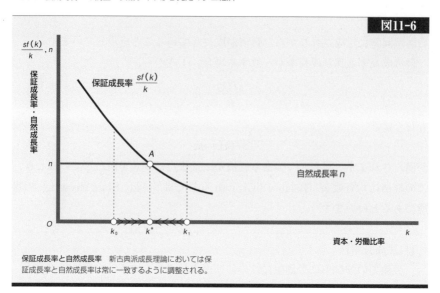

保証成長率と自然成長率　新古典派成長理論においては保
証成長率と自然成長率は常に一致するように調整される。

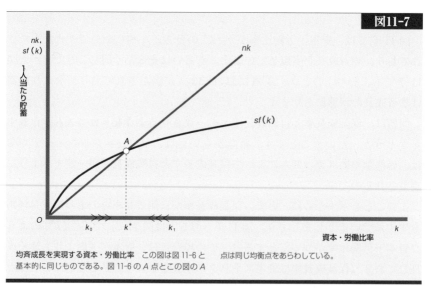

均斉成長を実現する資本・労働比率　この図は図11-6と　　　点は同じ均衡点をあらわしている。
基本的に同じものである。図11-6のA点とこの図のA

的メカニズムが存在するとみているのですが、その理由はさきにも述べたよう
に、マーケット・メカニズムが働いて、豊富な生産要素は安く、稀少な生産要
素は高くなるため、資本・労働比率が自由に調整されるということを仮定して
いるからなのです。たとえば、k_0点にある場合、資本が労働に比べて過剰に
なってきますが、このときには資本のレンタル料——9が賃金に比べて相対的に
安価になり、資本のほうが労働よりも多く投入されるようになると考えるわけ
です。その結果、資本・労働比率が上昇し、k^*に近づくことになります。他

方、k_1 点にある場合は、これとちょうど逆になり、労働が資本に比べて過剰になっているので、資本のレンタル料に比べて賃金が相対的に安価になり、労働のほうが資本よりも多く投入されるようになるので、資本・労働比率が低下するのです。結果はやはり均斉成長の方向に資本・労働比率が調整されるのです。そして長期的には1人当たり GDP は $y^*(=f(k^*))$ で一定となるので、その伸び率はゼロになります。

> 【均斉成長】
> 　保証成長率と自然成長率が一致する経済で、財市場と労働市場の需給均衡が同時に達成されながら経済が成長している状況。ソロー＝スワン・モデルではマーケット・メカニズムによって安定的に実現する。均衡では、保証成長率＝自然成長率 $\left(\dfrac{sf(k)}{k}=n\right)$ で成長率はプラスになるが、技術進歩がなければ、1人当たり GDP (y) は一定になるので、その伸び率はゼロになる。

貯蓄率と人口成長率の変化

　これまでの分析の応用問題として、貯蓄率や人口（労働力）成長率が変化したとき、均斉成長の成長率がどのように変化するかをみておきましょう。

　貯蓄率が上昇しますと、図 11-8 のように、$sf(k)$ 線が上方にシフトします。その結果、nk 線との交点が A から B へと右に移動し、資本・労働比率が k^* から k^{**} にまで上昇します。これにともなって、1人当たり GDP は、$f(k^*)$ から $f(k^{**})$ にまで増加しています。貯蓄率が上昇すると、資本装備率が高まり、1人当たり GDP も上昇するのです。逆に貯蓄率が下落しますと、$sf(k)$ 線が下方にシフトし、資本・労働比率が低くなります。その結果、1人当たり GDP が低下します。

　ただ、ここで注意が必要なのは、「貯蓄率の上昇は、1人当たり GDP を増加させるが、長期的にはその成長率に影響を与えない（貯蓄率が下落したときは、1人当たり GDP を減少させるが、長期的にはその成長率には影響しない）」ということです。なぜなら、均斉成長の成長率は、保証成長率 $\dfrac{sf(k)}{k}$ と自然成長率 n が等しいところで決まるからです。貯蓄率が上昇したときは、一時的に保証成長率も上昇しますが、さきで述べたように、自然成長率を上ま

9──資本のレンタル料とは、資本1単位当たりの報酬率。資本を一定期間利用したときの
　対価で、利子率に相当する。

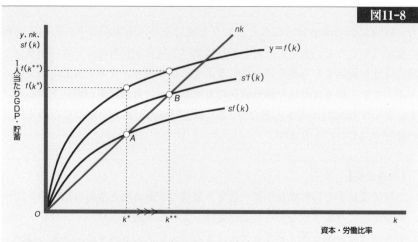

図11-8

貯蓄率の上昇と資本・労働比率　貯蓄率が上昇すると sf(k) 線が上方にシフトする。その結果、資本・労働比率 は上昇し、新しい均衡点が B に移る。また、それにともなって 1 人当たり GDP も上昇する。

わると、価格調整メカニズムによって資本・労働比率 k が上昇し、長期的には保証成長率が低下し、自然成長率に一致するように調整されるのです。逆に、貯蓄率が低下したときは、一時的に保証成長率も低下しますが、自然成長率のほうが高いため、価格調整メカニズムによって資本・労働比率 k が低下し、長期的には保証成長率が上昇し、自然成長率に一致するように調整されるのです。

【貯蓄率（s）が変化したときの均斉成長の成長率】

1. 貯蓄率が上昇したとき（$s \to s'$）、均衡における資本・労働比率は上昇し（$k^* \to k^{**}$）、1 人当たり GDP も上昇する（$f(k^*) \to f(k^{**})$）。ただし、保証成長率は、一時的に上昇するものの、次第に低下し、長期的には再び自然成長率（n）に一致する。

2. 貯蓄率が低下したとき（$s' \to s$）、均衡における資本・労働比率は低下し（$k^{**} \to k^*$）、1 人当たり GDP も低下する（$f(k^{**}) \to f(k^*)$）。ただし、保証成長率は、一時的に低下するものの、次第に上昇し、長期的には再び自然成長率（n）に一致する。

次に、人口成長率の変化はどのような影響を与えるでしょうか。人口成長率（n）が上昇すると、労働投入の増加率、つまり、自然成長率が上昇するので、均斉成長の成長率も上昇します。しかし、成長率が上昇したからといって必ず

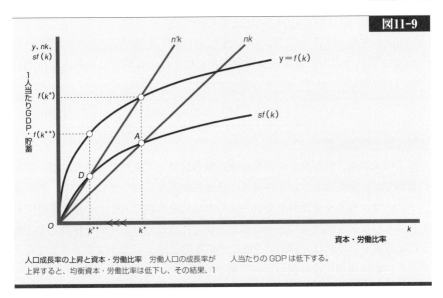

人口成長率の上昇と資本・労働比率　労働人口の成長率が　1人当たりのGDPは低下する。
上昇すると、均衡資本・労働比率は低下し、その結果、1

しもすべてが上手くいくとはかぎりません。その理由を考えてみましょう。自然成長率が上昇すると、図11-9のように、nk 線の傾きが大きくなり、資本・労働比率は k^* から k^{**} にまで低くなります。人口が増加すると、それだけ資本装備率が低下するからです。その結果、1人当たりGDPは、$f(k^*)$ から $f(k^{**})$ にまで低下してしまいます。多くの途上国のように、人口増加率の高いところでは経済の規模自体は大きくなりますが、1人当たりGDP、もしくは生活水準という点からみると、ますます貧困化するわけです。

　逆に、最近の日本のように、人口成長率が低下すると、nk 線が下方にシフトし、資本・労働比率は高くなります。その結果、1人当たりGDPが上昇します。低い人口成長は1人当たりの資本使用量を増やすことによって、1人当たりGDP、もしくは生活水準を上昇させているのです。ただし、均斉成長の状態における保証成長率や自然成長率自体は低下してしまうことはいうまでもありません。

【人口成長率（n）が変化したときの均斉成長の成長率】
1. 人口成長率が上昇したとき（$n \rightarrow n'$）、均衡における資本・労働比率は低下し（$k^* \rightarrow k^{**}$）、1人当たりGDPも低下する（$f(k^*) \rightarrow f(k^{**})$）。ただし、保証成長率は次第に上昇し、長期的には高くなった自然成長率（n'）に一致する。
2. 人口成長率が低下したとき（$n' \rightarrow n$）、均衡における資本・労働比率

> は上昇し（$k^{**} \to k^{*}$）、1人当たり GDP も増加する（$f(k^{**}) \to f(k^{*})$）。ただし、保証成長率は次第に低下し、長期的には低くなった自然成長率（n）に一致する。

技術進歩と経済成長

　以上の議論は、技術進歩が存在しない場合について述べたものですが、現実の世界では技術が進歩し、その結果、生産性が上昇しつづけています。シュンペーターは、資本主義経済を発展させるのは技術革新であり、それを可能にするのは大胆な企業家精神であることを指摘したことであまりにも有名です。もし技術革新がなければ、経済はたかだか自然成長率 n でしか成長できません。しかし、この場合には労働力も同じ速さで増えているのですから、1人当たり GDP はまったく伸びないことになります。これでは生活水準の上昇はありえないのです。現実にはこの数十年のあいだ、めざましい技術革新があり、その結果、人々の生活水準は飛躍的に向上しました。様々な問題を抱えながらも、資本主義経済が大きな停滞に陥ることなくやってこられたのも、まさに技術進歩のおかげでした。

　技術進歩がある場合、生産関数は上方にシフトします。図 11-10 はこの様子を描いたものです。同じ資本・労働比率に対して、技術進歩の結果、GDP が増加しています。

　技術革新には様々な形のものがありますが、経済成長理論にでてくる代表的な技術革新の形は、技術革新の結果、労働生産性が上昇するというものです。この場合の技術進歩は労働増加的な技術進歩といいます。実際の労働力の増加率 n に加えて、技術進歩によってあたかも毎年新たに λ の比率で労働投入が増えると考えるのです。この場合の自然成長率は $(n+\lambda)$ になります。労働増加的な技術進歩がある場合、経済が均斉成長を実現するのは(2)式、(3)式より、

$$\frac{sf(k)}{k} = n + \lambda \tag{4}$$

もしくは、

$$sf(k) = (n+\lambda)k \tag{5}$$

が成立するときです。ただし、(4)式、(5)式で使われている資本・労働比率 k は、いまや効率単位で測られた労働量をベースにして計算されていることに留意してください。どういうことかというと、労働増加的な技術進歩があるとき、生産関数はたとえば

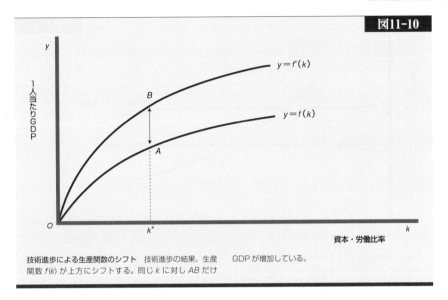

技術進歩による生産関数のシフト　技術進歩の結果、生産
関数 $f(k)$ が上方にシフトする。同じ k に対し AB だけ
GDP が増加している。

$$Y = F(K, AN)$$

のように書くことができます――**10**。ここで A は毎期 λ の速度で大きくなって
います。両辺を AN で割ると、先にあげた規模に関して収穫一定の生産技術
の仮定から

$$\frac{Y}{AN} = F\left(\frac{K}{AN}, 1\right)$$

となり、ここから定義される 1 人当たり GDP である $y\left(=\dfrac{Y}{AN}\right)$ と、資本・労
働比率 $k\left(=\dfrac{K}{AN}\right)$ はいずれも効率単位で測った大きさになっています。

　図 11-11 は労働増加的な技術進歩がある場合の均斉成長の成長率を示してあ
ります。技術進歩の分だけ、成長率は高くなっています。むずかしい計算は省
きますが、人々の生活水準（1 人当たり GDP）は技術進歩率の大きさ（λ）だ
け毎年上昇するというものになります――**11**。

10――技術進歩が純粋に労働増加的であるとき、そのような技術進歩は「ハロッド中立的」
　　と呼ばれる。これは「労働節約型」とも呼ばれる。同じ GDP を実現するのに必要な
　　労働力が少なく、労働を節約できるからである。その他の技術進歩の例としては、
　　資本増加的（「資本節約型」）と呼ばれるものがある。これは「ソロー中立的」技術
　　進歩とも呼ばれるが、生産関数を $Y = F(AK, N)$ のように書くことができる。ま
　　た、労働と資本の効率をともに引き上げる混合型である場合は、「ヒックス中立的」
　　技術進歩と呼ばれ、生産関数を $Y = AF(K, N)$ のようにあらわすことができる。

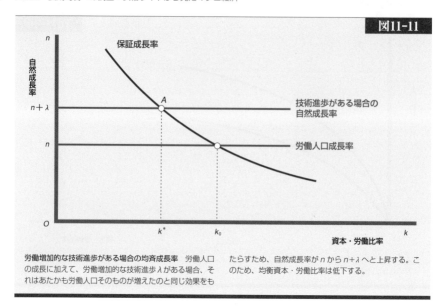

労働増加的な技術進歩がある場合の均斉成長率　労働人口の成長に加えて、労働増加的な技術進歩λがある場合、それはあたかも労働人口そのものが増えたのと同じ効果をも

たらすため、自然成長率がnからn＋λへと上昇する。このため、均衡資本・労働比率は低下する。

【技術進歩がある場合（技術進歩率：λ）の均斉成長の成長率】

　労働増加的な技術進歩（「ハロッド中立的」な技術進歩）があるとき、均衡における資本・労働比率（k）は低下する。保証成長率は次第に上昇し、長期的には高くなった自然成長率（$n+\lambda$）に一致する。長期的には1人当たりGDP（$=\dfrac{Y}{N}$）の伸び率はλになる。

11-3　経済成長の源泉と実証研究

　以上の成長理論をふまえて、経済成長の要因を整理するとともに、「成長会計（Growth Accounting）」と呼ばれる分析手法を用いて、これらの要因が現実の経済においてどの程度寄与したのかを実証的にみていくことにします。

11―この注は微分の知識が必要なので読み飛ばしてかまわない。効率単位で測った1人当たりGDP(y)の伸び率は、$\dfrac{\dot{y}}{y}=\dfrac{\dot{Y}}{Y}-\dfrac{\dot{N}}{N}-\dfrac{\dot{A}}{A}$ で、長期的にはこの値はゼロとなる。ただ、1人当たりGDP$\left(\dfrac{Y}{N}\right)$の伸び率は、$\dfrac{\dot{Y}}{Y}-\dfrac{\dot{N}}{N}=\dfrac{\dot{A}}{A}=\lambda$ となり、長期的には毎年λで伸びていくということになる。

経済成長の三大要因

まず、経済を実際に成長させている要因について整理してみましょう。第1に、経済が成長するのは、人々が貯蓄し、それが投資として生産設備の拡大のために使われるからです。

日本経済の高度成長を支えたのは、旺盛〈おうせい〉な民間設備投資でした。当時の日本の貯蓄率は欧米諸国に比べて非常に高かったのですが、この高貯蓄を利用しつくすだけの投資が持続したことが、奇跡的ともいわれる成長を可能にしたのでした。高投資はさらに高い所得を生み、それが新たな需要を創出しますが、それがまた企業の投資を誘うというように、日本経済は好条件に恵まれ、成長をつづけたのです。

企業の投資意欲が少ない場合、あるいは投資意欲はあっても資金が集められない場合には、成長の第1段階でつまずいてしまいます。また、たとえ投資が行なわれても、製品がさっぱり売れない場合には、所得の増加は実現しないでしょう。このように、資本蓄積とそれに見合う需要の存在は、最も重要な成長の源泉でした。

しかし、第2に、生産を拡大するには、資本ストックの増大とならんで、労働力の増加が必要です。近代の経済成長の歴史をながめますと、工業化による経済成長がすすむときには、例外なく第1次産業（農林水産業）から第2次産業（鉱工業）への大量の労働人口移動が起こっています。このような農漁村における潜在的失業者の工業部門への移動なくしては、おそらく近代の経済成長は不可能だったでしょう。また、産業間の労働移動だけでなく、一国経済全体としての労働人口の成長も、経済成長にとって重要です。

もちろん、労働人口の成長があることは経済成長の十分条件ではありません。多くの途上国においては、人口成長率が非常に高いにもかかわらず、経済成長率は低いのです。これは、労働供給に見合うだけの労働需要が存在しないからです。したがって、労働供給はむしろ経済成長の上限を設定するという意味で重要である、というのが正確です。

以上、資本ストックの成長と労働投入量の成長（これはかならずしも労働人口の成長と同じではありません。労働投入量とは、実際に生産に投入された労働量という意味です）が2つの重要な成長要因であるということを述べました。しかし、第3の成長要因として重要なのが技術進歩です。技術進歩とひとくちにいっても、かなり内容が漠然〈ばくぜん〉としていますが、たとえば、その内容としては教育水準の向上による労働の質の向上、オートメーションやコンピュータ導入など技術革新による効率の向上、画期的な新製品の開発、企業組織の改

善、一国の金融や流通システムの効率化などを考えればよいでしょう。

　結局、成長の源泉としては、資本ストックの成長、労働投入量の成長、および技術進歩の３つが考えられるということになります。このことをあらわす生産関数は、たとえば、

$$Y = AF(K, N)$$

と書くことができるということです。ここで、Y は産出量（GDP）、K は資本ストック、N は労働投入量をあらわし、A は技術進歩を示します。技術進歩 A はしばしば「全要素生産性（TFP：Total Factor Productivity）」とも呼びます。たとえば、代表的な生産関数の一例として、コブ＝ダグラス型生産関数─12を取り上げてみましょう。この生産関数の大きな特徴は、資本や労働の投入が同じ比率で増加すれば、GDP も同じ比率で増加するというところにあります。これは数学的には一次同次（あるいは、規模に関して収穫一定）であるといいます。

　コブ＝ダグラス型生産関数のような生産技術を前提とするとき、経済成長率は、近似的に

$$\frac{\Delta Y}{Y} = \alpha \frac{\Delta K}{K} + (1-\alpha)\frac{\Delta N}{N} + \frac{\Delta A}{A} \tag{6}$$

のように書くことができます。この(6)式を用いて、資本ストックの成長率（$\frac{\Delta K}{K}$）、労働投入量の成長率（$\frac{\Delta N}{N}$）、技術進歩率（$\frac{\Delta A}{A}$）と経済成長率（$\frac{\Delta Y}{Y}$）とのあいだの関係を考えていきましょう。

　まず、(6)式の意味するところは、資本ストックが１％成長したときに GDP は α％成長し、労働が１％成長したときには GDP は $(1-\alpha)$％成長するということ、また技術進歩率は、資本と労働の成長で説明できないすべての成長要因を含むものと解釈されるということです。(6)式の両辺から（$\frac{\Delta N}{N}$）を辺々で差し引くと、

12─この注は若干の微分の知識が必要なので読み飛ばしてかまわない。コブ＝ダグラス型生産関数は $Y = AK^{\alpha}N^{1-\alpha}$ という関数であらわされる。ただし、Y、A、K、N は時間 t とともに変化するが、α は一定（$0 < \alpha < 1$）である。生産関数の両辺で対数をとると、

$$\log Y = \alpha \log K + (1-\alpha)\log N + \log A$$

となり、これを時間 t について微分すると、(6)式と同じ形の

$$\frac{\dot{Y}}{Y} = \alpha \frac{\dot{K}}{K} + (1-\alpha)\frac{\dot{N}}{N} + \frac{\dot{A}}{A}$$

となる。ここで $\dot{Y}$、$\dot{K}$、$\dot{N}$、$\dot{A}$ はそれぞれを時間 t で微分した値（$\frac{dY}{dt}$ など）を示す。

$$\frac{\Delta Y}{Y} - \frac{\Delta N}{N} = \alpha\left(\frac{\Delta K}{K} - \frac{\Delta N}{N}\right) + \frac{\Delta A}{A} \tag{7}$$

が得られますが、(7)式の左辺は、実質 GDP の成長率から労働投入の伸び率を差し引いたものですから、1 人当たりの実質 GDP 成長率を示しています。また、右辺第 1 項の $\left(\dfrac{\Delta K}{K} - \dfrac{\Delta N}{N}\right)$ は、資本の成長率と労働の成長率の差になりますから、労働者 1 人当たりの資本ストック量（つまり資本装備率）の増大の速度を示しています。なお、労働者 1 人当たりの資本ストック量（資本装備率）が増加することを、「資本の深化」（Deepening of Capital）といいます。結局、(7)式は、1 人当たり GDP の成長率が、資本の深化と技術進歩（もしくは全要素生産性（TFP）の上昇と考えてもよい）によってもたらされること、資本の深化が 1％すすめば 1 人当たり GDP が α％成長することを示しているということになります[13]。

　また、ここで注意するべきことがあります。それは、技術進歩率を推計することはむずかしく、実際には GDP、資本ストック、労働投入量の成長率や資本分配率 α、労働分配率 $(1-\alpha)$ を使って、(6)式を次のように書き換えて

$$\frac{\Delta A}{A} = \frac{\Delta Y}{Y} - \alpha\frac{\Delta K}{K} - (1-\alpha)\frac{\Delta N}{N}$$

という形で技術進歩率を計測しているのです。こうして推計された技術進歩率は「ソロー残差」と呼ばれます。この技術進歩率の推計には、資本ストックや労働投入量の増加ではとらえることができない、GDP の成長率に対する様々な要因が含まれたものになっているのです。

成長の源泉：いくつかの実証結果

　成長の源泉については数多くの実証研究がありますが、なかでもロバート・ソローがアメリカ経済の成長要因について分析した研究が著名です[14]。なお、ここで用いられた分析は、前項で説明した式にもとづいて行なわれたものであり、このような手法は「成長会計」と呼ばれています。ソローは、1909〜1949 年のデータを使って、GNP の平均成長率 2.9％のうち、資本ストックの成長による寄与部分が 0.32％、労働投入量の成長による寄与部分が

13—α の値（実は資本分配率に対応する）はアメリカでは 0.25、日本では 0.3 程度である。したがって、労働分配率 $(1-\alpha)$ はそれぞれ 0.75、0.7 である。ただし、日本の場合、近年の労働分配率が 0.6〜0.65 程度にまで下がってきていることには注意が必要である。

14—R. Solow, "Technical Change and the Aggregate Production Function," *Review of Economics and Statistics*（1975）が興味深い。

1.09％、そして技術進歩によるものが残りの1.49％であることを示しました。この結果によれば、経済成長の半分以上は技術進歩に依存するということになります。

同様の結果は、1929～69年のデータにもとづくデニソンの研究によっても支持されています。デニソンによれば、同期間の平均成長率3.41％のうち、資本成長に起因する部分0.50％、労働投入増による部分1.32％、技術進歩による部分が1.59％ということです―15。ソローの結論ほどではないにしても、やはり技術進歩の占める比率がきわめて大きいことに注意する必要があるでしょう。

日本の成長要因分析には、たとえば、大川一司＝ヘンリー・ロソフスキーの共同研究があります―16。彼らの分析結果によれば、日本の非農業部門における成長要因は、戦前期（1908～1931年）においては技術進歩の比率がそれほど高くなく、成長の大部分が資本と労働の投入増によるものでしたが、戦後（1955～1964年）の高度成長期においては、要素投入の成長率がいちじるしく高まったと同時に、生産性の向上率も非常に大きくなりました。たとえば、1955年から1961年の期間においては、生産高の平均成長率は13.03％にも達していますが、そのうち、資本投入増によるもの2.86％、労働投入増によるもの3.41％、技術進歩によるもの6.75％となっています―17。

このように、アメリカ、日本両国の結果に共通な点は、経済成長における技術進歩の果たす役割が非常に大きいということです。また、ノーベル賞経済学者クズネッツの研究によれば、イギリス、フランス、ノルウェー、カナダなどの欧米諸国においても、同様の事実が検証されています。

ただし、だからといって、このことはかならずしも世界的にみて普遍的な事実ではないようです。たとえば、旧ソ連では戦前期のわが国と同様、技術進歩が成長率を高めるのに果たした役割は、全体的に非常に小さかったことが知られています―18。また、1980年代から90年代にかけて急速な経済成長を遂げたアジア諸国においても、技術進歩の貢献は小さかったことを示した研究も発

15―E. Denison, *Accounting for United States Economic Growth 1929-1969*, Brookings Institution（1974）

16―大川一司＝ヘンリー・ロソフスキー『日本の経済成長』（東洋経済新報社、1973年）。

17―ただし、資本蓄積、労働投入の増加そのものはそれぞれ9.54％、4.87％であるが、ここでの値は、同時期に適用しうるわが国の生産関数から導かれる関係、$\frac{\Delta Y}{Y} = 0.3 \times \frac{\Delta K}{K} + 0.7 \times \frac{\Delta N}{N} + \frac{\Delta A}{A}$ を使ってそれぞれの成長寄与率を計算したものである。

18―これらのより詳細な紹介・分析については、安場保吉『経済成長論』（筑摩書房、1980年）を参照。

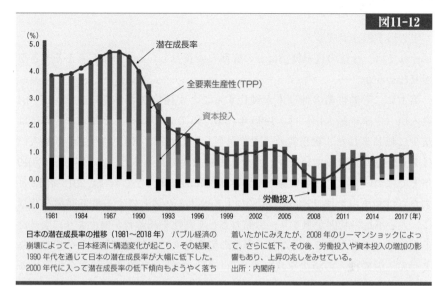

図11-12

(%)
日本の潜在成長率の推移（1981〜2018年）　バブル経済の崩壊によって、日本経済に構造変化が起こり、その結果、1990年代を通じて日本の潜在成長率が大幅に低下した。2000年代に入って潜在成長率の低下傾向もようやく落ち着いたかにみえたが、2008年のリーマンショックによって、さらに低下。その後、労働投入や資本投入の増加の影響もあり、上昇の兆しをみせている。
出所：内閣府

表されています—19。

日本経済の成長要因

　図11-12は、1981年から2018年までの日本における潜在成長力を資本、労働、技術進歩の貢献分に分けて示したものです。図から読み取れることは、まず、1990年代はじめのバブル経済の崩壊によって、日本経済に構造変化が起こり、その結果、1990年代を通じて日本の潜在成長率が大幅に低下している様子です。バブル崩壊、不良債権の累積、デフレ経済などによって4％以上あった成長力が1％台にまで低下してしまいました。2000年代に入ると、日本の潜在成長率もようやく落ち着いたかにみえましたが、資本投入の減少や労働投入の伸び率がマイナスであったりして、かろうじて技術進歩（全要素生産性、TFP）の寄与でもっていた状況でした。その後、2008年のリーマンショックによって、潜在成長率はさらに低下してしまっています。2015年以降になると、労働投入や資本投入の増加の影響もあり、若干ですが、上昇の兆しをみせています。

19—これらを整理した文献として、P. Krugman, "The Myth of Asia's Miracle," *Foreign Affairs*（1994）（ポール・クルーグマン『良い経済学 悪い経済学』山岡洋一訳、第11章、日本経済新聞社、1997年）がある。

今後の日本の経済成長力

　それでは、今後の日本経済はどの程度の成長力をもっていると考えるべきなのでしょうか。

　第1に、労働供給の伸び率が鈍化することが確実視されています。15〜64歳人口（生産年齢人口）は、1995年に8,716万人でピークを迎え、その後は減少に転じました。総務省の「国勢調査」によれば、2015年の生産年齢人口は7,629万人となっています。ただ、労働力人口をみると、2013年以降2019年までについては、毎年増加している状況にあります。これは、2012年12月末からはじまった第2次安倍内閣の「アベノミクス」による景気回復を背景に、人手不足の状態が強まり、労働力として女性や高齢者が働くようになったからともいえるようです。ただ、今後の労働力人口の伸びがどうなるかわかりません。労働投入の減少を食い止めるには、女性や高齢者の就労を促進するか、外国人労働者を雇用するといった方法がありますが、いずれも、簡単ではありません。出生率を上げるというのはおそらくもっとむずかしいし、時間がかかることです。したがって、労働投入によって日本の成長率を引き上げることはむずかしく、むしろ成長の落ち込みをいかに小さくするかが現実的な課題だと思います。

　第2に、設備投資の対GDP比率はバブル期には20%近くまで高まりましたが、1990年代に入ってバブルが崩壊したあとは急激に低下し、その後は約14%から約16%の間で推移して2019年度では15.9%となっています。企業の設備投資は今後どのように変化していくでしょうか。設備投資は2013年以降の景気回復によって徐々に回復の兆しをみせていますが、気になるのは家計の貯蓄率が人口の高齢化によって急速に低下していることでしょう。一時、可処分所得の23%にも達した家計貯蓄率は、2017年には2.3%にまで低下しました。当面、企業のキャッシュフローが景気回復によって潤沢（じゅんたく）になったため、企業の設備投資の多くは自己資金で行なわれており、家計貯蓄率の低下は設備投資を抑制する要因にはなっていません。しかし、長期的に家計貯蓄率が低下をつづけると、設備投資資金の調達に支障がでる可能性は否定できません。海外からの資金調達の道も可能性としてはありますが、このまま家計貯蓄率が低下すると問題が深刻化し、資本投入の成長寄与度はより低下する可能性があります。

　となると、日本経済の潜在成長力を高い水準に維持するための最後の期待は技術進歩です。労働投入も資本投入もあまり期待できないとすれば、あとは技術進歩によって生産性を上昇させる以外ありません。図11-12でみたように、

21世紀に入って技術進歩率は多少上がってきましたが、まだまだ十分とはいえません。ITや生命科学などの新分野におけるイノベーションをさらに加速させることが必要ですが、そのためには日本社会を次々とイノベーションが起こるような社会にしなければなりません。そのための構造改革（規制撤廃や教育改革など）をいっそう推しすすめる必要があることはいうまでもありません。

2020年に入ってから、新型コロナウイルスの問題が世界中に広がりました。この影響で旅行産業や観光産業が大きな打撃を受けました。また、製造業についてもグローバルな原料の調達が困難になるなど、これまでの産業のあり方も大きく変わると思われます。

いずれにしても、経済成長を推進する三大要因（資本、労働、技術進歩）のいずれをみても、日本経済の成長力が大きな曲がり角にきているとみることができます。自動車産業など製造業の強みを誇る日本ですが、今後はこれに代わるリーディング・インダストリー（成長を牽引する役目を果たすと思われる情報産業、バイオ産業、環境関連産業、医療産業など）が現われないかぎり、成長力が低下する可能性は高いとみなければならないでしょう。

Ch.11
Part 3

サプライサイド経済学と構造改革

サプライサイド経済学は、1970年代後半以降、それまでのケインズ経済政策に対するアンチテーゼ—20としてアメリカで登場しました。すなわち、ケインズ流の総需要管理政策では「強いアメリカ」を作り出すことはできないとして、経済の供給側を強化して、生産性を高めようという動きがサプライサイド経済学の登場を促しました。

日本でも、21世紀初頭に登場した小泉内閣—21は「構造改革なくして経済成長なし」というスローガンのもと、日本経済のサプライサイドを強化する政策こそ日本に求められている経済政策だと主張しました。また、安倍内閣—22でも、財政金融政策に加えて、第3の矢として成長戦略が追求されたことは広く知られているところです。

構造改革はケインズ流の総需要政策と異なり、経済の構造を変えることにより、潜在成長力を高める政策であり、サプライサイド経済学のなかでも有力な

20—ある主張を否定するために出される反対の主張のこと。
21—小泉純一郎内閣。2001年～2006年まで首相を務めた（第1次～第3次内閣）。小泉進次郎の父。
22—安倍晋三内閣。2006年～2007年（第1次内閣）、2012年～2020年まで（第2次～第4次内閣）首相を務めた。

政策ツールなのです。小泉構造改革や安倍内閣の成長戦略が成功したかどうかは判断のわかれるところです。

　いちはやくサプライサイドの経済政策を打ち出したのは、1980年代のアメリカ（レーガン政権—23）やイギリス（サッチャー政権—24）でした。こうした国々の経済が、90年代以降、見違えるように活性化したのは過剰なケインズ型政策ではなく、サプライサイドの強化を重視したからだという見方もあながち否定できないようです。実際、アメリカ経済は1992年以降2019年時点まで、2001年の同時多発テロ事件や2008年のリーマンショックの一時的な低迷を除いて、一貫して好景気を維持してきましたし、イギリス経済も1991年や2009年のマイナス成長を除けば、2019年現在、平均すれば約2～3%の経済成長を実現しています。

　ケインズ革命以来、「短期」の景気循環をなだらかなものにするための総需要管理政策がマクロ経済政策の主流を占めてきましたが、より「長期」的な経済成長力を高めるという目的のためには構造改革などのサプライサイドの経済政策が重要になってきたのです。とくに、日本のように、人口減少や貯蓄率低下、財政赤字の累積という構造的な問題を抱えている国の場合には、ケインズ的な短期の景気対策だけでは不十分であり、技術革新を加速する改革、若者の労働意欲を高める社会保障改革、知的生産能力を高める教育改革、非効率な公的部門を活性化するための民営化政策など、様々な経済構造の改革が潜在成長力を高めるために必要です。

　ただし、2020年に入って発生した新型コロナウイルス感染拡大による世界的な混乱が今後どの程度各国の経済成長に影響を与えるのか、現時点では予測がつかない状況です。

11-4　IT・ネット革命は生産性を引き上げるか

　経済成長を議論するさいに無視できない要因として、IT革命の進展があります。アメリカ経済が1980年代後半の低迷から立ち直り、いまや先進国のなかで最も高い成長を誇るような存在になった理由のひとつは、アメリカがいち

23—ロナルド・レーガン大統領の政権。映画俳優からカリフォルニア州知事を経て、大統領に就任した。大統領の就任時の年齢は歴代3位の高齢（69歳349日）。ちなみに、歴代2位の高齢で大統領に就任したのはトランプ大統領（70歳220日）で、歴代1位の最高齢は2021年1月20日に就任したバイデン大統領（78歳61日）である。
24—マーガレット・サッチャー首相の政権。イギリスでの女性初の首相。

はやく情報革命を牽引することに成功したからだとみられています。とくに、グーグルやアマゾン、フェイスブック、アップル、マイクロソフトなどの巨大情報系企業が次々にアメリカから誕生したことは注目に値します。これらの新興企業群が最近のアメリカ経済の成長力を高めたことはまちがいないでしょう。

しかし、実はIT・ネット革命のより大きな意味は、ユーザー側が受ける恩恵です。IT・ネット革命によってもたらされるのは「情報コストの劇的な低下」です。経済取引を効率よく行なうために、情報コスト（取引コスト）を節約することは非常に重要ですが、情報革命によって情報を蓄積したり、必要な情報処理を行なうことがきわめて安くできるようになったわけです。あるいは、インターネットを使った取引の増加やサプライチェーン・マネジメントのような効率的な商品供給体制ができあがれば、取引段階の様々なレベルで経済資源を節約することが可能になります。

インターネット取引がすすむと、従来型の販売チャネルの多くは不必要になり、そこで余った経済資源がより有用な経済活動に使われるようになれば、過渡的な痛みはあるにしても、社会全体の生産性をいちじるしく高める可能性を秘めています。これはちょうど昔、オートメーションの機械が発明されたころの状況と似ているでしょう。オートメーションによって手作業の労働者が解雇されましたが、工場の生産性は飛躍的に上昇しました。また、仕事のなくなった労働者が他の仕事に就くことによって新たな生産が可能になることから、全体の生産性が飛躍的に上昇したのです。

また、IT・ネット革命に関して、最近ではウェブ上の検索技術が飛躍的に進歩し、一般の人々がなかなか容易に入手できなかった情報が瞬時に入手できるようになり、消費者の発言力が増したといわれています。これは、企業側からみても、消費者一人ひとりの情報がこれまでよりもずっと容易に手に入るようになり、ロングテール（零細な末端の消費部分を指す）に対するビジネスが活発化してきました。また、近年はプラットフォームビジネスも盛んです。これは、商品やサービスを利用したい人とそうした商品やサービスを提供する人とをつなぐ場（プラットフォーム）を提供するビジネスです。アマゾンや楽天市場などが有名な例として挙げられます。さらに、クラウドファンディング（Crowdfunding）という手法で、群衆（Crowd）と資金調達（Funding）を組み合わせ、インターネットを通じて個々人が自分の想いを発信することで、その夢や想いに共感して応援したいと思ってくれる人たちから資金を募ることもできるということで、インターネットがもたらした恩恵ははかりしれないもの

になっています。

　たしかに、情報革命が実際にどの程度の生産性上昇をもたらすのかという点については、経済学者のあいだでも見解が分かれており、信頼に足る実証分析もまだまだ不十分な状態ですが、アメリカ経済の新型コロナウイルス感染拡大が発生するまでの期間における好調ぶりを説明するのに、情報革命の進展を無視することは不可能です。おそらく、データの取り方や実証分析の手法が改善されるにつれて、情報革命がどの程度の生産性向上をもたらしたのか、より正確な計測が可能になることでしょう。また、いわゆる GAFA─25がもつ圧倒的な個人情報収集能力や、それを使った独占的な立場について懸念される声も上がっています。いずれにしても、情報革命の影響を無視して経済成長を論じることはできない状況です。

11-5　内生的経済成長論

　最後に、内生的経済成長論（Endogenous Growth Theory）を紹介します。新古典派成長理論においては、コブ＝ダグラス型生産関数のような規模に関して収穫一定の生産関数が仮定されていました。そして、成長の源泉の多くは外生的に与えられる技術進歩でした。しかし、このような結論は満足のいくものでしょうか。というのは、単に外生的にモデルの外で決定される技術進歩率が与えられて、それで経済成長が説明できると考えるのはあまりにも知恵がなさすぎるのではないでしょうか。第一、これでは経済成長を意図的に実現することができないという結果になってしまいます。外生的な技術進歩を仮定するということは、結局、経済学の枠組みのなかでは経済成長を説明できないということにほかなりません。

　1972 年にノーベル経済学賞を受賞したケネス・アローは、この点に関して次のように述べています。

　「経済成長論が、知識量のように計測がきわめて困難な外生変数に依存して発展してきたのは、知的観点からみて決して満足できるものではない。また、計量的、実証的な面で、時間を唯一の経済成長の説明変数と考えていることにも失望させられる。トレンドのみによって将来の成長を予測するということは、実践的な要請からは必要なのかもしれないが、基本的にはわれわれの知的

　25─グーグル、アマゾン、フェイスブック、アップルの 4 社の頭文字をとって GAFA（ガーファ）と呼ばれる。マイクロソフトを入れた GAFMA（ガフマ）という言い方をする人もいる。

な無知さかげんを告白しているようなものである。実践的な観点からみてもっと情けないのは、政策的に成長を促進させようとしても、経済成長が外生的な要因に依存していたのではなんの手がかりも得られないという点である。」—26

　また、新古典派の理論では、技術進歩を各国が共有するようになれば（ただし、人口成長率のちがいは無視する）、各国の成長率は同じ成長率へと収斂していくことになるのですが、現実の世界経済に目を向けてみればわかるように、かなりの国によって成長率に大きな格差が存在しています。このことは新古典派の枠組みでは説明がつきません。

　以上のような批判に答えるために登場したのが内生的経済成長論です。すなわち、経済成長の源泉を、新古典派理論のように外生的に与えられる技術進歩率に求めるのではなく、モデルに現われる内生変数のなかに求めようというのが、内生的経済成長論の基本的な考え方です。

AK モデル

　内生的経済成長論の最も基本となる理論は、レベロによって開発された通称「AK モデル」です—27。AK モデルでは、生産関数を次のように仮定します（なぜ AK モデルと呼ばれるかこれでわかるでしょう）。

$$Y = AK \tag{8}$$

ただし、Y は GDP、A は定数（資本の生産性をあらわす）、K は資本ストックです。

　このモデルによると、GDP は資本ストックとともに比例的に増大します。ただし、ここででてくる K は単に工場設備といった物理的な民間資本ストックの量ではなく、人的資本（労働者の教育レベルが上がった場合、それは実際の労働人口が増えなくても人的資本が増大したと考える）、金融資本（必要な資金が必要な部門にどれだけ過不足なく効率的に供給されるか）、国全体の研究開発体制（大学や企業などの研究開発の仕組み）、道路や治安などの広い意味でのインフラストラクチャー（公共資本）、社会全体で共有する知識やアイデア（個々の企業によるイノベーションなどの効果が社会にも伝播するとい

26—K. J. Arrow, "The Economic Implications of Learning by Doing," *Review of Economic Studies*（1962）

27—S. Rebelo, "Long Run Policy Analysis and Long Run Growth," *Journal of Political Economy*（1991）。内生的経済成長論全体を要領よく解説したものとしては、R. J. Barro and X. Salai-I-Martin, *Economic Growth*, Mcgraw-Hill, 1995（R. J. バロー＝ X. サラ-イ-マーティン『内生的経済成長理論（Ⅰ・Ⅱ）』大住圭介訳、九州大学出版会、1999年）、また、技術革新を重視したシュンペーター型内生的成長理論については、P. Aghion and P. Howitt, *Endogenous Growth Theory*, MIT Press, 1998 がある。

う、正の外部効果による）など、経済成長に貢献しうる様々な資本の蓄積も含むものと考えます。また、⑻式の生産関数においては、資本の限界生産性はつねに一定であり、新古典派の理論において仮定していたような資本の生産性の逓減はないとされており、GDP は資本ストックの増加とともに比例的に増加していくことに特徴があります。

　AK モデルによれば、このように広く定義された資本ストックの蓄積が経済成長の唯一の源泉になっており、単に物理的な労働投入（労働人口がどれだけ増えたとか、労働投入時間数がどれだけ変化したとかなど）の変化はまったく経済成長に貢献しないとされています。むしろ、各国の経済成長力の差は、このように広く定義された資本ストックの蓄積能力の差として理解しようというわけです。このような考え方は新古典派成長理論における「外生的な技術進歩率が主たる成長の源泉である」という考え方よりもたしかに一歩すすんだ考え方であるといえるでしょう。

　⑻式を増分の形に書き換えると、

$$\Delta Y = A \Delta K$$

が得られますが、ΔK は広義に定義された「投資」であり、それが国全体の貯蓄 $S (= sY)$ に等しいと仮定すると、

$$\Delta Y = AsY$$

となります。したがって、GDP 成長率は

$$\frac{\Delta Y}{Y} = As$$

となります。これを 1 人当たり GDP 成長率 $\dfrac{\Delta y}{y}$ に書き換えると、

$$\frac{\Delta y}{y} = \frac{\Delta Y}{Y} - \frac{\Delta N}{N} = As - n$$

となりますから、1 人当たり GDP は $As - n$ の速度で成長することがわかります（ただし、N は労働投入量、n は労働人口成長率）。そして、1 人当たりGDP 成長率は

（ⅰ）資本の生産性（A）や貯蓄率（s）が大きければ大きいほど、大きくなり、

（ⅱ）労働人口の成長率（n）が低いほど、大きくなります。

　図 11-13 はこの様子を示したものです。1 人当たり GDP が $As - n$ の速度で伸びると、1 人当たり資本ストック $k \left(= \dfrac{K}{N} \right)$ も同じ速さで大きくなります。したがって、初期時点の 1 人当たり資本ストックを $k = k_0$ とすると、そこから経済は 1 人当たりの資本ストックをどんどん大きくしながら、成長していくこ

図11-13

経済成長率

As

1人当たりのGDP成長率

n

O k_0 資本・労働比率 k

内生的経済成長論（*AK* モデル） 教育や研究体制など広義の資本ストックの成長が永続的な経済成長をもたらすという考え方を、内生的経済成長論という。*AK* モデルでは

1人当たりの GDP 成長率は一定になり、資本・労働比率はどんどん大きくなる。

Ch.11
Part 3

とになります。

　このモデルは新古典派成長論が主張しているような、「ある一定の水準（定常状態）で資本の深化（k が大きくなること）が止まる（たとえば図11-11では、A 点の $k=k^*$ で資本装備率の大きさは一定になってしまう）」という、多くの国における現実に合致しない結論とは異なっています。むしろ、この理論は、「資本の深化は $As-n$ が正であるかぎりつづく（すなわち、k がいくらでも大きくなっていく）」という、より現実性の高い結果を導いているという点ですぐれていると考えられます。

　結局、成長率を高めたければ、資本の生産性 $\left(A\left(=\dfrac{Y}{K}\right)\right)$ を高めるか、貯蓄率（s）を高め、それを効率的に資本の蓄積に結びつければよいということも明らかです。ただし、実証的には、内生的経済成長論で使われる幅広い概念を含む資本ストック（K）をどう計測するかという問題が残されています。

【内生的成長論：*AK* モデル】

1. 生産関数が $Y=AK$ であらわされる。1人当たり GDP 成長率の大きさは $(As-n)$ となり、

　(i) 資本の生産性（A）や貯蓄率（s）が大きければ大きいほど、大きくなる。

　(ii) 労働人口の成長率（n）が低いほど、大きくなる。

2. 外生的に与えられる技術進歩率で経済成長を説明するのではなく、長期的な経済成長を A や s といったモデルの中の内生的な要因で説明す

るというもの。

3. 資本装備率が一定ではなく、大きくなりつづけるとすることで、より現実性の高い結果を導いていて、持続的な経済成長を説明できる。

本章のポイント

● 労働力や資本ストックの大きさが増大すると、完全雇用のもとで達成される GDP の水準も増大するため、長期均衡のもとでの総供給曲線は右にシフトします。つまり、経済成長は総供給曲線のシフトというプロセスであらわすことができます。

● 新古典派成長理論（ソロー＝スワン・モデル）では、マーケット・メカニズムが働くことで、資本および労働の投入比率が常に調整されます。マーケット・メカニズムによって、現実の成長率は財市場を均衡させる保証成長率に常に等しくなります。そして、長期的には労働力の成長率を示す自然成長率と保証成長率が一致するように調整されます。

● 経済成長の源泉としては、資本ストック、労働投入量、技術進歩の 3 つが考えられます。そして経済成長率 $\left(\dfrac{\Delta Y}{Y}\right)$ と資本ストックの上昇率 $\left(\dfrac{\Delta K}{K}\right)$、労働投入量の上昇率 $\left(\dfrac{\Delta N}{N}\right)$、技術進歩率 $\left(\dfrac{\Delta A}{A}\right)$ のあいだには、

$$\frac{\Delta Y}{Y} = \alpha \frac{\Delta K}{K} + (1-\alpha)\frac{\Delta N}{N} + \frac{\Delta A}{A}$$

という関係が成り立ちます。α は資本分配率、$(1-\alpha)$ は労働分配率を示します。

● 情報革命がどれだけ生産性を高め、経済成長に寄与するかについてはまだ十分な研究の蓄積がありませんが、1990 年代から今日までのアメリカ経済の好調ぶりからみて、今後この問題についてのよりすすんだ研究が待たれるところです。

● 経済成長の源泉の多くを新古典派成長理論のように外生的に与えられる技術進歩率に求めるのではなく、モデルに現われる内生変数のなかに求めようというのが、最近注目されている内生的経済成長論の最も基本的な考え方です。この理論の最も基本的なモデルである「AK モデル」では、各国の経済成長力は、人的資本・金融資本・公共資本といった広義の資本ストックの蓄積能力によってちがってくると説明しています。

理解度チェックテスト

空欄に適当な語句を入れなさい。

1. 投資と貯蓄が等しくなっている、すなわち財市場をつねに均衡させるときの成長率を（　　　　　　）成長率という。これは資本ストックが完全稼動しているときの成長率でもある。

2. ソロー＝スワン・モデルでは、貯蓄率が上昇すると1人当たりのGDPは増加するが、長期的にはその成長率は（　　　　　）になる。

3. ソロー＝スワン・モデルでは、自然成長率が上昇すると、1人当たりのGDPは（　　　　　）する。

4. 経済成長の3つの大きな要因は、資本ストックの成長、労働投入量の成長、そして（　　　　　）が考えられる。

5. 内生的経済成長論である（　　　　　）モデルによれば、資本ストックが増大すれば永続的な経済成長を実現できる。

解答：1. 低下　2. 不変　3. 低下　4. 技術進歩　5. AK

練習問題

計算問題

1. ある経済では、生産要素が資本（K）と労働（N）のみで、次のようなコブ＝ダグラス型の生産関数

$$Y = AK^{\alpha}N^{1-\alpha} \quad (0 < \alpha < 1)$$

であらわされるという（ただし、YはGDP、Aは全要素生産性であるとする）。このとき、次の問いに答えなさい。

(1) 資本分配率が0.25、労働分配率が0.75であるとし、毎年資本ストックは2%、労働投入量は1%、技術進歩が1.25%で伸びるとする。このとき、GDPは毎年何%上昇するだろうか。

(2) GDPの水準が2倍になるのに何年かかるか。

(3) 資本ストック、労働投入量、技術進歩がそれぞれ2倍のペースで上昇したとすれば、GDPは毎年何%上昇するだろうか。

2. ある経済の生産関数（GDPと生産要素のあいだの技術的関係）が、

$$Y = K^{\alpha}N^{1-\alpha} \quad (0 < \alpha < 1)$$

であるとき（すなわち、コブ＝ダグラス型生産関数であるとき）、以下の問いに答えよ。ただし、Y、K、Nはいずれも時間tの関数である。

(1) この生産関数は規模に関して収穫が一定であることを示しなさい。また、$y = \dfrac{Y}{N}$、$k = \dfrac{K}{N}$とすれば、$y = k^{\alpha}$となることを示しなさい。

(2) $\dot{k} = \dfrac{dk}{dt}$と書けば、$\dfrac{\dot{k}}{k} = \dfrac{\dot{K}}{K} - n$であることを示しなさい。ただし、$\dot{K} = \dfrac{dK}{dt}$、$\dot{N} = \dfrac{dN}{dt}$で、$\dfrac{\dot{N}}{N} = n$（一定）とする。

(3) 貯蓄がすべて投資されるとしたとき、$\dot{k} = sk^{\alpha} - nk$であることを示しなさい。ただし、$\dot{k} =$投資であり、$sY =$貯蓄とする。また、貯蓄率$s$は一定とする。

(4) $\dot{k} = 0$となるようなkをk^*とすれば、$k > k^*$のときはkがしだいに小さくな

り、k^* に近づくことを示しなさい。また、$k<k^*$ のときには k がしだいに大きくなり、k^* に近づくことを示しなさい。さらに、$k=k^*$ のときには k はそれ以上変動しないことを説明しなさい（つまり、資本・労働比率は長期的には常に一定値 k^* に収斂する。よって資本の成長率（保証成長率）と労働の成長率（自然成長率）は一致する）。

(5) もし生産関数が $Y=K^\alpha(\exp(\lambda t)N)^{1-\alpha}$（$\lambda$ は正で一定値とする）と書けるとき、保証成長率と自然成長率は長期的に一致することを、(1)～(4)と同様の方法で証明しなさい。

記述問題

1. 新古典派成長理論において、

   (1) 貯蓄率が高まった場合にどのようなことが起こるか、説明しなさい。とくに成長率、GDP の水準にそれぞれどのような変化が起こるだろうか。

   (2) 人口成長率が高まった場合、何が起こるだろうか、説明しなさい。

2. 本章の説明にもとづいて、新古典派成長モデルと内生的経済成長モデルを比較し、その長所と短所について述べなさい。

ディスカッションテーマ

1. 内生的経済成長論の枠組みを用いて、今後、日本の経済成長率を押し上げるにはどのような政策が必要になるか考えなさい。

2. IT・ネット革命の進展が日本の経済成長率にどのような影響をもたらすかという点に関して、様々な観点から議論しなさい。

3. 新型コロナウイルスによるパンデミックは、世界の経済成長にどのような影響を与えるだろうか。経済成長論の枠組みを使って議論しなさい。

Part 4

消費・投資

　Part 4 はマクロ経済学をより精緻に理解するための 2 つの章から成り立っています。これまでの議論ではごくおおざっぱにしか取り扱ってこなかった消費や貯蓄、投資が決定されるメカニズムについて、一歩踏み込んだミクロ的基礎づけを試みます。

　GDP の大きな割合を占める消費と投資がどのようにして決まるのかを知ることは、マクロ経済政策を的確に発動するうえでも非常に重要です。どの程度の財政政策や金融政策を実行すれば、どのような反応が家計（消費者）や企業から返ってくるのかを知らずに政策を決定するとしたら、政策の効果を正確に予測することができないからです。その意味で、消費関数や投資関数のより詳細な検討が必要なのです。

12：
消費と貯蓄

本章の目的

●私たちの消費活動は、実は現在の欲求を満たすだけでなく、将来の生活をも考慮して決められるはずです。このような異時点間にわたる合理的な消費計画を前提にして導かれる消費関数のひとつである、アーヴィング・フィッシャーの消費関数を紹介します。

●ケインズ型の消費関数は、個人の異時点間にわたる合理的計算から導かれたものではなく、消費が現在の可処分所得にのみ依存すると仮定されています。その理論的な問題点を示し、「短期」と「長期」の消費関数の関係をどのように説明すればよいか明らかにします。

●消費関数の理論をもとに、消費の裏側にある貯蓄について考察します。とくに、先進諸国のなかで日本の家計貯蓄率がきわだって高かった理由、さらにそれが近年急速に低下した理由について考察します。

消費は GDP の約 60％を占めるきわめて大きな需要項目です。したがっ
て、消費を決めている要因を究明することは、マクロ経済の動きを理解
するうえできわめて重要です。

　消費の裏側にあるのは貯蓄です。消費関数の研究をすることと、貯蓄関数の
研究をすることは、実はまったく同じことです。なぜなら、自由に使ってよい
所得（可処分所得）は、消費されるか、または、貯蓄されるかのどちらかだか
らです。

　「日本人は貯蓄をしすぎだ。貯蓄ばかりして、消費のほうにまわさないから
内需不足になり、企業が輸出にばかり精を出すようになる。その結果、貿易不
均衡が生じている」。かつて世界各国はわが国の高貯蓄、低消費が対外不均衡
の原因だとして、日本人のケチケチした消費行動に非難の声を浴びせたもので
す。しかし、日本でも少子高齢化がすすみ、貯蓄率が急激に低下しはじめまし
た。後で述べますが、2002 年以降、日本の貯蓄率は米国のそれを下まわるよ
うになっており、もはや日本は高貯蓄率の国とはいえなくなっています。この
ように、日本の消費や貯蓄にも大きな変化が生じています。

12-1　アーヴィング・フィッシャーの異時点間にわたる消費理論

　さてそれでは、合理的な個人はいかなる考えでもって消費活動を行なってい
るのでしょうか。われわれがこれまでに扱ってきた消費関数はきわめてシンプ
ルなもので、「現在の消費は現在の可処分所得に依存する」というものでした。
すなわち、$C=C(Y-T)$ です[1]。以下では表記を簡単にするために租税 T を
無視することにし、

$$C=C(Y)$$

と書くことにします。これはケインズ型消費関数と呼ばれるものです[2]。

　しかし、ケインズ型消費関数は個人の異時点間の最適化行動を前提にしてい
るとはいえません。なぜなら、合理的な個人なら、今期稼いだ所得だけをベー
スにどれだけ消費し、どれだけ貯蓄するかを決めるのではないと思われるから
です。功利的に将来のことを考える人[3]なら、現在の所得だけでなく、将来
の予想所得やそれぞれの人生プランなどによって決めるべきものであるからで

---

[1]―左辺の C は消費額、右辺の C はある関数形を、そして Y は GDP、T は租税をあら
　わしている。
[2]―ケインズ型消費関数については、p.70 を参照。
[3]―功利的な人というのは、効果や利益を重視して物事を行なう人のこと。

す。

　イェール大学の教授だったアーヴィング・フィッシャーはこのような観点から、将来のこともみすえた合理的な消費者が、異時点間にわたる消費計画をどのように決定するのかという消費理論の基礎を築きました。

異時点間の予算制約

　個人が将来にわたって消費計画を立てる場合、重要になるのは異時点間の予算制約です。自分が一生のあいだにどれくらい所得を稼げるかということに関して見通しをもち、その見通しのもとに今期どれくらい消費すべきかを決めなければなりません。分析を簡単にするために、個人は今期と来期の2期間生きるものとします。今期の所得を Y、来期の（予想）所得を Y_1、現在の実質金利を i とすると、この人のいまの時点からみた生涯所得は

$$Y + \frac{Y_1}{1+i} \tag{1}$$

です。

　なぜ、来期の所得を $(1+i)$ で割り引いているかといえば、来期の所得が今期の所得に比べて値打ちがそれだけ小さいからです。現在の100円のお金は来期まで預金して利息を稼ぐとすると、元金（がんきん）と利息（元利）（がんり）の合計で来期には $100(1+i)$ 円になります。逆に、来期稼げるであろう100円の所得は今期から眺めると、$\frac{100}{1+i}$ の値打ちしかないことになります。このように、金利を介して、時間が異なると所得を割り引いて計算しなければなりません。(1)式であらわしたこの人の所得は、割引現在価値[4]で表現されているわけですが、これがこの人の生涯所得ということになります。

　このような所得見込みをもった人が今期、C の消費をするとすれば、この人の今期の貯蓄は

$$S = Y - C \tag{2}$$

です。貯蓄 S は来期には利息分が増えて、$(1+i)S$ となりますから、この人が財産を残さず、自分で稼いだものは全部自分で消費すると仮定した場合、この人の来期の消費額 C_1 は

$$C_1 = (1+i)S + Y_1 \tag{3}$$

となります。(2)式を(3)式に代入して変形すると、

4—5章の BOX（割引現在価値の考え方）参照。

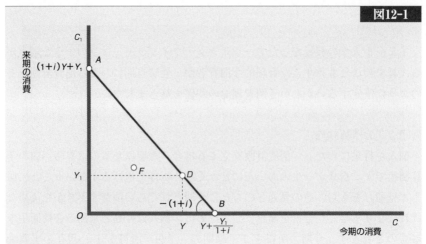

異時点間の予算制約線　横軸には今期の消費、縦軸には来期の消費が取られている。AB 線が異時点間の予算制約になる。財産を残さない場合、消費は AB 上の点に決定される。生涯所得が上昇すると AB は右上方にシフトし、実質金利が上がると直線の傾きは D 点を基点にして急になる。

$$C + \frac{C_1}{1+i} = Y + \frac{Y_1}{1+i} \tag{4}$$

となります。これは異時点間の予算制約をあらわしています。なぜなら、右辺は(1)式の現在時点からみた生涯所得、左辺は、財産を残さない場合の今期と来期の消費総額だからです[5]。この人が財産を残さず、借金もしないで生涯を終えると考えると、生涯の消費額は生涯の所得額に等しいところでとどまらなければなりません。

図 12-1 は(4)式の異時点間の予算制約を図示したもので、図中 AB 線が制約式にあたります。縦軸には来期の消費 C_1、横軸には今期の消費 C がとられており、(4)式は

$$C_1 = -(1+i)C + (1+i)Y + Y_1$$

と変形できますから、予算制約式は切片が $(1+i)Y + Y_1$、傾きが $-(1+i)$ の右下がりの直線になります。したがって、次のことが明らかになります。第 1 に、生涯所得 $(1+i)Y + Y_1$ が増えると予算制約式は全体的に右上方に平行移動すること。第 2 に、実質金利 (i) が高まると予算制約式の傾きが図の D 点を基点にしてより急になること（逆に実質金利が低下したら予算制約式の傾きが図の D 点を基点にしてよりゆるやかになること）。さらに、図中 F 点のよう

5—財産を残す可能性を考慮する場合には、来期の消費は $C_1 \leqq (1+i)S + Y_1$ であるから、
　(4)式も $C + \dfrac{C_1}{1+i} \leqq Y + \dfrac{Y_1}{1+i}$ と変形して分析する必要がある。

に、予算制約式の内側にある点を選択することは予算の範囲内なので実行可能だということです。ただし、その場合には、生涯消費額が生涯所得額を下まわるため、財産が残ることになります（予算制約上の点で消費が選択されると、財産が残らないということになります）。

消費者の時間選好

　ところで、消費者は異時点間の予算制約式上のどの点を選ぶでしょうか。それは人によって異なります。イソップ物語—6 にたとえれば「キリギリス型」の人は今期たくさん消費し、来期はがまんすればよいと考えるでしょうし、「アリ型」の人は今期消費をがまんして来期に楽しみを残すことを選ぶでしょう。このような消費者の時間に対する好み、考え方を時間選好（Time Preference）といいます—7。一般に消費者の時間選好を示すには異時点間の効用関数を考えます。すなわち、それは

$$U = U(C, C_1) \tag{5}$$

という関数であらわされ、C や C_1 が増えると効用 U は増えます—8。消費者としては効用（満足度）をできるだけ大きくしたいのですが、(4)式のような異時点間の予算制約に縛られており、この予算制約のもとで自分の効用を最大にするためにはどうすればよいかを考えるわけです。

　このことを考えるのにしばしば使われるのが無差別曲線という概念です。効用 U の水準をある一定の水準に固定しておき（たとえば、図12-2 の U_a）、この固定された一定の効用水準を達成するにはどのような C と C_1 の組み合わせがあるかを考えます。図12-2 の U_a 線は、効用水準が U_a に固定されたときの C と C_1 の組み合わせの集合を示しています。これを（効用水準が U_a に固定されたときの）無差別曲線といいます。X 点は今期の消費を抑えて来期の消費を多くする組み合わせであり、Y 点は逆に、今期にたくさん消費し、来期はがまんする組み合わせです。両点における消費者の効用水準はいずれも U_a

---

　6—ギリシアのイソップ（アイソーボス）が作ったと伝えられているいろいろな動物にもとづく寓話集。平穏無事な生活を送るための処世訓。紀元前6世紀頃にはすでにつくられていたとされる。「アリとキリギリス」のほか、「ウサギとカメ」や「北風と太陽」などはとくに有名。

　7—個人の現在の消費と将来の消費（貯蓄）を関連付ける指標として、時間選好率というものがある。これは将来の消費をどれだけ割り引いて考えるかという主観にもとづく割引率で、時間選好率が高い人（割引率が大きい人）は、現在の消費に対する好みが強く、貯蓄が少なくなるといわれている。イソップ物語の「アリとキリギリス」の場合、アリは時間選好率が低く、キリギリスは時間選好率が高いということになる。

　8—左辺の U は効用水準（消費活動から得られる満足度）を、右辺の U はある関数形をあらわしている。

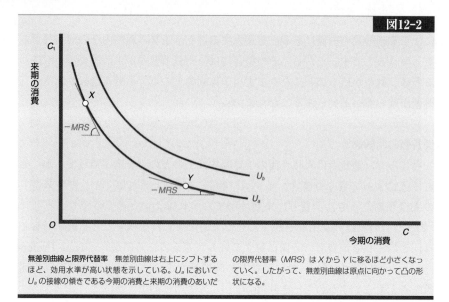

図12-2

無差別曲線と限界代替率　無差別曲線は右上にシフトするほど、効用水準が高い状態を示している。U_aにおいて U_aの接線の傾きである今期の消費と来期の消費のあいだ の限界代替率（*MRS*）は X から Y に移るほど小さくなっていく。したがって、無差別曲線は原点に向かって凸の形状になる。

です。効用をもう少し上げたより高い水準 U_b で固定した場合の無差別曲線は図中 U_b で示されています。U_a よりも右上にある U_b 上の消費の組み合わせは、常に U_a 上の消費の組み合わせよりも消費者に高い効用をもたらします。

　無差別曲線が図のように原点に向かって凸になっているのは、今期の消費と来期の消費のあいだの限界代替率が逓減的だと考えられるからです。今期の消費と来期の消費の限界代替率とは、無差別曲線上のそれぞれの点において、今期消費を 1 単位あきらめるときに来期の消費を何単位増やさないと同じ効用水準を維持できないかということを示す比率です。つまり、今期の消費と来期の消費の限界代替率を *MRS*（Marginal Rate of Substitution）と書くと、

$$MRS = -\frac{\Delta C_1}{\Delta C}$$

とあらわすことができます。マイナス（−）がついているのは限界代替率を正の値にするためです。たとえば、Y 点のように今期の消費を多くしている場合には、少しくらい今期の消費を削っても苦痛はなく、したがってその苦痛を相殺する（同じ無差別曲線上にとどまることのできる）来期の消費の増分は比較的少なくてもよいと思われます。このときの限界代替率は小さいでしょう（図 12-2 の Y 点における接線の傾きが小さいことを確認してください）。しかし、X 点のように今期の消費がすでに少なくなっているところで今期の消費を 1 単位あきらめる場合、このことから生じる苦痛を補償するために必要な来期消費の増分はかなり大きくなると思われます（図 12-2 の X 点における接線

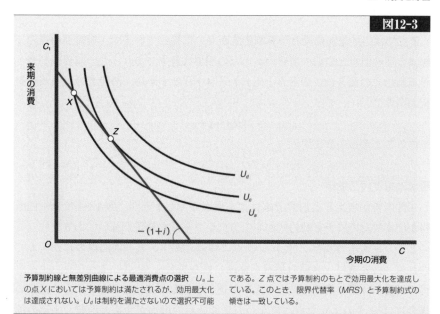

図12-3

c_1

来期の消費

X

Z

U_d

U_c

U_a

$-(1+i)$

O

c

今期の消費

予算制約線と無差別曲線による最適消費点の選択　U_a 上の点 X においては予算制約は満たされるが、効用最大化は達成されない。U_d は制約を満たさないので選択不可能である。Z 点では予算制約のもとで効用最大化を達成している。このとき、限界代替率（*MRS*）と予算制約式の傾きは一致している。

の傾きが大きいことを確認してください）。つまり、Y 点における *MRS* よりも X 点における *MRS* のほうが大きいということです。

　MRS とは無差別曲線上の各点における接線の傾き（代数的にはマイナスの値をとる）です。この接線の傾きが今期の消費が大きくなるにつれてよりゆるやかになるために、無差別曲線が図のように原点に向かって凸になっているのです。

最適消費の選択

　異時点間の予算制約式と無差別曲線をもとに、消費者が今期の消費と来期の消費をどのように選択するかを考えてみましょう。

　結論からいうと、図 12-3 にあるように、予算制約を満たしながら様々な効用水準のなかで最も高い効用を達成できるのは、消費者が Z 点を選んだときです。

　このときの効用水準は U_c です。予算制約線上の Z 以外の点を選ぶことによって得られる効用はすべて U_c よりも低くなります。たとえば、X 点を選ぶと、効用水準は U_a で、U_c より低い満足しか得られないことになります。したがって、X 点は最適な選択ではありません。もちろん、効用水準からいうと、たとえば、U_d のほうが高いのですが、これは予算制約を満たしていないため、達成不可能なので、選択することはできません。

Z 点では、無差別曲線と予算制約式が互いに接しています。無差別曲線の接線は今期の消費と来期の消費のあいだの限界代替率であり、この限界代替率と予算制約式の傾きはこのときともに、$-(1+i)$ ですから、消費者の最適消費選択の条件は

$$MRS = 1 + i$$

であることがわかります。

所得効果と代替効果

生涯所得が増えると消費計画はどう変わるでしょうか。図12-4では生涯所得が増えたために予算制約式が右上方にシフトした様子が描いてあります。このとき、最適消費点は Z 点から Q 点に移動します。無差別曲線の形が歪んでいれば（たとえば、来期の消費を極端に好む場合）、R 点のような点（生涯所得の増加が今期の消費を減らす点）が選択される可能性もありますが、通常の場合には Q 点のような点、すなわち生涯所得の増加が今期の消費、来期の消費をともに増やす点が選ばれるでしょう[9]。そうだとすると、生涯所得の増加は今期の消費と来期の消費をともに増やすことがわかります。このように、生涯所得の増加が今期の消費を増やすとき、正の所得効果があるといいます。

これに対して、実質金利（i）が変化した場合にはどうでしょうか。実質金利が上昇すると消費者は常識的には今期の消費を減らし、来期の消費を増やそうとするでしょう。なぜなら、今期の消費を減らし、貯蓄を増やせば来期の所得が金利上昇を反映して増えるからです。このような今期の消費と来期の消費を代替する効果を代替効果と呼んでいます。

しかし、実際に、実質金利の上昇が今期の消費を減らすのか、あるいは増やす結果に終わるのかはあらかじめ断定できないのです。その理由は実質金利の上昇によって生涯所得が増えるからです。いま、金利が上昇する前の消費の組み合わせを維持したときの貯蓄から生まれる来期の所得は、金利上昇分×貯蓄額だけ増加します。つまり、実質金利上昇は人々の生涯所得をそれだけ増やしていることになります。生涯所得が増えると所得効果によって今期の消費、来期の消費がともに増えます（来期の消費に極端な好みの片寄りがない場合）。

つまり、金利上昇は代替効果によって今期の消費を減らすが、所得効果によ

9—このような選択がなされるとき、今期の消費は正常財（あるいは上級財）（Normal Goods）であるという。正常財とは、所得が増加すると消費が増える財をいう。これに対して、R 点のように、生涯所得が上昇したのに、今期の消費が減る場合、今期の消費は劣等財（あるいは下級財）（Inferior Goods）であるという。劣等財とは、所得が増加したときに消費が減る財をいう。

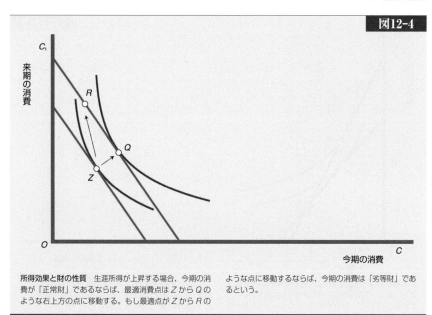

所得効果と財の性質　生涯所得が上昇する場合、今期の消費が「正常財」であるならば、最適消費点は Z から Q のような右上方の点に移動する。もし最適点が Z から R のような点に移動するならば、今期の消費は「劣等財」であるという。

って今期の消費を増やすという2通りの働きがあるため、これら2つの効果を総合した場合、金利上昇が今期の消費に与える効果はプラスになるか、マイナスになるか、あらかじめ断定することはできません。実際のデータを観察してみた場合、実質金利の変化は消費や貯蓄にあまり大きな影響を与えていないのはこのためです。

　図12-5はこの様子を描いています。まず、今期の所得が Y、来期の所得が Y_1（図中 D 点）のとき、実質金利が上昇した場合、予算制約式の変化がどうなるかを描いてあります。実質金利の変化が予算制約式の傾きを変えることは先にみたとおりです。実質金利の上昇は D 点を基点にして、予算制約式を時計の針がまわる方向に回転させます。その結果、新しい最適消費点はどう変わるでしょうか。

　この予算制約式の回転によって来期の所得が増え、その分、予算制約式は D 点より左側ではもとの予算制約式より上方にあります。したがって、人々が D 点より左側で消費の組み合わせを選択するかぎり（つまり少しでも貯蓄をするかぎり）、より高い効用が確保できることになります（所得効果）。しかし、実質金利の上昇は代替効果によって今期の消費を減らしますので、結局のところ、金利の上昇が今期の消費をどう変化させるかは理論的には判定できません。図では、Z 点から G 点へ最適点が変わる場合を描いてあります。G 点が Z 点の右上にくるか、左上にくるかは、所得効果と代替効果の相対的な大

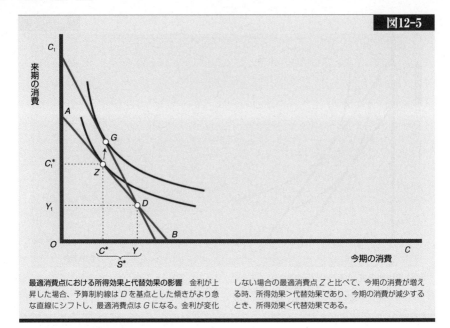

最適消費点における所得効果と代替効果の影響 金利が上昇した場合、予算制約線はDを基点とした傾きがより急な直線にシフトし、最適消費点はGになる。金利が変化しない場合の最適消費点Zと比べて、今期の消費が増える時、所得効果>代替効果であり、今期の消費が減少するとき、所得効果<代替効果である。

きさによって決まってきます。

【所得効果と代替効果】

1. 所得効果とは、価格（実質金利）が変化したときに実質的な所得が変化することを通じて、消費に与える影響のこと。所得効果が正（プラス）の場合は、今期の消費は増える。逆に負（マイナス）の場合は、今期の消費は減少する。

2. 代替効果とは、価格（実質金利）が変化したときの消費に与える影響のことで、効用水準を一定に保つために相対的に安くなった財を消費する。代替効果は、実質金利が高くなることで、今期の消費は減少する。

3. 実質金利（i）が上昇したとき、所得効果>代替効果であれば、今期の消費が増加する。逆に、所得効果<代替効果であれば、今期の消費は減少する。

借入制約がある場合

さて、消費者が異時点間の予算制約式のもとで最適な消費計画を決める様子をみてきましたが、このような決定を実行に移すためには、金融市場が完全

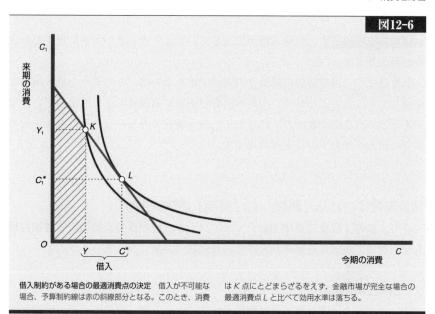

図12-6

借入制約がある場合の最適消費点の決定　借入が不可能な場合、予算制約線は赤の斜線部分となる。このとき、消費はK点にとどまらざるをえず、金融市場が完全な場合の最適消費点Lと比べて効用水準は落ちる。

で、マーケットが決める実質金利 i のもとで自由に貸し借りができるということが必要です。

　たとえば、図12-5のZ点を選んだ消費者は今期の消費が今期の所得より少なく、したがって今期は貯蓄を $S^*(=Y-C^*)$ だけすることになります。この貯蓄した分を実質金利 i で預金できるという前提のもとで、消費計画を作ったのです。あるいは、図12-6では、消費者がL点を選んでいます。L点では、今期の消費 C^* が今期の所得 Y を上まわっているため、差額分 (C^*-Y) を借り入れることができなければなりません。このように様々な人が消費計画を決める結果、貸出にまわる人、借入が必要な人が金融市場で出会い、資金需給が一致するようにマーケット金利が決まるのですが、このような貸出、借入がいつでも自由にできるような金融市場が発達していないと、以上で述べたような異時点間の消費選択は不可能なのです。

　金融市場が不完全で、たとえば自由な借入ができない場合はどうなるでしょうか。図12-6では、借入制約がある人（借入が不可能な人）の消費できる範囲が赤い斜線部分で示されています。借入制約がなければ、最適な消費計画はL点なのですが、借入が不可能な場合は、この消費者は今期の消費を今期の所得以上にできなくなり、やむなくK点で消費を決める以外にありません。しかし、K点では効用水準はL点の場合よりも低くなります。このように借入制約がある場合には、人々は借入制約がない場合よりも低い効用で満足しなけ

ればならないのです。金融市場が発達しているということがいかに重要である
かがわかります。

　もうひとつ、消費関数の議論との関連で重要なのは、このような借入制約に
直面している人にとっては、今期の消費を決定する最重要な要因は今期の所得
であるということです。これに対して、借入制約に縛られない人の消費決定で
重要な役割を果たすのは生涯所得です。

12-2　消費関数における「短期」と「長期」の食いちがい

　さて、このようなアーヴィング・フィッシャー流の異時点間の消費選択の理
論を前提に、現実に提案されてきた消費関数の議論に移りましょう。

ケインズ型消費関数

　先に述べたように、ケインズ型消費関数においては、消費が今期の所得水準
に依存して決まるとしている点に最大の特徴があります。これは、先にみたと
おり、実は、借入制約がある場合の消費決定に対応したものとみなすことがで
きます。

　また、ケインズは、『一般理論』において、実質所得が増加するにつれて、
消費は増加するが、消費の増加が所得の増加分を上まわることはないこと（す
なわち、限界消費性向は 0 と 1 のあいだの値をとること）、また、所得に占め
る消費の割合（つまり平均消費性向）は所得が増えるにしたがって低下する、
と考えました。ケインズ型消費関数が線形である場合、

$$C = c_0 + c_1 Y$$

と書くことができますが、このとき、平均消費性向は

$$\frac{C}{Y} = \frac{c_0}{Y} + c_1$$

ですから、この値は Y が増大するにつれて低下します――[10]。

クズネッツの推計

　所得が増えると、平均消費性向 $\left(\dfrac{C}{Y} \right)$ が低下するというケインズ型の消費関
数は、私たちの日常生活の経験からいって、直観的な説得力をもっているよう
に思われます。たとえば、読者が月に 10 万円の所得がある場合と月に 20 万円

---

[10]——平均消費性向については、p.70 を参照。

の所得がある場合を考えてみてください。所得が2倍になっても消費は2倍も増えることはないので、おそらく平均消費性向は後者のほうが低いのではないでしょうか。

しかし、ケインズ型の消費関数は、先に紹介したアーヴィング・フィッシャー流の理論からいえば、借入制約のある特殊な場合の消費関数であるという難点があります。それに加えて、長期の時系列データで調べてみると、平均消費性向は所得の増加とともに低下するのではなく、むしろほぼ一定であるということが知られるようになりました。このことを最初に明らかにしたのが、ノーベル賞経済学者、サイモン・クズネッツ教授です――11。

クズネッツは、アメリカの年次データを1869～1938年の長期にわたって整備し、それにもとづいて、所得と消費の関係を調べたところ、

$$C \fallingdotseq 0.9Y$$

という関係があることを発見したのです。つまり、消費は所得に比例しており、したがって、平均消費性向は長期にわたってほぼ一定（0.9）であるということです。

このクズネッツの発見は、ケインズ型の消費関数と矛盾します。ケインズ型の消費関数では、クズネッツの長期消費関数とちがって正の切片があり、限界消費性向もずっと小さいからです。それでは、ケインズ型の消費関数とクズネッツの長期消費関数のどちらを信用すべきなのかという疑問がわいてきます。

実際、1940年代から1950年代にかけて、この点に関する論争はたいへん華やかなものでした。その間、ケインズ型の消費関数は、短期間のタイムシリーズ・データや家計調査をもとにしたクロスセクション・データ（ある一時点で得られる様々な所得階層別のデータ）については妥当することが明らかになり、結局、議論の焦点は、ケインズ型の「短期消費関数」とクズネッツ型の「長期消費関数」をいかに矛盾なく説明できるか、ということにしぼられたのです。

Ch.12
Part 4

12-3　「短期」と「長期」を統合した2つの学説

ケインズ型消費関数の理論的欠点を補い、また、クズネッツによって提示された短期と長期の食いちがいの問題に答えるため、経済学者たちはいくつもの

11――S. Kuznets, *National Income and Capital Formation*, NBER（1937）にその結果がまとめられている。

仮説を提案しましたが、現在生き残ったのはアーヴィング・フィッシャー流の異時点間の消費選択という考え方をベースに理論を組み立てた「ライフサイクル仮説」と「恒常所得仮説」の2つの学説です。

ライフサイクル仮説

　これは、ノーベル賞経済学者フランコ・モジリアニに加え、R. ブランバーグ、アルバート安藤の3人の学者によって考え出された仮説です[12]。ライフサイクルという言葉が示すとおり、ライフサイクル仮説では、個人の消費行動は今期の所得によって決められるというより、その個人が一生のあいだに消費することのできる所得の総額（生涯所得）の大きさによって決められるとされています。

　ところで、現在 t 歳の人がいて、n 歳で定年を迎え、T 歳まで寿命があると予測しているとした場合、この人の生涯所得はどのように計算できるでしょうか。定年が n 歳ですから、残った就業期間は $(n-t)$ 年あります。この間、毎年 Y^e 円の収入があると考えますと、予想される所得の受け取り総額は、

$$\{(n-t) \times Y^e\} 円$$

です。また、現時点での実質資産が $\dfrac{W}{P}$ 円であるとすると、この個人にとっての実質生涯所得は、次のようになります[13]。

$$\left\{(n-t) \times Y^e + \frac{W}{P}\right\} 円$$

　また、この人は、あと $(T-t)$ 年生きられると予想していますが、毎年 C 円消費するものとしますと、実質消費総額（生涯消費額）は、

$$\{(T-t) \times C\} 円$$

です。さらに、この人が「子孫に美田を残さない」[14]（財産を残さない）ものとすれば、生涯所得と生涯消費は一致することになります。すなわち、

$$(T-t) \times C = (n-t) \times Y^e + \frac{W}{P}$$

が成立します。これを変形すれば、1期分の消費 C は、

---

[12]　たとえば、A. Ando and F. Modigliani, "The 'Life Cycle' Hypothesis of Saving: Aggregate Implications and Tests," *American Economic Review*（1963）を参照。

[13]　表現を簡素にするために、利子率はゼロと考えて計算しているが、正の利子率を考慮しても、以下の結論は本質的に変わらない。

[14]　美田というのは作物がよくとれる田地のこと。美田を買うなどして財産を残すと、子孫が仕事もせずにのんきな生活を送ることになり、かえって子孫のために良くないという戒めをあらわすことわざ。西郷隆盛の詩に「児孫（じそん）のために美田を買はず」というのがある。

$$C=\left(\frac{1}{T-t}\right)\times\frac{W}{P}+\left(\frac{n-t}{T-t}\right)\times Y^e \tag{6}$$

とあらわされます。

　もちろん、(6)式はある特定の個人について算出されたものですから、社会全体の今期の消費を得るためには、すべての個人について合計する必要があります。このようにして得られた社会全体の消費関数を、

$$C=\alpha_0\frac{W}{P}+\alpha_1 Y^e \tag{7}$$

と書いてみます。ただし、ここで使われている C、$\frac{W}{P}$、Y^e は、(6)式で使われているような個人にとっての数値を示すものではなく、社会全体の消費、資産、予想所得をあらわしているものとします。α_0 と α_1 は、人口構成が一定不変であるかぎり一定の定数です。

　ところで、将来の予想所得を正確に計算することは困難ですし、そのうえ毎年同一の金額であると想定することはかならずしも現実的ではありません。このあたりが、ライフサイクル仮説の弱点とも考えられますが、安藤＝モジリアニは、人々が将来所得の予想を立てるさいには現在の所得 Y を参考にするものと考えています。その最も単純な例として、(7)式の Y^e を現在の所得 Y に置き換えて、消費関数

$$C=\alpha_0\frac{W}{P}+\alpha_1 Y \tag{8}$$

を導いています。これがライフサイクル仮説にもとづく消費関数です。

　さて、(8)式の両辺を Y で割ると、平均消費性向

$$\frac{C}{Y}=\alpha_0\frac{W/P}{Y}+\alpha_1$$

が得られますが、短期的にみれば、社会の資産総額はほぼ一定であると考えられます。したがって、好況時には Y が上昇するので、右辺第1項は小さくなり、平均消費性向が下がります。逆に、不況時には Y が下落し、平均消費性向は上昇することになり、短期のケインズ型消費関数が得られます。しかし、実質資産 $\frac{W}{P}$ は、長期的にみれば、Y の成長とともに比例的に成長していくものと思われますので、$\frac{W/P}{Y}$ は一定、したがって平均消費性向 $\frac{C}{Y}$ も一定になり、クズネッツ型の長期消費関数が得られるのです。

ライフサイクル仮説の部分修正

　ところで、(6)式のライフサイクル仮説にもとづく消費関数は、人々が自分の

寿命を正確に予測し、かつ財産はいっさい残さないという想定のもとに導かれたものでした。しかし、人口構成も不変で、経済成長率も一定であるような定常状態を考えると、このような想定のもとでは、社会全体としての長期貯蓄率はゼロになるはずです。

　しかし、現実には貯蓄率は長期で考えると正になっていますから、貯蓄率がゼロという結論は現実的ではないということになります。しかし、正の貯蓄率は、先にあげた諸仮定の一部、またはすべてをはずせば説明できます。つまり、

(i) 自分の寿命が正確に予測できないとすれば、思っていたより長生きすることも考えなければならず、現在の消費をいくぶん抑え気味にする必要がある。

(ii) 財産を残すこと自体が人の満足を高めるとすると、その分だけ現在の消費を抑え、貯蓄を増やす。事実、コトリコフとサマーズは貯蓄の主たる動機が、老人になったときの消費をエンジョイするためではなく、財産を残すためであるという論文を発表して注目を集めたほど、遺産のもつ意味は大きい[15]。

(iii) 貯蓄をするのは現在所得を得ている若年世代が主であるから、若年人口が老年人口に比べて多いときには、社会全体の貯蓄はそれだけ増える。

(iv) 経済成長率が高くなると、若い世代の資産が年長の世代の資産に比べて大きくなるが、若い世代の貯蓄性向が年長の世代の貯蓄性向よりも大きいことから、社会全体の貯蓄総額は増える。

　以上の4点を考慮しつつ、ライフサイクル仮説にもとづく消費関数を手直しできれば、この消費関数が単に抽象的な仮説であるにとどまらず、現実の世界を説明する力をもつすぐれた理論仮説になると考えることができるのです[16]。

恒常所得仮説

　ライフサイクル仮説とはよく似た考え方にもとづいて、ミルトン・フリードマンが代表的著書『消費関数の理論』のなかで提唱したのが、恒常所得仮説で

---

[15]—L. Kotlikoff and L. Summers, "The Role of Intergenerational Transfers in Aggregate Capital Accumulation," *Journal of Political Economy*（1981）を参照。

[16]—ライフサイクル仮説に関する様々な文献を網羅的に解説しているものとして、チャールズ・ユウジ・ホリオカ「日本でライフ・サイクル仮説は成り立っているか？（Does the Life Cycle Hypothesis Apply in the Case of Japan?）」AGI Working Paper Series（2019、アジア成長研究所）がある。

す―**17**。

　フリードマンによれば、通常、所得と呼ばれているものは2つの部分、すなわち、「恒常所得」（Permanent Income）と「変動所得」（Transitory Income）に分けられるということです。恒常所得というのは、人々が自己の所得稼得能力からして将来予想しうる平均的所得です。自己の所得稼得能力というのは、過去の所得経験、現在の資産、学歴・技能などを総合して、各個人が判断するとされます。これに対して、変動所得とは、景気の善し悪しによって変動する所得部分のように、自己の所得稼得能力とは独立な一時的要因によって決定される所得を意味します。恒常所得仮説の基本的立場は、人々の消費決定が変動所得部分を含む現在の所得に依存してなされるのではなく、むしろ、将来の自己の所得稼得能力を考慮した恒常所得の水準に支配されるというものです。

　消費を C、恒常所得を Y^P とすると、

$$C = \alpha Y^P \tag{9}$$

というように、消費と恒常所得には比例的関係があるというのが、恒常所得仮説の骨子ですが、(9)式の両辺を観測される現在所得 Y で割ってみますと、平均消費性向 $\dfrac{C}{Y}$ は、

$$\frac{C}{Y} = \frac{\alpha Y^P}{Y} = \frac{\alpha Y^P}{Y^P + Y^T} = \frac{\alpha}{1 + (Y^T/Y^P)} \tag{10}$$

と変形してあらわすことができます。ここで Y^T は変動所得です。

　ところで、経済全体でみた場合、変動所得 Y^T は好景気のとき大きく、不況のときは小さくなる（マイナスの値をとる）と考えられます。恒常所得 Y^P は短期的には大きく変化しませんから、平均消費性向は、Y^T が大きいとき（好況のとき）小さい値になり、逆に Y^T が小さいとき（不況のとき）には、平均消費性向は大きい値をとります。また、好況でも不況でもない「正常な」状態のときには、Y^T はゼロとなり、平均消費性向は長期消費関数のそれと一致することになります。

　図12-7は、恒常所得が Y_0^P で与えられているときの消費行動を描いたものです。現実の所得が、人々によって恒常的であると信じられている水準 Y_0^P に一致したときは、長期的消費線 $C = \alpha Y^P$ 上の点 A が選ばれます。しかし、現実の所得が $Y_1 (< Y_0^P)$ になったり、$Y_2 (> Y_0^P)$ になるときには、人々の消費態度はどうなるでしょうか。

17―原典は、M. Friedman, *A Theory of Consumption Function*, Princeton University Press, 1958（宮川公男・今井賢一訳『消費の経済理論』巌松堂、1961年）。

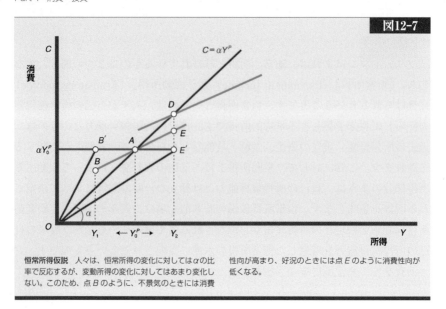

図12-7

恒常所得仮説　人々は、恒常所得の変化に対してはαの比率で反応するが、変動所得の変化に対してはあまり変化しない。このため、点Bのように、不景気のときには消費

性向が高まり、好況のときには点Eのように消費性向が低くなる。

　もし、恒常所得が現実に受け取る所得水準によってまったく影響を受けない場合は、現実の所得がY_1やY_2のように、Y_0^Pからどのように乖離しようと、消費額はαY_0^Pで一定のはずです。たとえば、現実の所得がY_2の場合、

$$Y^T = Y_2 - Y_0^P$$

ですから、これを(10)式に代入すれば、

$$\frac{C}{Y_2} = \frac{\alpha}{1 + (Y_2 / Y_0^P - 1)} = \frac{\alpha Y_0^P}{Y_2}$$

となり、$C = \alpha Y_0^P$が得られます。つまり、所得がY_2のときの消費はαY_0^Pとなり、点E'が実現します。このときの平均消費性向は、図中、$\angle E'OY_2$であらわされ、これは明らかにαより小さくなります。現実の所得がY_1のときも、まったく同じように計算すると、消費はαY_0^Pとなり、点B'が実現します。そうすると、平均消費性向は図中、$\angle B'OY_1$であらわされ、αより大きくなることがわかります。そうすると、所得が高いときには平均消費性向は上昇し、所得が低いときには平均消費性向が小さくなるということになるのですが、これでは短期の消費関数は$B'AE'$線の水平線で描かれることになってしまい、限界消費性向がゼロという極端な形になってしまいます。実証研究の結果によれば、図12-7でBAEを結ぶ直線のように、正の傾き（正の限界消費性向）をもつ短期消費関数が得られていますから、このような水平な消費関数は正当化できないということになってしまうのです。

恒常所得の計測

　しかしながら、実際に人々が自己の所得稼得能力の指標としての恒常所得を決める場合、現在受け取っている所得とまったく独立にそれを決めることは、おそらく不可能であると思われます―**18**。そこでフリードマンは、上記の本のなかでは、恒常所得を、今年の所得と過去 17 年間の所得の「加重移動平均」として計測しうるものと想定し、アメリカのデータをもとに検証をこころみています。つまり、t 期に想定される恒常所得 Y_t^P を、

$$Y_t^P = \alpha_0 Y_t + \alpha_1 Y_{t-1} + \cdots + \alpha_{17} Y_{t-17}$$

として計算したのです。その結果、$\alpha_0 = 0.33$、$\alpha_1 = 0.22$ という値が得られています。α_2 以降は、その値が順次逓減して、恒常所得決定への影響度は古い時代の所得ほど小さくなっていきます。ここで、α_0、α_1、α_2、$\cdots$、α_{17} はウェイトですから、これらのウェイトの合計が 1 になっていることはいうまでもありません。

　ところで、$\alpha_0 = 0.33$ ということは、恒常所得が、今期の所得 Y_t の変動分のうち 33% だけ影響を受けて変動するということと同じです。図 12-7 にもどっていえば、現在の所得が Y_1 になった場合、恒常所得も Y_1 と Y_0^P の差の 33%に相当する 3 分の 1 だけ左側に移動（減少）するということを意味します。それにつれて、消費額についても Y_1 の所得のときの消費額である αY_0^P（B' 点）よりも 3 分の 1 小さい、たとえば B 点のレベルまで下がることになるわけです。現在の所得が Y_2 になる場合でも、Y_2 と Y_0^P の差の 3 分の 1 だけ右側に Y_0^P が移動（増加）し、消費額も、所得が Y_2 のときの消費額である αY_0^P（E' 点）よりも 3 分の 1 大きい、たとえば E 点のレベルまで増えると考えられます。

　このように、恒常所得も多少は現実に左右されると考えると、短期のケインズ型消費関数と同じものが得られるのです。また、経済成長の結果、所得が Y_2 の周辺で変動するようになると、恒常所得 Y_t^P も徐々に Y_2 の値に近づき、ついには Y_2 が新しい恒常所得とみなされるようになります。このときには、Y_2 に対応する恒常消費を示す点 D を中心に、短期の消費関数が描かれることになります。

18―なぜなら、人々は将来にわたる自己の所得稼得能力を正確に算定するだけの情報をもっていない以上、現在の所得も、それを測るひとつの指標として考えざるをえないだろうから。

12-4　日本の家計貯蓄率の推移

　図 12-8 は、日本とアメリカの家計（個人）貯蓄率の推移を示しています。日本の貯蓄率はかつてその水準が高いことが注目を浴びていました。2000 年代に入って以降はアメリカのそれを下まわり、2014 年は一時的とはいえ、マイナスとなりました。近年は、下げ止まりの様相を呈しているものの、かつてに比べれば低い水準で、もはや日本は高貯蓄率の国とはいえなくなっています。なぜ高貯蓄国であった日本が低貯蓄国になったのでしょうか。

日本の家計貯蓄率が低下しつづけてきた理由

　日米の個人貯蓄率に関して興味深い点は、まず、なぜ昔の日本人は、アメリカ人に比べて多く貯蓄をしてきたのか、また、近年、日本がアメリカの水準を下まわる低貯蓄率の国になったのはなぜかということです。いくつかの理由が考えられます。

⑴ 経済成長率が低下してきた

　かつての日本経済は、世界を驚かせるほどの高い経済成長を達成してきました。経済成長率が高いと、所得の伸びに消費が追いつかないという状況が現われます。毎年 10％以上も所得が伸びている状況では、昨年までの消費生活をつづけていると、いつの間にか貯蓄が増えてしまうことになります。やがて、高い所得水準にあわせるように消費が増えていきますが、その翌年にはまた同じようなことが起こるでしょう。成長率が低下していく場合にはちょうど逆のことが起こります。

　このように、成長が速い経済は成長の遅い経済よりも一般的に貯蓄率が高くなります。日本の経済成長率は 10％以上の高度成長期から 4 〜 5 ％程度の安定成長期を経て、最近年は 0 〜 2 ％成長に減速しており、それにともなって貯蓄率も低下してきたと考えられます──**19**。

　さらに、成長率が高い経済では、現役世代の生涯所得が老年層の生涯所得よりも多くなります。そうすると、ライフサイクル仮説によれば、若年層の貯蓄

19──第 2 次世界大戦終了後の朝鮮戦争（1950 年〜 ）から第 1 次石油危機（1973 年）までを一般に「高度成長期」と呼ぶ。翌 1974 年度は戦後初のマイナス成長であった。その後、バブル経済が崩壊する 1990 年代前半までは「安定成長期」、それ以降は「低成長期」で今日にいたる。ちなみに、バブル絶頂とされた日経平均株価の史上最高値は 1989 年 12 月 29 日、年内最後の取引日であった「大納会」を迎えた東京証券取引所で、終値は 38,915 円 87 銭、取引時間中の高値（取引時間中のピーク）は 38,957 円 44 銭であった。

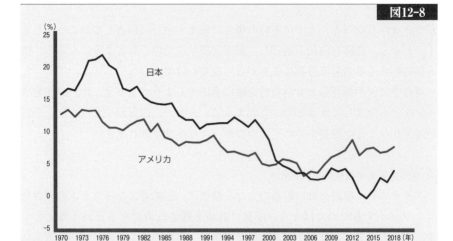

図12-8

日米の家計貯蓄率の推移（1970〜2018年）　アメリカの個人貯蓄率は日本に比べると一貫して低かった。しかし、日本における経済成長の鈍化、急速な人口高齢化によって、日本の家計貯蓄率は近年、急速に低下している。2000年代前半以降の日本の家計貯蓄率は、アメリカよりも低くなっている。
出所：内閣府、米国経済分析局（Bureau of Economic Analysis）

率のほうが老年層の貯蓄率より高いので、経済全体の貯蓄率が高くなると考えられます。

(2) 人口構成が劇的に変化してきた

　高度成長期の日本の人口は戦後のベービーブーム期に生まれた若年労働層が多数を占めていたため、平均年齢が低かったのですが、最近では出生率の低下、医学の進歩などにより急激に少子高齢化がすすんでいます。現役世代の数が退職世代の数より多ければ多いほど、貯蓄率は高くなります。なぜかというと、ライフサイクル仮説によれば、現役世代は老後に備えて貯蓄するのに対し、退職世代は蓄積した貯蓄を取り崩すからです。

　実際、1980年代前半くらいまでの日本の人口構成はピラミッド型で若年層が高齢者よりも多くなっていましたから、それが高貯蓄率の原因であったという考え方です。しかし、急激な高齢化のため、貯蓄率も急速に低下してきました。ますます高齢化がすすむことを考えると、この面からは日本の貯蓄率はさらに低下することも考えられます。

(3) 金融制度の拡充

　日本ではかつてはアメリカほどには消費者金融制度が整備されていなかったため、借入制約がきつかったことも考えられます。必要なときになかなか借金

ができないとなると、人々は不時の場合に備えて余分に貯蓄しておこうとします。しかし、金融自由化が進行し、融資が簡単に受けられるようになると、借入制約からくる余分な貯蓄は必要がなくなるわけです。

現在では大手銀行なども消費者金融に進出するようになりましたし、住宅ローンなども充実してきました。このように、金融の自由化がすすみ、借入制約が減少したことが貯蓄率の低下につながった可能性があります。

⑷ ダイナスティ仮説の非現実化

ダイナスティ仮説とは、貯蓄の主たる動機は、高齢者になったときの消費をエンジョイするためではなく、子孫に財産を残すためであるという考え方です。ダイナスティとは「王朝」という意味で、自分の姓を名乗っている家系は「永遠の王朝」であり、子孫に立派な財産を受け継がせていくことが「王朝」を継続させるために必要であるというわけです。しかし、このようなお年寄りの行動はもっと功利的なものであるという見方もあります。お金をもっていることを誇示することによって、子どもや孫たちの関心を常に自分に引き寄せ、孤独な老後を回避できるという見方です。寂しい話ではありますが、現実の一面を突いていることも事実でしょう。

このようなこともあって、日本の高齢者はなかなか貯蓄を取り崩さない傾向がありました。それが日本の貯蓄率を高めていたと考えることもできます。たしかに、日本人には「子孫に美田を残す」傾向があるようです。しかし、親子の関係が変質し、日本の高齢者の行動も欧米の老人と似てきたのではないでしょうか。それが近年の貯蓄率の急速な低下の一因なのかもしれず、もしそうだとすれば、ダイナスティ仮説はもはや現実的ではなくなったといえるかもしれません。

本章のポイント

● アーヴィング・フィッシャーの消費理論によると、合理的な個人は、異時点間の予算制約のもとで効用を最大化するような今期と来期の消費の組み合わせを選択します。

● 短期と長期の消費関数における「所得と平均消費性向の関係のちがい」を説明するために、「ライフサイクル仮説」と「恒常所得仮説」が提唱されました。いずれの仮説においても、人々の消費行動は現在獲得できる所得のみによって決定されるものではなく、それぞれ、生涯所得（一生のあいだに受け取ることができる所得）、恒常所得（自己の所得稼得能力から予想しうる将来の平均所得）という、よ

り広義な概念によっても規定されているという共通の特徴があります。

●日本の家計貯蓄率は近年大きく低下してきました。その要因は経済成長の鈍化、人口高齢化、消費者金融の発展、ダイナスティ仮説の非現実化などから説明できます。そして、それにもとづくと、今後も日本の貯蓄率は低下していく可能性があることが示唆されます。

理解度チェックテスト

空欄に適当な語句を入れなさい。

1. 異時点間にわたる合理的な消費計画を考えたとき、消費者の最適な消費選択の条件は、利子率に1を加えたものが（　　　　　）に等しくなるというものである。

2. 所得や利子率が変化したときに、今期や来期の消費計画は変化するが、この変化は所得効果と（　　　　　）の2つの効果に分けてみることができる。

3. 短期的には所得の増加とともに平均消費性向が逓減するものの、長期的には平均消費性向が一定であるということを説明する代表的な2つの仮説は（　　　　）と（　　　　　）である。

4. ライフサイクル仮説では、個人の消費行動は今期の所得によって決められるというよりも（　　　　　）の大きさによって決められるとされる。

5. フリードマンによる恒常所得仮説では、所得を恒常所得と（　　　　　）所得の2つの部分に分けている。

解答：1. 限界代替率　2. 代替効果　3. ライフサイクル仮説　恒常所得仮説　4. 生涯所得　5. 変動

練習問題

計算問題

1. 恒常所得 Y_t^P が4年間の所得 Y_t、Y_{t-1}、Y_{t-2}、Y_{t-3} の平均として、次のように計算されるものとする。すなわち、

$$Y_t^P = 0.4Y_t + 0.3Y_{t-1} + 0.2Y_{t-2} + 0.1Y_{t-3}$$

また消費は、

$$C_t = 0.85Y_t^P$$

によって決まるものとせよ。このとき、

(1) 過去数年間、年収が300万円であり、今期の年収も300万円である人の恒常所得および今期の消費を求めなさい。

(2) $(t+1)$ 期の所得が400万円に増えるとすれば、新しい恒常所得はいくらになる

か。また消費水準はどうなるか。このときの平均消費性向はいくらか。

(3) $(t+1)$期の所得が逆に200万円に減少したとすれば、新しい恒常所得、消費水準、平均消費性向はいくらか。

(4) $(t+1)$期の所得が400万円になったのち、ずっと400万円の収入がつづくものとすれば、恒常所得はどのように変化していくと考えられるか。

(5) 過去数年間、年収が300万円であった場合の短期の消費関数を計算せよ。またそのときの限界消費性向を求めなさい。

(6) このような恒常所得の計測の方法に対してコメントしなさい。

記述問題

1. ライフサイクル仮説と恒常所得仮説によれば、高齢化社会になると貯蓄率が下がると考えられる。その理由を説明しなさい。

2. 金融市場が完全で、かついっさいの金融取引にかかるコストがゼロの場合には、預金金利と借入金利は等しくなる。しかしいま、金融市場が不完全であり、金融取引にもコストがかかるために、借入金利のほうが預金金利よりも高かったとせよ。この場合、アーヴィング・フィッシャーの異時点間の消費決定モデルはどのような修正が必要か。図を描いて説明しなさい。

ディスカッションテーマ

1. 少子高齢化によって日本の家計貯蓄率が今後さらに低下をつづけるとした場合、日本経済にどのような影響がでてくるだろうか。財政赤字や貿易・サービス収支とも関連づけて議論しなさい。

2. 新型コロナウイルスの感染拡大が貯蓄率に与える影響について、様々な要因をリストアップしつつ、予測しなさい。

13：
投資決定の理論

本章の目的

●総需要の重要な構成要素であり、また、景気変動に重要な役割を果たす企業の設備投資がどのような要因で決定されるのかを解説します。

●加速度原理やストック調整モデル、トービンの q など、代表的な設備投資の理論がどのようにして発展してきたかを紹介します。

●設備投資とならんで民間投資を形成している在庫投資と住宅投資の役割や最近の推移について説明します。

消費につづいて総需要のなかで重要な位置を占めるのが投資です。投資は企業の設備投資、在庫投資、家計の住宅投資、公的セクターの公的投資からなります。投資は金額でみれば消費ほど大きくはありませんが、設備投資や住宅投資などは景気しだいで大きく変動するのが特徴です。他方、消費はむしろ景気循環を安定化させる役割を果たします。たとえば、不景気になると、消費性向が上がり、景気後退がより深刻になるのを防ぐことがしばしばあります。しかし、投資は企業の将来予想にもとづいて決定されることが多いため、好景気のときは強気な設備投資が計画され、逆に不景気になるとますます悲観的になって投資を手控えることもしばしばです。このため、投資はしばしば景気循環の振れを大きくすることが多いのです。その意味で、投資がいかなる要因で決定されるかを知ることは、マクロ経済政策を有効に発動するうえでもきわめて重要です。

13-1　設備投資の推移と設備投資の決定理論

　戦後の日本経済が、高度成長を実現し、経済大国になりえた原動力はなんといっても民間企業の旺盛な設備投資意欲でした。図 13-1 は、1970〜2018 年の期間における GDP に占める民間企業の設備投資比率を示したものです。民間企業のグロスの設備投資（減価償却分を差し引かない設備投資の総額）の対GDP 比率は 15％前後ですが、1990 年にはバブル景気を反映して 20％の大台に接近しました。その後は 15％前後に戻っています。一方、減価償却部分を取り除いたネットの設備投資の対 GDP 比率はバブル崩壊後大きく低下し、その後、21 世紀にはいると 5％未満の低い水準で推移し、リーマンショック後の 2009 年と 2010 年にはマイナスとなりました。ネットの設備投資がマイナスということは、新たな投資が減価償却分を補えていないということですので、設備の生産能力の低下を意味するとも考えられます[1]。もっとも、近年は再びプラス圏に浮上してきていますが、それでも、かつてに比べれば低い水準で推移しているといえます。

---

[1] グロスの投資比率よりもネットの投資比率のほうが、資本ストックの成長率を示す指標としては正確である。なぜなら、グロスの投資（粗投資）から「更新投資」を引いたものがネットの投資（純投資）になり、この純投資が資本ストックの純増につながるからである。「更新投資」とは、生産能力を保つために、機械や設備の摩耗や老朽化による劣化分を補うための投資である。

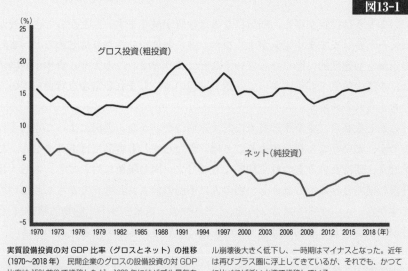

実質設備投資の対 GDP 比率（グロスとネット）の推移（1970〜2018 年）　民間企業のグロスの設備投資の対 GDP 比率は 15%前後で推移したが、1990 年にはバブル景気を反映して 20%の大台に接近した。その後は 15%前後に戻っている。一方、ネットの設備投資の対 GDP 比率はバブ ル崩壊後大きく低下し、一時期はマイナスとなった。近年は再びプラス圏に浮上してきているが、それでも、かつてに比べれば低い水準で推移している。
出典：内閣府

設備投資の不安定性

図 13-1 でもみられるように、グロスの設備投資の大きさは、毎年あるいは数年ごとに、大きく変動しています。このように、短期的にも、あるいはもっと長期でみても、投資はいちじるしく可変的です―**2**。

このような投資の不安定性の原因はどこに求められるのでしょうか。この問いに対する答えは、読者自身が一企業の経営者の立場にたって投資の決意をする場面を思い浮かべてみると、いちばんはっきりするのではないかと思われます。投資というのは、将来の収益を期待して資産を購入する行為にほかならないのですが、設備投資の決意をするとき、経営者はなにを基準にその決定をくだすのかということが問題です。

いうまでもなく、設備（工場や新鋭機械設備など）に資金を投下すれば、その資金の回収は設備から生産される財の販売に頼ることになります。したがって、将来売れる見込みがあるかどうかということが、おそらく最も重要なファクターになるでしょう。つまり、投資の最大の決定要因は企業が将来に対してどのような期待をもつかである、といってもよいと思われます。企業家が強気

2―資本ストックの成長率をみるうえでは、ネットの動きが有用であるが、GDP 全体の変動に与える影響を考えるさいには、グロスの動きに注目する必要がある。

でいるときは投資が増え、弱気になると投資が減ります。したがって、投資が増えるときはますます景気がよくなり、逆に弱気がひろがりはじめると、実際の景気も加速度的に悪くなっていくことになります。このように資本主義経済は、企業の強気・弱気によって、景気循環の波にもまれる宿命を背負っていると考えられるのです。

　しかしながら、企業家の将来に対する期待がいかなる要因によって左右されるのか、ということを見極めることは、かならずしも容易ではありません。しょせん、期待というものは主観的なものです。同じ現象に対しても、ある人は好況の前兆とみるでしょうし、別の人は不況の前ぶれと考えるかもしれないのですから……。ケインズはこれを、「アニマル・スピリット（動物的精神）」と呼び、投資の大きな部分は企業家の主観に左右されるものと考えたのです。

外生的要因と投資

　しかし、期待が重要だといっても、期待がどのように形成されるかということがわからないと、十分な理論的展開は望めません。ところが、先にも述べたように、人々の期待はあくまで主観的なもので、人々の心のなかをそう簡単に垣間見ることができない以上、期待形成を定式化するのは非常にむずかしいといわなければならず、それが投資理論のいわば泣きどころです。残念ながら、現段階における投資理論は、この点でまだ不十分といわざるをえません。

　また、画期的な技術革新によって、投資が大きく刺激されるということも、しばしばあることです。たとえば、蒸気機関の発明や電気の発明などがその例です。最近では、コンピュータや半導体、インターネット、AI（人工知能）の発明などがあげられます。これらは膨大な関連産業を作り出し、新製品の開発をうながしてきました。このように、経済学の領域外の要因（外生的要因、Exogenous Factors）によって、投資額が大きく左右されることもしばしばあります。

投資の限界効率：再論

　短期でみると期待はそれほど変化せず、ほぼ一定であると考えられます。それは期待を大きく左右するような大事件が毎日発生しているわけではないからです。このように期待が一定であるような短期においては、すでに4章で説明したように、ケインズの考えた「投資の限界効率（Marginal Efficiency of Investment）」の概念をつかって、「投資は投資の限界効率と（実質）利子率が一致するところで決まる」という考え方が有効です。4章では、利子率が「名

目利子率」であるのか「実質利子率」であるのかは区別しませんでしたが、実際に企業の投資決定に影響を与えるのは、インフレーションの存在を考慮した「実質利子率」であることに注意が必要です[3]。

いま、費用 C 円（実質値）をかけて、機械（または設備）を購入したとします。この機械は、来年から n 年間にわたって、R_1、R_2、…、R_n の実質収益をもたらすものとすれば、これらの収益の「割引現在価値」V は、実質利子率を i とすれば、

$$V = \frac{R_1}{1+i} + \frac{R_2}{(1+i)^2} + \cdots + \frac{R_n}{(1+i)^n}$$

と書けます（最終年にはこの機械はその価値がなくなり、廃棄されるものとします）。割引現在価値というのは、5章で詳しく説明したとおり、将来の収益を現在からみて評価したもので、たとえば、来年の 100 円の収益は、利子率が 5 ％の場合、今年の約 95 円 $\left(\fallingdotseq \frac{100}{1+0.05} \text{円} \right)$ に値すると考えるのです。さらにまた、2 年後の収益 100 円は、同じく利子率が 5 ％の場合、現在からみれば、約 91 円 $\left(\fallingdotseq \frac{100}{(1+0.05)^2} \text{円} \right)$ の値打ちしかないものとみなすのです。

ところで、V は購入した機械のもたらす価値の合計ですから、費用 C と比べてみると、

(ⅰ) $V > C$ → この機械の購入は利潤を生み出す

(ⅱ) $V = C$ → この機械の購入は利潤を生み出さないが、損失も発生させない

(ⅲ) $V < C$ → この機械の購入は損失をもたらす

という 3 通りの場合が考えられます。利潤をあげるためには、V と C との比較の結果(ⅰ)の状態になることが期待できる投資プロジェクト、あるいは(ⅱ)の状態が期待できる投資プロジェクトを選ぶ必要があります。(ⅰ)の場合は、超過利潤が発生し、(ⅱ)の状況にある投資プロジェクトからは正常利潤が得られることになります[4]。いろいろな投資プロジェクトについて、V と C の計算をしてみて、(ⅰ)と(ⅱ)の結果が得られるプロジェクトを集めることで、利潤が最大になるような投資額を求めることができます。つまり、各プロジェクトの費用 C の合計額が、この企業にとっての投資額ということになります。

さて、以上で述べた投資決定の方法を投資の限界効率の概念を使っていい直してみましょう。いま収益の予想値を前と同じように、R_1、R_2、…、R_n とし

3—「名目利子率」と「実質利子率」の区別については、p.199「8-4『名目』利子率と『実質』利子率」）を参照。

4—超過利潤とは、正常利潤を上まわる利潤のこと。正常利潤とは、事業を継続するうえで得られる標準的な利潤であり、完全競争のもとで得られる利潤で、実質利子率（＝資本コスト）に等しくなる。

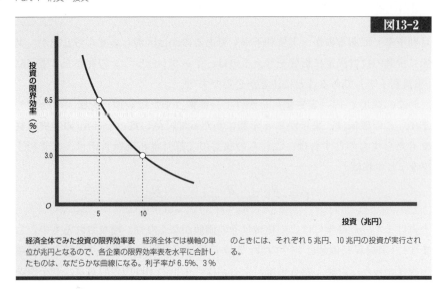

図13-2

経済全体でみた投資の限界効率表　経済全体では横軸の単位が兆円となるので、各企業の限界効率表を水平に合計したものは、なだらかな曲線になる。利子率が6.5%、3％ のときには、それぞれ5兆円、10兆円の投資が実行される。

た場合、

$$C = \frac{R_1}{1+\rho} + \frac{R_2}{(1+\rho)^2} + \cdots + \frac{R_n}{(1+\rho)^n}$$

をみたすような ρ（ギリシャ文字。ローと読む[5]）のことを、投資の限界効率と呼びます。このように投資の限界効率を定義すれば、次のような関係を確認することができます。

　(ⅰ)′ $V > C \Leftrightarrow \rho > i$

　(ⅱ)′ $V = C \Leftrightarrow \rho = i$

　(ⅲ)′ $V < C \Leftrightarrow \rho < i$

という関係が成り立ちます[6]。

　ここでまとめると、予想収益率（投資の限界効率）が利子率よりも高ければそのプロジェクトは実施されるでしょう。逆に利子率のほうが投資の限界効率よりも高ければそのプロジェクトは実施されないでしょう。このように、「投資は利子率の減少関数である」ということが、ケインズの「投資の限界効率」の理論から導かれるのです。経済全体の投資の限界効率表（投資と限界効率とのあいだの関係を描いた表）は、個別企業の限界効率表を水平方向に順次加え

　5—この文字の書き方は、○に相当する部分を左側から反時計回りに描いて、そのまま左下にはらう形。

　6—例：R_1、R_2、$\cdots$、R_n がすべて等しく（$=R$）、また n が十分大きいときには、V と C は、それぞれ $\frac{1}{1+i}$ と $\frac{1}{1+\rho}$ を公比とする等比級数列の和になるので、$V \fallingdotseq \frac{R}{i}$、$C \fallingdotseq \frac{R}{\rho}$ となり、上記の関係は明らかに成立する。

ていくことにより得られます（図13-2）。

加速度原理

　ところで、投資は利子率の減少関数であるとする「投資の限界効率」理論とはまったく独立に考えられた投資理論に、加速度原理（Acceleration Principle）があります。加速度原理は、投資は利子率に依存するというよりも、GDP の変化分（増分）に比例して変動すると考えます。

　一企業の立場からみた場合、資本設備の望ましい水準は、その企業が決意する生産・販売計画によって決まるであろうというのが加速度原理の出発点です。t 期における生産の水準を Q_t とするとき、望ましい資本設備 K_t は Q_t に比例すると仮定すると、

$$K_t = vQ_t \tag{1}$$

という関係が得られます。ここで v は資本ストックと生産量の比をあらわす技術的定数です。この資本ストックと生産量の比率を資本係数と呼びますが、加速度原理では、ある生産量を達成するためには、機械などの資本はそれに比例して必要であるという「固定資本係数」の仮定が設定されているのです。(1)式のような技術的関係を前提にすれば、$(t-1)$ 期には、

$$K_{t-1} = vQ_{t-1} \tag{2}$$

という関係が成立しているはずですから、(1)式から(2)式を辺々差し引けば、

$$K_t - K_{t-1} = v(Q_t - Q_{t-1}) \tag{3}$$

が得られます。左辺の $(K_t - K_{t-1})$ は、$(t-1)$ 期から t 期への資本の増加をあらわしていますが、定義にしたがえば、これが t 期における投資 I_t に相当することになります。つまり、投資は生産量 Q の「増分」に比例するという結果が得られるといえるわけです。(3)式を書き直しておけば、

$$I_t = v\Delta Q_t \tag{4}$$

です（ただし、$\Delta Q_t = Q_t - Q_{t-1}$）。

　以上は、一企業の場合でしたが、各企業について加算すれば、経済全体の投資量が(4)式のような形で近似的に求められます。しかし、マクロ分析には、生産量 Q よりも付加価値を示す GDP のほうが便利です。そこで、生産量と GDP のあいだには安定的な関係があるものとみなして、Q のかわりに GDP をあらわす Y の記号を使って加速度原理を説明するのがより一般的です。つまり、(4)式は、

$$I_t = v\Delta Y_t \tag{5}$$

と書き直されることになります。この(5)式が、加速度原理と呼ばれる投資理論

Ch.13

Part 4

の凝縮された表現です（ただし、$\Delta Y_t = Y_t - Y_{t-1}$）。

【加速度原理】

1. 投資は利子率に依存するというよりも、GDP の増分に比例して変動すると考える。景気が良くなると投資が増えるというのは、現実にも適合している。
2. 投資と GDP の増分とのあいだには固定的な技術的関係があり、$I_t = v\Delta Y_t$ であらわされると仮定している。

【投資と資本ストックの関係】

　投資は、資本ストックの増分である。ただ、より厳密にいえば、資本減耗（資本減耗率を δ とする）を考えると、$(t-1)$ 期の資本ストック（K_{t-1}）が減耗して δK_{t-1} だけ価値が失われ、t 期に設備投資を行なう（I_t）ことで、t 期の資本ストック（K_t）になる。したがって、$K_{t-1} - \delta K_{t-1} + I_t = K_t$ になるので、投資（粗投資、I_t）は、$I_t = K_t - (1-\delta)K_{t-1}$ となる。また、純投資は、粗投資（I_t）から資本減耗（δK_{t-1}、更新投資）を引いたもので、$K_t - K_{t-1}$ になる。

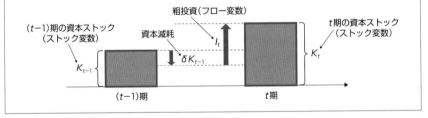

加速度原理の問題点

　生産量（あるいは GDP）と資本ストックのあいだに、固定的な技術的関係を想定することから導かれる加速度原理は、いかにも単純明快な投資理論です。また、景気がよくなるとき（ΔY_t が大きいとき）には、投資も活発になるという現実にもある程度適合しています。しかし、加速度原理が実際の経済運営を行なううえでどれほど有効な理論でありうるか、という点になるといささか疑問であるといわざるをえません。

　まず第 1 に、(5)式の前提となっている固定的な資本係数の仮定は、ごく大雑把な事実認識としてはよいとしても、厳密には正しいとはいえません。たとえば、金利が高く、他方、賃金は低く抑えられているような状況を考えれば、高

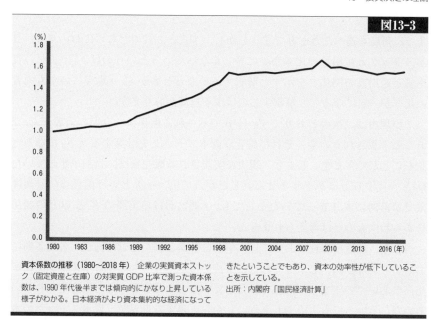

図13-3

(%)

資本係数の推移（1980〜2018年）　企業の実質資本ストック（固定資産と在庫）の対実質GDP比率で測った資本係数は、1990年代後半までは傾向的にかなり上昇している様子がわかる。日本経済がより資本集約的な経済になって

きたということでもあり、資本の効率性が低下していることを示している。
出所：内閣府「国民経済計算」

くつく投資はできるだけ手控えて、逆に労働の投入量を増やすことによって、必要な生産量の増加を達成する、ということも可能です（資本係数は小さくなる）。逆に、金利が低く、賃金が高騰すれば、労働投入量を増やすよりも、機械を購入することのほうが有利になるでしょう（資本係数は大きくなる）。つまり ΔY_t に対する予想が同じものであっても、そのときの利子率と賃金の相対的な高低関係によって、資本係数は変わると考えるべきです。

　また、技術革新が起こって、資本係数の値が時間の経過とともに変化していく可能性も高いといえるでしょう。したがって、加速度原理のように、生産量と資本ストックのあいだに固定的な関係があると仮定するのは、無理があります。実際、図13-3をみればわかるように、1990年代後半まで資本係数は傾向的にかなり上昇してきていました——7。これは、日本経済がより資本集約的な経済になってきたことで、GDPを1単位増やすのに必要な資本量が昔に比べると大きくなってきたことを示しています。すなわち、資本の効率性が低下してきたということです。この時期の設備投資の説明をするにさいし、資本係数一定の仮定を置くのは適当とはいえないでしょう。

　第2に、加速度原理の基本的な仮定が固定的な資本・産出比率にあることは

7——資本係数をここでは非金融機関法人企業の実質生産資産（固定資産＋在庫）と実質GDPの比率とした。

すでに何度も述べたとおりです。しかし、(1)式と(2)式のどちらにおいても、資本ストックと産出量の比率がvに等しくなっているというのは、「望ましい資本量と産出高の関係」を示すと解釈するのならともかく、「現実にいつも両者の比率が一定になる」と解釈するのは少々無理があります。

　その理由は、次のとおりです。(1)式で示される関係は、今期の需要がQ_tであると予想されるので、それに見合う資本ストックを計算するとK_tになると読むことができます。しかし、現実に実現される販売量は、当初予想していたQ_tと一致するとはかぎりません。したがって$K_t = vQ_t$という関係は、計画段階で事前的に成り立っていたとしても、t期における実際のKとQとの関係をあらわすものとは考えられません。

　つまり、加速度原理においては、事前に計画された投資計画が「各期各期において」実現され、しかもそれは、事後的にみても、やはり資本ストックと産出高のあいだの望ましい関係を維持しているものと暗黙のうちに想定されているのだ、といってもよいでしょう。しかし、現実の世界で、資本ストックの水準が産出高の変化に対応して、各期各期において瞬間的に調整されると考えることは、かなりむずかしいといわなければなりません。もとより、機械設備などの資本ストックは、百貨店の店頭で求めうるような性質のものではありません。資本財の計画発注から実際の納入までには、資本財産業の生産能力の制約のため、相当の時間がかかると考えるべきです。加速度原理で想定されているように、資本ストックの水準が各期各期において、理想的水準に調整されているとするのは、資本財の個別的性質と計画・発注から納入までのタイム・ラグ（時間的ずれ）を考えれば、非現実的であるといわざるをえないでしょう。

ストック調整モデル

　加速度原理のもつ様々な理論的欠陥のうち、とくに最後にあげた問題点を改善しようとしたのが、ストック調整モデルと呼ばれる投資理論です。ストック調整モデルは、今期望ましいとされる最適資本ストックK_t^*と前期末の実際の資本ストックK_{t-1}の差、$(K_t^* - K_{t-1})$がすべて実現されるとは考えず、その一部だけが今期実現されると考えるのです。つまり、今期の投資I_tは、

$$I_t = \lambda(K_t^* - K_{t-1}) \tag{6}$$

と考えます——8。λは、望ましい資本ストックと現実の資本ストックの差のう

8——資本減耗がある場合を考えると、資本減耗率をδとしたとき、$I_t = K_t^* - K_{t-1} + \delta K_{t-1}$
　$= K_t^* - (1-\delta)K_{t-1}$となる。

ち、今期の投資として実現される割合をあらわしており、λのことを「伸 縮
的加速子」または「伸縮的アクセラレーター」と呼んでいます[9]。λは通常、
0と1のあいだの値をとるものとされていますが、このことは、資本ストック
が各期各期100%望ましい水準に調整されうるものではなく、その一部分のみ
が調整されることを示しているのです。

　λが0と1のあいだの値をとるのはなぜでしょうか。それには、

(i) 投資計画を立てること自体、時間のかかる仕事である。したがって、発
　　注が遅れる。

(ii) 注文がなされても、機械などを作る資本財メーカーの生産能力の関係で、
　　期間中に100%注文をこなしきれないことが多い。

(iii) あまり急激に資本ストックを増やそうとすると、資本財の価格を不当に
　　つりあげることになったり、経営計画などに無理がかかったりする。

(iv) 望ましい資本ストックの水準は、あくまで将来の予測にもとづいて計算
　　されたものであり、本当に予測どおり事態が進行するのかどうか、見極
　　めをつけながら、徐々に資本ストックを調整していくほうが安全である。

といったような理由が考えられます。これらのことがすべて無視できるときに
λの値が1に等しくなり、(6)式はもとの加速度原理と同じものになります。

【ストック調整モデル】

1. 投資は、今期望ましいとされる最適資本ストック K_t^* と前期末の実際
　の資本ストック K_{t-1} の差、$(K_t^* - K_{t-1})$ がすべて実現されるとは考え
　ず、その一部（λ）だけが今期実現されると考える。

2. $I_t = \lambda(K_t^* - K_{t-1})$（λは伸縮的加速子と呼ばれ、0と1のあいだの値を
　とる）とあらわされる。

伸縮的加速子と最適資本ストック

　ストック調整モデルにもとづく設備投資理論は、その後、ハーバード大学の
ジョルゲンソン教授などによって、よりいっそう精緻化され、膨大な実証分析
の成果とともに、いわゆる「新古典派の投資理論」として重要な地歩を固める
にいたっています[10]。しかし、このジョルゲンソンの投資理論には、ひとつ
の大きな欠点（論理的な弱点）があると考えられます。それは、「望ましい資

9—あるいは投資の調整速度ともいわれる。

10—D. Jorgenson, "The Theory of Investment Behavior," in R. Ferber (ed.), *Determinants of Investment Behavior*, NBER (1967) がその代表的論文である。

本ストックの大きさを求めるときに、伸縮的加速子λの値とは独立にその計算がなされている」という点です。

　ストック調整モデルにおいては、今期の投資は望ましい資本ストックの水準と現実の資本ストックの水準の差のうちの一部分（λ倍）だけが実施に移され、λの値が、資本財産業の生産能力にともなうデリバリー・ラグ（納品遅れ）や、将来見通しが徐々にしか改定されないという期待形成の特質などによって、1より小さい値をとるとされているのは上述のとおりです。つまり、λは、分析対象とする経済の制度や産業の構造などによって、いわば外生的に与えられた一定値をとるものとされています。

　しかし、たとえば、好景気で投資活動が非常に活発なときも、不況で投資が沈滞しているときも、この伸縮的加速子λが同じ値をとると考えることは現実的でしょうか。投資活動が非常に活発ならば、資本財を作る産業は生産能力いっぱいに稼働していると考えられ、追加的な注文を受けても、短期間に応じることはできないかもしれません。このときには、伸縮的加速子の値は小さくなるものと考えられます。なぜなら、望ましい資本ストックと現実の資本ストックのギャップは、このような状況ではなかなか埋められないからです。

　逆に、投資活動が低い水準のときには、資本財産業には生産余力があり、望ましい資本ストックと現実の資本ストックのあいだのギャップは、比較的短期間のうちに埋められると考えることができます。この場合、伸縮的加速子λの値はより1に近くなると考えられます。

調整費用の存在

　ストック調整モデルや新古典派の投資理論のもつこうした欠陥を補うためには、伸縮的加速子の値と投資量のあいだの関係を、明示的にモデルのなかに組み込むことが必要になります。投資活動に付随する「調整費用」（Adjustment Costs）の考え方は、新古典派理論のこのような欠点をあらためるうえで、興味深い貢献をしてきました。

　調整費用というのは、ある一定の設備投資をして生産能力を拡大するときに、成長率を高くしようとすればするほど余分にかかってくる追加的な諸経費のことです。たとえば、企業が一定の期間内に、5％の設備拡張を行なおうとする場合と、いっきょに100％の設備拡張を行なおうとする場合を考えてみてください。5％成長の場合は、企業の拡張計画としては（100％成長に比べれば）無理のない計画です。新しいマネージャーや技術者も少しは雇用する必要があるし、企業組織自体をも多少は改変することも必要になるかもしれませ

ん。しかし、この程度の成長ならば、これらの調整も比較的無理なく実行できるでしょう。

　ところが、短期間に設備を2倍にしようという急成長をめざした計画だと、専門的知識をもつ技術者を大量に育成したり、販売網の拡張、組織の大幅な改造なども、同時に計画しなければならないと考えられます。しかし、企業成長のために利用可能な経営資源や物的な資源はかぎられたものであり、あまり無理をしても、組織が効率的に作動しなくなったり、計画自体が十分綿密にならなかったりして、かえって余計な費用がかかるようになるものです。さらには、資本財産業に、生産能力を超えて注文に応じさせようとすれば、資本財購入にさいして、早期引き渡しのための余分なプレミアム―11を支払うということも必要になるでしょう。これらの諸経費を一括して「調整費用」と呼ぶわけですが、かぎられた期間内で投資量を大きくしようとすればするだけ、この調整費用は急速に（比例分以上に）増加するものと考えられます。

投資効果曲線

　このような調整費用の考え方を取り入れていくつかの投資理論が展開されていますが、宇沢弘文による投資効果曲線を使った理論を、ここでは取り上げてみましょう―12。

　図13-4は、縦軸に投資支出額、横軸には企業の生産能力の増加がとられています。原点 O を通る直線 OA は、調整費用が存在しない場合の投資金額と生産能力の増加の関係として描かれています。OA が直線であるのは、生産能力の増加分をいくら大きくしても、それを実現するための投資金額が常に比例的に増大するにとどまる（つまり、設備1単位当たりの費用は企業の成長の速度にはかかわりなく一定である）ということを示しています。

　新古典派の投資理論や加速度原理などは、調整費用がゼロであると暗黙のうちに想定していますから、実は OA のような投資と生産能力増加の関係が仮定されていると考えてよいのです。しかし、先ほどから述べているように、実際には、生産能力の増加を急激に実現しようとすればするほど、調整費用は累進的に増えて、追加的な投資支出1円当たりの生産能力拡大効果は減少していくと考えられるのです。このような調整費用を考慮すると、投資支出と生産能

11―プレミアムとは、本来の価格に上乗せされる割増金。
12―H. Uzawa, "Time Preference and the Penrose Effect in a Two-Class Model of Economic Growth," *Journal of Political Economy* (1969)。または、D. Romer, *Advanced Macroeconomics*, McGraw Hill, 2018（堀雅博・岩成博夫・南條隆訳『上級マクロ経済学』日本評論社、2010年）を参照のこと。

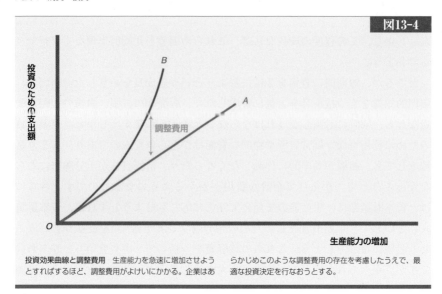

図13-4

投資効果曲線と調整費用　生産能力を急速に増加させよう
とすればするほど、調整費用がよけいにかかる。企業はあ
らかじめこのような調整費用の存在を考慮したうえで、最
適な投資決定を行なおうとする。

力増加のあいだには、図中 *OB* のような関係があるといってよいでしょう。
OB 線と *OA* 線の差にあたる部分が調整費用で、それは生産能力の増加速度が
はやくなればなるほど累増的に大きくなっていきます。この *OB* のような曲線
を「投資効果曲線」または「ペンローズ曲線」と呼んでいます――**13**。

　調整費用を、このような形であらかじめモデルのなかに明示的に組み込んで
おけば、企業は調整費用のことも含めて、最適な投資計画を作成することがで
きます。また、伸縮的加速子のような、どちらかといえばアドホックな（特定
のモデルのためには都合がよいが、理論的裏づけのない）係数を持ち出さない
で投資理論を構築できるというメリットもあります。ただ、投資効果曲線を利
用した投資理論は、新古典派の投資理論のもつ論理的矛盾を解消したという点
でおおいに評価されるべきだと思いますが、実証研究をするうえでは、投資効
果曲線の具体的な形状についての知識が必要となります。

トービンの *q* 理論

　近年の投資理論発展の流れのなかで注目すべきは、ジェームス・トービンが
提唱した「*q* 理論」でしょう。*q* とは「企業の市場価値」と「現存する企業資

13――ペンローズはイギリスの経済学者。彼女によって投資効果曲線のアイデアが最初に
　　示されたのでこの名がある。ペンローズ曲線の考え方に関しては、E. Penrose, *The
　　Theory of the Growth of the Firm*, Blackwell, 1959（末松玄六訳『会社成長の理論』
　　ダイヤモンド社、1980 年）に詳しい。

本ストックを現在の市場価格でそっくり買い換えたときの買い換え費用」の比率のことです。つまり、

$$q = \frac{\text{企業の市場価値}}{\text{現存資本を買い換える費用総額}} \tag{7}$$

と定義されます。

　分子の「企業の市場価値」は、株式市場が評価するある企業の株価の総額（すなわち、1株当たりの株価に発行株数を乗じたもの）と債務の総額を合計したものです――14。なぜなら、企業の活動は株主が出資した資本と銀行などからの借入金とから成り立っており、株主の側からみた株価総額と債権者の側からみた企業債務の合計が企業の価値になるからです。つまり、分子の「企業の市場価値」は、「いま、この企業が解散して所有者がすべて入れ替わるとすれば、現在の株主と債権者（銀行や社債保有者）が受け取ることのできる金額」をあらわしています。他方、分母の、現存資本買い換えのために必要な費用は、「いまこの企業が保有している資本ストックをすべて新たに買い換えるとしたときにかかるであろう費用の総額」です。

　さて、(7)式において、ある企業の q の値が1を超えていたと考えてみましょう。このとき、企業の所有者である株主（と債権者）は、企業の市場価値が、この会社が現に保有する資本ストックの価値総額（分母の値）よりも高いので、株を売ってその代金で資本財を購入すると、現存する資本ストックよりも大きな資本ストックが買えることに気がつくでしょう。

　別のいい方をすると、企業の市場価値が資本ストックの価値よりも大きいということは、市場がこの会社の成長力を現在の資本ストックの市場価値以上に評価しているということです。つまり、いまこの会社が投資を1単位余分に行なうとき、それに要する費用よりも、そこから得られる予想利益のほうが大きいということになるのです。このような場合、企業は当然その投資を実行すべきです。つまり、q が1より大きいときには、現在の資本設備は過少だということになり、企業は資本ストックの価値を増加させる投資を拡大することが望ましいということになります。

　他方、q が1よりも小さいときには、市場が評価している企業の価値が現存の資本ストックの価値よりも小さいということですから、逆に現在の資本スト

Ch.13
Part 4

14――1株当たりの株価に発行株数を乗じたもの（企業の株価の総額）が時価総額になる。日本の時価総額の第1位の企業は、断トツでトヨタ自動車（株）である。その時価総額は、2020年6月12日時点で22兆円を超えており、第2位のソフトバンクグループ（株）の約10兆円を大きく引き離している。

ックは過大だということになり、q が 1 より小さいときには、企業は資本ストックを減少させる（純投資をマイナスにする）ことが望ましいということになります。

　この点を、もう少し別の角度から眺めてみましょう。株式市場におけるこの企業に対する評価をあらわす株価というのは、企業の将来にわたる収益力を反映したものです。つまり、企業が保有する現存資本ストックや経営者の質などからして、どの程度の将来収益が期待しうるかを株主が評価したものです。

　このようにして形成される株価が、現存資本ストックの買い換え費用に比べて高ければ、その企業の将来における収益力は、現時点の企業規模から生み出される平均的な収益力よりも大きいということですから、投資を拡大すべきだということになります。逆に、株価が企業の既存設備の価値よりも低いということは、市場が評価するこの企業の収益力の低さを示しますので、投資を手控え、場合によっては既存設備の縮小（マイナスの純投資）が必要であることを意味するのです。

　結局、投資 I は q の増加関数である（$I＝I(q)$）、という結論が得られます。

【トービンの q 理論】
1. 投資関数は q の増加関数になっていて、$I＝I(q)$ とあらわすことができる。
2. (i) $q>1$ → 純投資 >0
　 (ii) $q＝1$ → 純投資 $=0$
　 (iii) $q<1$ → 純投資 <0

---

q 理論の意義

　トービンの q 理論は、現代投資理論の中心的な地位を占めるにいたっていますが、それでは q 理論と他の投資理論の本質的なちがいはどこにあると考えればよいのでしょうか。

　まず第1に、資産市場のうち、これまで無視されてきた株式市場の役割を表面にだして、投資と関連づけたという点があげられます。株式市場は無数の投資家が各企業の「実力」を評価するところです。その「実力」が企業の将来収益力を示す指標の役割を果たすとすれば、企業がそれを利用して投資の決定をするという考え方には説得力があります。

　投資の限界効率表にもとづく投資決定理論からは、$I＝I(i)$ という関係が導

かれました。つまり、投資は資本コストの指標である金利（i）の関数であるというものです。しかし、q は金利だけではなく、各企業に対する株式市場における投資家たちの評価をも考慮しようというわけです。別言すれば、貨幣と債券の交換比率である金利（i）よりも、「株式」（実物資産からの限界効率を表現）と「貨幣・債券」（金融資産からの収益率を表現）のあいだの交換比率である q のほうが、投資活動を理解するうえでは、より重要であると考えるのです——**15**。

第 2 は、先に説明した「調整費用」の考え方が q 理論の背景にあるということです。調整費用とは、資本の成長速度を速めようとすればするほど、余分にかかる調整のための費用のことでしたが、この費用が存在するために、資本ストックがいっきょに望ましい水準にまで調整できないのです。この点、投資の限界効率が利子率に等しくなるまで投資が行なわれるとする考え方や加速度原理とは、一線を画していることはすでに述べたとおりです。

調整費用が重要な役割を果たす場合、企業の収益力（限界効率）と資本調達の費用をあらわす金利は、毎期毎期一致するとはかぎらないでしょう。あるいは同じことですが、望ましい資本ストックの水準と現存する資本ストックの差は、一気には縮まらないでしょう。

Ch.13
Part 4

繰り返しになりますが、調整費用がゼロの場合には、投資の限界効率と金利、望ましいストックと現実の資本ストックは、常に一致するはずなのです。このことを q 理論との関連でいい直せば、「調整費用がゼロの場合には、q の値は常に 1 に等しい」ということになります。ところが、現実には調整コストが存在するため、q の値は 1 より大きかったり（投資の限界効率が金利よりも大きい）、小さかったり（投資の限界効率が金利よりも小さい）するわけです。

さらに、q が 1 より上方あるいは下方に乖離していても、調整コストがあるために、それがすぐに 1 にまで調整されずに、ゆっくりと時間をかけて調整されることになります。

以上の説明でもわかるように、トービンの q 理論は、実物的な投資（設備や機械）の世界における調整が、通常の金融資産の取引のように瞬時に金利裁

15——本来企業にとって重要なのは(7)式で定義された「平均の q」ではなく、追加的な投資に対する「限界の q」である。限界の q は、投資の限界効率 ρ（追加的投資 1 単位に対する収益率）と実質金利 i（金融市場でその投資を実行するためにかかる資本コスト）の比率としてあらわすことができる。つまり、本文中にあるように、トービンの q（限界の q）は「株式」（実物資産からの限界効率 ρ を表現）と「貨幣・債券」（金融資産からの収益率 i を表現）のあいだの交換比率であるということになる。実は、限界の q は、ある条件のもとで、平均の q に等しくなる。これらの点については章末《付録》を参照。

定が行なわれる世界とは基本的に異なるということに注目し、実物資産が取引
される資本財市場（調整コストが大きい）と金融資産が取引される金融市場
（調整コストはほとんど存在しない）をはっきりと区別したというところに、
その基本的な立脚点をもつといえるのです――**16**。

13-2　在庫投資の動き

　これまで述べてきた投資の理論は、主として生産設備に関係した投資、つま
り設備投資の理論でした。しかし民間部門でなされる投資は、設備投資のほか
に、製品や原材料、仕掛品――**17**などへの在庫投資と居住用建物への住宅投資
があります。ふつう、民間投資という場合は、これら3種類の投資を合計した
ものです。

　在庫投資は、短期的には最も変動の激しい需要項目であるとされています。
企業が原材料や仕掛品を在庫にするのは、生産活動を行なっていくうえで原材
料や仕掛品が不足すると、生産のプロセスに混乱をきたして、生産コストが高
くなるためです。また近い将来、原材料の価格が引き上げられると予想される
と、価格の安いうちに買い置くという、投機的動機も在庫の理由になります。
製品の在庫も、同じように、販売活動がスムーズに行なわれるためになされる
在庫（品不足は販売活動をいちじるしく阻害する）と、買いだめ、売り惜しみ
などの投機的在庫に分けられます。

　景気が悪くなりはじめると在庫投資が増加し、逆に景気が上向きはじめると
在庫が減る（マイナスの在庫投資がなされるという）ということをよく耳にし
ますが、景気循環の局面における在庫の増減は、計画されたものというより、
むしろ意図せざる在庫投資の結果であると考えたほうがよいでしょう。このよ
うな現象を利用して、逆に在庫投資の動向から景気の診断をするということが
行なわれています。

　しかし、近年では、在庫投資の動きによって景気診断をすることは、昔に比
べればかなりむずかしくなってきたようです。というのは、景気循環の要素以
外の要因が、在庫の変動により大きな影響をもたらすようになっているからで
す。

16――章末《付録》トービンの q 理論参照。
17――仕掛品とは、製造途中にある製品のことで、さらに加工する必要があるため、それ
　　自体は販売できない。「半製品」とは異なる。半製品の場合は、そのままでも販売で
　　きるもので「中間的製品」ともいう。

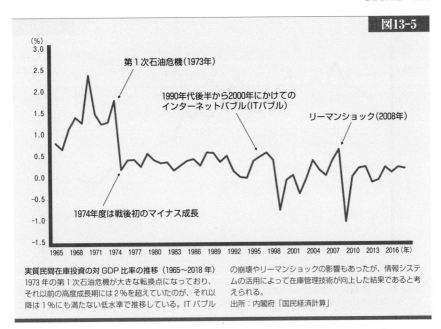

実質民間在庫投資の対 GDP 比率の推移（1965〜2018 年）
1973 年の第 1 次石油危機が大きな転換点になっており、それ以前の高度成長期には 2 ％を超えていたのが、それ以降は 1 ％にも満たない低水準で推移している。IT バブルの崩壊やリーマンショックの影響もあったが、情報システムの活用によって在庫管理技術が向上した結果であると考えられる。
出所：内閣府「国民経済計算」

Ch.13
Part 4

　図 13-5 は、1965〜2018 年の期間における実質民間在庫投資の対 GDP 比率を示したものです。この図をみると、在庫投資という面でも、石油危機が大きな転換点になっていることがわかります。石油危機以前の高度成長期には、在庫の対 GDP 比率は 2 ％を超えることもしばしばでしたが、それ以降は 1 ％にも満たない低水準で推移しています。

　経済のサービス化がすすんだことも、在庫比率の低下に大きな影響を与えました。少し考えればすぐにわかることですが、サービス業、とくに対人サービスにおいては、「在庫」をもつことはほとんど不可能です。また、情報システムの導入によって在庫管理の効率化がはかられた結果、在庫比率が各企業で減少したことも、その理由として考えられます。

13-3　住宅投資

　住宅投資は、居住用建物への投資です。住宅投資はしたがって、設備投資のように将来にわたって収益を生み出すための投資というより、個人の効用を生み出すための投資ということになります（ただし、賃貸用住宅投資はこのかぎりではありません）。

　図 13-6 は、1965〜2018 年の期間における実質民間住宅投資の対 GDP 比率を示したものです。住宅投資の対 GDP 比率は長らく低下傾向にあります。住

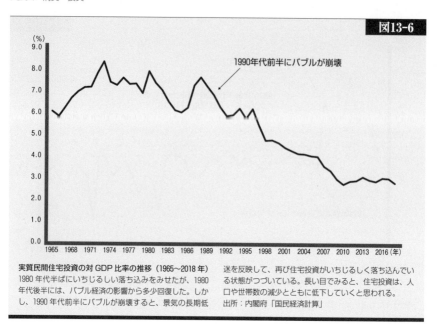

実質民間住宅投資の対 GDP 比率の推移（1965～2018 年）
1980 年代半ばにいちじるしい落ち込みをみせたが、1980 年代後半には、バブル経済の影響から多少回復した。しかし、1990 年代前半にバブルが崩壊すると、景気の長期低迷を反映して、再び住宅投資がいちじるしく落ち込んでいる状態がつづいている。長い目でみると、住宅投資は、人口や世帯数の減少とともに低下していくと思われる。

出所：内閣府「国民経済計算」

宅建設が低迷している理由としては、1990 年代のバブル崩壊後、地価や住宅価格の下落がつづきましたので、資産価格の下落や住宅ローンの負担を嫌った家計が、かつてに比べ住宅取得を手控えたことなどいくつかの理由が考えられます。また、少子高齢化や人口減少といった要因も無視することはできません。近年は、地価の底打ち感があったことや歴史的な低金利もあって、住宅投資に底打ち感が出てきていますが、長い目でみると、住宅投資は、人口や世帯数の減少とともに低下していくと思われます。

　いずれにしても、住宅投資を左右する要因はきわめて複雑であるため、総合的、統一的な住宅投資理論を作ることは決して容易ではなく、在庫投資の理論とともに、なかなか有力な決定版がないのが現状です。

《付録》トービンの q 理論：「平均の q」と「限界の q」について

　本文で展開された q 理論は、「平均概念」にもとづいており、投資により直接的に影響があるのは、「限界概念」にもとづく q であるという点について理解しておく必要があります。

　企業は「追加的な」投資をすべきか否かについて決定を迫られているのであって、会社を解散して新たにすべての資産を買い換えるべきかについての決心を迫られているわけではありません。したがって、企業の市場価値と現存資本ストックの買い換え費用の比率として「平均概念の q」を定義するよりも、追

加的な投資にかかわる限界効率 ρ と資本コスト i の比率として「限界概念の q」を用いるほうが、投資理論にとっては、より適切なのです。この点は重要ですので、少し詳しくみておきましょう（ただし、以下の解説は、若干の数学的知識を要するため、飛ばしても差し支えありません）。

いま、限界的な投資が行なわれるとしましょう。その投資 1 単位からは将来にわたって毎期 ρ という収益が期待できるとし、投資財の価格が P_I であったとします。そうすると、限界的な投資 1 円で買うことのできる投資財の数量は $\frac{1}{P_I}$ です。したがって、この投資から得られる限界収益の割引現在価値（限界の q）は

$$\text{限界の } q = \frac{1}{P_I}\left\{ \frac{\rho}{1+i} + \frac{\rho}{(1+i)^2} + \frac{\rho}{(1+i)^3} + \cdots \right\}$$

となりますが、｛　｝内は公比が $\frac{1}{1+i}$ の等比級数列の和です。公式を使えば、

$$\frac{\rho}{1+i} + \frac{\rho}{(1+i)^2} + \frac{\rho}{(1+i)^3} + \cdots = \frac{\rho}{i}$$

となり、

$$\text{限界の } q = \frac{\rho}{i} \cdot \frac{1}{P_I}$$

となります。これが限界の q の最も単純な表現です。これは「株式」（実物資産からの限界効率 ρ を表現）と「貨幣・債券」（金融資産からの収益率 i を表現）のあいだの交換比率であると解釈することができます。また、簡単化のために、投資財の価格 $P_I = 1$ とすれば、

$$\text{限界の } q = \frac{\rho}{i}$$

となり、この値が 1 より大きいか否かで投資が実行されるかどうかが決まることになります。

ところが、実証研究をすすめるうえでは、「平均概念」のほうがデータを入手するうえではるかに容易です。なぜなら、追加的な投資についての限界効率 ρ を計測することは、個別企業の内部データが必要であることを考えると、ほとんど不可能なので、「限界概念」は、理論的には正しくても実践的には役に立ちません。幸いなことに、当時、ペンシルベニア大学にいた林文夫は、ある一定の条件のもとでは「平均の q」と「限界の q」が一致することを証明し、この「平均概念」と「限界概念」のジレンマに対するひとつの解決策を提示しました。

たとえば、生産関数が一次同次（規模に関して収穫一定）ならば、生産物は

Ch.13
Part 4

生産要素に過不足なく分配されます。すなわち、生産物を Y、生産要素を資本 K と労働 N とすれば、

$$Y = \rho K + \left(\frac{w}{P} \right) N$$

が得られます。ここで ρ は投資の限界効率（資本の限界生産性）、$\frac{w}{P}$ は実質賃金（労働の限界生産性）ですが、この式は完全競争のもとでは、Y は毎期、資本と労働にちょうど「配分しつくされる」ということを示しています。このような状況のもとでは企業は、毎期 ρK の収益を手にいれますから、この企業の市場価値 V は

$$V = \frac{\rho K}{1+i} + \frac{\rho K}{(1+i)^2} + \frac{\rho K}{(1+i)^3} + \cdots = \frac{\rho K}{i}$$

です。平均の q は(7)式より、

$$\text{平均の } q = \frac{\text{企業の市場価値}}{\text{現存資本を買い換える費用総額}}$$

であり、また、現存資本を買い換える費用総額は、投資財価格（P_I）×資本ストック（K）ですから、

$$\text{平均の } q = \frac{\rho K / i}{P_I K} = \frac{\rho}{i} \cdot \frac{1}{P_I} = \text{限界の } q$$

が成立します。

《参考文献》

① トービンの q 理論に関する原典は、J. Tobin, "A General Approach to Monetary Theory," *Journal of Money, Credit and Banking* (1968); J. Tobin, "An Essay on the Principles of Debt Management," *Fiscal and Debt Management* (1963)。日本語による解説については、たとえば、館龍一郎『金融政策の理論』（東京大学出版会、1982 年）を参照。

② 「平均の q」と「限界の q」の関係を論じたものとしては、F. Hayashi, "Tobin's Marginal q and Average q: A Neoclassical Interpretation," *Econometrica* (1982) を参照。

③ トービンの q 理論と宇沢弘文の調整費用を考慮した投資決定モデルがほぼ同じものであることを証明したのは、吉川洋である（吉川洋『マクロ経済学研究』東京大学出版会、1984 年）。

④ 日本のデータを利用したトービンの q 理論の実証研究の例としては、本間正明らによる『設備投資と企業税制』（経済企画庁経済研究所研究シリーズ、1984 年）がある。

本章のポイント

● 「投資の限界効率」理論では、企業は投資の限界効率と（実質）利子率が等しく
なるところで投資額を決定すると考えます。そして投資の限界効率は、投資が増
加するにしたがって低下するため、投資は利子率の減少関数となります。

● 「加速度原理」では、投資が利子率に依存するというよりも、GDP の変化分に比
例して変動すると考えます。ただし、固定的な資本係数を仮定している点、望ま
しい資本ストックと現実の資本ストックが常に一致していることを仮定している
点などに、理論的な問題点があります。

● 「ストック調整モデル」とは、今期望ましいとされる最適資本ストックと前期末
の実際の資本ストックの差のうちの一部分（この割合を「伸縮的加速子」と呼ぶ）
が、今期の投資として実現されるという考え方です。ストック調整モデルの問題
点としては、望ましい資本ストックの大きさが伸縮的加速子の値とは独立に求め
られているという点があります。

● 「調整費用モデル」は、投資活動に付随する「調整費用」をあらかじめ組み込ん
で理論が構築されています。調整費用とは、ある一定の設備投資をして生産能力
を拡大するときに、成長率を高めようとすればするほど余分にかかってくる追加
的な諸経費のことです。

● 「トービンの q 理論」は、実物的な投資の世界における調整が、通常の金融資産
取引のように瞬時に金利裁定が行なわれる世界とは基本的に異なることに注目し、
実物資産が取引される資本財市場（調整費用は大きい）と金融資産が取引される
金融市場（調整費用はほとんど存在しない）をはっきり区別したところに基本的
な立脚点をもっています。

Ch.13
Part 4

理解度チェックテスト

空欄に適当な語句を入れなさい。

1. ケインズの投資の限界効率の考え方から、投資が（　　　　　）の減少関数であ
ることが導かれる。

2. 投資が利子率に依存するというよりも、GDP の変化分に比例して変動するという
考え方は（　　　　　）原理と呼ばれる。また、このときの資本ストックと生産
量の比率を（　　　　　）と呼ぶ。

3. 今期望ましいとされる最適資本ストックと前期末の実際の資本ストックの差がす
べて実現されるとは考えずに、その一部だけが今期実現されるという投資理論は
（　　　　　）モデルと呼ばれる。

4. トービンの q 理論によれば、企業の市場価値が現存する企業資本ストックを現在

の市場価格でそっくり買い換えたときの費用を上まわれば、現在の資本設備が（　　　　　）であるということになる。

5. 調整費用がゼロの場合には、トービンの q の値は常に（　　　　　）に等しくなる。

解答：1. 利子率　　2. 加速度　　3. ストック調整　　4. 過小　　5. 1

練習問題

計算問題

1. 投資需要 I が次の投資関数

$$I = 0.8(K^* - K_{-1})$$

で与えられており、最適な資本ストック K^* は生産量 Y と利子率 r を考慮した

$$K^* = 0.6\frac{Y}{r}$$

によって決まっているとする。なお、ここでは資本減耗の存在や名目利子率と実質利子率の区別は無視する。

⑴ 生産量が 25 兆円、利子率が 1.25％のとき、第 1 期の最適な資本ストックはいくらか求めよ（ただし、利子率は％で計算）。

⑵ 第 0 期の資本ストックが 2 兆円のとき、第 1 期の投資額はいくらか求めなさい。

⑶ 利子率と生産量が一定のままであったとすれば、第 2 期と第 3 期の投資額はそれぞれいくらになるか求めなさい。

2. 以下のような経済モデルを考える。

$Y = C + I + G$　（所得均衡式）

$C = 10 + 0.5Y_P$　（消費関数）

$Y_P = 0.4(Y + Y_{-1})$

$I = 70 + 0.2(Y_{-1} - Y_{-2})$　（投資関数）

$G = 40$　（政府支出）

⑴ Y が過去の産出量 Y_{-1}、Y_{-2} によってあらわされることを示しなさい。

⑵ Y が毎年一定の値をとっていたとすれば、Y の値はいくらになるか。

⑶ 過去の Y の値が⑵で求めた値であったとき、今期の政府支出が 8 増加した場合の産出量はいくらか。また 3 期までの生産量の値を上の⑴を参考にして求めなさい。ただし、来期以降の政府支出はもとの水準（＝ 40）に戻るものと考えて計算しなさい。

記述問題

1. 本章の加速度原理などを考慮にいれると、投資は利子率のほかに、GDP にも依存していると考えることができる。つまり、投資関数は固定部分 I' に加えて、利子率 r と GDP の水準 Y からなる

$$I = I' + aY - br$$

の式であらわせることになる。a は 0 と 1 のあいだの定数であり、b は正の定数である。また、ここでは物価上昇を考慮しないため、名目利子率と実質利子率の区別は無視することにする。このとき、IS-LM モデルを用いて、政府支出の増加が国民所得（Y）、利子率（r）、消費（C）、投資（I）に及ぼす短期的な影響を、図を使いながら説明しなさい。

2. 本文で詳しく述べたように、設備投資の理論にとっては「調整費用」の役割がきわめて重要である。「調整費用」に関連して、次の問いに答えなさい。

   (1) 調整費用が存在する場合と、それが存在しない場合の投資理論への影響について、簡潔に整理しなさい。

   (2) 投資の限界効率表から導かれる投資関数 $I = I(i)$ に関して批判的に論評せよ。そのさい、貨幣市場、債券市場、株式市場、資本財市場のあいだの関係、それぞれの市場の特徴についても言及しなさい。

   (3) トービンの q 理論と投資効果曲線にもとづく投資理論の関連を述べなさい。

3. トービンの q 理論からみて、次のような場合に企業の設備投資活動は活発化するか、それとも停滞するか。理由を付して答えなさい。

   (1) 株式市場が活況を呈し、平均株価が急上昇した。

   (2) 輸入石油価格が大幅に上昇した。

   (3) 法定の減価償却期間が大幅に短縮された。

   (4) 名目利子率が低下したか、それ以上に物価が下落した。

   (5) 将来、労働分配率が上昇すると予想されている。

   (6) 成長に必要とされる「調整費用」が増大した。

Ch.13
Part 4

ディスカッションテーマ

1. ケインズの投資の限界効率表による投資理論によれば、投資は実質利子率が低くなると増加する。しかし、現実には投資はかならずしも金利変動には反応しない。本章で展開された投資理論を参照しつつ、なぜこのようなことが起こっているのか考えてみよ。

2. 本章の図 13-3 で、資本係数が上昇しており、資本投資の効率性が悪化してきたことを指摘したが、この理由を日本経済の歴史的な背景や推移、また本章での理論を参考にして考えてみよ。

Part 5

さらにすすんだ
マクロ経済学

　Part 5 はこれまで学んだ知識を前提に、より高度なマクロ経済学の理論を整理します。

　マクロ経済理論をめぐっては、古典派とケインジアンのあいだで長らく論争が繰り広げられてきました。現在この対立は、古典派の流れをくむ「新しい古典派マクロ経済学派」と、ケインジアンの流れをくむ「ニューケインジアン」の対立として引き継がれています。14 章では、この両学派の理論的発展のエッセンスを紹介します。

　もちろんこういった理論的な対立は、より現実的な問題、すなわち、財政政策や金融政策の有効性をめぐる論争に直結してきます。15 章ではこのような政策面における対立点を整理します。

　16 章では、最近、アメリカを中心に話題となっている「現代貨幣理論」（Modern Monetary Theory：通称、MMT）について解説します。また、新型コロナウイルスの感染拡大がマクロ経済学にどのような影響をもたらすのか、考えてみたいと思います。

14：
ケインジアン・マネタリスト
以降のマクロ経済学

本章の目的

- 新しい古典派マクロ経済学によるリアルビジネスサイクルの理論を取り上げ、従来の景気循環論とのちがいを説明します。新しい古典派マクロ経済学派は、マネタリズムと合理的期待学派の考え方を総合して誕生した古典派の流れをくむ学派です。

- 賃金や価格の硬直性をニューケインジアンたちがどのようにして導き出したかを明らかにします。ニューケインジアンとは、新しい古典派経済学派によるケインズ経済学への「ミクロ的基礎が欠如している」という批判に答えるため、ケインズ経済学のミクロ経済学的基礎を明らかにしようとする学派です。

い ままで学んできたように、マクロ経済学においては、政府による裁量的な景気対策の効果を否定し、市場の働きを重視する古典派と、経済の安定化のためには政府の総需要管理政策を必要と考えるケインジアンとのあいだで、長らく論争がつづいてきました。そして、現在における両学派の対立は、古典派の流れをくむ「新しい古典派マクロ経済学派」と、ケインジアンの流れをくむ「ニューケインジアン」の対立として引き継がれています。

14-1 リアルビジネスサイクルの理論

　まず最初に、古典派の流れをくむ新しい古典派マクロ経済学派によるリアルビジネスサイクルの理論を取り上げます。リアルビジネスサイクルの理論の「リアル（Real）」とは実質という意味で、ノミナル（Nominal）、すなわち、名目の反対を意味します。

　これまでビジネスサイクル（景気循環）の理論の多くは、マネーストックなどの名目（ノミナル）変数が景気変動を引き起こすと結論づけてきました。本書のインフレーションの理論なども基本的にはこのような考え方にもとづいていました。金融政策が変更されると経済が刺激され、少なくとも短期的にはそのような政策の変化が経済活動の実質的な水準に影響を与えるというのが、*IS-LM* 分析の結論でした。もちろん、自然失業率仮説を前提とするかぎり、価格調整が完了する長期においては、名目的な需要変動は経済活動の水準に影響を与えることはできませんが、短期の経済変動についてはその主たる原因は名目的な総需要の変動にあるというのが平均的なケインジアンの解釈です。

　リアルビジネスサイクルの理論はこのような標準的な景気循環論を否定し、「景気循環はマネーストックや物価水準などの名目的な変動によって引き起こされるのではなく、生産技術や財政政策などの実質変数の変動によって引き起こされる」と主張します。

古典派モデルの復習

　リアルビジネスサイクルの理論の詳しい説明に入る前に、「賃金や価格が伸縮的な場合の古典派モデル」について復習しておきましょう。

　まず労働市場では、賃金や価格が伸縮的なので労働に対する需要 N^D と労働供給 N^S が等しくなるように実質賃金と雇用量が決まります。すなわち

$$N_F = N^D\left(\frac{w}{P}\right) = N^S\left(\frac{w}{P}\right)$$

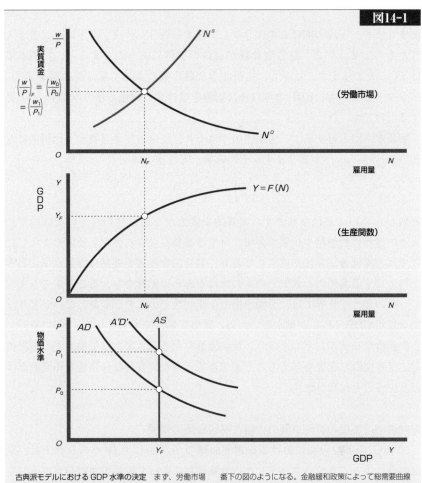

図14-1

Ch.14
Part 5

古典派モデルにおける GDP 水準の決定 まず、労働市場において、労働需要 N^D と労働供給 N^S が等しくなるように実質賃金 $\left(\frac{w}{P}\right)_F$ と雇用量 (N_F) が決まる。この雇用量を生産関数に代入し、完全雇用 GDP (Y_F) が決定する。このように決まった Y_F を (Y, P) 平面に書き入れると一番下の図のようになる。金融緩和政策によって総需要曲線を AD 線から A′D′ 線へシフトさせても、GDP 水準自体は影響を受けず、物価水準が P_0 から P_1 に上昇するだけである。

となります。ここで決定された実質賃金 $\left(\frac{w}{P}\right)_F$ は均衡実質賃金です。ここで決定された雇用量（それは完全雇用に対応する雇用量 N_F である）を生産関数に代入すると、完全雇用 GDP が決まります。

$$Y_F = F(N_F)$$

つまり、生産水準は労働市場によって一義的に決められており、金融政策などによる名目的な総需要変動は実質的な経済活動の水準（景気）になんら影響を与えることはできないわけです。この様子は図 14-1 に示されています。まず、労働市場で（完全）雇用量が決まり、生産関数を媒介として完全雇用 GDP が

決まります。下段の図はこのようにして決まった Y_F を (Y, P) 平面上に書き入れたものです。いま、総需要曲線が AD の位置にあったとすると、物価水準は P_0 に決まります。しかし、拡張的な金融政策によって総需要曲線を AD' にシフトさせても、GDP 水準自体は影響を受けず、物価水準のみが P_1 に上昇するだけです。

　物価水準が上昇すると、労働市場ではそれに反応して名目賃金も比例的にもとの w_0 から w_1 へ上昇します。その結果、実質賃金は

$$\left(\frac{w}{P}\right)_F = \frac{w_0}{P_0} = \frac{w_1}{P_1}$$

と変わらないことになります。実質的な要因がなにも変わっていないので、人々の労働供給態度や企業の労働に対する需要もなんら変化しないのです。ここでは古典派の二分法が成立しており、名目的な総需要変動は物価水準に影響を与えはするものの、景気そのものにはなんらの影響を与えることができません。このような世界では、労働市場や生産関数そのものが変動しないかぎり、完全雇用 GDP（Y_F）が動かないため、景気変動は発生しません。逆にいうと、古典派的なモデルに立つかぎり、景気変動を引き起こすのは労働需要や労働供給、生産関数に影響を与えることができるような実質的な経済変数の変動だけだということになります。

労働供給における異時点間の代替と財政政策の効果

　図 14-1 の下段の図における総需要曲線の AD から AD' へのシフトは、金融政策によってもたらされました。金融緩和によって総需要曲線がシフトしても Y_F 線は動かないため、生産水準はもちろん不変でした。

　では、金融政策でなく、財政政策が発動されるとしたらどうでしょうか。拡張的な財政政策によって労働市場はなにか影響を受けるでしょうか。労働需要は生産関数が変化しないため、変化することはありません。労働供給のほうはどうでしょうか。労働供給が変化するかどうかをみるには、財政政策による実質金利の変化が「異時点間における労働供給態度の変化」をもたらすという考え方がポイントになります[1]。労働者は今期一所懸命に働くか、今期はレジャーを楽しんで来期に一所懸命働くかの選択をする状況にあるとします。それを決心するさいに重要な役割を果たすのが実質金利だというわけです。

---

[1]　異時点間における労働供給態度の変化を取り扱った論文としては、R. E. Lucas, Jr. and L. A. Rapping, "Real Wages, Employment, and Inflation," *Journal of Political Economy*（1969）がある。

　たとえば、拡張的な財政政策が発動されて、今期の実質金利が予想されていた水準より高くなったとします。そうすると、今期はめいっぱい働いてそこで稼いだお金を貯金すれば、高い利息が稼げるので、来期の消費水準を高く維持することができます。この場合、労働供給は増えると考えられます。逆に、今期の実質金利が予想された水準よりも低かったとします。そうすると、今期一所懸命に働いて所得を得ても、金利が低いために、来期の消費水準は金利が高い場合に比べて低くなってしまうでしょう。この場合、今期の労働供給意欲はそがれることになります。

　このように、異時点間の労働供給決定を実質金利を媒介にして考えると、労働供給関数は実質賃金に加えて、実質金利の関数であるということになるでしょう。すなわち、実質利子率を i、今期の実質賃金を $\dfrac{w}{P}$、来期の予想実質賃金を $\left(\dfrac{w}{P}\right)^*$ であらわせば、

$$N^S = N^S\left\{\frac{(1+i)(w/P)}{(w/P)^*}\right\}$$

となります。つまり、今期 $\left(\dfrac{w}{P}\right)$ の実質賃金を稼ぎ、それを実質金利 i で運用すると、来期受け取ることのできる元利合計 $(1+i)\dfrac{w}{P}$ が得られますが、それと来期稼げると予想する実質賃金 $\left(\dfrac{w}{P}\right)^*$ を比べて、今期の労働供給を決めるというのがこの式の意味するところです。

　さて、このことを考慮して拡張的な財政政策の効果を考えてみましょう。まず、財市場では政府支出の増大により貯蓄と投資の均衡が崩れ、実質金利が上昇します。図 14-2 の N_0^S 線は $i=i_0$ のときの労働供給曲線ですが、実質金利が i_0 から i_1 に上昇したとすれば、人々は同じ実質賃金のもとでもより多く働こうとしますので、労働供給曲線は $N_1^S(i=i_1)$ のように右下方にシフトします。結局、新しい均衡点は A から B に移動し、それに応じて Y_F や P も図のように変化します。

　このように、拡張的な財政政策は金融政策とちがって実質的な経済活動の水準に影響を与え、景気循環を作り出す原因になりますが、基本はあくまで労働供給態度の変化による供給側の要因にもとづくものです。総需要の変化は、実質金利を上昇させ、それが労働供給の変化を導くというルートを通じてのみ実質 GDP に影響を与えるにとどまります。

　伝統的な IS-LM モデルでは、財政支出の拡大は IS 曲線をシフトさせ、生産量を増やします。それが労働需要の増大となって労働需要曲線を右にシフトさせ、雇用量が増えます。労働供給の変化は異時点間の代替によるものではなく、あくまで財市場における総需要の変化に追随して起こってくるのです。こ

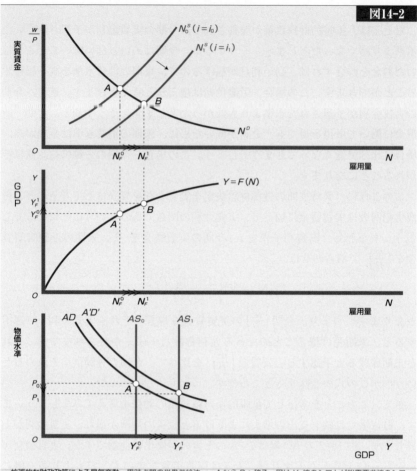

図14-2

拡張的な財政政策による景気変動　異時点間の労働供給決
定においては、労働供給は実質賃金に加えて、実質利子率
によって影響を受ける。実質利子率が i_0 から i_1 に上昇す
ると、労働供給曲線は N_0^S から N_1^S へシフトし、均衡点は
A から B へ移る。図は Y_F 線のシフトが総需要曲線のシフ
トに比べて十分に大きいため、均衡物価水準はもとの水準
よりも低下している。

れに対して、リアルビジネスサイクルの理論では、実質経済活動水準の変化を
もたらすのは労働供給の異時点間の代替や実質賃金といった労働供給側に影響
を与える相対価格の変化なのです。

技術進歩と景気変動

　財政政策以上にリアルビジネスサイクルの理論が重視するのは、技術の変化
と景気変動の関係です。

　いま技術革新が起こり、その結果、生産関数が上方にシフトしたとします

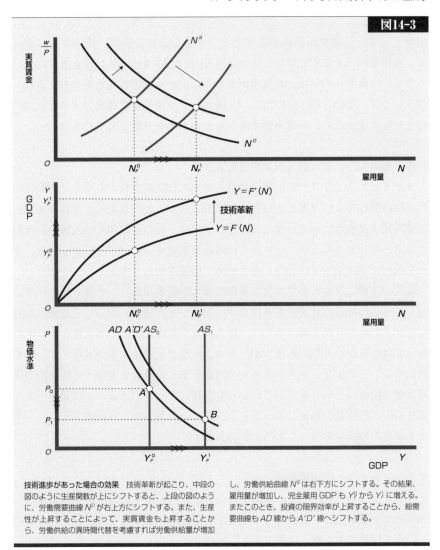

図14-3

技術進歩があった場合の効果 技術革新が起こり、中段の図のように生産関数が上にシフトすると、上段の図のように、労働需要曲線 N^D が右上方にシフトする。また、生産性が上昇することによって、実質賃金も上昇することから、労働供給の異時間代替を考慮すれば労働供給量が増加

し、労働供給曲線 N^S は右下方にシフトする。その結果、雇用量が増加し、完全雇用 GDP も Y_F^0 から Y_F^1 に増える。またこのとき、投資の限界効率が上昇することから、総需要曲線も AD 線から A'D' 線へシフトする。

（図 14-3 の中段のグラフ）。生産関数がシフトすれば、当然、労働需要曲線がシフトします。その理由は、技術が進歩したことによって労働者の生産性が上がるからで、生産性が上がった労働者なら、企業としては前と同じ実質賃金のもとでより多くの労働者を雇うことが利潤極大化のために必要です。したがって、技術革新が起こると労働需要曲線は図 14-3 の上段のように右上方にシフトします。また、労働者の生産性が上がって、実質賃金もその分上昇するため、労働供給の異時点間代替を考慮すれば、労働者は実質賃金が高い今期のうちに一所懸命働いておこうと考えることでしょう—**2**。その結果、労働供給量

が増大して、労働供給曲線は右下方にシフトします。結局、技術革新によっ
て、雇用量は N_F^1 にまで増え、完全雇用 GDP も Y_F^0 から Y_F^1 に増えます。

　さらに技術革新の結果、投資の限界効率が上がり、総需要曲線も右上方にシ
フトします。なお、図 14-3 では、Y_F 線のシフトが総需要曲線のシフトに比べ
て十分に大きいため、均衡物価水準はもとの水準より低下しています。

労働供給の異時点間代替は現実的な仮定か

　リアルビジネスサイクルの理論の最も基本的な問題点はおそらく「労働供給
の異時点間代替という考え方は果たして現実的か」という点だと思われます。
この問題に決着はついていません。というのは、この点に関して実証的に証明
することはリアルビジネスサイクルの理論を擁護する経済学者にとっても、そ
れを批判する経済学者にとってもきわめて困難だからです。

　現実の世界にはきわめて異質で多様な多くの仕事があり、それぞれの仕事に
対して支払われる実質賃金も多様です。人々が実質賃金に反応して労働供給態
度を変えたかどうかを調べるには、個人個人が直面している実質賃金がわから
なくてはならないと思われますが、そのようなデータは入手が困難です。いず
れにせよ、リアルビジネスサイクルの理論を支える最も重要な「労働供給の異
時点間の代替」という仮定がこれからも問題にされつづけることは間違いあり
ません。この問題が解決しないかぎり、新しい古典派マクロ経済学とニューケ
インジアンの論争もつづくものと思われます。

マネーストックと逆因果関係

　リアルビジネスサイクルの理論を含む新しい古典派マクロ経済学のきわめて
ラディカルな結論は、金融政策の変更が実体経済にまったく影響力をもたない
という「貨幣の中立性」命題です。

　しかし現実の世界をみると、金融緩和があり、マネーストックが増加すると
やがて景気が回復に向かうとか、金融引き締めの後には景気の悪化があると
か、リアルビジネスサイクルの理論の結論とは明らかに整合的でない現象があ
るかに見受けられます。このことについて、リアルビジネスサイクルの理論を
擁護する学者たちはどう反論しているのでしょうか。

2—ただし厳密には、技術進歩による実質金利の変化も考慮する必要がある。しかし、技
　術進歩があった場合には、投資と貯蓄の両方に影響を与え、どちらの影響度が大きい
　かを測ることはできない。そのため、ここでは、技術進歩による実質金利の変化がな
　いものとして議論をすすめていく。

　彼らが主張しているのは「現実がそういうようにみえることは事実だが、その解釈が間違っている。マネーストックから景気へという因果関係を前提にみるのではなく、景気に対する見通しが変化することで、人々の貨幣に対する需要が変化し、そのためにマネーストックが景気変動を先取りした結果、変化するという、景気からマネーストックへという経路を考える必要がある」ということです。つまり、「マネーストックから景気」というふうに考えるのではなく、合理的な期待をする人たちが景気の先行きを正しく読むがゆえにマネーストックが変化するという「景気からマネーストック」という「逆の因果関係（Reverse Causality）」こそ、現実を正しくみる考え方だというわけです。

　たとえば、量的緩和政策がとられた近年の日本のマネーストックは、マネタリーベースに比べると、伸び率が小さくなっています（5章でみたように、信用乗数は近年においていちじるしく低下した）。ケインジアン的な見方をすれば、このような異常なマネーストックの伸び率の低下はやがていっそうの不景気を招くだろう、だから、もっとマネーストックが増大するような積極的な政策が必要だと考えます（「マネーストックから景気への見方」）。しかし、新しい古典派マクロ経済学の立場に立つ人たちは、マネーストックの急低下を「将来の景気悪化を予測した企業や消費者がお金を借りようとしないから」とみなすわけです。人口減少などによる景気悪化を予測するからマネーストックの伸び率が低下するのだと考えるのです（「景気からマネーストック」の見方）。まさに、因果関係がまったく逆のほうを向いていることになるのです[3]。

14-2　ニューケインジアンの経済学

　ニューケインジアンからのリアルビジネスサイクルの理論に対する最も激しい反論は、賃金や価格の「伸縮性」の仮定に関するものです。価格の伸縮性の仮定が正しくなければ、リアルビジネスサイクルの理論が崩壊する理由についてはこれまでの説明で明らかだと思います。

　ところで、伝統的なケインジアンとニューケインジアンはどこがちがうのかということですが、ニューケインジアンはなぜ賃金や価格が硬直的であるかということを、人々の合理的な行動の結果として導き出そうとしている点で、伝統的なケインジアンとちがうのです。伝統的なケインジアンは賃金や価格の硬

3—このマネーストックと産出量の間の「逆因果関係」に関しては、たとえば、R. G. King and C. I. Plossar, "Money, Credit, and Prices in a Real Business Cycle Theory," *American Economic Review*（1984）を参照してください。

直性を頭から仮定し議論をすすめたのですが、合理性をもった個人や企業がなぜ硬直的な賃金や価格を「選択」するのかについては、十分な理論的裏づけはありませんでした。しかし、個人の合理的な行動を前提にするマネタリストや新しい古典派マクロ経済学派の登場で、ケインジアンたちも経済合理的に賃金・価格の硬直性を説明する必要に迫られるようになったのです。

それでは、いったいどのようにしてニューケインジアンたちは賃金や価格の硬直性を説明しようとしているのでしょうか。ただし、賃金や価格の硬直性といっても、名目的な賃金の硬直性なのか、実質賃金の硬直性なのか、あるいは物価の硬直性なのかによって、理論を組み立てる対象が異なります。伝統的なケインジアンは名目賃金や絶対的な物価水準の硬直性を問題にするケースが多かったのですが、ニューケインジアンはそれに加え、人々の行動が実質賃金にもとづいて決まると考えるのが合理的だとの観点から、実質賃金の硬直性こそ重要なのだという見解を主張しています。

実質賃金の硬直性：効率賃金仮説

実質賃金の硬直性を説明するために出された仮説に効率賃金仮説（Efficiency Wage Hypothesis）があります。効率賃金仮説とは、マーケットで形成される賃金よりも意識的に高い実質賃金を、すでに雇用している労働者に支払うことによって、労働者の生産性が上がり、かえって企業の利潤も多くなるという仮説です[4]。このような場合、景気が悪くなっても実質賃金はそう簡単に下がらず、実質賃金の硬直性を作り出します。

実際、マーケットより高い賃金を支払うといくつかの点で労働者の生産性が上がると考えられます。まず、優秀な人材が逃げないという点です。不況になったからすぐに賃金を引き下げていたのでは、マーケットで仕事を容易にみつけることのできる優秀な人材がまっさきに会社をやめ、マーケットでなかなか職をみつけることのできない質の悪い労働者だけが残ってしまうという可能性があります。また、離職率が高くなると、新しい人を探す費用や、訓練費用がかさみ、企業の利益はかえって低下するかもしれません。

もっと重要なのは、実質賃金を低下させることによって、人々の生産性が落ちてしまうという考え方です。人は常に楽をしたいという欲望をもっており、責任を回避するように行動しがちです。賃金が安いと、あるいは支払われてい

4—代表的論文としては、J. Yellen, "Efficiency Wage Models of Unemployment," *American Economic Review*（1984）がある。

る賃金が労働市場で決まっている水準（マーケットレート）にあるとすると、仕事を怠けていることが上司にみつかって、その結果、解雇されたとしても失うものは大きくありません。なぜなら、そのような安い賃金ならよその会社にいっても十分稼げると労働者が考えるからです。ところが、マーケットレートよりも高い賃金を支払われているとすると、労働者の怠けることに対するコストが高くなります。怠けていることがモニターされ、解雇されるなら、もはやそのようなよい条件で仕事をみつけることができなくなるからです。

　結局、低賃金よりも高賃金のほうが、労働者のヤル気を刺激して生産性が上がるだけでなく、労働者の仕事ぶりを監督するモニタリング・コストも安くなるため、生産性の上昇分が高い賃金コストを上まわって、企業の利益を増大させるというわけです。なお、このような考えは「怠業モデル」と呼ばれる考え方にもとづいています[5]。

努力曲線と実質賃金の決定

　効率賃金仮説では、人々は実質賃金が高いほどまじめに働き、生産性を高めるものと想定されています。実質賃金が変化するにつれて人々の努力の程度がどう変化するかをみたものが、図14-4の努力曲線です。

Ch.**14**
Part 5

　図14-4の赤いS字型の曲線が努力曲線です。実質賃金が低い状況（マーケットレートとそれほどちがわないとき）には、労働者はあまり一所懸命に働かないため、努力の水準は低くとどまっています。マーケットレートよりも低ければ、この労働者の生産性はきわめて低くなる可能性があります。実質賃金がマーケットレートに比べて高くなりだしますと、労働者は一所懸命に努力するようになる状況が描かれています。これは、B点からA点への動きになります。しかし、当然のことながら、努力にはおのずと限界があるので、むやみやたらに賃金を高くしたからといって、それと比例的に努力水準が上がっていくとは考えられません。このような理由から、努力曲線はS字型になっていると考えられます。

　このような努力曲線が実際に存在するとして、企業はどの水準に実質賃金を決めるでしょうか。企業は支払う実質賃金1単位当たり、最大の努力を引き出すことができる点を選ぼうとするはずです。努力曲線上の点と原点を結ぶとき、その直線の傾き（たとえば、図中の努力曲線上のB点については

5—怠業モデルについては C. Shapiro and J. E. Stiglitz, "Equilibrium Unemployment as a Worker Discipline Device," *American Economic Review* (1984) をみよ。

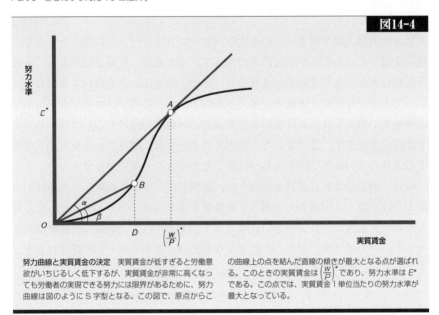

努力曲線と実質賃金の決定 実質賃金が低すぎると労働意欲がいちじるしく低下するが、実質賃金が非常に高くなっても労働者の実現できる努力には限界があるために、努力曲線は図のようにＳ字型となる。この図で、原点からこ の曲線上の点を結んだ直線の傾きが最大となる点が選ばれる。このときの実質賃金は$\left(\frac{w}{P}\right)^*$であり、努力水準は$E^*$である。この点では、実質賃金１単位当たりの努力水準が最大となっている。

$\angle BOD = \dfrac{BD}{OD} = \beta$ になります）が実質賃金１単位当たりの努力水準を示しています。この傾きが最大になるのは、原点からの直線が努力曲線と接するところで、それは A 点になります（このときの実質賃金１単位当たりの努力水準は $\angle AOD = \alpha$ になります）。つまり、実質賃金１単位当たり最も大きな努力水準を実現できるのが A 点というわけです。結局、企業は利益を最大にすることができる点として A 点を選ぶでしょう。このときの実質賃金は $\left(\dfrac{w}{P}\right)^*$ で、努力水準は E^* になるのです。このような水準の実質賃金のことを効率賃金（Efficiency Wage）と呼びます。

図 14-4 のような努力曲線に企業が直面しており、しかも努力曲線自体が変化しないときには、たとえ不況がやってきても効率賃金の水準は変わりません。したがって、効率賃金仮説は実質賃金の硬直性を企業の利潤極大化原理から合理的に説明することができるということになります。

価格の硬直性：メニューコスト理論

次に、価格が硬直的である理由について考えてみましょう。企業にとっていったん決めて世間に公表した価格を毎日のように変えるのは、いろいろな意味でコストがかかるものです。読者がレストランを経営しているとして、毎日の材料費や人件費などのコストが変動するとしても、毎日メニューを書き換えることはしないでしょう。メニューを毎日のように書き換えることは余分なコス

トを負担することを意味しますし、また、価格のもつ消費者への情報価値、または「シグナル効果」—6を減殺させてしまうでしょう。つまり、市場の状況が多少変わっても、多くの企業は価格を頻繁には変えない、したがって価格の調整速度は遅いと考えられます。

　もちろん、この考え方は卸売市場で毎日競りにかけられて値段が決められる生鮮野菜や鮮魚には当てはまりません。しかし、大部分の工業製品については、いったん決められた価格はそう変わらないのがふつうです。たとえば、自動車の新車価格が公表されれば、その価格がぴったりとマーケットの実勢に合わないことがわかっても、しばらくは据え置かれることでしょう。1年ほどたって、マイナーなモデルチェンジがあるときに調整することができるくらいがせいぜいで、商品が変わっていないのに価格を途中で変更することは、メーカーに対する信頼を損なうことにもなるでしょう。実際、多くの工業製品はかなりの期間、いったん決めた価格を据え置くのがふつうなのです。よほどの生産コストの変化がないかぎり、あるいは、よほど大きなマーケットの情勢の変化がないかぎり、しばらくのあいだは価格を固定するのが企業にとって合理的だとする考え方が「メニューコスト理論」です—7。

　メニューコスト理論が成り立つには、市場が完全競争ではなく、独占的競争状態にあると考えることが必要です。完全競争とは、簡単にいえば、企業に自ら価格を決める力がなく、マーケットが決める価格に追随せざるをえない競争状態のことです。つまり、各企業はマーケットの支配力がなく、マーケットの価格よりほんの少しでも高い価格を設定すると、お客がすべて他社の安い製品にシフトしてしまうという状況です。完全競争のもとでは企業はすべてプライス・テイカー（Price Taker）なのです。

　しかし、現実の世界では、各企業の製品は多少とも差別化されており、また、価格や品質に関する情報が不完全であることもあって、自社製品が他社の競合製品より少し高くても、お客がすべて逃げていくとはかぎりません。すなわち、各企業がある幅のなかで自由に価格設定できる状態を独占的競争と呼ん

Ch.14
Part 5

6—シグナル効果とは、商品の品質を判断することがむずかしいとき、シグナルが価値判断に大きく影響することをいう。価格のシグナル効果としては、高価格の商品は高品質、低価格の商品は低品質だと判断しがちだというもの。シグナルとしては、商品の値段のほかに店の立地や店の人気（行列など）などがある。

7—メニューコスト理論については、N. G. Mankiw, "Small Menu Costs and Large Business Cycles: A Macroeconomic Model of Monopoly," *Quarterly Journal of Economics*（1985）がある。ニューケインジアンの様々なモデルについては、D. Romer, *Advanced Macroeconomics*, McGraw Hill, 1996（堀雅博・岩成博夫・南條隆訳『上級マクロ経済学』日本評論社、2010年）などがある。

でいます。独占的競争のなかでは、企業はプライス・メイカー（Price Maker）になります。独占的競争下でメニューコストが存在する場合に、価格表を書き換えて消費者に周知せしめるメニューコストが、製品価格を生産コストやマーケット情勢の変化にぴったり合うように変更することによって得られる利潤の増分を上まわっているかぎり、企業は価格を変更しないでいることができます。

　ニューケインジアンはメニューコストの存在から、価格が硬直的であると主張し、新しい古典派マクロ経済学派の伸縮的価格、連続的市場均衡の考え方（常に需要と供給が一致するように価格が決定されているという考え方）を批判したわけです。

メニューコスト理論への批判

　しかし、このようなメニューコスト理論に対しては厳しい批判が寄せられました。それは、メニューコストはたとえ存在するとしてもきわめて小さいのではないか、需給の不均衡から生じる様々な社会的損失を、小さなメニューコストの存在ですべて説明しようとするのは無理ではないか、という批判です。

価格設定時期のズレ

　これに対して、ニューケインジアンはいくつかの反論を試みています。メニューコストが小さいということについては、たとえ個々の企業が頻繁に価格を変更したとしても、価格設定時期がずれるために、価格は全体としてゆっくりと調整するというふうに反論します——8。

　かりに、企業が2カ月に一度価格を変更するとしましょう。また、半数の企業が奇数月のはじめに、残りの半分が偶数月のはじめに価格変更を実施するとします。いま、マネーストックが奇数月の終わりに増加したとしましょう。マネーストック上昇による需要増大を予想した企業は、偶数月のはじめに価格を引き上げるでしょう。しかし、奇数月のはじめに価格変更する企業は、マネーストック増加の前に決められた低い価格をあと1カ月維持しますので、偶数月のはじめに価格決定をする企業もこれらの企業との競争があるため、それほど大きな価格引き上げはできないはずです。このように、価格設定時期にズレがあると、需要と供給をぴったりあわせるような価格決定はなかなかできないの

8——価格や賃金の時間的ズレの問題を取り上げた論文としては、J. Taylor, "Staggered Price Setting in a Macro Model," *American Economic Review*（1979）を参照。

です。

　このことは、賃金決定における時期的なズレという点とも密接に関係してきます。労働契約は通常1年以上の長期にわたっているものが多く、賃金決定についても、頻繁に行なわれることはありません。そのため、賃金が労働需給を常に均衡させるように決定されるということは期待しにくくなるでしょう。事実、長期賃金契約のもとで、いったん契約された賃金が1年間は経済情勢の変化の有無にかかわらず変更されないとすれば、市場の需給で決まる均衡賃金が連続的に存在するということは考えにくいといえます。

総需要外部性

　均衡賃金が連続的に存在することは考えにくいとする、このニューケインジアンの立場を主張する議論に、総需要外部性というものがあります。

　たとえば、多数の企業があり、需要が不足する状態のもとで、いくつかの企業が値下げをしたとします。すると、平均的な物価水準がほんの少し低下することになりますが、物価水準の低下は実質マネーストックを増大させ、総需要を拡大します。この総需要拡大効果はすべての企業におよびますから、需要不足にもかかわらずがまんして値下げしなかった企業は、他企業が値下げしてくれたおかげで、元の値段のままで再び物が売れ出すことを発見するでしょう。メニューコストを負担して値下げに踏み切った企業は、総需要が拡大したので再び値上げしなければならなくなる可能性もあります。

　いずれにしても、メニューコストを負担しなかった企業のほうが、メニューコストを負担して価格変更に踏み切った企業よりも得をしたのです。これを総需要外部性（Aggregate Demand Externality）といいます。外部性とは、ミクロ経済学でしばしば使われる概念です。自分の家には庭がないけれども、隣の家が広大な庭をもっており、それをいつでも眺めることができれば、それは自分でコストを支払わないで楽しみだけを享受している状態（フリーライダー）です。このような現象を外部性といっているのですが、ここで述べた現象は他企業の行動が総需要を引き上げてくれ、それが自企業の利益になるので、総需要外部性と名付けられたわけです―9。

　これは賃金決定に参加する労働者についてもいえます。率先して賃金引き下げに応じると、それが物価低下、実質マネーストック増加、総需要拡大を生み

9―総需要外部性については、たとえば、O. J. Blanchard and N. Kiyotaki, "Monopolistic Competition and the Effects of Aggregate Demand," *American Economic Review* (1987) をみよ。

出し、賃金引き下げに応じなかった労働者を利する結果となります。総需要外部性が存在するならば、価格設定をする個々の企業や、賃金交渉に臨む労働者にとっては、他企業や他の労働者が価格や賃金の変更をするまで待つことが最適な行動になります。しかし、すべての企業、すべての労働者がこのような行動をとるなら、結局、不均衡はまったく是正されないという結果に終わるでしょう。社会全体にとっては価格変更が望ましいということがわかっていても、個々の経済主体からみると価格を一定に保つことが最適になるからです。つまり、総需要外部性が存在すると、個々の経済主体にとっては価格を変更するインセンティブが働かないため、価格が硬直的になってしまうというわけです。

本章のポイント

●リアルビジネスサイクルの理論では、賃金・価格の伸縮性や労働供給における異時点間の代替が仮定されています。そして、景気循環は、マネーストックや物価水準などの名目的な変動によって引き起こされるのではなく、技術革新などの実質変数の変動によって引き起こされると主張しています。

●リアルビジネスサイクルの理論に対しては、賃金・価格の伸縮性や労働供給における異時点間の代替を仮定している点、技術革新と景気循環が密接な関係にあると主張している点、現実には、マネーストックと景気循環のあいだには密接な関係があることが確認できているにもかかわらず、貨幣の中立性を主張している点などに批判が集まっています。

●ニューケインジアンの経済学では、賃金や価格の硬直性を個人や企業の合理的な行動から導き出しています。実質賃金の硬直性については効率賃金仮説を用いて、価格の硬直性についてはメニューコスト理論を用いて明らかにしています。メニューコスト理論におけるメニュー変更のマクロ経済に与える影響は小さいのではないか、という批判に対しては、価格設定時期のずれや価格の変更にともなう総需要外部性が存在することを指摘することによって反論を行なっています。

理解度チェックテスト

空欄に適当な語句を入れなさい。

1. 景気循環がマネーストックや物価水準などの名目的な変動によって引き起こされるのではなく、技術革新などの実質変数の変動によって引き起こされるという考えを（　　　　　）の理論という。

2. 伝統的なケインジアンと異なり、（　　　　　）と呼ばれる人々は、賃金や価格がなぜ硬直的であるかということを人々の合理的な行動の結果として導き出そうとしている。

3. マーケットよりも高い賃金を支払うことで労働者の生産性が上昇するため、景気が悪くなっても実質賃金がそう簡単に下がらず、硬直的になるという考え方は（　　　　　）仮説と呼ばれる。

4. 企業にとって価格を頻繁に変えることにはコストをともなう、ということから価格が硬直的になるという考え方は（　　　　　）理論と呼ばれる。

解答：1．リアルビジネスサイクル　　2．ニューケインジアン　　3．効率賃金

4．メニューコスト

練習問題

計算問題

1. 実質賃金と労働者の努力水準の関係を調査したところ、次のような関係が観察されたという。

〔実質賃金〕	〔努力水準〕
400	1
800	3
1200	9
1600	11
2000	12

つづいて努力水準 E を考慮した労働の限界生産力（MPL）を観察したところ、次の結果を得た。

$$MPL = \frac{(2000 - N) \times E}{9}$$

ここで、E は努力水準、N は労働雇用量である。このとき、

(1) 企業は上記の5通りの実質賃金しか支払えないとしたとき、いくら賃金を支払うか。そのときの努力水準はいくらか。

(2) 企業が利潤を最大にできる労働需要量を求めなさい。

(3) 現在、この経済では失業率が高く、実質賃金が800であれば、いくらでも望むだけ雇用が可能だという。この場合、企業は賃金・雇用政策を変えるだろうか。また、その理由はなにか述べなさい。

Ch.14
Part 5

記述問題

1. リアルビジネスサイクルの理論と標準的な *IS-LM* モデルによる景気循環についての考え方の相違点を整理せよ。

2. 学生に対するアルバイトの時給が、今日から 1 カ月だけ 800 円から 1000 円に引き上げられ来月から再び 800 円に戻る場合と、1000 円に引き上げられたままずっと据え置かれた場合とでは、学生の今月の労働時間はどちらが大きく増加すると考えられるか。リアルビジネスサイクルの理論にもとづいて答えなさい。

3. メニューコストの存在が価格の硬直性に影響力をもつのは、不完全競争状態にかぎられる理由を説明しなさい。同じことであるが、完全競争下ではなぜメニューコスト理論は有効でなくなるのかについても説明しなさい。

ディスカッションテーマ

1. これまでの景気循環の理論の多くは、マネーストックなどの名目変数が景気変動を引き起こすと結論づけてきた。古典派の流れをくむ新しい古典派マクロ経済学派によるリアルビジネスサイクルの理論では、景気変動を引き起こす要因はなんであると主張しているだろうか。

2. 伝統的なケインジアンは賃金や価格の硬直性を頭から仮定し議論をすすめてきた。それに対して、ニューケインジアンはどのようにして賃金や価格の硬直性を説明しようとしたのだろうか。

15：
マクロ経済政策の
有効性について

本章の目的

● 最近の日本における財政がどのような状況にあるかを概観します。

● 財政政策の効果をめぐる論争を取り上げます。

● 金融政策の運営目標に関する論争のポイントを説明します。

● マクロ経済政策全般における裁量的な政策（ケインジアン）と、ルールにもとづく政策（マネタリスト）の是非について比較検討します。

Ch.15
Part 5

前章でみたように、マクロ経済学における新しい古典派マクロ経済学とニューケインジアンの理論的対立は、主として価格や賃金の不均衡調整能力をめぐるものです。理論モデルが異なると、当然、政策の効果に関する見解も異なることになります。新しい古典派マクロ経済学は財政政策や金融政策の有効性を否定し、ニューケインジアンはケインジアンの伝統をひいて、価格の調整速度が十分速くないためにマクロ経済政策は有効だと主張しています。

本章では、マクロ経済政策をめぐる論争について整理します。順序としては、まず、財政政策に関する論争、次に、金融政策についての論争、そして最後に、両者を総合し、マクロ経済政策全般についてのケインジアン対マネタリスト、ニューケインジアン対新しい古典派マクロ経済学派の論争を取り上げます。さらに、それらを踏まえて、最近、大きく軌道修正してきた日本の金融政策の状況について概観します。

15-1 財政政策に関する論争

財政政策に関する諸論争を紹介する前に、破綻寸前とまでいわれてきた日本の財政の状況を概観することにしましょう。

日本の財政の状況

ここでいう財政収支とは、中央政府、地方自治体、社会保障基金を合計した「一般政府」の財政収支です。この3つのカテゴリーのうち、中央政府の国家財政の収支は、1980年代後半から1990年代初めにかけて一時的に財政赤字が減少したものの、一貫して膨大な赤字がつづいている状況です。

以下では主として「中央政府」の財政について解説しますが、国民経済計算で扱う財政収支は常に「一般政府」の財政収支をあらわしていますので、間違わないように注意する必要があります。いうまでもなく、財政赤字とは、政府支出が税収などの政府収入を上まわっている状態のことですから、その分だけ、公債（国家が発行した債券を国債という。国債と地方債（地方が発行した債券）をあわせたものを公債と呼ぶ）が発行されているということです。中央政府が発行する国債の残高は、2019年3月末時点で約897兆円に達しています。

図15-1は、1975年度から2020年度までの中央政府の国債発行額と財政支出の推移をまとめたものです（ただし、2020年度は当初予算で、その後の、新型コロナウイルス感染拡大による臨時・特別措置にもとづく巨額の追加的財

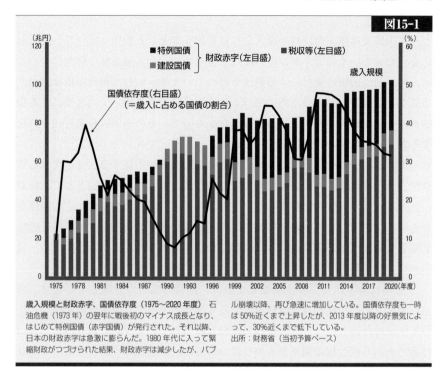

図15-1

歳入規模と財政赤字、国債依存度（1975〜2020年度）　石油危機（1973年）の翌年に戦後初のマイナス成長となり、はじめて特例国債（赤字国債）が発行された。それ以降、日本の財政赤字は急激に膨らんだ。1980年代に入って緊縮財政がつづけられた結果、財政赤字は減少したが、バブル崩壊以降、再び急速に増加している。国債依存度も一時は50％近くまで上昇したが、2013年度以降の好景気によって、30％近くまで低下している。
出所：財務省（当初予算ベース）

政出については含まれていないことに注意）。図から明らかなように、財政赤字は1975年度から急速に拡大し、国の一般会計歳入予算に占める国債の割合（国債依存度）もその年度以降急上昇しました。その後、1980年代後半のバブル景気のときには税収が急増したため（図の青色の棒グラフが税収などの大きさ）、財政収支は健全化しましたが、1990年代前半のバブル崩壊以降は再び悪化し、国債依存度が再び急上昇している様子がわかります。ただ、2014年以降は、2014年4月からの増税（5％から8％へ）や好景気だったこともあり、税収が増加し、国債依存度が低下しましたが、新型コロナウイルス感染（COVID-19）拡大にともなう臨時の支出が急激に増大したため、2020年度以降の財政状況が悪化することは確実であり、それがどの程度になるのかは、まったく予断を許しません―1。

　この図のなかに「建設国債」と「特例国債」ということばがでてきます。「建設国債」は、財政法第4条第1項のただし書きにもとづいて発行される国債で、「4条債」とも呼ばれます。財政法第4条第1項には、「国の歳出は原則

1―予断を許さないというのは、この後の展開がどうなるかわからないという意味。興味のある読者は財務省の最新サイトなどにより、ぜひとも日本の財政状況をチェックされたい。

として国債又は借入金以外の歳入をもって賄（まかな）うこと」と規定していて、均衡財政をうたっているのですが、そのただし書きには、公共事業費の財源については、例外的に国債の発行による調達を認めています。いわば建設国債は、公共事業など社会資本形成のために発行される国債になります。公共事業による公的資本の形成が将来世代の便益にもつながるので、その返済は将来世代も負担することにある種の合理性が認められるというわけです。

一方、建設国債を発行しても、それでもなお歳入が不足すると見込まれる場合に、公共事業費以外の歳出に充てる資金を調達することを目的として、特別の法律を作って国債を発行するというのが「特例国債」になります。この性質から「赤字国債」ともいわれます。この国債は、経常的な支出（毎年継続的に必要となる支出で、公務員給与、消耗品などがあります）に使われるため、後の世代には負担だけを残すとして、問題が多いとされています。

1990年代前半にバブルが崩壊して以降、国債の発行が急増しています。景気回復のための積極的な財政政策による赤字だけでなく、高齢化の影響から医療や年金や介護といった社会保障の給付も膨らんでいます。今後も増大しつづけるであろう社会保障関係費の伸びについては、社会保障の給付と負担のバランスをどうしていくかが今後の課題といえます。

こうした国債はいずれ償還しなければなりませんし、利子の支払いも必要になります。債務償還費や利払いの費用を「国債費」といいます。図15-2にみられるように、この国債費も急速に増え、2019年度では、歳出予算規模101兆円のうち約23%に当たる23.5兆円にものぼっています。このような状況は、財政の硬直化—2をすすめるだけでなく、機動的な財政運営を阻害するおそれがあり、頭の痛いところです。

図15-3は、国債残高がどのように増大してきたかを示しています。一般会計の歳出規模に比べて、国債残高がいかに巨額であるかがわかります。国債残高が1990年代半ば以降急増したのは、構造不況を立て直すべく積極的な財政出動が繰り返されたためですし、先にもみたように、社会保障関係費が膨らんでいるからです。

また、図15-4、図15-5は、それぞれ2020年度の一般会計の当初予算の歳入と歳出の状況を示しています。一般会計予算の歳入（図15-4）に関しては、約3割が国債からの収入になっています。国債の内訳をみると、建設国債より

2—財政の硬直化とは、国債費などで歳出が削られてしまうと、自由に使える予算が減ってしまって、資源配分（公共サービスの提供など）や景気を調整するための弾力的な財政運営ができなくなってしまうこと。

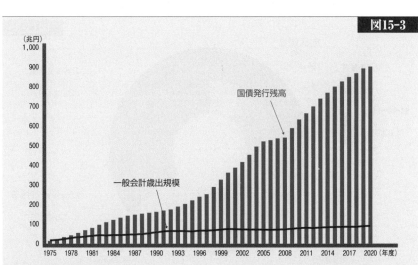

図15-2

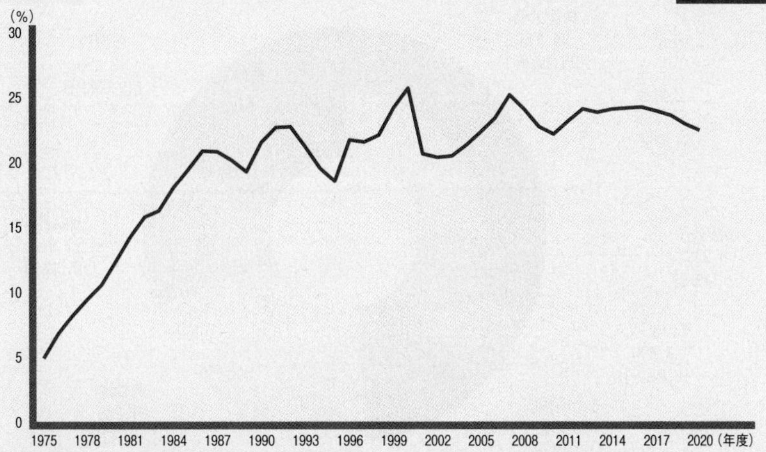

歳出に占める国債費の比率の推移（1975〜2020年度） 国債の累積にともなって利子支払いが増大し、その結果、国債費の予算に占める割合が急増している。2000年には25%を超えたが、2013年度以降の好景気によって、現在は安定的に推移している。
出所：財務省（当初予算ベース）

図15-3

Ch.**15**
Part 5

急増をつづける国債残高（1975〜2020年度） 一般会計歳出の規模に対して、国債残高が急激に増加している。2020年度末では、約906兆円の国債発行残高が見込まれている。国債のうち、赤字国債は経常的な支出に使われるため、公的資本という形では後世に残らず、債務のみが残ることになる。その意味で赤字国債の累増が問題となっている。
出所：財務省（国債残高は各年度の3月末現在額。ただし、2019年度末は補正後予算案にもとづく見込み、2020年度末は政府案にもとづく見込み）

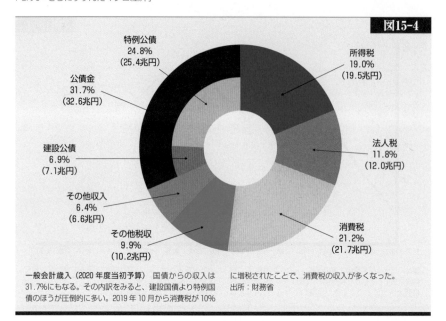

図15-4

特例公債
24.8%
(25.4兆円)

公債金
31.7%
(32.6兆円)

建設公債
6.9%
(7.1兆円)

その他収入
6.4%
(6.6兆円)

その他税収
9.9%
(10.2兆円)

所得税
19.0%
(19.5兆円)

法人税
11.8%
(12.0兆円)

消費税
21.2%
(21.7兆円)

一般会計歳入（2020年度当初予算）　国債からの収入は 31.7%にもなる。その内訳をみると、建設国債より特例国債のほうが圧倒的に多い。2019年10月から消費税が10%に増税されたことで、消費税の収入が多くなった。
出所：財務省

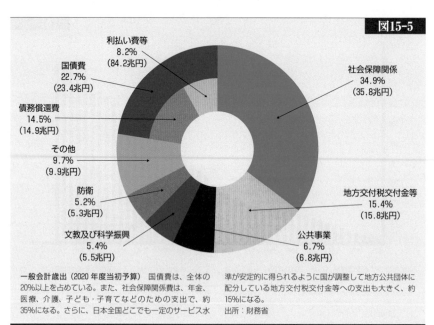

図15-5

利払い費等
8.2%
(84.2兆円)

国債費
22.7%
(23.4兆円)

債務償還費
14.5%
(14.9兆円)

その他
9.7%
(9.9兆円)

防衛
5.2%
(5.3兆円)

文教及び科学振興
5.4%
(5.5兆円)

社会保障関係
34.9%
(35.8兆円)

地方交付税交付金等
15.4%
(15.8兆円)

公共事業
6.7%
(6.8兆円)

一般会計歳出（2020年度当初予算）　国債費は、全体の 20%以上を占めている。また、社会保障関係費は、年金、医療、介護、子ども・子育てなどのための支出で、約35%になる。さらに、日本全国どこでも一定のサービス水準が安定的に得られるように国が調整して地方公共団体に配分している地方交付税交付金等への支出も大きく、約15%になる。
出所：財務省

特例国債のほうが圧倒的に多いものになっています。また、税収については、景気に影響される所得税や法人税にかわって、比較的安定的な消費税の重要性が高まっています。2019年10月から消費税が10%に増税されたことで、消費税の収入は多くなっています[3]。一方で、歳出（図15-5）に関しては、国債費（国債の償還費と利払い費を足したもの）が、全体の20%以上を占めています。また、社会保障関係費（年金、医療、介護、子ども・子育てなどのための支出）は約35%も占めています。さらに、日本全国どこでも一定のサービス水準が安定的に得られるように国が調整して地方公共団体に配分している地方交付税交付金等への支出も大きく、約15%になります。歳出のうち、国債費を除いた支出を政策的経費といいます。これは、社会保障や公共事業をはじめとして様々な行政サービスを提供するための支出ですが、この政策的経費と税収を比較したものがプライマリーバランス（基礎的財政収支）になります。税収のほうが政策的経費よりも小さければ、プライマリーバランスは赤字ということになりますが、これは必要な経費をまかなうためには、借金をしなければならない状況ということになります。2020年度（当初予算）の場合は、政策的経費が78.6兆円であるのに対して、税収等は69.4兆円であるため、プライマリーバランスは約9兆円の赤字ということになります。日本のプライマリーバランスは、1993年以降、赤字がつづいています。

こうした1990年代から急増した財政赤字拡大の結果、国債発行残高が巨額となり、2001年に発足した小泉内閣は、従来のような積極的な財政政策をとらず、構造改革によって日本経済を成長軌道に乗せることを試みました。郵政民営化[4]や道路公団民営化[5]などの構造改革が日本の景気回復にどの程度有効であったかは定かではありませんが、日本の景気は2002年頃から回復し、ようやく日本の財政収支にも改善の兆しがみえはじめました。また、2006年に政府が打ち出した基本方針（骨太の方針）では、2011年度にプライマリーバランスを黒字化するという目標をかかげました。ただ、先にみたように、プ

3—2019年10月の8%から10%への増税については、一部食料品などは8%に据え置かれるなど、軽減税率（複数税率ともいう）が適用されている。2020年度当初予算では消費税の税収は全体で約20兆円なので、単純に計算すると、消費税の税率1%は、約2兆円の税収に相当するということになる。

4—郵政事業に流れていた巨額の資金が無駄に使われているのではないかということで、小泉純一郎当時首相が2005年の総選挙で「郵政民営化」を公約にかかげて圧勝した。これまでは国営であった郵政三事業（郵便・簡易保険・郵便貯金）を民営化することを目的とした政策。

5—日本道路公団など道路関係4公団が2005年10月1日に民営化され、高速道路6社（東日本、中日本、西日本、首都、阪神、本州四国連絡）の株式会社になった。

ライマリーバランスは1993年以降、赤字がつづいており、さらに、2020年春に新型コロナウイルス感染症が世界的に流行するなか、日本も巨額の財政支出を行なっています。累積赤字がますます膨らむことで、もし金利が今後上昇するとすれば、国債の利払いがさらに増え、財政が大きく圧迫される可能性があります。

　以上でみたように、日本は度重なる財政支出の拡大によって巨額の国債残高を抱えるにいたっています。1990年代からとられたこうした財政政策は「失敗」だったのでしょうか。このことを理論的に解明しようというのが、以下の議論の目的です。

公債と将来世代の負担

　先にみたように、2019年3月末時点の国債発行残高は、約897兆円に達しましたが、これは国民1人当たり約713万円、4人家族にすれば一家計当たり約2,852万円にも相当する膨大なものです（ただし、地方自治体の債務なども加えた政府債務はもっと巨額である）。いくら景気浮揚政策の結果であるといっても、各家計当たり2,852万円もの負債をかかえているのは異常ではないのか、という疑問が生じても不思議ではありません。

　このような巨額の国債残高を生み出した財政政策をどう評価すべきなのでしょうか。問題の本質は、この家計当たり2,852万円にもおよぶ国債発行によって徴収された民間資金が、社会的に有用な公共財の提供のために効率的に使われたのかどうか、という点にあるといってよいでしょう。国が各家計に2,852万円の負債があり、その負債は結局のところ各家計が支払う税金によって返済されるのだとしても、国民がそれに見合う便益を受けているのだとすれば、国債残高が多いということはかならずしも常に悪いことだとはいえません。

　ただし、それらの社会的資本が民間部門の投資を、必要以上に犠牲にして蓄積されたのであれば、その国の生産能力は、赤字財政が実行されない場合に比べて低くなり、したがって長期的には、実質GDPは低くなると考えられます。民間の資本蓄積が過度に圧迫されるような赤字財政支出が、後の世代に負担を残すといわれるのは、そのためです。

　理論的には、国債発行が一国経済の成長力を阻害するのは、次の条件がみたされる場合です。第1には、経済がすでに完全雇用を達成しているのに、財政赤字がつづいていること、第2は、公債の富効果（公債が発行され、累積されていくと、あたかも富が蓄積されていくかのように国民が錯覚する現象）が正であるため、消費が必要以上に刺激され、したがって経済成長に必要な貯蓄に

まわる資金が少なくなってしまうこと、そして第3には、社会資本の蓄積が同額の民間資本の蓄積よりも経済成長への貢献度が小さいことです。つまり、財政赤字によって公的部門が肥大し、それによって民間部門の投資が押しのけられる（クラウドアウトされる）ことで経済の効率が低下することです。これらの条件がみたされている状況のもとでは、後の世代はたしかに負担をこうむるといえるでしょう。

　しかしながら、ケインズ的赤字財政政策がとられるのは、遊休設備や失業者の存在する不況時であるのがふつうですから、完全なクラウディングアウトが発生する確率は小さいというべきです。また、遊休資源が活用されるのですから、その分無駄がなくなり、資源の効率的利用に供することにもなります。国債はこのために使われるのですが、不況が深刻なときには、景気を刺激し、遊休資源を活用する役割を果たすわけですから、赤字国債といえども、いつも負担のみをもたらしているというわけではありません。

　さらに重要なことは、景気というものはある限度を超えて悪化すると、際限なく悪くなっていく可能性があるということです。このような長期的停滞に経済が陥らないようにするには、デフレ・ギャップ——**6**をあまり大きくしないような機動的な財政政策が重要であり、国債発行のもつ積極的な意味はこの点にある、というのがケインズ派の政策理論であるわけです。

　公債の負担で、もうひとつ指摘しておかなければならないのは、人々の勤労意欲に与える影響です。先にも述べたとおり、公債の利子支払い、元本償還は税負担によってまかなわれます。つまり、将来、そのための増税が実施されうるわけですが、もし高い税率が人々の勤労意欲をそぐことになれば、公債は後の世代の産出高を低めるという意味で後代に負担を残すといえるでしょう。

　公債が負担をもたらすとしても、それは単に国が各家計当たり2,852万円もの借金をしているからという単純な理由からではないわけです。公債の真の負

6—実際のGDPと完全雇用GDPの乖離率（（実際のGDP－完全雇用GDP）／完全雇用GDP）を「GDPギャップ（あるいは需給ギャップ）」という。実際のGDPが完全雇用GDPを下まわるとGDPギャップはマイナスになり、「デフレ・ギャップ」が生じていることになる。この場合、需要が不足しているので、物価下落（デフレ）の圧力がかかる。また、デフレ・ギャップの大きさは、完全雇用GDPまで押し上げる必要がある総需要の大きさになる。逆に実際のGDPが完全雇用GDPを上まわったときは「インフレ・ギャップ」が生じていることになり、景気が過熱していることから、インフレ圧力がかかる。インフレ・ギャップの大きさは、完全雇用GDPを押し下げる必要がある総需要の大きさになる。内閣府の試算では、2019年のGDPギャップはゼロであったが、2020年第Ⅰ四半期では、GDPの2.4％ものデフレ・ギャップがあるという試算を出している（内閣府「2020年1‐3月期四半期別GDP速報（2次速報値）」）。

担の測定は、最適な公共財の供給がなされているかどうか、また、自由放任の
まま失業を容認した場合の社会的・経済的コストと、赤字財政によって政府支
出を増やした場合の負担とではどちらが大きいかということを、あらゆる面か
ら比較してはじめて可能になるのです。

財政政策無効論

　ところで、以上で述べたケインズ的財政政策の効果については、いくつかの
疑問が提示されています。古典派、マネタリスト、新しい古典派マクロ経済学
の流れをくむ経済学者のなかには、財政政策が無効であるだけでなく、むしろ
有害であると主張する人もいるほどです。ケインズ的な裁量的政策——不況の
ときには需要を創り出し、景気が過熱したときには需要を削減する政策——は
はたして本当に無効なのでしょうか。

　裁量的な財政政策が無効であるという主張は、基本的には、マーケット・メ
カニズムを利用すれば完全雇用が達成されるとする市場万能の考え方にもとづ
くものです。8章で詳しくみたように、価格が伸縮的であるならば、完全雇用
GDP は政策のいかんにかかわらず達成されます。ただし、同じ財政政策無効
論でも、論者によってかなりニュアンスがちがっています。ここでは、フリー
ドマンなどによる新貨幣数量説、バローなどによる新リカード主義、ブキャナ
ン＝ワグナーによる政治経済学的な立場からの批判について、考察してみたい
と思います。

フリードマンの新貨幣数量説

　フリードマンの財政政策無効論は、貨幣供給量の増加をともなわない財政政
策の効果がたかだか一時的であり、かつ、その短期的効果の大きさもケインジ
アンが主張するほど大きなものではないというものです。ケインズ流の理論に
よれば、公債発行の効果は、GDP、利子率、物価を上昇させます（6章や9
章）。ところが、フリードマンは、このような分析は赤字財政支出が与える直
接的かつ短期的な経済効果を叙述しているだけであり、財政政策の全効果を
示すものではないと主張するのです。

　さて、市中消化によって公債が発行されると、民間に累積される公債残高が
増加します——7。公債残高の増加は、フリードマンによれば、次の2通りの長
期的な効果をもちます。

（i）公債は財産の一部であるから、人々は手持ちの公債増加を富の増加と考
　　える。富の増加は支出を刺激する効果をもつ（公債の富効果）。

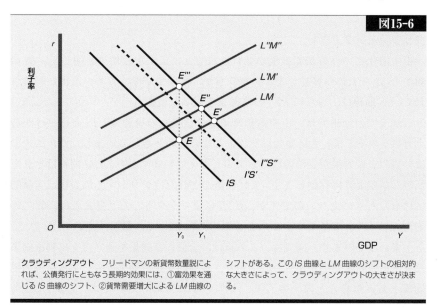

クラウディングアウト　フリードマンの新貨幣数量説によれば、公債発行にともなう長期的効果には、①富効果を通じる IS 曲線のシフト、②貨幣需要増大による LM 曲線の

シフトがある。この IS 曲線と LM 曲線のシフトの相対的な大きさによって、クラウディングアウトの大きさが決まる。

(ⅱ) 貨幣需要は利子率や所得だけではなく、公債を含む資産（富）にも依存する。資産が多いほど、人々はそれに見合うだけの貨幣を保有しようとするので、公債残高の増加は貨幣に対する需要を増大せしめる。

　この2つの効果のうち、前者は、富効果を通じて有効需要をいっそう増大させる働きをしますが、後者は、貨幣需要を高め、マネーストックが一定であるかぎり LM 曲線を左上方にシフトさせる働きをします――**8**。

　IS-LM 分析のフレームワークでいえば、これらの資産効果を通じた赤字財政支出の効果は、図 15-6 のようにあらわされるでしょう。いま、IS 曲線と LM 曲線が E 点で交わり、そのときの GDP が Y_0 である状態から出発します。政府が市中消化による公債発行に踏み切ったとすれば、はたして GDP が Y_0 より増えるかどうかが当面の問題です。

Ch.15

Part 5

7――公債発行のもうひとつの形は、日本銀行引き受けによる発行である。日本銀行が公債を買い取ると、公債は民間セクターには蓄積されない。日銀引き受けによる国債発行はインフレーションの原因になるとして、現在では、財政法第5条によって禁じられている。これを「国債の市中消化の原則」という。そのため、国債は日本銀行が引き受けるのではなく、民間金融機関に売却されている。

8――この場合、貨幣需要が高まると、LM 式のバランスが崩れる。貨幣市場を均衡させるためには貨幣需要を下げなくてはならない。そのためには、GDP が一定であれば、利子率が上昇する（投機的動機の貨幣需要を低下させる）必要がある（あるいは利子率が一定であれば、GDP が小さくなる（取引動機の貨幣需要を低下させる）必要がある）。その結果、資産（富）の増大によって貨幣需要が増大すると、LM 曲線は左上方にシフトする。

クラウディングアウト

　市中消化という方法で公債が発行されると、まず乗数効果を通じて、*IS* 曲線が *IS* から *IS′* へ移動します。ところが、富効果が働くため、支出が刺激されて、*IS* 曲線は、さらに *I″S″* の位置までシフトします。

　これまでの分析では、市中消化による公債発行の場合は、*IS* 曲線だけが右上方にシフトして、*LM* 曲線はシフトしないものとされていましたが、ここでは公債の資産効果が貨幣需要におよぶと考えていますから、*LM* 曲線はそれを反映して左上方に移動します。*LM* 曲線がどれだけシフトするのかは、先験的にはなんともいえないのですが、*L′M′* にまでシフトしたと考えれば、新しい均衡点は *E″* となります。このときの GDP は Y_1 で、初期時点の GDP の Y_0 を上まわっています。図では、この点は、公債の富効果を通じた支出刺激効果と貨幣需要刺激効果が相殺されており、短期的な乗数効果のみによる所得創出効果があった場合と同一の GDP（Y_1）水準に対応しています。しかし、*LM* 曲線が *L″M″* にまでシフトした場合、GDP ははじめと同じ Y_0 にとどまることになり、政府支出が増加したにもかかわらず、今期の所得はまったく変化しないという意味で、完全なクラウディングアウトが発生することになります（*E‴* 点）。

　ここで重要なことは、政府支出拡大にともなう *IS* 曲線のシフト（*IS* → *IS′*）が今期かぎりの短期的なものであるのに対して、公債残高の効果がもたらす *IS* 曲線のシフト（*IS′* → *I″S″*）や *LM* 曲線のシフト（*LM* → *L′M′* または *LM* → *L″M″*）は、公債が償還されるまで、長期間にわたって持続するという点です。したがって、財政政策の効果は長期的な観点からみれば、公債発行にともなう *IS*、*LM* 両曲線の長期的シフトの相対的な大きさによって決定されるといわなければなりません。したがって、財政政策の長期的効果は、次のいずれかのケースに該当すると考えられます。

（ⅰ）公債の富効果にもとづく *IS* 曲線のシフトが *LM* 曲線のシフトよりも大きい場合は、財政政策は長期的にもプラスの効果をもたらす。

（ⅱ）逆に、*LM* 曲線のシフト幅が *IS* 曲線のシフトの幅を上まわる場合、財政政策は長期的にマイナスの効果をもたらす。

（ⅲ）両曲線のシフトが同じ幅である場合、財政政策の長期的効果は中立的である。

　長期的な観点からみて、完全なクラウディングアウト効果が現われるのは、このうち（ⅱ）または（ⅲ）のケースですが、このようなことが起こりうるかどうかは、すぐれて実証的な問題であるというべきでしょう。

新リカード主義

フリードマンの財政政策の効果に関する批判が長期的観点からのものであったのに対して、バローなど、新リカード主義を標榜する経済学者たちは、ケインズ的赤字財政政策が短期的にも有効でないという批判を投げかけています。新リカード主義の基本的な立場は、人々が財政政策の長期的な影響について合理的に考え、行動するならば、その政策の効果は消滅する、というものです。合理的な個人は公債が発行された場合、その利子支払いおよび償還が将来の増税によって（あるいは将来の政府支出削減によって）まかなわれることを予想します。その結果、公債の発行は将来の増税（もしくは所得減少）と同一視されるであろう、というのがその論理です—**9**。

この論理を理解するために、いわゆるコンソル公債を例にとって考えてみましょう—**10**。いま、平均的市民が 100 万円に相当するコンソル公債を買い、毎年 7％の利息を永久に受け取るとします。ところで、利息の 7 万円は結局のところ、人々の税金から支払わなければなりませんから、他の政府支出構造に変化がなければ、この平均的市民には 7 万円の増税が課されることになるはずです。

したがって、公債の利子受け取りの 7 万円は、同額の追加的税金によって相殺されることになります。しかも、コンソル公債には元金の償還はないのですから、市民は、公債を買うために支払った 100 万円を国家に寄付したのと同じことになるわけです。つまり、公債を買って 100 万円の「公債証書」を手にする行為と、同額の税金を納めて「納税証書」をもらう行為は、正味資産を 100 万円失うという点においてまったく同じことになりましょう—**11**。

Ch.15
Part 5

9—これを「バローの中立命題」ともいう。R. J. Barro,"Are Government Bonds Net Wealth?" *Journal of Political Economy*（1974）は公債の富効果と新リカード主義に関してよく引用される論文である。

10—永久確定利付債券。元金の償還はないが永久に利息が支払われる公債で、かつてイギリスで発行されていた。この公債は元金の償還がないので数値計算が簡単になるという便利な特徴があるのでしばしば利用されている。元金償還のある通常の公債で以下を考えても、論理のエッセンスは同じことである。

11—この考え方は、古典派の代表的経済学者の一人であるリカードによって主張されている。原典は、D. Ricardo, *On the Principles of Political Economy and Taxation*, Cambridge University Press, 1951 である。このような観点からすれば、公債と増税のちがいは、公債の場合は利息を支払うため、政府自身が国民から税を徴収するのに対して、増税の場合には納税者が他の人から借金をして自分でその人に利息を支払う（あるいは自分の資産を取り崩して、本来得られるはずの利息を犠牲にする）という点にあるだけである。しかし、もし政府の借入金に対する利子率のほうが、個人が借金をする場合の利子率よりも（信用があるため）低いとすると、公債のほうが効率的であり、その分だけ経済効果がでるということになる。

異時点間の消費選択の考え方との関連

ところで、このような新リカード主義の主張は、12 章で紹介した異時点間の消費選択という考え方との関連を考えれば、より説得力のあるものになると思われます。図 15-7 でこのことを確認しましょう。

今期の所得が Y^*、来期の所得が Y_1^* で与えられており（D 点）、最適な消費、貯蓄の選択が Z 点であるとします（予算制約式が AB 線で与えられているとする）。いま、政府が国債を発行して政府支出を ΔG だけ増やしたとしましょう。政府支出が増加したので人々の所得はそれと同額（ΔG）だけ増えますが、人々はこれを納税の予約と考え、来期に税金が $(1+i)\Delta G$ だけ増えると考えるとします。そうすると、人々の異時点間の予算制約式はまったく変化しません。すなわち、今期の所得は $Y^*+\Delta G(=Y^{**})$ に増えますが、来期の所得は $Y_1^*-(1+i)\Delta G(=Y_1^{**})$ に減少します（図の E 点）。ところが、今期からみた生涯所得は、12 章の(1)式 $\left(Y+\dfrac{Y_1}{1+i}\right)$ をみればわかるように、

$$Y^{**}+\frac{Y_1^{**}}{1+i}=Y^*+\Delta G+\frac{Y_1^*-(1+i)\Delta G}{1+i}=Y^*+\frac{Y_1^*}{1+i}$$

であり、政府支出の増加は実は生涯所得をまったく変えないのです。したがって、異時点間の予算制約を示す AB 線は変化しないということになります。異時点間の予算制約式が変化しなければ、最適な消費の選択を示す Z 点にもなんら変化は生じないのです。

ブキャナン＝ワグナーの批判

ところで、ブキャナンとワグナーは、さらに別の観点から、次のようにケインズ経済学を批判しています。すなわち、「ケインズ的財政政策は、不況時には財政支出を増やし、景気過熱時には引き締めることが建前であるが、議会制民主主義のもとでは、財政政策の対称性が失われて拡張的政策ばかり採用される傾向が強い。その結果、公共部門が必要以上に肥大する。したがって、ケインズ理論は現実の政治経済学としては有害である」。

議会制民主主義政治体制のもとでは、議員の関心は選挙での当選ということにかたよりがちです。この場合、拡張的政策は比較的反対にあうことが少ないのに反して、引き締め政策は不評を買うことが多い（たとえば増税すると選挙には勝てない）ので、ケインズ的財政政策のうち、拡張的政策のみが好んで取り入れられる傾向があります。その結果、第 1 に、健全な経済運営が損なわれること、第 2 には、公共部門がいたずらに肥大して私的部門の自助精神を阻害し、経済を非効率的にしてしまうという点があげられます。

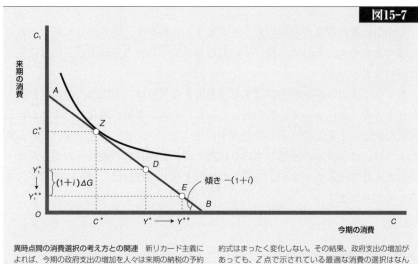

図15-7

異時点間の消費選択の考え方との関連　新リカード主義に
よれば、今期の政府支出の増加を人々は来期の納税の予約
と考えるため、*AB* 線で与えられている異時点間の予算制
約式はまったく変化しない。その結果、政府支出の増加が
あっても、*Z* 点で示されている最適な消費の選択はなん
ら変化が生じないことになる。

　ブキャナン＝ワグナーは『赤字財政の政治経済学』のなかで、このような政
治家によるケインズ的政策の悪用や、それに起因する非効率性について手厳し
い批判を展開しているのですが、彼らの批判はケインズ理論そのものへの批判
というより、現代の政治的状況におけるケインズ的政策の安易な運用について
の危惧とみるべきだと思います―**12**。政府への過度な依存をあらため、各個人
が自助精神を発揚することが重要であり、そのためには、ケインズ的財政政策
をむしろ放棄し、均衡予算主義にもどるべきである、というのがブキャナン＝
ワグナーによるケインズ批判の要約です。

大きな政府と小さな政府

　財政政策の功罪をめぐっては、以上のように論争がつづいていますが、1980
年代に入って、「小さな政府」への志向が強まったことは、このことと無関係
ではありません。アメリカのレーガン大統領、イギリスのサッチャー首相な
ど、小さな政府を志向するリーダーが登場したのも、財政を膨張させる福祉国
家イデオロギーに対する反省が、先進国に強まったことを示していたといえる
でしょう。レーガン大統領の経済政策は「レーガノミクス」、サッチャー首相
の経済政策は「サッチャリズム」と称されています。

12―J. M. Buchanan and R. E. Wagner, *Democracy in Deficit: The Political Legacy of Lord Keynes*, Academic Press, 1977（深沢実・菊池威訳『赤字財政の政治経済学』文眞堂、1979 年）。

　しかし、どの程度の政府の大きさが望ましいのかを、いちがいに断言することはできません。それは、投票その他の政治的プロセスを経て民主的に決定されるべきものです。

　おそらく「大きな政府」に対する最も大きな危惧は、公的部門の比率が高くなりすぎることによって、長期的に民間部門の資本蓄積が鈍化し、それが経済成長の鈍化と生産性の低下をもたらすのではないか、という点です。先にふれたように、社会資本が不足している状態では、公的投資の成長への寄与度は十分大きくなりうるのですが、成熟した経済では公的投資はしばしば非効率になると考えられます。

15-2　金融政策に関する論争

　次に、金融政策に関する論争を紹介します。金融政策の効果が財政政策のそれと異なるところは、拡張的な金融政策の場合、名目利子率がむしろ低下するということです。しかし、物価が上昇する点については、財政政策も金融政策も同じことです。

　しかし、もし価格（賃金を含む）が伸縮的ならば、なにも金融緩和をしなくても、経済は長期的には自動的に完全雇用を達成するはずです。これも財政政策の場合と同じです。

利子率かマネーストックか

　金融政策の「運営目標」として、しばしば「利子率を目安とすべきか」（ケインジアン）、「マネーストックに注目すべきか」（マネタリスト）、という議論がなされます。

　利子率を観察しながら、金融政策を運営するのが正しいのでしょうか、それとも、マネーストックのコントロールに主眼をおくべきなのでしょうか。

　ケインジアンの場合、利子率が下げられると投資が刺激され、有効需要の原理によって景気がよくなるという筋道で政策の効果が考えられています。利子率を下げるには、マネーストックを増やせばよい（流動性選好理論）とするのがケインジアンですから、政策の運営目標は利子率を望ましい水準に操作し、そこで固定（ペッグ）させることであるといってよいでしょう。

　一方、マネタリストは、名目利子率は長期的には固定できないと主張します。つまり、「名目利子率はマネーストックの増加によってたしかに一時的には下がるかもしれないが、長期的にはむしろ金利は上がる」と考えるのです。

その理由は、次のように説明されます。「マネーストックが増えつづけていくと、人々は将来物価が上昇するであろうと予想するようになる。物価上昇が予想されると、現在の利子率は実質的にみればすでに低すぎるということになる。その結果、利子率は人々のこのような考え方を反映して、やがて高くなっていくはずである」というわけです。

フィッシャー方程式

このような考え方の背後にあるのは、アーヴィング・フィッシャーのフィッシャー方程式です。8章でみたとおり、フィッシャー方程式とは、

$$名目利子率＝実質利子率＋期待物価上昇率$$

または、同じことですが、

$$実質利子率＝名目利子率－期待物価上昇率$$

という関係のことです。

*IS-LM*分析では、期待インフレ率が変化しない短期の分析に主眼をおいてきたため、名目利子率と実質利子率の区別をしなかったのですが、この区別は期待物価上昇率が変化する長期においてはきわめて重要です。というのは、投資行動を決定するのは名目利子率ではなく、実質利子率だからです。

マネーストックが増加すれば、流動性選好理論にしたがって、名目利子率（r）は下落します。短期的には、人々の期待インフレ率（π^e）は変化しないため、名目利子率（r）の下落は同時に実質利子率（$r-\pi^e$）をも下落させます。実質利子率が下がると、企業は投資を増やそうとします。整理すれば、期待が変化しない短期においては、マネーストックの増加→名目利子率および実質利子率の下落→有効需要（投資）の増大→景気好転、失業率の低下という通常の*IS-LM*分析の結論が得られるのですが、人々の期待は徐々に現実に沿って変化するはずです。マネーストックの増加が、結局、インフレーションの原因になるとすれば、期待インフレ率は徐々に引き上げられるでしょう。しかし、このような動きは、実質利子率をますます下げるので、経済の超過需要の傾向（投資が貯蓄を上まわるようになる）を助長し、これを反映して今度は逆に、実質利子率も上昇しはじめるようになるでしょう—**13**。

そうすると投資が減り、結局、実質利子率は、いったん名目利子率とともに下落するものの、やがて投資と貯蓄が均等化するようなもとの水準にもどります。さらに、期待インフレ率が以前より高くなっていますので、フィッシャー

13—実質利子率は投資と貯蓄によって決定される。8章参照。

方程式から、名目利子率は、マネーストックの増大とともにやがて上昇します。これがマネタリストの「名目利子率は長期的には固定することができない。マネーストックの増加によって、それは一時的には下がるが、長期的には上昇する」とする理論的根拠なのです—**14**。

インフレーションと名目利子率の動き

　図 15-8 は、このようなプロセスを図示したものです。いまマネーストックの伸び率を、従来の水準よりも 1 ％だけ引き上げたとしましょう。もちろん、ここでの前提は、中央銀行が適切な金融政策を発動することで、マネーストックを自由にコントロールできると仮定していることです。しかしながら、5 章でみたように、あるいは、最終章でみるように、現在の金融政策の最大の問題点は、実は中央銀行にはマネーストックをコントロールする力はないという点にあります。この点については、最終章（16 章）で改めて論じることとし、ここでは、中央銀行がマネーストックを好きな水準にコントロールできると考えて議論をすすめます。

　中央銀行の政策によって、マネーストックの伸び率が、従来の水準よりも 1 ％だけ上昇したとします。このとき、人々の期待インフレ率が変化しない短期においては、金融緩和を反映して名目利子率は下がりはじめます（OB の部分）。期待インフレ率が不変であるあいだは、名目利子率の低下は実質利子率の低下をも意味しますが、実質利子率の低下は投資需要を刺激するため、乗数過程を通じて GDP を増大させます。ところが、GDP の増大は貨幣需要（取引需要）を増加させますから、名目利子率はやがて上昇をはじめるでしょう（BC の部分）。

　このころまでには、マネーストックの増大に対応して物価も上がりはじめているはずですから、人々のインフレ期待も上昇をはじめると思われます。そうすると、たとえ名目利子率が上昇をはじめても、インフレ期待も上昇するので、実質利子率は名目利子率ほど速くは上昇せず、経済の超過需要状態がつづくことになります。しかし、投資需要が貯蓄の供給を上まわるために、やがて実質利子率も上昇をはじめ、結局、実質利子率は投資と貯蓄が均衡するもとの水準に戻るわけです。ところが、インフレ期待は以前よりも上昇（1 ％）しているので、名目利子率ももとの水準より 1％上昇するという結果に終わるので

14—フィッシャーの利子論については、I. Fisher, *The Theory of Interest*, Macmillan（1930）が古典的名著として残されている。

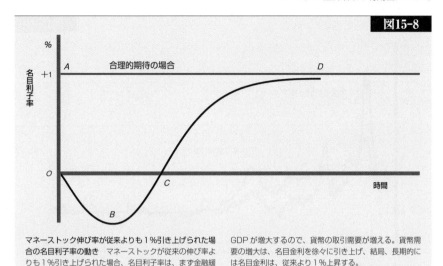

図15-8

マネーストック伸び率が従来よりも1%引き上げられた場合の名目利子率の動き マネーストックが従来の伸び率よりも1%引き上げられた場合、名目利子率は、まず金融緩和を反映して下がるが、やがてそれが投資需要を刺激し、GDPが増大するので、貨幣の取引需要が増える。貨幣需要の増大は、名目金利を徐々に引き上げ、結局、長期的には名目金利は、従来より1%上昇する。

す（図15-8の *CD* の部分）。

　上の説明で明らかなことは、人々の期待の変化が現実経済に影響をもつということが主張されているということです。実際、インフレ率が高まり、貨幣が本来もつべき価値基準としての信頼性が失われてしまいますと、人々はどうしてもインフレの動向に神経をとがらせながら経済行動をおこすようになります。マネタリストの指導的立場にあるミルトン・フリードマンは、1967年のアメリカ経済学会の会長講演において、マネーストックの増加→期待物価上昇率の上昇→名目利子率の上昇、というルートを考慮して、「利子率の引き下げをめざすマネーストックの増加は、人々のインフレーションに対する期待の変化を媒介として、かえって利子率を引き上げることになる」と主張し、多大の関心を集めたのでした[15]。

　図15-9は、日本におけるインフレーション（消費者物価上昇率）と短期名目利子率（コールレート[16]の平均値）の関係をみたものですが、両者のあいだにはかなりの相関関係があるといえそうです。ただし、1980年代と1990年代後半からの動きには、注意する必要がありそうです。まず、1980年代に一貫してインフレーションが鎮静化したにもかかわらず、利子率は十分に下がり

15――興味ある読者は、このきわめて雄弁な会長講演を読まれることをお勧めする。M. Friedman, "The Role of Monetary Policy," *American Economic Review*（1968）

16――コールレートとは、銀行間のきわめて短期の貸し借りにかかわる名目利子率である。短期金利の代表的指標である。ちなみに、長期金利の代表的な指標は、10年物の国債金利。

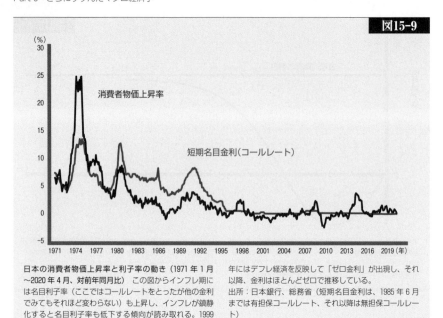

図15-9

日本の消費者物価上昇率と利子率の動き（1971年1月
～2020年4月、対前年同月比）　この図からインフレ期に
は名目利子率（ここではコールレートをとったが他の金利
でみてもそれほど変わらない）も上昇し、インフレが鎮静
化すると名目利子率も低下する傾向が読み取れる。1999
年にはデフレ経済を反映して「ゼロ金利」が出現し、それ
以降、金利はほとんどゼロで推移している。
出所：日本銀行、総務省（短期名目金利は、1985年6月
までは有担保コールレート、それ以降は無担保コールレー
ト）

　ませんでした。その原因は、1980年代前半については、アメリカの大幅な財
政赤字が実質利子率を高めていたためとみられています。アメリカのような影
響力の大きな国の利子率が高いと、今日のようなボーダーレス時代には他国の
利子率もどうしても高くなってしまう傾向があるからです。1986年頃からは
急速な円高がすすみ、輸入物価が急低下したため、全体的に日本の物価はマネ
ーストックの高い伸び率にもかかわらず、低位で安定していたということが考
えられます。

　また、1990年代後半から2000年代前半にかけては日本経済がデフレ状態に
陥った一方で、1999年春以降、「ゼロ金利」がつづきました。そのあとも日本
の金利はほとんどゼロで推移しており、物価との相関関係はほとんどみられな
い状態といえます。

　物価上昇率と利子率とのあいだにマネタリストが主張するような関係がある
という見方が正しいとすれば、金融政策によって利子率水準を動かし、景気の
カジ取りをするというケインズ的政策は、長期的にみれば有効ではなく、むし
ろ景気に対しては中立的な政策——あらかじめ定めた一定の率（たとえば「マ
ーシャルの k 」の増加率と人口増加、資本蓄積、技術進歩などからみて妥当と
考えられる潜在的な経済成長率の和）でマネーストックを増やしていく——
が、経済の安定化のためには望ましいということになります。

　しかし、1999 年 2 月の「ゼロ金利政策」からはじまって、2001 年 3 月から
の「量的緩和政策」、2010 年 10 月からの「包括的金融緩和」、2013 年 4 月から
の「量的・質的金融緩和」、2016 年 1 月からの「マイナス金利付き量的・質的
金融緩和」、2016 年 9 月からの「長短金利操作付き量的・質的金融緩和」など
の大幅な金融緩和政策によって、日本銀行はなりふりかまわず、マネタリーベ
ースの供給を増やす政策を断行しました。マネタリストのいう景気に中立的な
金融政策とは対極的な政策がとられつづけたことになります。

　しかし、重要な点は、日本銀行の積極的な金融緩和政策によって、マネタリ
ーベースは増えたものの、肝心のマネーストックは思うようには増えなかった
のです。その結果、インフレ率を 2 ％にするという日本銀行黒田総裁の目標
は達成されずに今日に至っています。一体、金融市場になにが起こったのか。
この点こそ、現在のマクロ経済学を学習するうえで、きわめて重要な論点であ
るといえましょう。なお、この点については次章で詳しくみることにします。

15-3　マクロ経済政策全般に関する論争

　以上、財政政策、金融政策に関する様々な問題点と、それに関連する論争に
ついて考えてきました。これらマクロ経済政策にとって共通の本質的な問題
は、政策をどのような基準にしたがって発動するかということです。

裁量かルールか

　ケインジアンは景気が悪くなってくれば拡張的な政策を、景気が過熱してく
れば収縮的な政策を臨機応変にとるべきだと考えています。つまり、経済情勢
に対応したキメの細かい景気調整こそ経済政策の仕事であると考えるわけで
す。

　しかし、マネタリストや新しい古典派マクロ経済学は、このような「裁量
的」政策運営はうまくいかないと主張します。その理由としては、まず第 1
に、そのときどきの経済情勢や景気の動向を的確に把握することは非常に困難
である、第 2 に、たとえ経済情勢や景気動向を正確に把握できたとしても、発
動される政策の効果をあらかじめ正確に測定することはむずかしい、第 3 に、
とくに政策効果の時間的な遅れが発生したりすると、政策の効果がでてきたと
きには、経済情勢が、当初とは逆になっていることもありうるわけで、その場
合には、間違った政策を発動したことになるおそれがある、ということがあげ
られます。つまり、政策の効果をあらかじめ完全に予見することができないに

もかかわらず、ケインジアン的な裁量的微調整の政策をとっていると、かえって景気の振幅を大きくしてしまうおそれがあるというわけです。

　マネタリストは、このような理由から、裁量的な微調整は企てるべきでなく、むしろ毎年のマネーストックの増加率を一定にするという「ルール」にもとづく金融政策こそ適切であると提案しているのです。あるいは、財政政策については、毎年の均衡財政を義務づけるという提案もなされています。「自動車エンジンの微調整（Fine Tuning）ならそうむずかしくないけれども、複雑怪奇（？）な人間社会を相手に、景気の微調整を企てるのはどだい無理な話だ。下手にいじくりまわすより、定期的に油をさす程度にとどめておくほうが、結果的には調子がよくなることが多いものだ」というわけです。

ルーカスの批判

　フリードマンなどのマネタリストがケインズ的な裁量的政策が無効であるという場合、短期的あるいは一時的にはある程度の政策効果を認め、人々の期待が徐々に変化していく長期においては有効ではなくなると考えてきました。

　これに対して、新しい古典派マクロ経済学からの批判は、より急進的で、ケインズ的な金融政策は長期にはもちろんのこと、短期的にも有効ではないと主張します。人々は経済活動を行なう場合、常に将来の経済状況（たとえば、インフレ率）を予測し、それを考慮して行動します。人々が物価上昇率について期待を形成する場合、金融政策（および財政政策）についての情報が人々に知れわたっているとしましょう。また、人々はマクロ経済の知識を十分にもっており、拡張的な金融政策が長期的に均衡点をどう変えるかも熟知しているとしましょう。そのうえで人々が合理的に期待形成を行なうなら、金融政策の効果は、短期的にもまったく現われることがないということになるのです。なぜならば、この場合、人々は長期の均衡点をあらかじめ予想したうえで、いまの経済行動をその均衡状態に適合できるように調整するからです。

　このことを図15-8でみると、マネーストックの１％の上昇は、フリードマンがいうように名目利子率を$O \rightarrow B \rightarrow C \rightarrow D$という経路で変化させるのではなく、一気に$O \rightarrow A$へと名目利子率を上昇させ、その後は$A \rightarrow D$と１％上昇した水準で推移するということになります。それは、合理的期待によって、人々はマネーストックの増加がもたらす結果をあらかじめ正しく読み取るからです。つまり、インフレ期待が現実にあわせて徐々に調整されるのではなく、人々の合理的な期待形成によって、瞬間的にその調整が行なわれると考えるわけです。

　したがって、合理的期待仮説の立場に立てば、マネーストックの増加によって変化するのは名目利子率と物価上昇率だけで、実質利子率、実質GDPや雇用量などにはまったく変化がないという結論になります——**17**。

　ルーカスは、「政策当局は政策の効果を見定める場合に、常に人々の期待形成に注意しなければならないのに、現実にはほとんどこの点に対して注意が払われていないのは問題だ」と批判しています。現在の政策を変更することで人々の期待形成に影響し、その結果、人々の行動が変わる可能性があるのに、そうした点に注意を払わず、過去の人々の行動パターンを不変なものとして政策の効果を議論する伝統的なマクロ経済学のやり方は正当化できない、というのがルーカスによる批判（ルーカス批判）です。合理的期待仮説が厳密な意味で成立すると考えることには無理があるとしても、ルーカスのような見方は、人間の合理的行動を前提にするかぎり、かなりの説得力をもっているように思われます。もし、人々が経済政策に対して一定の期待を形成し、自己の行動をそれに沿って変更するとすれば、経済政策の立案は、あらかじめそれを想定したうえでなされなければならないでしょう——**18**。

近年における日本の金融政策

　先にも触れたように、マネタリストや新しい古典派マクロ経済学では、ケインジアンのいう「裁量的」政策運営はうまくいかないと主張しています。彼ら彼女らは、このような理由から、裁量的な微調整は企てるべきではなく、むしろ毎年のマネーストックの増加率を一定にするという「ルール」にもとづく金融政策を提案しています。マネタリストであったフリードマンは、マネースト

17——この結論の解釈には、多少注意が必要である。というのは、合理的期待仮説の主張は、あくまで事前の確率的な意味において理解する必要があるからである。たとえば、大地震やウイルス感染症、中東戦争勃発など、誰にも予測しえない事件が起きると予想は大きくはずれるであろう。逆にいえば、このような予測不能なランダムな攪乱だけが経済活動の水準に影響を与えうるのであって、政府・日銀の裁量的政策のように期待形成の過程ですでに計算にいれられているものは、経済活動を左右できないというのが合理的期待仮説の意味するところなのである。したがって、日銀が常に人々の予想を裏切って金融政策を発動するのであれば、その効果は消滅しない。合理的期待に関してはすでに10章で詳論した。また、14章のリアルビジネスサイクルの理論における景気循環との関係についても思い出してほしい。

18——この点に関連して注目を集めたのは、計量経済学の分野における「計量モデル」の有効性についての論争であった。従来の計量経済学の手法は、過去のデータからマクロモデルを推定し、そのモデルを使って政策効果を計量するというものである。しかし、新しい政策が導入された場合、それによって人々の期待が変化し、行動様式が変わるとすれば、マクロモデルの構造自体が変化し、それに過去のデータをいくら集めて分析したとしても、そこから得られる予測結果は正確なものとはならない。

BOX　私たちはどの程度「合理的」でありうるのか？

　リカードによる財政政策無効論にせよ、ルーカスによるケインジアン批判にせよ、ケインズ理論と政策に対する批判の根本にあるのは、人々の期待や、将来を見据えた人々の合理的な予測能力、人間の情報処理能力を考慮していないという点にあります。人間が真に合理的生き物であるとするならば、人々は将来の変化を予測するためにインターネットなどを使って様々な情報を収集・分析し、それにもとづいて意思決定をしているはずであるというわけです。

　リカードの批判は、政府が景気を刺激しようとしても、合理的個人なら、それは将来の増税の予約に過ぎない、したがって、現在の消費を抑制し、将来の増税に備えようとするだろう。そしてもしそうだとすれば、政府が国債を発行して景気を刺激しようとしても、その効果は消費の抑制で相殺されてしまうというわけです。

　ルーカスの批判はもっとリカード以上に徹底したものです。なぜなら、人々は、財政政策のみならず、政府のすべての政策行動や、世界で時々刻々と起こっている様々な出来事を観察しつつ、将来、なにが起こるかについて合理的に判断すると考えているからです。政府の政策の結果、マクロ経済の均衡点がどこに移動するかについてすら（確率的に）予測できるとみなすわけです。つまり、人々はマクロ経済がどのようなメカニズムにもとづいて作動しているのかについても知識をもっており、それを駆使して政府の政策の効果をあらかじめ読み取り、それに対応すると考えているわけです。そして、政策の落ち着く先（均衡点）を想定して、それにあわせた行動をとるというのです。

　これに対して、ケインジアンは人々を政策によって思うように誘導したり、錯覚に陥らせたりすることができると想定している節があります。『一般理論』をあらわしたジョン・メイナード・ケインズの生まれ育ったロンドンのハーヴェイロードにちなんで付けられた、「ハーヴェイロードの前提」とは、「政府は民間人よりも経済の立案能力に優れている」という考え方であり、ケインズ経済学は、暗に、「一般の人々が巨大な情報処理能力をもっており、それにもとづいて合理的な行動をとるとは考えない」ことを前提にしているとも考えられます。したがって、人々に名目値と実質値を取りちがえさせるなど、政策が人々に錯覚を与えることができるとすれば、それが持続しているあいだは政策が有効になると考えるのです（それを大っぴらにい

うことはないとしても）。

　読者の皆さんはどのような感想をもちでしょうか。どちらにもいい分があるように思いませんか。すべてを人間精神の合理性を基準にして理論化していこうとする新しい古典派経済学と、人間の能力はそれほど合理的、理性的には機能するわけではなく、アニマル・スピリットという言葉にあらわされるように、人間の行動を決める要因としては、感情や衝動も同じくらい重要な働きをする、という前提で作り上げられたケインズ経済学。この両派が長い論争を経てもなかなかどちらが正しいという結果にたどり着かないのは、人間の特性を考えるならば、むしろ自然なことなのかもしれません。

　実はこの問題は、経済学だけではなく、他の学問分野にも共通している問題です。たとえば、ITが発達して、将来的には人工知能（AI）が人間の知能を上まわるというシンギュラリティという考え方（つまり、合理的人間の知能を科学的に分析していけば、人間の能力以上の機械を作ることができるという発想）と、人間はそのようにすべて物質に還元して分析しきれない「こころ」をもった存在であり、シンギュラリティのような機械が人間を上まわるといった事態は決して起きない、という考え方をめぐっては哲学の世界でも長いあいだ、論争がつづいています。

　答えはどのあたりにあるのでしょうか。マクロ経済学に戻れば、一般庶民が政策のもつ長期的な意味をそれほど真剣に考えていないというのも真実ですし、巨大な国債累積に国民が不安を感じ、それが消費を抑制する原因になっているということも否定できない現実です。おそらく、一つひとつの政策に対して国民はそれほど厳密には考えていないけれども、国の借金がたとえば1,000兆円を超えるというふうに政策がある限度を超えてくると、国民はそのことがもつ問題点を肌で感じるようになるのです。

　現在は、新型コロナウイルスの感染拡大で、政府は給付金支給などの巨額の財政政策を発動しています。日本銀行も、無制限の国債買い入れや株式（指数連動型上場投資信託）の購入拡大などによって、必要なベースマネーを供給することで日本経済が危機的状況に陥らないように対策を講じています。この結果がどうなるか、正直にいって誰にも正確なことはわかりません。人々が合理的精神をもっているとしても、将来の「着地点」がどのあたりに来るのか知ることはできません。しかし、かといって、政府が状況を正確に判断し、常に正しい政策を打ち出せるともかぎらない状況です。それほど、現在は不確実性が大きい時代だといえるでしょう。

Ch.**15**

Part 5

ックの増加率を一定にするべきだと主張しましたが、これは「k％ルール」というものになります。

　「裁量的」な政策をとなえるケインジアンは、こうした金融政策のルールの導入には反対です。なぜなら、基本的にマクロ経済というのは価格硬直性などの理由により、早急に不均衡を是正する能力があるわけではなく、また、金融政策の「運営目標」として、マネーストックに注目するべきだとしたマネタリストに対して、そもそも、最近では、マネーストックのコントロール自体がむずかしいということがあるからです。この点については、5章の信用乗数の低下との関連で詳論したところです。

　実際、日本の金融政策は「k％ルール」のようなマネーストックの伸び率を一定にすることを前提にしたものではなく、その時々の経済情勢に応じて、あるときは利子率を政策的に誘導し、また、別の状況では、資金供給量（マネタリーベース）を目標にするなど、臨機応変にすすめられてきた感が強いといってよいでしょう。世界に目を転じてみても、「k％ルール」には無理があるようです。その理由は、9.11、リーマンショック、新型コロナウイルス感染拡大など、様々なショックが次々と発生し、金融当局はそれらに対応せざるを得ないからです。

　やや詳細にわたりますが、以下では、ここ20年余りの日本銀行の金融政策を振り返ってみることにします。

　1999年2月にいわゆる「ゼロ金利政策」に踏みだしたことが大きな契機となりました。そのあとは、日本経済のデフレ的傾向に歯止めをかけるべく、「量的緩和」政策や「量的・質的金融緩和」へと踏み切っていくことになります[19]。この時期の日本経済は「流動性のわな」に陥っているのではないかということで、金融政策はむずかしいかじ取りが迫られていました[20]。いずれにしても、1990年代末以降の日本の金融政策は、操作目標を利子率かマネタリーベース（量）のどちらにするかということで、揺れ動いた経緯があり、とても興味深いものになっています。

　1999年2月に開始された「ゼロ金利政策」は、日銀が政策目標としてきたコールレート（民間銀行どうしの貸し借りのさいに使われる短期金利）が0％

19—ゼロ金利政策は、2000年8月から2001年2月まで一時的に解除されたが、2001年3月に「量的緩和政策」として再開され、2006年3月にそれが解除されたあと、再びゼロ金利政策に移行した。

20—「流動性のわな」については、6章を参照。流動性のわなとは、名目金利がある一定水準にまで低くなりすぎると、貨幣需要の名目金利に対する利子弾力性が無限大となり、金融政策が無効になってしまう現象。

になるまで大量に資金を供給するというものでした―**21**。当時の景気の状況は
たいへん厳しく、1998年10月に日本長期信用銀行が破綻し、民間銀行が戦後
はじめて国有化されたということで激震が走りました。また、同年12月には
日本債券信用銀行が破綻し、国有化されました―**22**。当時の銀行は多額の不良
債権を抱えていて、銀行にとってはたいへんな時期でした―**23**。1998年度の経
済成長率はマイナス1.5％にまで落ち込み、物価の下落が企業収益の悪化を招
き、失業を増加させて、需要を減退させることでさらなる物価の下落を引き起
こすという悪循環（デフレ・スパイラル）の懸念に直面していたのです。こう
したことを背景に、1999年2月に日銀によって「ゼロ金利政策」が開始され
ました。

　この「ゼロ金利政策」は、景気回復の兆しがみられたからということで、一
度、2000年8月に解除されたものの、2001年2月に再び開始され、さらに
2001年3月には「量的緩和政策」へと変化していきました。これは、これま
での政策金利（コールレート）の引き下げが「ゼロパーセント」の下限に達し
たため、操作目標を金利水準ではなく、資金供給量（商業銀行が日銀に当座預
金として預け入れる預金。日銀当座預金残高で「日銀当預」と略称）へと変更
するというものでした。

　この政策は、実は、これまでどこの中央銀行も採用したことがない新しい試
みでした。まず、押さえておかなければならないのは、市中に出まわっている
現金と市中銀行に預けられている預金の合計として定義される「マネーストッ
ク」と、日銀が政策目標とした「資金供給量」（マネタリーベース）とは中身
がちがうという点です。5章でみたように、マネーストックとは、日銀当預な
どからなるマネタリーベースに信用乗数を乗じたものです。しかし、これも5
章で詳しくみたように、信用乗数は今世紀に入って大きく低下し、安定したも
のではなくなりました。このことから、日銀はマネタリーベースを目標にする
ことはできても、マネーストックを政策目標とすることができなくなりまし
た。これが日本銀行が日銀当預を政策目標にかかげた理由です。

Ch.15
Part 5

21―ここでのコールレートは、無担保コール翌日物金利。

22―その後、破綻して国有化した長期信用銀行は、2000年に改称して「新生銀行」とな
った。また、日本債券信用銀行は、2001年に「あおぞら銀行」に行名を変更して、
現在に至っている。

23―銀行は巨額の不良債権を抱えていて、競争に生き残るためには、再編を余儀なくさ
れた。1999年8月に、第一勧業銀行、富士銀行、日本興業銀行が事業統合に合意
し、2000年9月にみずほホールディングスが設立された（現みずほフィナンシャル
グループ）。また、1999年10月には住友銀行とさくら銀行が合併を発表し、2001年
4月に両銀行が合併したことで、三井住友銀行が誕生した。

　その結果、日銀当預残高に劇的な変化が生じました。当初の日銀当預残高は
4兆円程度だったのですが、2004年の金融政策決定会合ではそれを最大で
30〜35兆円程度にまで引き上げることにしたのです—24。日銀当預残高が増え
るにつれて「超過準備」が発生します。「超過準備」とは、民間銀行が預金の
一定割合（準備率）を「法定準備預金」として日銀に預けなければならないそ
の法定額を上まわった部分のことをいいます。しかし、日本銀行は通常、日銀
当預に預けられた預金に金利を付けないので、銀行は「超過準備」からは金利
を稼げず、資金を寝かしてしまうことになります。このため、銀行は金利のつ
かない超過準備を減らし、できるかぎり、金利の稼げる貸出などに資金を回す
だろうと考えられます。この「超過準備」を増やすことで、銀行の貸出圧力を
高めることができるというのが、日銀の「量的緩和政策」の背後にある考え方
になります。この「量的緩和政策」は5年ほどつづき、2006年3月に解除さ
れ、政策目標は再びコールレートに戻され、ゼロ金利政策に戻りました。しか
し、同年7月に、景気がゆるやかながら回復傾向をたどり「デフレ懸念の
払拭が展望できるようになった」ということで、ゼロ金利政策も解除されま
した。

　しかし、2008年9月にリーマンショック—25が起こり、世界的な金融危機に
見舞われるようになると、日銀は2010年10月に今度は「包括的金融緩和」を
導入しました。この政策の特徴は、政策目標をコールレートにして、その水準
を0〜0.1%程度で推移するよう促すというものです。また、「物価の安定が展
望できる情勢になったと判断するまで、実質ゼロ金利政策を継続する」という
ものでした。さらに、これが最大の特徴ともいえますが、国債、短期社債の一
種であるCP（コマーシャルペーパー）、社債、指数連動型上場投資信託
（ETF）、不動産投資信託といった多様な金融資産を買い入れるとしたのです。

24—金融政策決定会合とは、金融政策の運営に関する事項を審議・決定する会合で、年
　8回（各会合とも2日間）開催されている。政策委員会を構成しているメンバーは、
　総裁、副総裁（2名）および審議委員（6名）の合計9名からなる。財政政策が国会
　の審議などで時間がかかるのに対して、金融政策はきわめてスピーディに審議がす
　すめられているという特徴がある。

25—アメリカの投資銀行であったリーマンブラザーズ社が2008年9月15日に破綻し、
　それを契機として広がった世界的な金融危機を総称したことば。同社を中心に、多
　くの金融機関が「証券化」されていた低所得者向け住宅ローン（サブプライムロー
　ン）の証券を大量に購入していたものの、アメリカの住宅バブルが崩壊したことで、
　住宅ローンの返済が滞り、資金の回収ができなくなって破綻した。世界的な金融危
　機につながり、事態が深刻化したのは、この住宅ローン債権の証券化には、様々な
　リスクのあるローンの債券が組み合わされていたこともその要因のひとつとして挙
　げられている。

　さらに、2013年4月に、黒田総裁が就任した後、日銀は「量的・質的金融緩和」を導入しました[26]。これは、消費者物価指数を対前年比で2％上昇させることを2年程度の期間を念頭にできるだけ早くに実現するため、長期国債やETFといった資産を買い入れて、マネタリーベースを2年間で2倍に拡大するというもので、これまでにない規模での「量・質ともに次元のちがう金融緩和」を実施したのです。具体的には、まず、「量的」というのは、金融政策の操作目標をこれまでのコールレートという「金利水準」から、マネタリーベースという「量」に変更したのです。日銀は、このマネタリーベースを、主として、国債などの資産を買い増すことによって年間約60〜70兆円のペースで増加させることにしました[27]。実際、2012年12月のマネタリーベースは138兆円でしたが、2013年12月には202兆円、2014年12月には276兆円と、2年間で2倍になりました[28]。このマネタリーベースを増加させる手段として、長期国債の保有残高を年間約50兆円のペースで増加するようにしました。図15-10をみると、長期国債の保有残高が2013年度末から急激に増加している様子がわかります。実際、長期国債保有残高は、2012年度末では91兆円だったものが、2013年度末には154兆円になり、2019年度末には474兆円にものぼり、2019年度末の資産合計は600兆円を超えています。

　次に、「質的」というのは、長期国債の買い入れ額を増やすにあたって、買い入れ対象を超長期の40年債を含めたすべてのゾーンの国債に拡大したうえで、買い入れの平均残存期間（満期までの長さ）を、従来の3年弱から国債発行残高の平均並みの7年程度にまで延長し、これまでの短めの金利だけでなく、長期まで含めました。これによって、全体の金利の低下を促し、経済や物価への働きかけを強めていくとしたのです。

　しかし、2年で2％の消費者物価指数の伸び率を実現することはできませんでした。日本経済はデフレ心理から完全に脱却できなかったのです。そこで、日銀のとった次の政策は、「マイナス金利」の導入という思い切ったものでし

Ch.15
Part 5

26—黒田東彦氏が日銀の総裁に就任したのは、2013年3月20日。その後、第2次安倍政権（2012年12月発足）の「アベノミクス」（安倍政権の経済成長戦略）の「3本の矢」（大胆な金融政策、機動的な財政政策、民間投資を喚起する成長戦略）のうちのひとつである金融政策に大きくかかわり、「異次元緩和」とまで呼ばれた。

27—マネタリーベースについては5章を参照。これは、日銀が経済全体に供給している通貨（お金）の総量のことで、具体的にいうと、市中に出まわっている銀行券（お札）と硬貨（コイン）の残高に、銀行が日銀に預けている当座預金（日銀当預）の残高を加えたもの。

28—マネタリーベースはその後も拡大しつづけ、2020年5月には543兆円にまでなった。

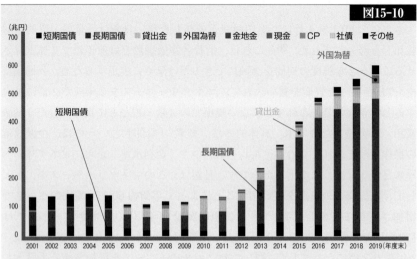

日本銀行の財務諸表の資産の項目の推移（2001〜2019年度末）　2019年度末の資産の合計は600兆円を超えている。そのなかでも長期国債は約8割を占める。黒田東彦氏が日本銀行総裁に就任したのは2013年3月であるが、「異次元の金融緩和」を導入した2013年度以降、長期国債の金額の伸びが大きく、バランスシートも大きく膨らんでいる。アベノミクスの3本の矢の1つの「大胆な金融政策」のあらわれといえる。
出所：日本銀行「事業年度財務諸表等」

た[29]。2016年1月に「マイナス金利付き量的・質的金融緩和」を開始します。これは、日銀当預の一部の金利をマイナスにするというものです。具体的にいうと、銀行が日銀に預けている資金（日銀当預）のうち、必要準備（法定準備）までの利息は0％なのですが、それを超える「超過準備」に対する利息については、プラス金利（プラス0.1％）、ゼロ金利（0％）、マイナス金利（マイナス0.1％）の3つの層に分けられたのです。マイナス金利というのは、預けた場合には利息を逆に支払わないといけないというものですが、これによって、日本銀行は、民間銀行が日銀に利息を取られることを嫌って、企業などへの貸出などに資金をまわすようになることを期待したのです[30]。

　さらに、2016年9月には「長短金利操作付き量的・質的金融緩和」政策を開始しました。これも画期的なことでした。日銀が操作目標として、「短期金利」だけでなく、「長期金利」の水準もコントロールしようというものだったからです。それまでの日銀のスタンスは、長期金利の形成は、なるべく市場メ

---

[29]──マイナス金利を世界ではじめて導入したのは、2012年7月にデンマーク国立銀行であった。その後、2014年6月に欧州中央銀行（ECB）が、同年12月にスイス国立銀行が導入し、ヨーロッパを中心にいくつかの国で導入されている。

[30]──しかし、銀行では貸出金利が下がり、預金金利との差である利ざやがさらに縮小して利益が圧迫されるなど、金融機関は一段と苦しい経営を余儀なくされる結果を招いた。

カニズムにゆだねることが望ましいとしていました。というのは、長期金利の水準のコントロールはむずかしい面があるのです。金融政策によってマネタリーベースの増加を通じてマネーストックが増加し、短期金利が低下したとき、長期的には物価が上昇するので、長期金利は逆に上昇してしまう可能性があるのです。また、中央銀行が公開市場操作（オペレーション）によって国債を購入した場合、長期金利の水準をコントロールしようとすると、長期国債を満期まで保有するものでなければなりません**31**。長期国債を購入しても、途中で長期国債を市中に売却してしまうと、長期国債の価格が低下し、長期金利が上昇してしまうと考えられるからです。ただ、満期まで国債を保有することになると、財政規律を損なうおそれがあるため、実際にはもっぱら売戻し条件がついたオペレーションを行なっていたのです**32**。

　さらに、2020 年に入ってから、新型コロナウイルス感染症がしだいに世界に広がり、日本経済も輸出の減少や個人消費の低迷などで、きわめて厳しい状態になりました。日銀は 2020 年 3 月以降、社債や株式（ETF）などの購入枠を 20 兆円にまで増やし、また、企業の資金繰りを支援するために、資金支援の総枠も 110 兆円規模に拡大しました**33**。

　振り返ってみれば、2013 年 4 月に、当時日銀の総裁に就任した黒田東彦氏は「量的・質的金融緩和」の導入を発表し、異次元の金融緩和がスタートしたのですが、これによって、たしかに日経平均株価は図 15-11 にあるように、急激に上昇しました**34**。ただ、長期国債をはじめとして、様々な資産の購入や資金の貸し付けなどによって、日銀の総資産は大きく膨らみました（図 15-10 参照）。過度に膨らんだ日銀のバランスシートを、毀損させずにどう縮小させていくのか、あるいは、そのようなことは可能なのかなど、そのかじ取りはと

Ch.15
Part 5

31─こうした公開市場操作は買い入れオペ（あるいは買い切りオペ）というものになる。
32─2016 年 9 月に「長短金利操作付き量的・質的金融緩和」を導入してから、国債買い入れオペも運営している。それまでは一般的には、現先取引を行なっていた。この現先取引とは、債券を一定期間後に一定の価格で買い戻す、あるいは売り戻すことを条件にして、売買する取引のこと。
33─2020 年 6 月 16 日の日銀の金融政策決定会合において決定。
34─日経平均株価とは、日本の株価を代表する指標のひとつ。東証一部に上場している企業のなかから 225 社を選んで、その株価を単純平均したもの。日本経済新聞社が算出している。「日経 225」とも呼ばれる。東京証券取引所（東証）は、日本取引所グループの子会社で、日本最大の証券取引所。日本市場を代表する株価の指標として、他に TOPIX（東証株価指数）がある。これは、東証一部に上場している企業の全銘柄（2020 年 6 月 19 日現在では、2,166 社）を対象に算出している株価指数で、各銘柄の時価総額をもとにして、東京証券取引所が毎営業日に 1 秒間隔で計算して発表している。1968 年 1 月 4 日を基準日として、当時の時価総額を 100 としたときの指数になっている。直近のデータでいうと、2020 年 5 月末の終値（取引終了時の価格）は、1,563.67 ポイントであった。

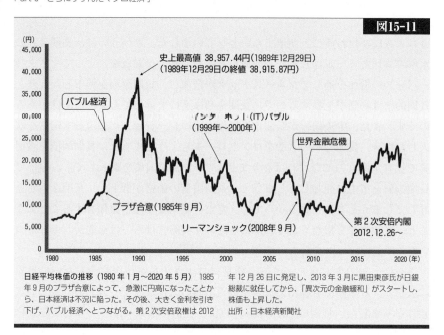

図15-11

史上最高値 38,957.44円（1989年12月29日）
（1989年12月29日の終値 38,915.87円）

バブル経済

インターネット（IT）バブル
（1999年〜2000年）

世界金融危機

プラザ合意（1985年9月）

リーマンショック（2008年9月）

第2次安倍内閣
2012.12.26〜

日経平均株価の推移（1980年1月〜2020年5月）　1985年9月のプラザ合意によって、急激に円高になったことから、日本経済は不況に陥った。その後、大きく金利を引き下げ、バブル経済へとつながる。第2次安倍政権は2012年12月26日に発足し、2013年3月に黒田東彦氏が日銀総裁に就任してから、「異次元の金融緩和」がスタートし、株価も上昇した。
出所：日本経済新聞社

てもむずかしいと思いますが、将来的にはバブルの発生など、深刻な問題になる可能性があります。

　このように、日本の金融政策の中身をたどってみると、操作目標を利子率にしたり、マネタリーベース（量）にしたり、短期金利だけでなく、長期金利をも視野に入れるなど、日銀はいろいろと模索してきたことがわかります。グローバル化した世界経済のなかで、一国の金融政策をいかにかじ取りしていくのか、非常に複雑な問題を抱えていることだけは間違いないところです。

マクロ経済学を学ぶ意味

　以上でみたように、ケインジアンとマネタリストの理論上の対立は、政策上の対立となってそっくりそのまま持ち越されているというのが実状です。はっきりしているのは、どちらの陣営の考え方も100％ではないということです。現実をみても、どちらか一方の陣営の主張が、明白に他方の陣営の主張よりも正しいということはできないように思われます。

　景気の情勢に応じて裁量的政策を発動すべきであるというケインジアンの考え方は、しばしば激しいインフレーションやバブル、不況、大きな政府などを生み出しました。しかし、1930年代の大恐慌が発生する前に、政府が裁量的ケインズ政策を大胆にとっていたなら、あのような惨事は避けられたのではないかという意見も有力です。他方、マネタリストや新しい古典派マクロ経済学

が主張する「マーケット・メカニズムにすべてをまかせておけばよい」とする考え方も、明らかに不十分だと思われます。

　新型コロナウイルスの感染拡大で混乱をきわめ、将来の不確実性が高まっている世界経済に対して、マクロ経済政策はいかなる対応を迫られているのか。不確実性が大きいなかで、どうしても目先の対応に振り回されてしまうのが現実ですが、こういった事態のなかでこそ、いたずらに感情的になったり、ポピュリスト的な政策に流されたりしてしまうのではなく、冷静にマクロ経済政策のあるべき姿を考えていく必要があると思います。

　マクロ経済学を学ぶ意味は、理論の対立を単なる対立として傍観者的に観察するのではなく、そのような対立の中身を吟味し、自分自身の経済に対する見方を確立するということにあるのです。現実は毎日激しく動いています。それに対してなにもする必要はない、よけいな裁量的政策をとればとるほど現実は悪くなると考えるのか、それとも、英知を働かせてなんとか少しでも現実を改善するように、積極的な政策発動を考えるのがよいと考えるのか、マネタリストとケインジアンの対立はこの選択をわれわれに迫っているのです。日本のこれからの政策もますます複雑な対応を迫られるでしょうし、それだけに非常に興味深いものになるにちがいありません。今後も、マクロ経済の動きと、それに対するあるべき政策からは目が離せそうにありません。

Ch.15
Part 5

本章のポイント

● 日本においては、1990年代に大掛かりな財政政策が相次いで発動された結果、国債の残高が巨額に累積しており、健全な財政運営が今後も維持可能かどうかが問題となっています。

● 財政政策無効論には、「貨幣供給量の増加をともなわない財政政策の効果は一時的にすぎず、短期的な効果もケインジアンが主張するほど大きくない」というフリードマンの新貨幣数量説、「合理的な個人は、公債の発行を将来の納税の予約にすぎないと考えるため、財政政策によって消費行動に影響を与えることができない」という新リカード主義、「ケインズ的な財政政策は政治経済学的に有害である」というブキャナン=ワグナーの批判などがあります。

● ケインジアンは、利子率が下げられると投資が刺激され、景気がよくなるという有効需要の原理と、利子率を下げるにはマネーストックを増やせばよいという流動性選好理論とにしたがって、「利子率」を望ましい水準に固定させることを金融政策の運営目標にすべきだと主張しています。それに対してマネタリストは、期待物価上昇率が変化するため（フィッシャー方程式を参照）、利子率は長期的には

固定できないと主張しています。

●ケインジアンは経済情勢に応じた裁量的な政策を行なうべきだと主張しています。それに対してマネタリストや新古典派は、経済情勢を的確に把握することは困難であること、政策の効果を正確に測定することはむずかしいということ、政策の効果が現われるまでにはタイムラグがともなうこと、などの理由から、裁量的な政策に反対し、明確な「ルール」にもとづいた政策が望ましいと主張しています。

理解度チェックテスト

空欄に適当な語句を入れなさい。

1. 国債は、公共事業など社会資本形成のために発行される（　　　　　）国債と、公務員給与や消耗品などの経常的使途のために発行される（　　　　　）国債とに分けられる。

2. ケインズ的な財政政策は、不況時には財政支出を増やすものの、議会制民主主義のもとでは好況時の増税というのはなかなかむずかしいため、ケインズ理論は現実の政治経済学としては有害であると批判したのは（　　　　　）や（　　　　　）らである。

3. ケインジアンは景気が悪くなれば拡張的な財政金融政策をとるべきだと考えていたのに対して、（　　　　　）は裁量的な微調整は景気の振幅をかえって大きくしてしまうおそれがあるため、一定のルールにもとづいた政策こそが適切であると主張する。

4. 政策当局は人々の期待形成がどう変化するかということを予測して政策の効果を見定めなければならないという批判は、（　　　　　）批判と呼ばれる。

解答：1. 建設, 赤字　2. ブキャナン, ワグナー　3. マネタリスト　4. ルーカス

練習問題

計算問題

1. ある経済は、次のようなマクロモデルで記述可能という。ここでは実質利子率、名目利子率の区別はないものとする。このとき以下の問いに答えなさい（注：本問を通じて、公債の富効果、新リカード主義などは無視する）。

所得均衡式：$Y = C + I$

消費関数：$C = 100 + 0.5Y$

投資関数：$I = 300 - 10r$

実質貨幣需要：$L = Y + (200 - 10r)$

名目マネーストック：$M = 400$

物価水準：P

完全雇用 GDP：$Y_F=500$

ただし、Y：GDP、C：消費、I：投資、r：利子率、L：実質貨幣需要、M：名目マネーストック、P：物価水準、Y_F：完全雇用 GDP である。このとき、

(1) IS、LM 曲線を求めなさい（ただし、物価水準は $P=1$ とせよ）。

(2) 均衡国民所得および均衡利子率を求めなさい（Y は兆円、r は％表示になっている）。

(3) 短期の総供給関数が $P=1$ で与えられているとき、国債発行によって完全雇用を達成するためには、いくら国債を発行すればよいか。このときには、民間投資 I はどれだけクラウドアウトされるか。新しい均衡利子率を先に求めて答えなさい。

(4) クラウディングアウトと巨額の財政赤字の双方を嫌った政府は、(2)で求めた利子率水準を維持しつつ、財政金融政策の組み合わせによって完全雇用を達成しようとするものとする。このとき、政府支出、マネーストックはいくらになるか。

(5) 物価水準は長期的には伸縮的であるとする。財政金融政策をいっさい発動することなく物価水準の低下によって完全雇用を達成するには、物価はどれだけ下がらなければならないか。

(6) 以上の(3)(4)(5)の政策の功罪を述べなさい。読者はこれらのうちどの政策を選択すべきと考えるか。理由をあげて答えなさい。

Ch.15
Part 5

記述問題

1. 「マイナスのインフレーション（デフレーション）が恒常的につづくと期待されるようになると、IS 曲線も LM 曲線も下方にシフトする。」

   (1) マイナスのインフレ期待がもたれるようになると、なぜ IS、LM 曲線はそれぞれ下方にシフトするようになるのだろうか。

   (2) 物価の変化がまったく存在しないときに、利子率が３％であったとする。このとき、景気の悪化や安い輸入品の増加などによって、インフレ期待が − 2％にまで低下したとする。上記のプロセスを通じて、利子率はおよそ何％になると考えられるか。

2. 日本銀行がマネーストックを５％増加させたとする。このとき、名目 GDP がちょうど５％増加するのはどのような場合か。また、名目 GDP が５％以上もしくは５％以下しか増加しないのはそれぞれどのような場合か。

3. 以下の３通りの主張について、それぞれがどのような理論にもとづいているのか解説しなさい。

(1)「利子率を引き下げるためには金融を緩和する必要がある。」

(2)「利子率の引き下げをめざすマネーストックの増加は、長期的にはかえって利子率を引き上げることになる。」

(3)「マネーストックの増加によって変化するのは名目利子率と物価上昇率だけで、実質利子率、実質 GDP や雇用量などは短期的にもまったく変化かない。」

ディスカッションテーマ

1. ある婦人が深刻な顔つきでいった。

「日本の国債残高は天文学的な数字になっているそうよ。なんでも、2018 年度末時点で、4 人構成の家計では平均 2,700 万円以上借金していることになるんですって。たいへんだわ。」

すると、別の婦人がニコニコしながら返答した。

「心配することはないわ。それだけ国債が発行されているということは、各家計がそれに相応するだけの国債の証書をもっているということじゃないの。国債をもっていると利息は入るし、財産が増えるのと同じことでしょう。だから、国債残高が 800 兆円を超えているからって、そんな深刻な顔をすることはちっともないのよ。ラララ……。」

さて、どちらの考えが正しいのであろうか。意見を述べなさい。

16：
エピローグ
「現代貨幣理論」（MMT）とパンデミック

本章の目的

- ●最近、アメリカを中心に、そして最近では日本でも注目を集めるようになった「現代貨幣理論」（MMT）について解説します。

- ●MMT は、「政府が自国通貨建てで国債を発行し、財政赤字に陥ったとしても、インフレにならないかぎりなんら問題ではない」というものです。この考え方について紹介するとともに、その問題点について考えます。

- ●新型コロナウイルス感染拡大で世界経済は大きな混乱に見舞われています。これに対処するため、世界各国は様々な財政金融支援策を講じていますが、本章では、日銀の金融政策を中心にその効果や問題点について議論します。

Ch.16
Part 5

前章までで詳しくみてきたように、マクロ経済政策をめぐっては、マネタ
リストとケインジアンの流れをくむ学派の対立がつづいていますが、最
近になって、ニューヨーク州立大学のステファニー・ケルトン教授やバード大
学のランダル・レイ教授などが提唱する現代貨幣理論（Modern Monetary
Theory：通称、MMT）が話題になっています。この理論は経済学界で主流に
なっているわけではありませんが、現実の政策に少なからず影響を与えている
ところがあり、無視することはできないように思われます。それはいったいな
ぜなのでしょうか。

　また、2020 年に入って、新型コロナウイルスの感染拡大が世界に広まり、
各国政府はグローバルな人の移動に制限をかけ、都市封鎖を行なうとともに、
観光業やレストランなど、感染拡大を防ぐために特定の業種の営業を禁止、も
しくは、自粛要請をするなどの手段を講じています。このため、経済活動に急
ブレーキがかかり、世界経済は戦後最大のマイナスの経済成長に陥りました。
また、失業率も急速に上昇しました。こういったマクロ経済の混乱に対応する
ため、世界各国は補償金の給付や生活困窮者支援、資金が枯渇しないための緊
急融資などの財政金融支援を実施しています。

　このような未曽有の混乱状態に見舞われている世界ですが、ここでは日本の
積極的な金融支援策がどのような役割を果たしてきたのかについて述べていき
ます。

16-1　MMT とはなにか

　最近、経済政策の議論になるとしばしば登場するのが現代貨幣理論、通称、
MMT です。なぜこの議論がこれほど話題になっているのでしょうか。

財政赤字はなんら問題ではない

　これまで政府や中央銀行の政策は、財政政策や金融政策という形で行なわれ
てきました。この MMT が最近とくに注目を浴びているのは、従来の金融政
策や財政政策に手詰まり感が出てきたことが背景のひとつにあるといえるでし
ょう。というのも、今日ではアメリカなどの先進国では金利はすでに十分低い
金利水準にまで低下し、日本やヨーロッパの一部でマイナス金利を導入する国
が出ていて、金融政策としてはさらなる打ち手を考えるのがむずかしい状況に
あるといえます。一方、財政政策も先進各国、とりわけ日本やアメリカでは大
幅な財政赤字を抱えている状況にあります。こうしたなかで、従来型の政策の

行き詰まりを打開する新たな政策論として、MMT が急に注目を浴びているのです。

　MMT の主張が話題を呼んでいる理由のひとつには、自国通貨建てで政府が財源を調達する行為（財政赤字）は、インフレが発生しないかぎりにおいてなんら問題にならない、というところにあります。つまり、インフレにならないかぎり、財政赤字はいくら大きくなっても問題ではないという考え方です。

　成長率鈍化や社会保障需要の増大などで、各国の財政事情が軒並み厳しいなか、「財政赤字は問題ではない」という理論が出てきたのですから、政治家が飛びつきたくなるのは当然でしょう。国が行なう借金は、自国の権限で必要な時にいつでも、いくらでも国債を発行することによって返済することが可能なのだから、財政破綻など起こりようがない、それよりも、国家が必要とする支出については国債発行によって財源を確保し、どんどん実行に移すべきだというものです。

　仮に大量の国債の償還や国債の利払いがあったとしても、その分、新たに国債を発行すればいくらでもそのための資金は調達できるのだからなにも心配する必要がない、財政破綻などという考え方自体がおかしいのだというわけです。もっといえば、国の財源は税金収入である必要もないという考え方でもあります。なぜなら、MMT では、国債発行による資金調達であろうと、税金徴収による財源調達であろうと、いずれも国家が国家の独占的権限で行なう財源調達であり、本質的には両者は同じであると考えているからです。ただし、MMT においては、インフレになったら増税して過剰な需要を吸収しなければならないとし、増税は財政を均衡させるためではなく、インフレ対策の手段と位置付けられているのです。

Ch.**16**
Part 5

　このような考え方はどの程度正しいのでしょうか。

　実は、もうお気づきかもしれませんが、インフレになるまでは財政赤字そのものはなんら問題ないという考え方そのものは、私たちが本書で学んできたケインズ経済学の基本的考え方でもあります。失業があるならば、それは総需要の不足が原因だから、政府が公共事業をやるなり、減税を実行するなりして、需要のテコ入れを行なうべきだというのがケインジアンの基本的スタンスです。MMT の「インフレにならないかぎり財政赤字は問題ない」という考え方はそれに近いとも考えられます。なぜなら、失業が存在している不景気な状況のもとでは、そもそもインフレも起こりにくいからです。ケインジアンは「失業があるかぎり」、あるいは、「遊休設備が存在するかぎり」財政赤字は正当化されると考えますが、MMT 論者はそれに代わって「インフレがないかぎり」

といっているにすぎません。「失業が存在している状況においてはインフレも起こりにくいので、そのかぎりにおいては両者の主張はほとんど同じ」といっても差し支えないでしょう。

財政規律の問題

しかし、ケインジアンとの根本的なちがいもあります。それは、伝統的なケインジアンは、失業率を下げ、経済を完全雇用に素早く近づけるため財政出動が必要であると考えます。このような政策はあくまで短期的なものです。つまり、完全雇用に到達できたならば、余分な財政支出はすべきではないという考え方です。しかし、MMT論者の考えている財政支出は、それにとどまらず、「長期」の財政支出をも視野に入れているようです。たとえば、国民皆保険制度の導入や、社会保障給付制度の拡充など、長期にわたる社会改革の財源として財政赤字が必要だと考えているのです。ケインジアンのように、完全雇用を実現するためという景気対策として財政政策を位置付けているだけではなく、社会政策としての財政出動も視野に入れているということです。このため、MMT理論の支持者のなかには、所得再配分の必要性を主張する左派陣営の人たちも多いのです。つまり、「短期」の財政出動を主張する伝統的なケインジアンとちがい、国家の基本を支える社会政策としての「長期」の財源も、財政赤字で支えてよいというのがMMTの考え方です。

もっといえば、MMTには「財政規律」という問題意識はないのです。そもそも、財源調達の手段としては、財政赤字を税収と同列に考えているわけですから、財政規律という考え方が希薄になるのは当然です。ただし、先にも述べたように、インフレになったら増税によって財政赤字にブレーキをかける必要があるという制約だけはかけています。

前章で、ケインズ政策に対するブキャナン＝ワグナーの批判を紹介しました。すなわち、「ケインズ的財政政策は、不況時には財政支出を増やし、景気過熱時には引き締めることが建前であるが、議会制民主主義のもとでは、財政政策の対称性が失われて拡張的政策ばかり採用される傾向が強い。その結果、公共部門が必要以上に肥大する。したがって、ケインズ理論は現実の政治経済学としては有害である」という批判です。

15章では、議会制民主主義政治体制のもとでは、議員の関心は選挙での当選ということにかたよりがちであり、拡張的政策は反対にあうことが少ないのに反して、引き締め政策は不評を買うことが多い（たとえば増税すると選挙には勝てない）ので、拡張的政策のみが好んで取り入れられる傾向があること、

また、その結果、公共部門がいたずらに肥大して私的部門の自助精神を阻害し、経済を非効率的にしてしまうという点を指摘しました。

　MMT 理論にはこの懸念はいっそうよく当てはまると思われます。なぜなら、MMT 理論では財政赤字は悪ではないからです。国家が資金を必要とするならば、国債発行で調達してもよいというのですから、もともと「歯止めはない」も同然です。そもそも、経済活動のうち、公的部門と民間部門の適切な役割分担のあり方についてはどう考えればよいのでしょうか。インフレにならないかぎり、財政赤字は問題にならないというのが MMT の根本にある思想ですが、それでは公的部門と私的部門の役割分担はどう考えたらよいのか、様々な投資プロジェクトのうち、なにを民間がやり、なにを公的部門が引き受けるべきなのか。答えはみつからないように思います。

　「大きな政府」か「小さな政府」か、という議論がありますが、MMT はこの問題には答えを出していない、というより、「大きな政府」になることを想定しているのではないかとも考えられます。なぜかというと、増税を前提として実行される政策は様々な抵抗にあいがちですが、国債発行ならば反対はそれほどでないと考えられるからです。このため、MMT では「大きな政府」が当然視されているように思われます。

　MMT においては、「実際にインフレが発生した時、増税してインフレを抑えればよい」というのですが、ブキャナン＝ワグナーの問題提起に頼らなくても、民主主義政治においては、通常、増税は政治的に困難であり、時間がかかるものです。財政赤字はインフレにならないかぎりは大丈夫だといっても、実際にハイパーインフレがやってきたとき、増税の議論をはじめてもとうてい間に合いません。このように、中央銀行の緊縮的金融政策ではなく、増税がインフレ対策の唯一の手段だというのではとうてい安心できません。これが MMT の大きな問題点のひとつです。

Ch.16
Part 5

内生的貨幣供給論

　MMT 理論においては、インフレになるかどうかが財政赤字の拡大を止めるべきかどうかを決めるタイミングでした。それでは、財政赤字をどんどん拡大していけば、経済はいずれインフレになると考えるべきでしょうか。かならずしもそうではないのでしょうか。この点について考えてみましょう。

　ここで、5 章での信用乗数に関する議論を思い起こしてください。信用乗数についての伝統的な考え方は、以下のようなものでした。

　中央銀行が国債を市場から買うなどのオペレーション（買いオペレーショ

ン）を行なうと、中央銀行から支払われた資金はまずは「準備預金の増加」（マネタリーベースの増加）となって計上されます。準備預金が増えた銀行は、それを元手に乗数倍の信用創造を行ない、それがマネーストックの増加となります。このマネーストックとマネタリーベースの増分の比率を信用乗数というわけですが、信用乗数の値が安定的である場合、中央銀行はマネタリーベースの調節によって、マネーストックそのものを（その乗数倍の水準に）管理することができます。このような想定のもとに、中央銀行は貨幣供給量（マネーストック）を、したがって、インフレ率をコントロールできると考えたわけです。

　本書における LM 曲線の分析は、このような中央銀行によるマネーストック管理を前提としたものでした。しかし、5章でも詳しくみたように、21世紀に入って以降、この図式は妥当しなくなりました。中央銀行がいくら国債を購入し、マネタリーベースを増やしてみたところで、マネーストックは思ったように増加せず、日銀当預（準備預金）が積みあがるだけという状況がつづいています。それは、信用乗数が不安定化し、大きく低下してしまったからです。

　そこで注目された考え方は、市中銀行の貸出と預金についての別の見方でした。つまり、市中銀行は、中央銀行が国債の買いオペレーションなどの方法で供給したベースマネーや、そこから生まれた新たな預金を元手に企業に貸出をするのではなく、貸出をベースマネーや預金とは無関係に行なうことができるというものでした。つまり、預金があってはじめて貸出できると考えるのではなく、貸出がまずあって、その結果として同額の預金が生まれるという考え方であり、貸出と預金の順序が真逆になっています。つまり、預金があるからそれを元手に銀行が貸出を行なうのではなく、まず貸出が行なわれると即それと同額の預金が生まれると考えるのです。

　このような考え方を「内生的貨幣供給論」と呼びます。MMTも貨幣供給に関しては、この立場をとります。「内生的貨幣供給論」によれば、貨幣供給量（マネーストック）を決めるのは中央銀行ではなく、市中銀行の貸出行動だということになるのです。したがって、中央銀行がいくら買いオペレーションを行なってベースマネーを市中に供給しても、市中銀行が貸出を行なわないかぎりマネーストックは増えないというわけです。預金を創造するのは中央銀行ではなく、あくまで市中銀行の貸出行動だということです。ただし、市中銀行の貸出行動がどのような要因によって決まるのかについては、確たる理論がない状態です。しかし、LM 曲線に代表されるような、つまり、中央銀行が政策的にマネーストックをコントロールできるという「外生的貨幣供給論」が現実性

を失っている現在、新たな貸出行動理論の構築が必要になっていることは間違いないでしょう。

財政ファイナンスはハイパーインフレを生まないのか

「インフレにならないかぎり財政赤字はなんら問題ではない」というのがMMT の基本的考えですが、発行した国債に対する利払いの問題を取り上げてみましょう。財政赤字がどんどん膨らみ、国債が累積すると、それに対する利払いも増えていきます。MMT においては、利払いが発生しても、その分も国債発行で調達すればよいという考え方ですが、利子率が十分に高くなると、利払いに必要な財源が無限大に膨張していくことになります。

具体的にいえば、利子率が高く、次の不等式が成り立っている状況を考えてみましょう。

国債利回り＞名目経済成長率

このとき、なにが起こるかというと、経済が成長していく速度よりも利払い費（国債費）の増え方のほうが速いので、国債発行額は無限に発散していきます。たとえば、ある国の GDP が 500 兆円、国債残高が同じく 500 兆円で、国債の利回りが 10%、GDP の成長率が 5 ％であるような経済を考えると、国債費は毎年 50 兆円発生し、GDP の増加分 25 兆円を上まわってしまいます。これをつづけていけば、国債残高と GDP の比率は無限大に発散してしまいます。

この例ですぐにわかるように、利子率（国債の利回り）が名目経済成長率を上まわると、国債の利払いが雪だるま式に増えていき、それをすべて国債発行で賄うとすると、国債発行は無限大に膨張してしまいます。これは、明らかに「財政破綻」に相当します。

このような事態を招かないためには、利子率が上がらないようにすればよいのです。どうすればよいか。まずは、中央銀行が国債を引き受けることが考えられます。つまり、「財政ファイナンス」です（日本では、「財政法」によって、日本銀行が政府から直接国債を引き受けることは禁じられているが、市場に流通している国債を買うことによってほぼ同じことを実行できる）。そうするとクラウディングアウトが発生せず、利子率はさしあたり上がらないでしょう。また、中央銀行が国債を引き受けると、利払いは中央銀行に対して行なわれるため、政府の負担は発生しません。なぜなら、支払われた利払い分は中央銀行から政府に返納されるからです。

しかし、長い間、「財政ファイナンス」をつづけていると、ハイパーインフレになるといわれてきました。本当にそうなるのでしょうか。

Ch.16
Part 5

　「内生的貨幣供給論」によると、マネーストックを決めるのは、中央銀行のマネタリーベースではなく、市中銀行の貸出です。そうだとすると、財政ファイナンスが自動的にハイパーインフレを作り出すということにはなりません。財政ファイナンスによって、マネタリーベースが拡大しても、市中銀行が貸出を増やさなければ、マネーストックが増えることはなく、それは、「日銀当預」の預金残高（超過準備）を増やすだけに終わり、マネーが市中に出ることにはならないからです。黒田総裁が就任して以来、日本銀行が長年、「異次元金融緩和」をつづけ、「財政ファイナンス」と見まがうほどの大量の国債を買い付けてきたにもかかわらず、日本がインフレにならなかった理由もここに求められます。

　一部の MMT 論者が、21 世紀に入って以降の日本こそ MMT 理論の実践例だと述べていますが、たしかに財政赤字を大量に積み増し、日銀が大量の国債を買い付けるという状況がつづいているにもかかわらず、日本は依然としてデフレ基調にあり、目標としてきた 2％のインフレは実現していません。

　それでは、政府が国債を発行しつづけ、中央銀行がそれを買いつづけるといった事態が今後も長期にわたってつづくとした場合、本当にハイパーインフレの心配はないといい切れるのでしょうか。これが問題です。この問題に答えるには、市中銀行の貸出がどのような要因によって決まるのかという「貸出理論」が必要ですが、残念ながら現時点においては十分な理論の蓄積はないようです。また、仮に突然、なんらかの理由により、ハイパーインフレが発生するとしても、それはおそらくなんらかの想定外の外的ショックの結果であり、整然とした「貸出理論」によってあらかじめ説明できるものにはならないと思われます。

　これは現在の先進資本主義国共通の問題であり、これに対して明確な理論づけを行なうことができれば非常に大きな貢献になると思います。なぜなら、ヨーロッパやアメリカ、日本など、先進資本主義国はいずれもほぼ同じような状況に置かれているからです。

16-2　新型コロナウイルス禍とマクロ経済

　2020 年初頭の新型コロナウイルスの感染拡大は、その後の世界に巨大な影響を与えています。国境封鎖や都市のロックダウンなど、感染拡大を避けるための様々な政策がとられ、その結果、第 2 次世界大戦以降最大ともいわれる経済成長率の落ち込み、失業率の上昇が世界各地で起こっています。2020 年秋

時点においては、新型コロナウイルスの感染拡大はいまだに収束せず、それが最終的にマクロ経済にどの程度の深刻な影響を及ぼすことになるのか、今の段階では決定的なことはいえない状況ですが、以下では、コロナ対策として取られたマクロ経済政策と、その効果について概観しておきます。

コロナ倒産を防ぐための財政金融政策

　新型コロナウイルスの感染拡大に対応すべく、世界各国は様々な感染防止策を講じました。国境封鎖や都市のロックダウン、特定業種については営業停止や休業要請などです。これにともなって発生する経済的ダメージに対処するため、様々な財政金融支援策が打ち出されたことは記憶に新しいところです。

　日本では、中小企業に対する低利子、無担保での緊急融資や休業補償金、家賃補助、全国民に対する一律10万円の給付金などがありますが、マクロ経済政策としては、日銀が国債購入の限度額を廃止し、必要とあれば無制限に国債を買うことを宣言しました。同時に、株式（ETF）の購入限度額も従来の年間6兆円から12兆円に増やすといった思い切った政策も打ち出しています。

　その結果、日銀当座預金（日銀当預）残高も急激に増加しました。これまでの議論でみてきたように、21世紀に入ってから、日銀は金融緩和路線を貫いてきましたが、その流れをさらに強化したのが、2013年3月に就任した黒田日銀総裁でした。ちなみに、2013年3月末時点における日銀当預残高は58兆円でしたが、量的緩和政策の強化により、2020年1月末には403兆円にまで増加しています。わずか7年で、7倍近い増え方です。その後のコロナ危機に対応するためのさらなる量的緩和により、2020年1月末から、2020年7月末時点までのわずか6カ月で日銀当預は457兆円と、さらに54兆円も増えています。日銀が思い切った金融緩和をしてきたことが、この数字をみるだけでよくわかります。

　新型コロナウイルス感染防止策が生み出す不況対策として、日本政府や日銀はこれまでにないスピードで財政金融支援策を打ち出しました。その結果、当面のマクロ経済が恐慌状態になるのは回避できました。これは非常に大きな政策効果であったといえるでしょう。実際、中小企業に対する資金供給も概ね潤沢となり、ドミノ倒産は避けられました。しかし、2020年4〜6月期の実質GDPは年率計算で27.8％のマイナスとなりました。多くの企業では売り上げが大幅に減少し、赤字に転落しました。それでも倒産が激増しなかったのは、おそらく政府日銀の思い切った財政金融政策があったからだと思われます。もちろん、これは2020年秋までの状況であり、これからどのように事態が展開

するかは予断を許しません。とくに、感染拡大がさらに長期にわたってつづく
ならば、新たな追加的支援策が必要になるでしょう。

株式市場の動向

　これまでのところ、政府日銀による財政金融支援策は一定の効果を上げたの
ではないかということを議論してきました。経済成長率が戦後最悪の年率マイ
ナス 27.8% を記録したのに、思ったより倒産は少ないし、人々には落ち着き
さえみられます。それは政策が一定の効果を上げたことを示しているといえる
でしょう。

　しかも、株式市場は堅調です。日経平均株価はコロナ不安が最高潮に達した
2020 年 3 月に大幅に下落しました。一時、24,000 円を超えていた日経平均は 3
月 19 日に 16,358 円にまで暴落しましたが、政府日銀の政策が発表されてから
は大きく上昇しました。市場は、新型コロナウイルス自体は脅威であり、経済
成長率の数字が非常に悪いことを認識しながらも、政府日銀の政策を好感して
いるのです。同時に、テレワークの普及により、IT 企業をはじめ新たなビジ
ネスが数多く立ち上がってきていることも好感されているようです。

　しかし、一部には、現在の株価はバブルであるという懸念も表明されていま
す。ある時期の株価がバブルであるか、そうでないかということは誰にも明確
にはわからないのですが、戦後最悪のマイナス成長や企業の大幅減益という統
計が発表されても、株価が上昇しつづけているのは、やはりカネ余り現象の結
果だといえるのかもしれません。日銀当預残高が 2020 年 1 月から 7 月のわず
か半年で 54 兆円も増えているのは、資金が有り余っている証拠です。

　さらにいえば、好調な株式市場を支えているもうひとつの要因としては、日
銀が株式を（ETF という形で）年間 12 兆円も買い付けると表明していること
があります。実際、株式市場は日銀がどのタイミングで買いに出るかを注視し
ています。そういう状況では、株式の売り方としてはどうしても日銀の動向を
気にせざるを得ないため、腰が引けてしまいます。

　そもそも、中央銀行が上場企業の株式を大量に買い付けるという行為は正当
化できるのでしょうか。実際、いくつかの企業では日銀が筆頭株主、もしく
は、有数の大株主になってしまっていますが、株式市場の存在意義は、どの企
業にどれだけの資金が割り振られるべきかということを市場の判断として決定
し、効率的な資本配分を可能にするということにあるはずです。また、株主が
株式を保有する企業の経営が効率的に行なわれているかを監視するというガバ
ナンスの役割も果たしています。しかし、日銀が多くの企業の大株主になって

しまえば、株式市場はもはやそのような資源配分機能も、経営監督の機能も果たすことができなくなってしまいます。

　アメリカの中央銀行、連邦準備制度理事会（FRB）は今回の新型コロナウイルス危機にさいして、国債の買い付け限度枠を撤廃し、無制限に買い付けることができるようにしました。ここまでは日銀と同じです。しかし、FRBは日銀のように上場株式を買い付けるというところまでは踏み込んでいません。株式市場にまで政府が踏み込むというのは、資本主義そのものを否定することになりかねないからです。そういう意味では、日銀の金融政策は一部やりすぎの部分があるのではないかと懸念されます。現時点では、株式市場は日銀の積極的な金融政策を評価して高い株価を維持しているのですが、それは日本経済の実力（ファンダメンタルズ）との比較でいえば、バブルになっている可能性があります。これが筆者のとりあえずの結論です。ただし、誰にとっても市場の将来、株価の先行きを正確に予測することなどは不可能です。そういうことができるなら、その人はすぐにでも大金持ちになっていることでしょう。

　そういう観点からすると、マクロ経済学の教科書としては、2020年後半の日本の株価がバブルだといい切るのは勇み足かもしれません。

本章のポイント

●近年、現代貨幣理論（MMT）の主張が話題を呼んでいます。これは、インフレが発生しないかぎりにおいて、自国通貨建てで財源を調達する行為（財政赤字）は問題にならないというものです。この議論が話題となる背景には、各国の財政事情が厳しいということがあります。

●「短期」の財政出動を主張する伝統的なケインジアンと異なり、社会保障給付制度の拡充など、国家の基本を支える社会政策としての「長期」の財源も、財政赤字で支えようとする考え方がMMTであるという見方もできます。

●しかし、このMMTには、インフレになった場合は増税によって財政赤字にブレーキをかける必要があるという制約はあるものの、財政規律を維持するという考え方が希薄であるという問題点があります。

●「内生的貨幣供給論」は、貸出が行なわれると即それと同額の預金が生まれるとする考え方で、貨幣供給量（マネーストック）を決めるのは中央銀行ではなく、市中銀行の貸出行動ということになります。この考え方をとれば、中央銀行による公開市場操作（買いオペや売りオペ）を通じた金融政策だけではマネーストックの増減には直接結びつかず、預金を創造するのは中央銀行ではなく、あくまでも市中銀行の貸出行動だということになります。

● 国債の利回りよりも経済成長率の水準が大きいと、GDP に対する国債残高の水準が上昇し、「財政破綻」につながりかねません。

● 中央銀行が国債を直接引き受けるという「財政ファイナンス」は、日本では「財政法」によって禁じられています。

● 2020 年初頭の新型コロナウイルスの感染拡大が、世界に巨大な影響を与えています。日本でも、政府や日本銀行はこれまでにないスピードで財政金融支援策を打ち出しています。

理解度チェックテスト

空欄に適当な語句を入れなさい。

1. ニューヨーク州立大学のステファニー・ケルトン教授やバード大学のランダル・レイ教授などが提唱する主張は、（　　　　　　　　）と呼ばれるもので、最近話題になっている。

2. ケインジアンは、「失業があるかぎり」、あるいは「遊休設備があるかぎり」財政赤字は正当化されると考えるが、MMT では「（　　　　　　　　）にならないかぎり」財政赤字は問題ないという考え方をとる。

3. MMT の大きな問題点のひとつに、中央銀行の緊縮的金融政策ではなく、（　　　　　　　）がインフレ対策の唯一の手段だというところにある。

4. 中央銀行が国債の買いオペレーションなどの方法で供給したベースマネーや、そこから生まれた新たな預金を元手に市中銀行が企業に貸出をするのではなく、まず貸出があって、その結果として同額の預金が生まれるという考え方を「（　　　　　　　）」と呼ぶ。この考え方によれば、貨幣供給量を決定するのは中央銀行ではなく、市中銀行の貸出行動だということになる。

解答：1. 現代貨幣理論（MMT）　2. インフレ　3. 増税　4. 内生的貨幣供給論

練習問題

記述問題

1. 現代貨幣理論（MMT）の考え方について、その主張や問題点はなにか。また、ケインジアンの基本的スタンスとの相違点について説明しなさい。

2. 2020 年に入ってから、新型コロナウイルスの感染が拡大し、日本でもこの感染拡大を防止するために特定業種の営業停止や休業要請などが行なわれた。一方で、それによる経済的ダメージに対処するために、日本でも様々な支援策が講じられた。日本政府や日本銀行が講じた財政金融支援策について整理せよ。

ディスカッションテーマ

1. 日本でも最近注目を集めるようになった現代貨幣理論（MMT）は正しいのだろうか。前提となる議論や問題点も踏まえて、意見を述べなさい。

事項索引

さ行

た行

中谷 巌（なかたに・いわお）

一橋大学名誉教授。1965年一橋大学経済学部卒業。1973年ハーバード大学Ph.D.（経済学）、同大学研究員、講師を務めた後、1984年大阪大学教授、1991年一橋大学教授（〜99年）。1993年細川内閣「経済改革研究会」委員、1998年小渕内閣「経済戦略会議」議長代理、1999年ソニー株式会社取締役（〜2003年）、同社取締役会議長（〜2005年）、三菱UFJリサーチ&コンサルティング株式会社理事長（〜2020年）などを歴任。株式会社不識庵代表取締役、多摩大学名誉学長、オーストリア国立大学名誉法学博士。

下井 直毅（しもい・なおき）

多摩大学経営情報学部教授。1995年東京大学経済学部卒業。2000年東京大学大学院経済学研究科博士課程単位取得満期退学。その後、日本経済国際共同研究センター研究機関研究員、日本学術振興会特別研究員を経て、現職。

塚田 裕昭（つかだ・ひろあき）

三菱UFJリサーチ&コンサルティング株式会社調査部主任研究員。1990年大阪市立大学経済学部卒業。2004年一橋大学大学院国際企業戦略研究科修士課程修了。1990年日本債券信用銀行（現・あおぞら銀行）入行後、経済企画庁（現・内閣府）出向を経て、2001年三和総合研究所（現・三菱UFJリサーチ&コンサルティング）に入社。2006年より現職。

入門マクロ経済学　第6版

● ―――― 1981年4月30日　第1版第1刷発行
　　　　　1987年4月1日　　第2版第1刷発行
　　　　　1993年4月15日　第3版第1刷発行
　　　　　2000年4月15日　第4版第1刷発行
　　　　　2007年3月30日　第5版第1刷発行
　　　　　2021年3月1日　　第6版第1刷発行

著　者――中谷 巌・下井 直毅・塚田 裕昭
発行所――株式会社　日本評論社
　　　　　〒170-8474　東京都豊島区南大塚3-12-4　振替：00100-3-16
　　　　　電話：03-3987-8621（販売）　03-3987-8595（編集）
　　　　　https://www.nippyo.co.jp/
印刷所――精文堂印刷株式会社
製本所――株式会社難波製本
装　幀――山崎 登
検印省略　©2021, I. NAKATANI, N. SHIMOI, H. TSUKADA
Printed in Japan
ISBN 978-4-535-55795-6

JCOPY ＜（社）出版者著作権管理機構　委託出版物＞

本書の無断複写は著作権法上での例外を除き禁じられています。複写される場合は、そのつど事前に、（社）出版者著作権管理機構（電話：03-5244-5088、FAX：03-5244-5089、e-mail：info@jcopy.or.jp）の許諾を得てください。また、本書を代行業者等の第三者に依頼してスキャニング等の行為によりデジタル化することは、個人の家庭内の利用であっても、一切認められておりません。

本書での主要記号一覧

A：アブソープション/
　　技術進歩/(全要素)生産性

AD：総需要曲線

AS：総供給曲線

B：実質債券需要

C：(民間)消費/現金通貨

c_i：限界消費性向

CF：金融収支

D：預金通貨(流通通貨)

e：(名目)為替レート

EX：輸出等

G：政府支出

I：(民間)投資

i：実質利子率(金利)

IM：輸入等

K：資本ストック

k：マーシャルの k/
　　資本・労働比率

L：実質貨幣需要

M：(名目)マネーストック

m：信用乗数

m_1：限界輸入性向

N：労働投入量

n：労働人口成長率

N_F：完全雇用労働量

NX：貿易・サービス収支

P：物価水準

P_W：世界物価水準